广东社会工作教育蓝皮书

政策规划、专业教育和职业实践

2006—2016

主　编◎张　勇
副主编◎段克勤　李锦顺　李卫湘

暨南大学出版社
JINAN UNIVERSITY PRESS
中国·广州

图书在版编目（CIP）数据

广东社会工作教育蓝皮书：政策规划、专业教育和职业实践：2006—2016/张勇主编；段克勤，李锦顺，李卫湘副主编．—广州：暨南大学出版社，2017.5

ISBN 978－7－5668－2104－1

Ⅰ.①广…　Ⅱ.①张…　②段…　③李…　④李…　Ⅲ.①社会工作—教育培训—研究报告—广东—2006—2016　Ⅳ.①D632

中国版本图书馆CIP数据核字(2017)第075073号

广东社会工作教育蓝皮书：政策规划、专业教育和职业实践（2006—2016）
GUANGDONG SHEHUI GONGZUO JIAOYU LANPISHU：ZHENGCE GUIHUA ZHUANYE JIAOYU HE ZHIYE SHIJIAN（2006—2016）
主　编：张　勇　副主编：段克勤　李锦顺　李卫湘

出 版 人：徐义雄
责任编辑：李　战　齐　心
责任校对：何　力
责任印制：汤慧君　周一丹

出版发行：暨南大学出版社（510630）
电　　话：总编室（8620）85221601
　　　　　营销部（8620）85225284　85228291　85228292（邮购）
传　　真：（8620）85221583（办公室）　85223774（营销部）
网　　址：http：//www.jnupress.com　http：//press.jnu.edu.cn
排　　版：广州市天河星辰文化发展部照排中心
印　　刷：佛山市浩文彩色印刷有限公司
开　　本：787mm×1092mm　1/16
印　　张：21.5
字　　数：537千
版　　次：2017年5月第1版
印　　次：2017年5月第1次
定　　价：65.00元

《广东社会工作教育蓝皮书：政策规划、专业教育和职业实践（2006—2016）》编委会

编辑部：

张　勇　广东省社会科学院副研究员、广东省城市社区建设研究会秘书长

段克勤　广东省城市社区建设研究会副秘书长、教授

李卫湘　广东省民政厅社会工作处

李锦顺　华南农业大学社会工作系副主任、博士、副教授

撰　稿：

都娟娟　张宁渤　马林芳　车海波　蓝宇蕴　韩　晔　冯惠棠

谭洛明　倪赤丹　谢建社　张庆鹏　张　帆　陈诗颖　徐道稳

蔡静诚　陈佩慧　汪彩霞　李新庚　王　静　刘忠全　黄　剑

张玉玲　蔡　红　黄广飞　刘春玲　刘怡萍　张　勇　段克勤

序　言

迎接社会工作行业的绚丽春天

——中国社会工作发展十年回顾与展望

社会工作既是一种利他主义的工作方式，也体现了一种助人自助的现代社会精神与促进社会公正公平的人生信念。国际社工大会给社会工作的最新定义是，社会工作是以实践为基础的职业，是促进社会改变和发展、提高社会凝聚力、赋权并解放人类的一门学科。社会工作的核心准则是追求社会正义、人权、集体责任和尊重多样性。基于社会工作、社会学、人类学和本土化知识的理论基础，社会工作使人们致力于解决生活的挑战，提升生活的幸福感。

一

改革开放以来，随着中国社会经济的飞速发展，各种深层次的社会问题也逐步显露出来。为了确保中国社会的和谐稳定与社会经济的可持续发展，一项以助人为宗旨，运用各种专业知识、技能和方法解决社会问题的国家专门职业——社会工作应运而生。发展社会工作是当代中国社会建设国家战略的重要组成部分。“社会工作”一词连续三年被写进李克强总理的《政府工作报告》，从发展、支持到促进社会工作发展，意义重大。

李克强总理在 2015 年《政府工作报告》中提出：加强和创新社会治理。深化社会组织管理制度改革，加快行业协会商会与行政机关脱钩。支持群团组织依法参与社会治理，发展专业社会工作、志愿服务和慈善事业。鼓励社会力量兴办养老设施，发展社区和居家养老。为农村留守儿童、妇女、老人提供关爱服务，建立未成年人社会保护制度。

李克强总理在 2016 年《政府工作报告》中提出：加强和创新社会治理。推进城乡社区建设，促进基层民主协商。支持工会、共青团、妇联等群团组织参与社会治理。加快行业协会商会与行政机关脱钩改革，依法规范发展社会组织，支持专业社会工作、志愿服务和慈善事业发展。完善社会信用体系。切实保障妇女、儿童、残疾人权益，加强对农村留守儿童和妇女、老人的关爱服务。

李克强总理在 2017 年《政府工作报告》中提出：健全基层群众自治制度，加强城乡社区治理。充分发挥工会、共青团、妇联等群团组织作用。改革完善社会组织管理制度，依法推进公益和慈善事业健康发展，促进专业社会工作、志愿服务发展。切实保障妇女、儿童、老人合法权益。加快社会信用体系建设。

2017年1月23日，李克强总理再次来到鲁甸“8·3”地震中心的龙头山，看望那里的父老乡亲。在甘家寨少强社工站门口，李克强总理与少强社工站负责人蓝剑进行了亲切交谈，还接受了蓝剑送上的社工站徽章。李克强总理说：社会工作非常重要。社区是个大家庭，这个大家庭把各个小家庭聚集在一起，让他们在社区感到平安、欢乐、温暖，而且能够相互帮助。你们（社工）应该当守护者，当牵线搭桥的人。

这是李克强总理代表党中央、国务院面对中国现实，高瞻远瞩对发展中国社会工作做出的重大战略决策和殷切期望。在这一重大战略决策指引下，党政部门大力推动中国社会工作制度体系建设，教育系统也积极参与这一制度体系建设，并努力进行社会工作专业知识的传播和社会工作专业人才的培养。中国社会工作专业教育和职业实践的春天正姗姗走来。

二

注重社会工作专业教育和职业实践的内涵建设，是建设中国社会工作制度体系的硬道理。中国社会工作专业教育始于20世纪80年代。1981年，经教育部批准，北京大学、南开大学、中山大学成为全国首批复办社会学专业的三所高校。90年代，中国的社会工作教育获得进一步发展，并出现了社会工作系。随着改革开放的进一步深入和社会主义市场经济的快速发展，各种社会矛盾和社会问题日益显现出来。社会问题加剧和社会弱势群体大量出现，原来的社会保障机制已不能完全适应新情况的要求。于是，培养大量掌握专业社会工作知识、具备专业价值理念的专业社工人才成为社会和时代的最新要求。

2006年，十六届六中全会在《中共中央关于构建社会主义和谐社会若干重大问题的决定》中，提出要“建设宏大的社会工作人才队伍”，并指出“造就一支结构合理、素质优良的社会工作人才队伍，是构建社会主义和谐社会的迫切需要”。党中央的这一重大社会建设方针，将社会工作人才纳入党的人才工作战略中，使社会工作伴随着我国经济社会发展的最强音，从为社会发展默默耕耘、无私奉献的后台走向推动社会发展、促进社会和谐的前台。

2006年，国家人事部、民政部共同发布《社会工作者职业水平评价暂行规定》和《助理社会工作师、社会工作师职业水平考试实施办法》，从国家政策上将社会工作者纳入专业技术人员的范畴，使其成为社会建设的“工程师”。

2006年，是中国社会工作行业发展的一个重要历史节点。从这一年开始，中国社会工作行业迎来了极为广阔的发展空间。从2006年到2016年，十年的发展历程，陆续出台了16个国家层面的社会工作专项政策和标准，标志着中国的社会工作政策规划不断完善，初步完成中国专业社会工作发展的顶层制度设计。

2016年11月7日，民政部在广州召开了全国社会工作推进会，以此纪念党的十六届六中全会提出的建立一支宏大的社会工作人才队伍的社会建设方针。从2006年到2016年，十年的发展历程，中国社会工作在职业化、专业化和本土化方面有了巨大的进步，不管是人才队伍、服务领域还是组织体系、制度建设方面，中国社会工作都取得了斐然的成就。

透过以下数字，我们可以看到中国社会工作十年波澜壮阔的发展历程。

1. 以人才培养为核心，壮大了社工专业人才队伍

（1）全国社会工作专业人才总量由 2006 年的 20 万人增长到 70 多万人。

（2）自 2008 年首次举办考试以来，全国共有 288 768 人取得社会工作者职业水平证书。

（3）全国每年培养社会工作专业毕业生 3 万多名。

（4）“十二五”期间全国平均每年培训社会工作从业人员 30 万名。

2. 以平台建设为基础，探索了现代社工职业体系

（1）截至目前，全国事业单位、城乡社区及其他相关组织中已开发社会工作专业岗位 20 万个。

（2）各地扶持成立了 6 000 多家民办社会工作服务机构。

（3）各地共成立了 510 多个涵盖省、市、县等层级的地方性行业组织。

3. 以专业服务为支撑，拓展了专业社工服务领域

（1）自 2013 年始，每年为贫困地区、边疆民族地区和革命老区选派 1 000 名、培养 500 名社会工作专业人才。

（2）2013 年底首批命名了 61 个社会工作服务示范地区、103 个社会工作服务示范社区、180 个社会工作服务示范单位。

4. 以政策规划为统领，搭建了本土社工政策体系

（1）在中央决策部署方面。党中央、国务院高度重视社会工作及其人才队伍建设，将社会工作专业人才纳入国家六支主体人才队伍，写进《国家中长期人才发展规划纲要》，确立了社会工作专业人才在我国人才发展大局中的战略地位。

（2）在综合政策方面。民政部联合党中央、国务院有关部门和群团组织先后印发了《关于加强社会工作专业人才队伍建设的意见》《社会工作专业人才队伍建设中长期规划（2011—2020 年）》，完善了社会工作专业人才队伍建设的顶层设计，奠定了社会工作发展的制度基础。全国 30 个省区市、5 个计划单列市以及多个地级市、县（市、区、旗）出台了实施意见或专项规划。

（3）在领域政策方面。民政部制定了《关于加快推进灾害社会工作服务的指导意见》，联合财政部先后印发了《关于加快推进社区社会工作服务的意见》《关于加快推进社会救助领域社会工作发展的意见》。河北、山西、吉林、江苏、上海、浙江、福建、山东、湖南、重庆等地出台了推进社区社会工作发展的实施意见，广东、北京、黑龙江、江西、四川、陕西等地出台了推动“三社联动”发展意见，黑龙江、安徽、广东、厦门等地制定了社会工作者、志愿者（全民义工）“两工互动”政策。此外，在青少年事务、企业、老年、医务、残障康复、统战、侨务等社会工作领域，不少地方都出台了社会工作相关政策。

（4）在行业标准规范方面。民政部印发了《儿童社会工作服务指南》《老年社会工作服务指南》《社区社会工作服务指南》《社会工作服务项目绩效评估指南》4 项行业标准。黑龙江制定了社会工作职业导引，福建制定了社区社会工作通用要求，重庆制定了社区社会工作室评估标准，新疆制定了民办社会工作服务机构管理规范，成都制定了残疾人社会工作服务和老年社会工作服务基本要求，深圳制定了社工机构行为规范指引。这些本土标准为深化社会工作专业人才队伍建设提供了重要技术支持。

5. 以体制机制为保障，营造了专业社工发展环境

（1）每年安排6 500万元购买社会工作服务示范项目。

（2）自2013年起每年投入近2 000万元，支持“三区”社会工作专业人才队伍建设。

（3）2014年安排1 000万元，用于开展特殊困难老年人社会工作服务项目。

（4）2015、2016年安排4 000万元开展社会工作和志愿服务示范项目。①

三

从2006年到2016年，中国社会工作走过了十年波澜壮阔的发展历程，整个行业正沿着“专业化、职业化、行业化”的发展方向全面迈进。虽然取得了长远的进步与发展，但真正的繁荣期还没有到来，社会工作行业的“春天”还未真正到来，仍然需要党政部门、广大专家学者与一线社会工作者不停地探索与前进。

目前中国社会工作行业发展中存在的问题主要有：

（1）政策瓶颈问题：从中央到地方政策落实情况来看，专业社会工作制度建设存在政策刚性不足、关键政策突破难、政策落实不深入等问题。

（2）人才瓶颈问题：从人才队伍结构来看，还存在高素质的职业化社会工作专业人才队伍数量不足、社会工作专业毕业生实务能力欠缺等问题。

（3）环境瓶颈问题：从中央到地方的社会工作行政管理架构还不健全，社区民主协调议事机制还不完善等。

中国社会工作行业究竟何时才能迎来整个行业的真正“春天”，至少还需要以下几个方面的支持与保障：

一是要加快推进社会工作立法步伐，完善社会工作行业准则。一个成熟的行业必然需要一套相对完善的立法体系和行业准则。近年来我国社会工作行业迅速发展，但是相关的立法却严重滞后，甚至已经成为制约我国社会工作行业发展的瓶颈。“十三五”时期要进一步健全社会工作制度体系，组织有关专家就境外社会工作立法情况开展专题研究，为本土社会工作立法提供经验借鉴，加快推动社会工作立法，研究制定社会工作专业人才管理条例，将社会工作的要求纳入相关法律法规和规章，明确推进社会工作的法定职责。我国社会工作行业发展至今，虽然制定了一系列的政策规划，然而经过实践检验后发现仍然存在诸多问题，很多地方仍然处于立法空白，遇到问题时无法可依，这对整个行业的发展造成了严重的滞后影响。当中国社会工作有了一套属于自己行业的立法体系和规则体系，那个时候整个行业的“春天”可能才算是真正来到。

二是要不断健全社会工作专业人才政策，建立高素质的职业化社会工作专业人才队伍。一个行业的发展离不开专业人才，建立一支高素质的职业化社会工作专业人才队伍是当下最紧要的任务。人才的培养又离不开教育，因此社会工作专业教育在整个行业发展的过程中始终扮演着举足轻重的角色。只有高素质的社会工作专业人才队伍，才能带动整个行业的健康繁荣和可持续发展。2016年，民政部联合人力资源和社会保障部等12部门出台了《关于加强社会工作专业岗位开发与人才激励保障的意见》，从国家层面推进社会工作职业化进程，引导相关企事业单位、群团组织、社会组织和城乡社区开发社会工作岗

① 以上数据来自民政部门户网站。

位，配备社会工作专业人才，建立社会工作职级与薪酬体系。同时，民政部还会同中华全国总工会、人力资源和社会保障部3部门出台了《关于加强工会社会工作专业人才队伍建设的指导意见》，推动相关领域社会工作专业人才队伍建设。

三是要进一步建立“专业社工、全民义工”联动发展机制。实行社工与义工联动可以有效整合资源，发挥社工的专业优势和义工的精神引领，形成优势互补、良性互动的社会工作新格局，把社工专业化、义工全民化纳入推进国家治理体系和治理能力现代化的大局，将增进人民福祉作为出发点和落脚点，使社工理念、志愿服务精神深入人心，促进民生改善、社会进步。

四是要进一步加强社会工作的组织领导。民政部和其他相关部门要深入落实《关于加强社会工作专业人才队伍建设的意见》和《社会工作专业人才队伍建设中长期规划(2011—2020年)》要求，按照党管人才原则，坚持党对社会工作专业人才队伍建设的领导，加强社会工作行业组织和社会工作服务机构党建工作，把广大社会工作专业人才团结起来凝聚在党的周围。推进社会工作专业人才职业道德建设，以社会主义核心价值体系为基础，落实《社会工作者职业道德指引》，树立中国特色社会主义共同理想，加强社会工作行业行风建设。

五是要不断推进社会工作的继续教育培训。通过专业教育、专业培训等方式积极培养社会工作专业人才。要广泛开展社会工作继续教育培训，对党政干部、民政干部职工、基层党员干部、街道乡镇和社区相关人员开展社会工作专业知识普及培训，使其熟练掌握社会工作专业知识和方法。加快研究制定社会工作者职业能力标准和社会工作继续教育机构标准，对各领域社会工作服务、管理与督导人才开展社会工作能力培训，提升其社会工作专业水平。

六是要进一步扩大社会工作的舆论宣传。中国社会工作教育的重要任务是通过社会教育，宣传社会工作的价值观念，传播社会工作知识。要加大社会工作的宣传力度，利用广播、电视、报纸、网络等大众传播媒介开展社会工作宣传，围绕国际社工日和社会工作重大政策、先进人物、优秀事迹广泛深入开展宣传报道，推动构建不同宣传媒介有机结合、不同宣传渠道整合应用的社会工作宣传网络，提升社会工作知晓度和认知度，为推动社会工作发展营造良好氛围。

四

根据国家民政部等相关部门的政策规划和广东省委、省政府的部署，广东省扎实推进社会工作专业教育和职业实践，取得了重要的成效。截至2016年底，广东省共有77所高校招收社会学、社会工作、社区管理与服务等相关专业大学生。截至2016年底，全省成立民办社工机构1 211家，设置社会工作专业岗位超过1.6万个，持证社工人数达到59 339人，年经费投入量达11亿元，注册志愿者803万人，均位居全国前列。

正是在这一宏观背景下，在广东省民政厅社会工作处的支持指导下，由广东省城市社区建设研究会发起，与各大高校共同编写《广东社会工作教育蓝皮书：政策规划、专业教育和职业实践（2006—2016)》，得到了在广东社会工作教育界影响较大的中山大学、华南农业大学、华南师范大学、深圳大学、广东工业大学、广州大学、广东财经大学、广东女子职业技术学院、广东青年职业学院、广州城市职业学院、广州科技贸易职业学院、岭南师范学院、深圳职业技术学院、广东白云学院、韶关学院、广东科学技术职业学院、广东南华工商职业学院等开设社会学、社会工作、社区管理与服务等相关专业的省内高校的积极参与。这是广东社会工作教育界的一件大事。

本书以专业视角和专家观点，全面回顾和总结广东社会工作教育十年（2006—2016）的发展历程、国家和广东省出台的有关社会工作的重要政策规划文件、广东省17所高校社会工作专业教育发展概况及课程体系建设、社会工作专业优秀教师和优秀学生风采、社会工作专业化和职业化实践优秀典型案例。本书可作为各大高校开设社会学、社会工作、社区管理与服务等相关专业的课程教材，也可作为乡镇（街道）相关工作人员、基层党组织干部、居（村）民委员会成员、民政系统和群团组织社区社会工作者继续教育培训教材和社会工作知识普及读本。

让我们为中国社会工作专业教育和职业实践的绚丽春天点赞！

张　勇

（作者系广东省社会科学院副研究员、广东省城市社区建设研究会秘书长）

目　录

CONTENTS

序　言 …… 1

第一篇　社会工作政策规划

社会工作者职业水平评价暂行规定 …… 2
助理社会工作师、社会工作师职业水平考试实施办法 …… 5
社会工作者继续教育办法 …… 6
关于加强社会工作专业人才队伍建设的意见 …… 8
社会工作专业人才队伍建设中长期规划（2011—2020 年） …… 14
社会工作者职业道德指引 …… 24
民政部　财政部关于政府购买社会工作服务的指导意见 …… 26
民政部　财政部关于加快推进社区社会工作服务的意见 …… 31
关于加强社会工作专业岗位开发与人才激励保障的意见 …… 36
广东省关于加强社会工作人才队伍建设的实施意见 …… 40
关于扩大广东省社会工作人才队伍建设试点工作的通知 …… 44
关于印发《关于推进社会工作者与志愿者联动工作的实施意见》的通知 …… 48
中共广东省委组织部　广东省民政厅关于印发《广东省社会工作专业人才中长期规划（2014—2020 年）》的通知 …… 52
广东省民政厅关于开展“专业社工、全民义工”试点工作的通知 …… 60
广东省民政厅关于做好粤东西北地区“双百镇（街）社会工作服务站”建设运营示范项目申报工作的通知 …… 64

第二篇 社会工作专业教育

中山大学社会工作专业 …… 70
华南农业大学社会工作专业 …… 85
华南师范大学社会工作专业 …… 96
深圳大学社会工作专业 …… 111
广东工业大学社会工作专业 …… 115
广州大学社会工作专业 …… 132
广东财经大学社会工作专业 …… 139
广东女子职业技术学院社区管理专业 …… 148
广东女子职业技术学院青少年工作与管理专业 …… 156
广东青年职业学院社会工作专业和社区管理与服务专业 …… 164
广州城市职业学院社区管理与服务专业 …… 171
广州科技贸易职业学院社会工作专业 …… 176
岭南师范学院社会工作专业 …… 187
深圳职业技术学院社区管理与服务专业 …… 191
广东白云学院社会工作专业 …… 194
韶关学院社会工作专业 …… 206
广东科学技术职业学院社会工作专业 …… 211
广东南华工商职业学院社会工作专业 …… 213

第三篇 社会工作职业实践

农村社会工作
“城乡合作、公平贸易、共创生态文明与可持续生计”项目 …… 226
家庭与社区社会工作
“联和一家·幸福联和”家庭综合服务项目 …… 236
“和谐家园”深圳市反家暴社工援助服务项目 …… 240
老城区精神病患者和家庭康复及照顾服务项目 …… 244
搬迁后老人社区融入项目 …… 246
引入社工义工联动机制开展空巢老人服务项目 …… 250

妇女社会工作

广东省妇联反对对儿童暴力项目 …… 255

东莞市妇联白玉兰家庭服务中心运营项目 …… 258

青少年社会工作

社会工作在少年审判实务中的应用项目 …… 263

城中村青少年关怀计划项目 …… 267

“青春家园”社区青少年社工服务项目 …… 273

企业社会工作

企业社会工作服务项目 …… 276

社区治理与社会工作

珠海市香洲区“五社联动”社区多元共治 …… 279

广州市越秀区探索“三社联动”机制，推动社区治理和服务创新 …… 283

深圳市龙华新区社区服务中心特色服务项目 …… 286

深圳市罗湖区推进社会治理创新探索 …… 288

深圳市福田区实施“民生微实事”，做实“治理大文章” …… 291

佛山市南海区化生为熟：筑造城市有效治理的社会基础 …… 294

中山市建立村（居）委会特别委员制度 …… 297

广州市南沙区多元参与，助推社区服务供给侧改革 …… 300

深圳市坪山新区打造专业化、社会化的社会工作“坪山样板” …… 303

中山市古镇镇以全民公益园为平台推行“四社联动” …… 305

佛山市禅城区构建良性社会工作服务生态圈 …… 308

附 录

广东省社会工作师联合会 …… 310

广东省社会工作师联合会（2009—2014 年）大事记 …… 314

广东省社会工作教育与实务协会 …… 322

发现家乡之美，调研社区中国 …… 326

后 记 …… 332

第一篇

社会工作政策规划

社会工作者职业水平评价暂行规定

第一章　总　则

第一条　为规范社会工作者职业行为，提高社会工作者专业能力，加强社会工作者队伍建设，根据国家职业资格证书制度的有关规定，制定本规定。

第二条　本规定适用于在社会福利、社会救助、社会慈善、残障康复、优抚安置、卫生服务、青少年服务、司法矫治等社会服务机构中，从事专门性社会服务工作的专业技术人员。

第三条　国家建立社会工作者职业水平评价制度，纳入全国专业技术人员职业资格证书制度统一规划。

第四条　社会工作者职业水平评价分为助理社会工作师、社会工作师和高级社会工作师三个级别。高级社会工作师职业水平评价办法另行制定。

助理社会工作师、社会工作师英文分别译为：

Junior Social Worker

Social Worker

第五条　通过职业水平评价，取得社会工作者职业水平证书的人员，表明其已具备相应专业技术岗位工作的水平和能力。

第六条　人事部、民政部共同负责社会工作者职业水平评价制度的组织实施工作，并按职责分工对该制度的实施进行指导、监督和检查。

第二章　考　试

第七条　助理社会工作师、社会工作师职业水平评价实行全国统一大纲、统一命题、统一时间、统一组织的考试制度，原则上每年举行一次。

第八条　民政部负责组织专家拟定考试科目、考试大纲，组织命题，研究建立考试试题库，提出考试合格标准建议。

第九条　人事部负责组织专家审定考试科目、考试大纲和试题，会同民政部确定考试合格标准，并对考试实施等工作进行指导、监督和检查。

第十条　凡中华人民共和国公民，遵守国家法律、法规，恪守职业道德，并符合助理社会工作师或社会工作师报名条件的人员，均可申请参加相应级别的考试。

第十一条　助理社会工作师考试报名条件：

（一）取得高中或者中专学历，从事社会工作满 4 年；

（二）取得社会工作专业大专学历，从事社会工作满 2 年；

（三）社会工作专业本科应届毕业生；

（四）取得其他专业大专学历，从事社会工作满 4 年；

（五）取得其他专业本科及以上学历或学位，从事社会工作满 2 年。

第十二条　社会工作师考试报名条件：

（一）取得高中或者中专学历，并取得助理社会工作师职业水平证书后，从事社会工作满 6 年；

（二）取得社会工作专业大专学历，从事社会工作满 4 年；

（三）取得社会工作专业大学本科学历，从事社会工作满 3 年；

（四）取得社会工作专业硕士学位，从事社会工作满 1 年；

（五）取得社会工作专业博士学位；

（六）取得其他专业大专及以上学历或学位，其从事社会工作年限相应增加 2 年。

第十三条　助理社会工作师、社会工作师职业水平考试合格，颁发人事部统一印制、人事部和民政部共同用印的《中华人民共和国社会工作者职业水平证书》。该证书在全国范围有效。

第十四条　凡以不正当手段取得社会工作者职业水平证书的，由发证机关收回证书，2 年内不得再次参加社会工作者职业水平考试。

第三章　义务与职业能力

第十五条　社会工作者应严格遵守国家法律法规和社会工作职业守则。

第十六条　社会工作者在社会服务工作中，应当与服务对象建立良好平等的沟通关系，维护服务对象权益，倾听服务对象诉求，尊重服务对象选择，保守服务对象隐私。

第十七条　助理社会工作师应具备以下职业能力：

（一）熟悉与社会工作业务相关的法律、法规、政策和行业管理规定，掌握基本的社会工作专业知识；

（二）能够与各类服务对象建立专业服务关系，对服务对象的问题做出预估，制定服务计划和服务协议，独立接案、结案并提供跟进服务；

（三）能够根据服务计划，运用专业方法和技术协助服务对象解决问题。

第十八条　社会工作师应具备以下职业能力：

（一）能够熟练运用社会工作业务相关的法律、法规、政策和行业管理规定，具备较丰富的社会工作专业经验；

（二）能够综合运用各种社会工作方法，为服务对象提供专业服务，处理各类复杂问题，并对所提供的专业服务质量与效果进行评估；

（三）能够指导助理社会工作师开展专业工作，帮助其提高专业工作水平和能力；

（四）能够制定科学合理的工作方案和发展规划，整合、运用相关社会服务资源，拓展服务领域，保证服务质量。

第十九条　取得社会工作者职业水平证书的人员，应当接受继续教育，更新知识，不断提高职业素质和本专业工作能力。

第四章 登 记

第二十条 社会工作者职业水平证书实行登记服务制度。具体工作由民政部或其委托的机构负责。

第二十一条 民政部或其委托的机构定期向社会公布社会工作者职业水平证书登记情况，并为用人单位提供查询取得社会工作者职业水平证书人员的信息服务。

第二十二条 在社会工作职业活动中，违反有关法律、法规、规章制度或职业道德，造成不良影响的，由登记机关取消登记，并由发证机关收回职业水平证书。

第五章 附 则

第二十三条 通过考试取得社会工作者职业水平证书的人员，用人单位可根据工作需要聘任相应级别专业技术职务。具体办法另行规定。

第二十四条 香港、澳门居民申请参加社会工作者职业水平考试的，报名时应提交本人身份证明、国务院教育行政部门认可的学历或学位证书、从事本专业工作实践证明。台湾地区的专业技术人员参加考试的办法另行规定。

外籍人员申请参加社会工作者职业水平考试的具体办法另行规定。

第二十五条 社会工作者职业水平评价有关机构，在开展社会工作者职业水平评价等工作中，因工作失误，使专业技术人员合法权益受到损害的，应依据国家有关规定给予相应赔偿，并向有关责任人追偿。

第二十六条 社会工作者职业水平评价有关机构的工作人员，不履行工作职责、监督不力、借机为自己或他人谋取利益，以及有其他违法违规行为的，由其主管部门责令改正，造成不良影响或者严重后果的，对直接负责的主管人员和直接责任人员给予相应处分；构成犯罪的，依法追究刑事责任。

第二十七条 本规定自 2006 年 9 月 1 日起施行。

助理社会工作师、社会工作师职业水平考试实施办法

第一条　人事部、民政部共同成立“社会工作者职业水平评价办公室”，办公室设在民政部，负责研究社会工作者职业水平考试相关政策和考试日常管理工作。具体考试考务工作委托人事部人事考试中心组织实施。

各省、自治区、直辖市的考试工作，由当地人事部门会同民政部门共同负责，具体职责分工由各地协商确定。

第二条　民政部组织成立社会工作者职业水平评价专家委员会，负责编写考试大纲、命题，研究建立考试试题库。

第三条　助理社会工作师考试科目为《社会工作综合能力（初级）》《社会工作实务（初级）》。社会工作师职业水平考试科目为《社会工作综合能力（中级）》《社会工作实务（中级）》和《社会工作法规与政策》。

第四条　参加助理社会工作师考试的人员，应在一个考试年度内通过全部科目的考试。

社会工作师考试成绩实行两年为一个周期的滚动管理办法，参加考试的人员应在连续两个考试年度内通过全部科目的考试。

第五条　报名参加助理社会工作师、社会工作师职业水平考试的人员，应符合《社会工作者职业水平评价暂行规定》中规定的相应报名条件。由本人提出申请，按规定携带有关证明材料，到指定的考试管理机构报名。经考试管理机构审查合格后，向申请人核发准考证。申请人凭准考证及有关身份证明，在指定时间、地点参加考试。

第六条　参加助理社会工作师考试的本科应届毕业生，在报名时应提交能够证明其在考试年度可毕业的有效证件（如学生证等）和所在学校出具的应届毕业生证明。

第七条　助理社会工作师、社会工作师职业水平考试原则上每年举行一次。考点设在省会城市和直辖市的大、中专院校或高考定点学校。如确需在其他城市设置考点，应经人事部、民政部批准。

第八条　坚持考试与培训分开原则。凡参与考试工作（包括命题和组织管理等）的人员，不得参加考试和参与或举办与考试内容有关的培训工作。应考人员参加相关培训实行自愿原则。

第九条　助理社会工作师、社会工作师考试有关项目的收费标准，应经当地价格主管部门核准，并向社会公布，接受公众监督。

第十条　考试考务工作要严格执行考试工作的有关规章制度，切实做好试卷命制、印刷、发送过程中的保密工作，遵守保密制度，严防泄密。

第十一条　考试工作人员要严格遵守考试工作纪律，认真执行考试回避制度。对违反考试纪律和有关规定的，按照《专业技术人员资格考试违纪违规行为处理规定》处理。

社会工作者继续教育办法

第一条 为推进社会工作者继续教育工作，根据人事部、民政部《社会工作者职业水平评价暂行规定》（国人部发〔2006〕71 号）要求和国家有关专业技术人员继续教育规定，制定本办法。

第二条 本办法所称社会工作者，是指通过全国社会工作者职业水平评价取得《中华人民共和国社会工作者职业水平证书》的人员，包括助理社会工作师、社会工作师和高级社会工作师。

第三条 社会工作者继续教育的目的是使社会工作者保持良好的职业道德，不断更新、补充知识，提高专业水平和能力，提高服务质量。

助理社会工作师、社会工作师和高级社会工作师应当按照本办法要求接受继续教育，在申请社会工作者职业水平证书再登记时提交有效的继续教育证明。

第四条 民政部负责全国社会工作者继续教育管理工作。其主要职责包括：

（一）制定社会工作者继续教育政策和管理办法；

（二）组织社会工作者继续教育示范培训；

（三）指导各省、自治区、直辖市社会工作者继续教育工作。

第五条 各省、自治区、直辖市民政厅（局）和新疆生产建设兵团民政局负责本地区社会工作者继续教育的组织管理工作。其主要职责包括：

（一）制定本地区社会工作者继续教育实施方案并组织实施；

（二）对本地区社会工作者继续教育培训机构实施继续教育情况进行指导和监督检查。

第六条 社会工作者所在单位应当鼓励社会工作者参加继续教育，并在时间、经费等方面给予保障。

第七条 助理社会工作师在每一登记有效期（3 年）内接受社会工作专业继续教育的时间累计不得少于 72 小时。社会工作师、高级社会工作师在每一登记有效期（3 年）内接受社会工作专业继续教育的时间累计不得少于 90 小时。

第八条 社会工作者继续教育内容要适应其岗位需要，以提高社会工作者的理论水平和分析、解决实际问题的能力为主，注重针对性、实用性和科学性。社会工作者继续教育的主要内容包括：

（一）专业价值观和伦理；

（二）相关法律、法规、规章及政策；

（三）社会工作实务；

（四）相关理论知识。

第九条 社会工作者可以自愿选择参加以下形式的继续教育：

（一）在社会工作者继续教育主管部门备案并予以公布的社会工作者继续教育机构所组织的社会工作培训；

（二）社会工作者继续教育主管部门组织的社会工作培训；

（三）国家承认的社会工作专业学历教育；

（四）社会工作者继续教育主管部门认可的其他形式。

第十条　社会工作者接受继续教育的时间计算方法如下：

（一）参加社会工作培训并取得合格证明的，接受继续教育时间按实际培训时间计算。

（二）参加社会工作专业学历教育，取得学历或者学位的，一次性记 90 小时；未取得学历或者学位的，接受继续教育时间按考试合格的专业课程实际授课时间计算。

第十一条　参加社会工作培训的继续教育时间，由举办单位出具相关证明。参加社会工作专业学历教育，取得学历或者学位的，以学历（学位）证书作为证明；未取得学历或者学位的，以单科成绩单和学校出具的面授课时表作为证明。

第十二条　社会工作者继续教育机构应符合下列条件：

（一）有相应的组织机构和管理制度，开办社会工作专业教育或者开展社会工作职业培训 3 年以上；

（二）具有承担培训工作所需的专业师资队伍，其中，社会工作实务经验丰富的教师应占 1/3 以上；

（三）具备承担培训工作所需的教学场所和设施；

（四）符合法律法规和国家政策规定的其他条件。

第十三条　社会工作者继续教育机构应当根据社会工作者继续教育要求，科学开发继续教育培训课程，合理设置培训内容，有效改进培训方式，提高继续教育培训质量。

第十四条　社会工作者继续教育机构应保存培训记录至少 3 年，培训记录包括被培训人员名册、培训内容、培训时间、考试或者考核成绩等材料。

第十五条　社会工作者继续教育机构应当按照有关规定合理收取培训费用并公开收费项目，不得以营利为目的。

第十六条　社会工作者继续教育主管部门应当定期对社会工作者继续教育机构开展继续教育情况进行检查、评估，并将检查、评估结果以适当的方式向社会公布。

第十七条　社会工作者继续教育机构有下列情形之一的，由社会工作者继续教育主管部门责令限期整改；逾期不改正的，由社会工作者继续教育主管部门予以通报批评并取消备案：

（一）采取虚假、欺诈等手段招揽生源的；

（二）出具虚假继续教育学时证明的；

（三）以社会工作者继续教育名义组织境内外公费旅游或者进行其他高消费活动的；

（四）违反本办法的其他行为。

第十八条　本办法自 2009 年 10 月 1 日起施行。

关于加强社会工作专业人才队伍建设的意见

为深入贯彻党的十七大精神，全面落实《中共中央关于构建社会主义和谐社会若干重大问题的决定》和《中共中央、国务院关于加强和创新社会管理的意见》要求，努力造就一支高素质的社会工作专业人才队伍，为构建社会主义和谐社会提供有力的人才支撑，现就加强社会工作专业人才队伍建设提出如下意见。

一、加强社会工作专业人才队伍建设是构建社会主义和谐社会的一项重大而紧迫的战略任务

1. 充分认识加强社会工作专业人才队伍建设的重要性和紧迫性。构建社会主义和谐社会是党中央从中国特色社会主义事业总体布局和全面建设小康社会全局出发提出的重大战略任务。实现这项战略任务，必须在经济发展基础上，加快推进以保障和改善民生为重点的社会建设，加强和创新社会管理，大力发展社会事业，培养造就一支数量充足、结构合理、素质优良的社会工作专业人才队伍。社会工作专业人才是具有一定社会工作专业知识和技能，在社会福利、社会救助、慈善事业、社区建设、婚姻家庭、精神卫生、残障康复、教育辅导、就业援助、职工帮扶、犯罪预防、禁毒戒毒、矫治帮教、人口计生、纠纷调解、应急处置等领域直接提供社会服务的专门人员。充分发挥他们在困难救助、矛盾调处、人文关怀、心理疏导、行为矫治、关系调适等个性化、多样化服务方面的专业优势，对解决社会问题、应对社会风险、促进社会和谐、推动社会发展具有重要基础性作用。

改革开放尤其是党的十六届六中全会以来，我国社会工作专业人才队伍建设取得重要成绩，社会工作专业教育初具规模，人才培养力度逐步加大，制度建设稳步推进，实践探索不断深入；社会工作专业人才在提高社会服务水平、解决群众困难、化解社会矛盾、减少不和谐因素等方面作用日益显现。但总体看，社会工作专业人才队伍发展滞后，还存在体制机制和政策制度不完善，人才数量缺口很大、能力素质不高、结构不合理等问题，与人民群众日益增长的社会服务需求不相适应，与构建社会主义和谐社会的要求相比尚有较大差距。要从深入贯彻落实科学发展观、构建社会主义和谐社会、提高党的执政能力、夯实党的执政基础的全局和战略高度，充分认识加强社会工作专业人才队伍建设的重大意义，进一步解放思想，更新观念，采取有力措施，加快推进社会工作专业人才队伍建设。

二、加强社会工作专业人才队伍建设的指导思想、工作原则和目标任务

2. 加强社会工作专业人才队伍建设的指导思想。高举中国特色社会主义伟大旗帜，

以邓小平理论和“三个代表”重要思想为指导，深入贯彻落实科学发展观，立足于我国经济社会发展的客观需要，适应加强和创新社会管理的现实需求，按照实施人才强国战略的总体部署，以人才培养为基础，以人才使用为根本，以人才评价激励为重点，以政策制度建设为保障，努力建设一支高素质的社会工作专业人才队伍，为构建社会主义和谐社会和巩固党的执政基础提供有力的人才支撑。

3. 加强社会工作专业人才队伍建设的工作原则。坚持党的领导，确保社会工作专业人才队伍建设的正确政治方向；坚持政府推动，各级政府切实履行依法规范、政策引导、资金投入等方面的职责；坚持社会参与，鼓励社会组织、企事业单位和社会公众支持社会工作专业人才队伍建设；坚持突出重点，优先培养为有特殊困难的群体、家庭和个人服务的社会工作专业人才，推动各地区、各行业、各领域、各层次社会工作专业人才队伍协调发展；坚持立足基层，加强基层社会服务平台建设，引导社会服务资源向基层倾斜，鼓励社会工作专业人才到基层服务；坚持中国特色，对国（境）外社会工作专业人才队伍建设形成的优秀成果进行有益的借鉴，着力建设符合中国国情、体现时代精神、适应社会需要的社会工作专业人才队伍。

4. 加强社会工作专业人才队伍建设的目标任务。当前和今后一个时期，要大规模开展专业培训，大幅度提升现有从事社会服务人员的专业素质和职业能力，逐步扩大社会工作专业人才队伍规模；深化社会工作专业教育改革，完善社会工作专业培训体系，初步形成适合我国国情的社会工作专业人才培养模式；逐步建立社会工作专业人才培养、选拔、使用、流动、评价、激励等方面的政策法规体系；着力加强中国特色社会工作专业人才理论研究和宣传普及，提升社会工作专业人才的认知度和认可度；加大社会工作专业人才使用力度，形成各地各部门共同推进社会工作专业人才队伍建设的总体态势。到 2020 年，建立较为完善的社会工作专业人才队伍建设运行机制和工作格局，使社会工作专业人才队伍的数量、结构和素质能力适应构建社会主义和谐社会的需要，满足广大人民群众不断增长的服务需求。

三、大力加强社会工作专业教育培训

5. 统筹规划社会工作专业教育培训。根据社会工作专业人才队伍现状和经济社会发展趋势，研究制定社会工作专业人才教育培训规划，建立教育培训长效机制。合理配置教育培训资源，明确不同地区、不同领域、不同层次社会工作专业人才教育培训重点任务和保障措施，加快建立不同层次教育协调配套、专业培训和知识普及有机结合的社会工作专业人才培养体系。

6. 切实加强社会工作专业人才职业道德建设。以社会主义核心价值体系为基础，按照马克思主义指导思想、中国特色社会主义共同理想、以爱国主义为核心的民族精神、以改革创新为核心的时代精神和社会主义荣辱观的基本要求，研究制定社会工作专业人才职业道德守则和专业行为规范，构建中国特色的社会工作专业人才职业道德体系。积极开展社会工作专业人才队伍职业道德教育，强化社会工作专业人才的社会责任感和职业认同感。加强社会工作专业人才队伍作风建设，促使他们践行以人为本、为民解困、为民服务的工作理念，培养扎根基层、注重实践、务实进取、甘于奉献、诚信友爱的良好作风。

7. 大力开展社会工作专业培训。建立健全社会工作专业培训制度。组织实施社会工作服务人才职业能力建设工程，重点对城乡基层居（村）民自治组织、社区服务组织、公益服务类事业单位、公益慈善类社会组织、基层社会服务部门直接从事社会服务的人员进行大规模、系统化的社会工作专业知识培训，切实提高其职业素质和专业水平。实施高层次社会工作专业人才培养工程，培养一批高层次社会工作专业人才，发挥他们在社会工作专业教育、研究与督导等方面的重要作用。实施社会工作管理人才综合素质提升工程，重点加大社会福利、社会救助、社区服务、残障康复、婚姻家庭、职工帮扶等社会服务机构管理人才培养力度，提高社会工作服务管理的科学化水平。对涉及社会管理和公共服务工作的党政部门、人民团体、相关事业单位、部分执法单位的干部特别是领导干部有计划、有步骤地进行社会工作基础理论、专业知识和方法技能培训，提高其开展社会服务、管理社会事务、协调利益关系、做好群众工作、构建和谐社会的能力。对下派基层锻炼的党政部门、人民团体、相关事业单位、部分执法单位的干部和选聘到村、社区任职的大学毕业生要普及社会工作专业知识。依托有条件的高校、干部学院、科研院所、培训机构、社会服务机构开展培训工作。分领域研究、开发社会工作培训课程和教材。加大社会工作培训师资队伍建设，打造一支专兼职结合、理论与实务水平较高的培训师资队伍。制定社会工作培训质量评估政策和指标体系，加强对培训机构的评估和监督。

8. 大力发展社会工作专业教育。加强社会工作学科专业体系建设，制定科学的专业设置标准，完善社会工作专业教学规范。支持社会工作专业学士、硕士、博士学位授权点基础建设，积极推广社会工作硕士专业学位教育，促进社会工作硕士专业学位教育与社会工作专业人才职业水平考试相衔接。推动社会工作学科重点研究及人才培养基地建设。发展社会工作高等职业教育，改善职业教育结构，逐步形成完善的职业教育体系。改革、完善社会工作专业人才培养模式，提高实践教学在学校教育中的比重，健全实习督导制度，加大实践教学和实习基地建设力度。组织实施社会工作教育与研究人才培养引进工程，适应社会工作专业人才培养和专业发展需要，重点培养和引进一批高素质社会工作教育与研究人才。建立教师参与社会工作实践制度，鼓励一线优秀社会工作专业人才到高校授课。系统总结中国社会工作经验和做法，借鉴国外社会工作专业理论和方法，建构中国特色的社会工作专业理论、课程和教材体系。通过国家社科基金项目、国家软科学研究计划等，支持社会工作专业相关研究。促进社会工作学术团体和平台建设。加强对高校相关专业学生的社会工作通识教育。

四、积极推动社会工作专业岗位开发和专业人才使用

9. 研究制定社会工作专业岗位开发设置政策措施。与我国加强社会建设的进程相适应，深入研究城乡社区、相关单位和社会组织使用社会工作专业人才的政策措施。按照精简效能、按需设置、循序渐进的原则，研究社会工作专业岗位设置范围、数量结构、配备比例、职责任务和任职条件，建立健全社会工作专业岗位开发设置的政策措施和标准体系。

10. 以基层为重点配备社会工作专业人才。城乡基层特别是城市社区要注重配备和使用社会工作专业人才，提高社会服务专业水平，促进社会服务业发展。适应社会主义新农村建设要求，加大为农村特殊群体和困难群众提供服务的社会工作专业人才培养力度，在乡镇和有条件的农村社区探索吸纳和使用社会工作专业人才。创造条件引导和鼓励社会工

作专业人才到农村社区开展服务。在少数民族聚居和信教群众较多的社区，可根据需要配备政治立场坚定、熟悉民族和宗教事务的社会工作专业人才。

11. 明确相关事业单位社会工作专业岗位。要根据事业单位社会功能、职责任务、工作性质、人员结构等因素，分类设置社会工作专业岗位。对老年人福利机构、残疾人福利和服务机构、儿童福利机构、收养服务机构、妇女儿童援助机构、困难职工帮扶机构、婚姻家庭服务机构、青少年服务机构、社会救助服务和管理机构、优抚安置服务保障机构等以社会工作服务为主的事业单位，可将社会工作专业岗位明确为主体专业技术岗位。对学校、医院、人口计生服务机构等需要开展社会工作服务的单位，要将社会工作专业岗位纳入专业技术岗位管理范围。

12. 引导相关社会组织吸纳社会工作专业人才。适应政府职能转变、建设服务型政府的要求，按照培育发展和管理监督并重原则，完善培育扶持和依法管理政策，积极发展民办社会工作服务机构。采取财政资助、提供服务场所等方式支持民办社会工作服务机构更好地开展工作。加强对民办社会工作服务机构的管理监督，建立健全专业评估机制，指导民办社会工作服务机构加强自身建设，促进民办社会工作服务机构健康发展。通过政府购买服务等方式，引导和鼓励公益慈善类社会组织和民办非企业单位吸纳社会工作专业人才。

13. 加大相关行政部门和群团组织使用社会工作专业人才力度。承担社会服务职能的相关行政部门和群团组织要根据事业发展需要逐步使用社会工作专业人才，提高社会服务管理能力。注重培养选拔熟悉社会工作、社会政策的优秀人才进入地方及有关部门和单位领导班子。县（市、区）、乡（镇、街道）行政机关、人民团体中直接面向人民群众提供社会服务的相关岗位，鼓励充实社会工作专业人才，现有人员要善于运用社会工作专业知识和方法，提高社会管理和服务水平。

14. 建立社会工作专业人才流动机制。按照社会主义市场经济规律，打破行业、地域、身份、所有制界限，放宽视野，拓宽渠道，完善社会工作专业人才选拔、流动机制。各级党政机关招录社会服务相关职位公务员时，在同等条件下可优先录用具有丰富基层实践经验、善于做群众工作的社会工作专业人才。实施社会工作专业人才服务新农村建设，社会工作专业人才服务边远贫困地区、边疆民族地区和革命老区等计划，鼓励社会工作专业人才到基层建功立业。

15. 建立社会工作专业人才和志愿者队伍联动服务机制。志愿者队伍是社会工作专业人才开展服务的重要补充力量。建立健全面向全社会的志愿服务动员系统，进一步完善志愿服务体系，普及志愿理念，强化志愿意识，弘扬志愿精神，倡导志愿行为，完善激励机制，培育一支参与广、功能强、作用好的宏大志愿者队伍。建立健全社会工作专业人才和志愿者相互协作、共同开展服务的机制，通过社会工作专业人才的引领，规范志愿者招募注册与管理，提升志愿者服务水平，丰富社会工作专业人才资源，拓展社会工作专业服务范围，增强社会工作专业服务效果。

五、切实推进社会工作专业人才评价和激励工作

16. 建立健全社会工作专业人才评价制度。建立以岗位职责要求为基础，以品德、能力和业绩为导向，科学化、社会化的社会工作专业人才评价机制。完善社会工作专业人才

职业水平评价制度，将取得职业水平证书的社会工作专业人才纳入专业技术人员管理范围。支持城乡基层居（村）民自治组织、社区服务组织、公益服务类事业单位、公益慈善类社会组织、基层社会服务部门相关人员参加社会工作专业人才职业水平考试，不断提高职业素质和专业水平。鼓励用人单位根据工作需要聘用持有职业水平证书的社会工作专业人才。

17. 做好社会工作专业人才薪酬保障工作。建立健全社会工作专业人才薪酬保障机制，切实提高基层社会工作专业人才薪酬待遇水平。在事业单位工作的社会工作专业人才，工资待遇按照国家有关规定执行；在城乡社区、公益慈善类社会组织、民办非企业单位工作的社会工作专业人才，由所在单位合理确定薪酬水平。重视解决社会工作专业人才的社会保障问题，按照国家有关规定办理社会保险事宜。

18. 建立社会工作专业人才表彰奖励制度。以党委、政府表彰奖励为导向，以用人单位和社会力量为主体，按照国家有关规定开展表彰奖励活动。将符合条件的社会工作专业人才纳入享受国务院政府特殊津贴范围。按照国家政策表彰奖励业绩突出、能力卓著、群众认可的优秀社会工作专业人才，大力宣传社会工作专业人才队伍建设方针政策和优秀社会工作专业人才的先进事迹，形成关心支持、理解尊重社会工作专业人才的良好社会氛围，激发广大社会工作专业人才的工作热情和创造潜能。

六、加强党对社会工作专业人才队伍建设的领导

19. 建立健全领导体制和工作格局。坚持党管人才原则，切实加强党对社会工作专业人才队伍建设的领导，建立组织部门牵头抓总，民政部门具体负责，机构编制、发展改革、教育、公安、司法、财政、人力资源社会保障、卫生、人口计生、信访、扶贫等部门以及工会、共青团、妇联、残联等组织密切配合，社会力量广泛参与的工作格局。组织部门要做好社会工作专业人才队伍建设的宏观指导、综合协调；民政部门要加强社会工作专业人才管理机构和队伍建设，切实履行好推进社会工作专业人才队伍建设的有关职能；有关部门要在各自职责范围内积极推进社会工作专业人才队伍建设；工会、共青团、妇联及残联等组织要充分发挥自身优势，大力加强本系统、本领域社会工作专业人才队伍建设，提高其联系群众、服务群众、教育群众、维护群众合法权益等工作的水平和效果。将社会工作专业人才队伍建设纳入国民经济和社会发展总体规划，制定社会工作专业人才队伍建设中长期发展规划，形成推进社会工作专业人才队伍建设长效机制。将社会工作专业人才队伍建设作为人才队伍建设的重要内容，纳入地方和有关部门领导班子考核。加强社会工作行业性组织建设。

20. 加快推进社会工作专业人才政策法规和制度建设。逐步建立健全法律法规、部门规章和政策性文件相配套的社会工作专业人才政策法规体系。研究制定社会工作专业人才管理条例，建立健全社会工作专业人才信息披露、专业督导、服务评估、行业自律、继续教育、违纪处置、职业道德规范等配套制度。根据社会工作专业人才不同服务领域、服务对象的特点和规律，逐步制定行业服务和管理标准，建立科学合理、协调配套的标准体系，加快实施社会工作服务标准化建设示范工程。将社会工作专业人才队伍建设内容纳入社会建设相关法律法规、部门规章和政策性文件制定和修订范围。

21. 加大社会工作专业人才队伍建设投入。各级政府要将应由政府负担的社会工作专

业人才队伍建设经费纳入财政预算，加大财政投入。符合条件的社会工作服务机构按国家税收法律法规的统一规定享受相关税收优惠政策。研究制定政府购买社会工作服务政策，引入竞争机制，规范购买程序，完善购买方式，建立综合绩效评价体系。逐步加大民政部门使用的彩票公益金支持社会工作专业人才队伍建设力度。大力拓宽社会融资渠道，鼓励和支持有条件的企业和个人设立非公募基金会，引导社会资金投向社会工作服务领域。

22. 充分发挥基层党组织的领导作用。社会工作专业人才广泛分布在基层。要切实加强对基层社会工作专业人才队伍建设的领导，充分发挥基层党组织的政治优势和组织优势，为推进社会工作专业人才队伍建设提供坚强保障。认真研究新形势下思想政治工作和群众工作的特点和规律，运用社会工作专业知识和科学方法，提高基层党组织和党员干部解决社会问题、推动社会建设的能力。切实加强党对社会工作服务机构的领导，在各类社会工作服务机构建立健全基层党组织。进一步强化社会工作专业人才思想政治工作，把广大社会工作专业人才团结凝聚在党组织周围，协助党和政府做好化解社会矛盾、协调社会关系、落实惠民政策等工作。注重把政治素质好、业务水平高的社会工作专业人才吸纳进党员干部队伍，选拔进基层领导班子，支持有突出贡献的社会工作专业人才进入人大、政协参政议政。热忱关心爱护社会工作专业人才，为他们开展工作和成长发展营造环境、创造条件。

社会工作专业人才队伍建设中长期规划
（2011—2020 年）

为加快推进我国社会工作专业人才队伍建设，切实增强构建社会主义和谐社会的人才支撑能力，根据《中共中央关于构建社会主义和谐社会若干重大问题的决定》和《国家中长期人才发展规划纲要（2010—2020 年）》，制定本规划。

一、序言

社会工作专业人才是具有一定社会工作专业知识和技能，在社会福利、社会救助、扶贫济困、慈善事业、社区建设、婚姻家庭、精神卫生、残障康复、教育辅导、就业援助、职工帮扶、犯罪预防、禁毒戒毒、矫治帮扶、人口计生、应急处置、群众文化等领域直接提供社会服务的专门人员。社会工作专业人才是构建社会主义和谐社会、加强和创新社会管理不可或缺的重要力量。大力加强社会工作专业人才队伍建设，对增强社区服务功能、提高社区居民自治能力、促进和谐社区建设；对促进就业、扩大内需、优化人才资本配置；对落实社会政策、创新公共服务方式、满足人民群众日益增长的社会服务需求；对有效预防和解决工业化、城镇化、市场化、信息化、国际化加速发展所产生的社会问题，降低社会管理成本，促进社会和谐稳定，推动文明进步；对彰显人文关怀、密切党和人民群众血肉联系、夯实党的执政基础、加强党的执政能力建设，都具有十分重要的意义。

党的十六届六中全会做出建设宏大社会工作人才队伍的决策部署以来，尤其是党的十七大之后，我国社会工作专业人才制度建设稳步推进，实践探索不断深入，发展了一支近 20 万人的社会工作专业人才队伍。他们在提供专业服务、解决群众困难、化解社会矛盾、推进公平正义、促进社会和谐方面作用逐步显现。同时，必须清醒认识到，当前我国社会工作专业人才工作还存在基础比较薄弱，岗位不明确，投入不足，体制机制和政策制度不太完善，人才数量缺口很大、能力素质不高、结构不太合理等问题。我国社会工作专业人才队伍发展总体水平与现有经济实力不相匹配，与人民群众不断增长的社会服务需求不相适应，与构建社会主义和谐社会的要求还有较大差距。

我们要紧紧抓住未来十几年我国人才事业发展的重要战略机遇期，按照实现全面建设小康社会奋斗目标、构建社会主义和谐社会的总体要求，切实增强推进社会工作专业人才队伍建设的使命感和责任感，像高度重视选拔培养经济建设人才那样，高度重视选拔培养社会工作专业人才，采取有力措施，加快推进社会工作专业人才队伍建设，促进经济社会协调发展。

二、指导思想、基本原则和战略目标

（一）指导思想

高举中国特色社会主义伟大旗帜，以邓小平理论和“三个代表”重要思想为指导，深入贯彻落实科学发展观，坚持党管人才原则，立足于我国社会经济发展的客观需要，适应加强和创新社会管理以及转变经济发展方式的现实需求，按照实施人才强国战略的总体部署，以人才培养为基础，以人才使用为根本，以人才评价激励为重点，以政策制度建设为保障，以重点工程实施为载体，努力建设一支高素质的社会工作专业人才队伍，为构建社会主义和谐社会和巩固党的执政基础提供有力的人才支撑。

（二）基本原则

当前和今后一个时期，加强社会工作专业人才队伍建设，必须坚持以下原则：

一是面向群众、服务基层。将直接满足人民群众服务需求作为社会工作专业人才队伍建设的根本出发点和落脚点，用人民群众满意度检验社会工作专业人才队伍建设成效。同时，着力加强基层社会服务平台建设，引导社会服务资源向基层倾斜，鼓励社会工作专业人才到基层服务。

二是突出重点、统筹推进。以城乡基层为重点加强现有社会工作从业人员专业培训，着力推进基层社会工作服务与管理平台建设。以培养高层次社会工作管理人才、服务人才及教育与研究人才为引领，优先开发为困难群体和特殊群体提供服务的社会工作专业人才，优先解决制约社会工作专业人才发展的重大问题。通过重点突破、以点带面，使社会工作专业人才队伍建设由重点领域向一般领域推进、社会工作受益对象由特定人群向普通大众拓展，统筹推进各方面社会工作专业人才队伍建设。

三是完善结构、强化能力。适应城乡、区域、经济社会协调发展的需要，不断促进社会工作专业人才向广大基层、农村和中西部地区流动，不断完善各领域、各层次社会工作专业人才队伍结构。坚持专业化、职业化方向，以职业能力建设为核心，强化社会工作专业人才价值伦理以及应用专业理论、知识、方法、技巧和职业技能提供社会服务、加强社会管理、解决社会问题的能力。

四是党政主导、社会运作。进一步加强和改进党对社会工作专业人才工作的领导，完善管理体制，创新工作机制和方法，确保社会工作专业人才队伍建设的正确政治方向。充分发挥政府在推动社会工作发展、加强社会工作专业人才队伍建设中的主导作用，切实履行在依法规范、政策引导、资金投入等方面职责；同时，加强从事公益服务的事业单位建设，培育民办社会工作服务机构，发展社会工作行业自治组织，促进社会工作服务主体多元化发展，形成党政主导、社会运作、公众参与的社会工作服务与管理格局。

（三）战略目标

到 2020 年，我国社会工作专业人才队伍建设的总体目标是：建立健全社会工作专业人才法规、政策和制度体系，造就一支结构合理、素质优良的社会工作专业人才队伍，使之适应构建社会主义和谐社会的要求，满足人民群众日益增长的社会服务需求。

——社会工作专业人才队伍规模不断壮大。到 2015 年，社会工作专业人才总量增加到 50 万人，其中具有社会工作师职业水平证书或达到同等能力素质的中级社会工作专业人才达到5万人，具有高级社会工作师职业水平证书或达到同等能力素质的高级社会工作专业人才达到1万人。到2020年，社会工作专业人才总量增加到145万人，其中中级社会工作专业人才达到20万人、高级社会工作专业人才达到3万人。

——社会工作专业人才队伍结构不断优化。根据统筹城乡发展、统筹区域发展、统筹经济社会发展的要求，逐步优化社会工作专业人才区域结构、城乡结构、领域结构、专业结构、能力结构和年龄结构，形成合理的初、中、高级人才梯次结构和人才布局，逐步实现社会工作服务在城乡、区域和领域的全覆盖。

——社会工作专业人才能力素质不断提升。未系统受过社会工作专业教育的社会服务人员普遍接受一定时数的社会工作专业培训。社会工作专业人才思想政治和职业道德水平不断提高，专业价值伦理不断强化，专业理论与知识不断丰富，专业方法与技术不断完善，专业实务能力不断增强，综合素质大幅度提升。

——社会工作专业人才效能不断增强。社会工作专业人才在提供社会服务、解决社会问题、化解社会矛盾、降低社会风险、维护社会稳定、增进公平正义、促进社会和谐等方面的专业作用得到充分发挥。

——社会工作专业人才发展环境不断改善。社会工作专业人才培养开发、评价发现、选拔使用、流动配置、激励保障方面的法规、政策与制度不断完善；社会工作服务与管理网络基本建立；社会工作服务组织数量更加充足，布局更加合理，覆盖更加全面，治理更加科学，作用更加明显，社会工作专业人才市场进一步发展；社会工作专业人才队伍建设体制机制更加健全。

三、人才队伍建设主要任务

（一）大规模开发社会工作服务人才

发展目标：适应公共服务和社会管理转型需要，满足人民群众日益增长的个性化、专业化社会服务需求，以培养开发社区建设、社会救助、老年人服务、残疾人服务、青少年服务、妇女儿童服务、职工服务、流动人口服务、婚姻家庭服务、教育辅导、卫生服务、矫治帮扶、群众文化等领域的基层社会工作服务人才为重点，以整合、提升、转化现有社会工作从业人员为基础，统筹推进各类社会工作服务人才队伍建设，培养造就一支数量足、结构优、能力强、素质高的社会工作服务人才队伍。

主要举措：制定高层次社会工作服务人才培养计划，将国（境）内外优质社会工作培训资源优先用于培养开发各领域高层次社会工作服务人才。研究制定各主要领域加强社会工作服务人才队伍建设的实施意见。

将社会工作专业技术人才纳入国家专业技术人才知识更新工程和高校毕业生基层培养计划，组织实施社会工作服务人才职业能力建设工程，重点对城乡基层党组织、群团组织、居（村）民自治组织、社区服务组织、从事公益服务的事业单位、公益慈善类社会组织、基层公共服务和社会管理部门中直接从事社会服务的人员进行大规模、系统化的社会工作专业知识培训。

实施社会工作信息系统建设工程，研究开发社会工作远程教育培训网络。实施社会工作专业人才培训基地和教材建设工程，建立一批分工明确、布局合理、功能完善的社会工作培训基地，开发适应各领域、各类型社会工作服务人才发展需要的培训教材体系。加强实训基地建设，依托基础较好的社会工作服务机构建立一批覆盖各领域的社会工作实训基地。

实施社会工作服务标准化建设示范工程，通过加强标准化建设，建立和完善社会工作服务体系。实施民办社会工作服务机构孵化基地建设工程，着力培育发展民办社会工作服务机构，广泛吸纳社会工作服务人才。

研究制定农村社会工作专业人才发展政策。实施社会工作专业人才服务边远贫困地区、边疆民族地区和革命老区计划以及服务新农村建设计划，支持培养边远贫困地区、边疆民族地区、革命老区和广大农村社会工作服务人才。

（二）大力培养社会工作管理人才

发展目标：适应社会工作行政管理、行业组织建设、服务机构发展和专业实务推进的需要，培养造就一批政治立场坚定，具有宏观视野、战略思维与专业眼光，善于推动事业发展的社会工作行政和行业管理人才；培养造就一批具有社会使命感、懂运营、会管理、通晓社会服务专业知识的社会工作机构管理人才；培养造就一批熟练掌握专业督导方法与技术、具备丰富实务经验、善于解决复杂专业问题，能够带动社会工作服务人才成长、推动专业实务发展的社会工作督导人才。

主要举措：依托国内外高水平大学、示范性职业院校、知名公益类服务组织、公共服务机构和其他社会工作培训机构，加大各类社会工作管理人才培养力度。组织实施社会工作管理人才综合素质提升工程，重点加大社会福利、社会救助、社区服务、残障康复、婚姻家庭、扶贫济困、职工帮扶等社会服务机构管理人才培养力度，提高社会工作服务管理的科学化水平。将社会工作行政管理人才纳入党政人才素质能力提升工程，突出培养一批熟悉社会工作、社会政策的领导干部进入地方及有关部门和组织领导班子，同时对现有分管社会工作的领导干部加强社会工作专业培训。

公共服务和社会管理有关部门与组织要培养、引进和选拔一批熟悉社会工作理论知识、掌握社会工作方法技术的行政管理人才。适应各层次、各领域、各类别社会工作行业组织发展需要，遵循社会工作行业管理规律，创新行业管理人才培养、选拔、使用和流动机制。健全民办社会工作服务机构内部治理结构，将民办社会工作服务机构管理人才纳入各级政府人才培养体系。创新从事公益服务的事业单位社会工作管理人才选拔使用机制、任期目标责任制和经营业绩评价指标体系。分类制定社会工作专业督导能力素质标准，完善专业督导方法与技术，建立健全社会工作专业督导制度。

（三）加快培养社会工作教育与研究人才

发展目标：适应社会工作专业教育、理论、政策与实务发展需要，重点培养造就一批理论功底深、实务能力强，系统掌握国内外社会工作法规政策，能够推动本土社会工作理论和政策实务发展、具备开展国际交流合作能力的社会工作教育与研究人才。

主要举措：将社会工作专业人才纳入青年英才开发计划，组织实施社会工作教育与研究人才培养引进工程，通过社会工作博士学位教育、社会工作科研和服务项目带动、国（境）外进修深造等方式，重点培养一批学历高、研究能力强、学术成果丰富、有良好国际沟通能力的社会工作教育教学人才和政策实务研究人才。支持高等学校、科研院所与海外高水平教育、科研机构联合建立社会工作教育与研究人才培养基地。积极吸引国（境）外高层次社会工作专业人才来华从事教育教学与研究工作。鼓励社会工作教育与研究人才领办民办社会工作服务机构，引导社会工作教育与研究人才走出书本、走出课堂、走向基层、深入实践，提高其应用理论解决实践问题的能力。强化对社会工作基础理论和政策实务研究的支持。加强社会工作专业研究机构和学术交流平台建设。统筹协调各部门、各行业现有社会工作专业人才资源，根据相关社会服务部门、行业和领域的特点，大力培养适合部门需要、体现行业特色、满足领域需求的社会工作服务人才、管理人才及教育与研究人才。大力普及志愿服务理念，强化志愿服务意识，弘扬志愿服务精神，倡导志愿服务行为，健全面向全社会的志愿服务动员系统。充分发挥社会工作专业人才优势，规范相关志愿者招募注册，加强相关志愿者培训管理，建设宏大的社会服务志愿者队伍，建立社会工作专业人才和相关志愿者队伍联动服务机制，为加强社会服务与管理提供坚实的人才资源基础。

四、体制机制与重大政策

（一）建立健全社会工作专业人才管理体制机制

目标要求：根据社会工作专业人才队伍建设的当前需要和长远需求，按照党管人才原则，建立健全符合社会工作专业人才发展规律、体现中国特色的管理体制机制。

主要举措：坚持党管人才原则，切实加强党对社会工作专业人才队伍建设的领导，建立组织部门牵头抓总，民政部门具体负责，机构编制、发展改革、教育、公安、司法、财政、人力资源社会保障、文化、卫生、人口计生、信访、扶贫等部门以及工会、共青团、妇联和残联、红十字会等组织密切配合，社会力量广泛参与的工作格局。组织部门要做好社会工作专业人才队伍建设的宏观指导、综合协调；民政部门要加强社会工作专业人才管理机构和队伍建设，切实履行好推进社会工作专业人才队伍建设的有关职能；有关部门要在各自职责范围内积极推进社会工作专业人才队伍建设；工会、共青团、妇联和残联、红十字会等组织要充分发挥自身优势，大力加强本系统、本领域社会工作专业人才队伍建设，提高其联系群众、服务群众、教育群众、维护群众合法权益等工作的水平和效果。建立社会工作专业人才队伍建设联席会议制度。开展社会工作专业人才信息统计，建立社会工作专业人才资源年度统计调查和定期发布制度，加强社会工作专业人才资源信息库建设。

进一步改进人才管理方式，完善相关公共服务，为在社会组织从业的社会工作专业人才提供档案管理、户籍转移、保险交付、争议仲裁等“一站式”服务，解决社会工作专业人才发展后顾之忧。加强社会工作专业人才市场培育发展，形成以市场调节为基础的人才流动配置机制。

进一步加强相关法制建设，推动社会工作立法，制定社会工作专业人才管理条例，建立健全社会工作专业人才信息披露、专业督导、服务评估、行业自律、继续教育、违纪处置、职业道德规范等配套制度，用法律法规明确社会工作专业人才的职责权利、规范职业行为，形成科学化、制度化、规范化的社会工作专业人才发展环境。

建立健全社会工作专业人才投入机制，落实人才优先投入政策，逐步加大社会工作专业人才队伍建设投入力度；制定政府购买社会工作服务政策，将民办社会工作服务机构纳入政府支持范围，建立并逐步完善政府与民办社会工作服务机构的合作机制；鼓励、支持社会组织建立社会工作发展基金，为推动社会工作专业人才发展提供稳定、充足的经费支持。

（二）建立健全社会工作专业人才培养政策

目标要求：以国家发展和社会需求为导向，以专业化、职业化为核心，建立健全不同学历层次教育共同发展，专业培训和知识普及有机结合的社会工作专业人才培养政策。

主要举措：研究制定社会工作专业人才教育培训规划，合理配置教育培训资源，明确不同地区、不同领域、不同层次、不同类型社会工作专业人才教育培训重点任务和保障措施。研究制定支持民族地区社会工作专业人才队伍建设意见，加大西部地区、民族地区社会工作管理人才、服务人才及教育与研究人才培养开发力度。

加强社会工作学科专业体系建设，制定适合我国各层次、各领域社会工作专业人才培养目标的课程设置和教学标准，建立科学、规范的社会工作专业教学管理制度。建立健全专科、本科、硕士、博士相衔接的社会工作专业学历学位体系，完善社会工作硕士专业学位教育制度。改革社会工作教育培养模式，提高实践教学在学校教育中的比重，探索实行社会工作课堂教学与实务教育相结合的机制，配备具有丰富实践经验的实习督导。制定社会工作服务项目实施和社会工作专业人才培养有机结合的政策措施。建立社会工作专科、本科成人教育制度。大力发展社会工作中等和高等职业教育，根据行业、领域发展需要，设置相关专业方向，着力培养应用型社会工作专业人才，逐步形成完善的职业教育体系。加强实习、实训基地建设，制定社会工作专业学生实习督导管理办法，建立科学合理、标准规范的实习督导制度，明确社会工作督导教师配备标准。建立社会工作专业教师参与社会工作实践制度，加强“双师型”队伍和督导教师队伍培养力度。改革社会工作专业教师评价办法，加大实践教学成果考核比重。开发一批社会工作专业精品课程，形成具有本土特色的教材体系。

完善社会工作专业人才继续教育制度，构建分层分类的社会工作专业人才继续教育体系。加大社会工作培训师资队伍建设，打造一支专兼职结合、理论与实务水平较高的培训师资队伍。制定社会工作培训质量评估指标体系，加强对培训机构的培育、评估和监督。

（三）建立健全社会工作专业人才评价政策

目标要求：坚持以职业道德、能力和业绩为导向，以社会工作专业人才职业水平评价为基础，逐步完善符合国情、与国际接轨、科学合理的社会工作专业人才评价政策。

主要举措：实施分类管理，研究制定适合不同类型、不同层次社会工作专业人才的能力素质标准以及评价、鉴定办法。制定社会工作员和高级社会工作师职业水平评价办法，完善社会工作专业人才职业水平评价制度，形成初、中、高级相衔接的社会工作专业人才职业水平评价体系。将取得职业水平证书的社会工作专业技术人才纳入专业技术人员管理范围，改进社会工作专业人才人事管理办法。完善社会工作专业人才登记管理办法，探索建立与国际接轨的社会工作专业人才职业资格制度。研究制定社会工作专业人才职业道德守则和专业行为规范，加强职业道德和作风建设。

完善社会工作专业人才考核制度，根据社会工作专业人才从业领域、单位性质和岗位胜任力要求，分类形成由品德、知识、能力、业绩等要素构成的岗位评价指标体系。要在有关事业单位建立健全以聘用合同和岗位职责为依据，以工作绩效为主要内容，以服务对象满意度为基础的考核办法。要积极引导有关社会组织建立符合社会工作专业人才特点的评价机制。

（四）建立健全社会工作专业人才使用政策

目标要求：坚持以用为本原则，着眼于发挥社会工作专业人才作用、推动社会工作专业人才合理流动需要，以开发专职岗位和培育服务载体为重点，以畅通人才流动渠道为保障，逐步完善社会工作专业人才使用政策。

主要举措：建立健全城乡社区、相关事业单位、公益慈善类社会组织社会工作岗位开发设置和专业人才使用政策措施。在城市社区要逐步加大社会工作专业人才配置力度，探索在农村社区设置社会工作岗位，通过政府购买服务等方式，配备社会工作专业人才，逐步实现每个农村社区至少配备一名社会工作专业人才的目标。制定出台城乡基层社会工作服务体系建设意见，逐步建立城乡基层社会工作服务网络。坚持培育发展和管理监督并重，积极发展民办社会工作服务机构。完善民办社会工作服务机构发展政策，加大政府购买社会工作服务岗位力度，改善民办社会工作服务机构发展环境。建立社会工作服务机构第三方监督机制。加强党对民办社会工作服务机构的领导，在各类民办社会工作服务机构建立健全基层党组织和工青妇等群团组织。

加大相关事业单位社会工作岗位开发和专业人才使用力度，老年人福利机构、残疾人福利和服务机构、儿童福利机构、收养服务机构、妇女儿童援助机构、困难职工帮扶机构、婚姻家庭服务机构、青少年服务机构、社会救助和管理机构、优抚安置服务保障机构等以社会工作服务为主的事业单位要将社会工作岗位明确为主体专业技术岗位；学校、医院、基层文化服务机构、人口计生服务机构等要根据需要逐步设置社会工作岗位。支持企业设立社会工作岗位，使用社会工作专业人才，开展职工服务。有社会工作服务需求的公共服务和社会管理部门要根据需要明确社会工作岗位。

研究制定促进社会工作专业人才流动政策，积极推动将社会工作专业人才纳入国家有关对口支援机制，通过双向挂职、短期工作、项目合作等多种形式，引导社会工作专业人才向急需紧缺地区、部门和行业流动。采取政府购买服务、报考公职人员和社会工作硕士专业学位优先录用等措施，鼓励和引导高校社会工作专业毕业生到城乡基层、边远贫困地区、边疆民族地区和革命老区就业。开展城乡人才对口扶持，推动社会工作专业人才服务社会主义新农村建设，创造条件引导和鼓励城市社会工作专业人才到农村社区开展服务。研究制定吸引、留住社会工作专业人才到西部地区工作的优惠政策，建立社会工作专业人才对口支持制度，大力推进东部、中部与西部地区社会工作专业人才的交流与合作。

（五）建立健全社会工作专业人才激励保障政策

目标要求：以激发社会工作专业人才积极性、稳定人才队伍、充分实现人才价值为目标，综合运用物质激励和精神激励方式，建立健全有利于社会工作专业人才长期、安心扎根基层、服务一线的激励保障政策。

主要举措：建立健全社会工作专业人才薪酬保障机制，逐步提高社会工作专业人才整体薪酬。在城乡社区和公益类社会组织工作的社会工作专业人才，由所在单位合理确定薪酬水平；在党政机关、人民团体、事业单位工作的社会工作专业人才，工资待遇按照国家有关规定执行。重视社会工作专业人才的社会保障问题，按照国家有关规定办理社会保险事宜。以党委、政府奖励为导向，按照国家有关规定开展多种形式的表彰奖励活动。以用人单位和社会力量为主体，努力提高社会工作专业人才地位和待遇。

将吸纳一定比例的社会工作专业人才，作为评估公益类社会组织的重要指标和政府购买服务的重要条件。鼓励各级党政机关、人民团体、事业单位招录、招聘社会服务相关职位工作人员和选拔干部时，在同等条件下要优先录用具有丰富基层实践经验的社会工作专业人才。注重把政治素质好、熟悉社会服务与管理的社会工作专业人才吸纳进基层党员干部队伍，选拔进基层党组织领导班子，支持有突出贡献的社会工作专业人才进入地方基层人大、政协参政议政。

五、重点工程

（一）社会工作服务人才职业能力建设工程

为适应构建社会主义和谐社会对高素质社会工作专业人才队伍的迫切需要，切实改变现有社会工作服务人员创新创业能力不强现状，每年培训10 000名取得助理社会工作师、社会工作师和高级社会工作师职业水平证书人员。到2015年，通过进修、实习、短训、函授、自学考试等形式，对现有社会工作服务人员进行累计不低于480小时的专业教育和培训，使其基本掌握社会工作专业理念、理论、知识、方法和技巧，熟悉相关法规政策，具备岗位所需的专业能力。到2020年，实现所有在岗社会工作服务人员系统接受良好的专业教育和培训。

（二）社会工作管理人才综合素质提升工程

着眼于提高我国社会工作现代化管理水平和社会公共服务产品供给能力，到2020年培养一批具备社会工作专业理念、熟悉社会工作发展规律，能够统筹推进社会工作专业人才队伍建设的行政管理和行业管理人才；培养8万名具有社会使命感，掌握现代组织管理知识，拥有丰富管理经验，能够有效整合资源、协调关系、凝聚队伍的社会工作机构管理人才；培养8万名具有扎实理论知识基础、丰富实务经验且能够指导解决重大复杂专业问题、引导推动社会工作服务人才成长发展的专业督导人才。

（三）社会工作教育与研究人才培养引进工程

适应我国社会工作蓬勃发展需要，着眼于培养高层次、领军型社会工作教育与研究人才，将高等学校中社会工作教育与研究人才培养纳入国家高素质教育人才培养工程、青年英才开发计划。在统筹考虑现有社会工作学科研究布局和资源基础上，推动社会工作学科重点研究基地建设。到2020年，依托现有资源，建立500家社会工作专业重点实训基地。加快推进社会工作硕士专业学位教育发展，到2020年培养和引进3万名社会工作硕士专业学位研究生，300名社会工作专业博士，3 000名“双师型”专业教师。

（四）社会工作知识普及工程

将社会工作知识列入党政领导干部以及人民团体和有关事业单位领导干部培训课程，在各级党政领导干部以及人民团体和有关事业单位领导干部专题研讨班中加入社会工作专业人才队伍建设专题。每年定期举办地厅（局）级领导干部社会工作专题研究班和县（处）级领导干部社会工作专题研究班，有计划地对社会服务与管理密切相关的部门和组织干部职工进行社会工作知识普及培训，到2020年基本完成对主管社会服务与管理有关部门或相关工作的地厅（局）级和县（处）级领导干部社会工作知识轮训。着重对乡镇（街道）相关工作人员、基层党组织干部、居（村）民委员会成员、下派基层锻炼干部和大学生，以及直接从事社会服务与管理一线人员普及社会工作知识，提升其专业服务与管理能力。将社会工作课程列入高等学校公共基础课程范围，对相关专业学生进行社会工作通识教育。加强对教育工作者、医务工作者、司法工作者等与社会工作专业人才密切相关人员的社会工作知识普及培训。组织编写社会工作知识普及读本，加强社会工作宣传载体建设，通过多种方式提高社会工作的认知度和参与度。

（五）社会工作专业人才服务社会主义新农村建设计划

按照社会工作专业人才服务社会主义新农村建设部署，研究制定社会工作专业人才服务社会主义新农村建设政策措施。采取政府购买服务等方式，从高校社会工作院系、社会工作服务机构抽调专业人员组建服务队，培育农村社会工作专业服务力量。到2015年在国家扶贫开发工作重点县通过依托社区服务中心或新建等方式培育发展200个农村社会工作服务站，到2020年基本实现每个国家扶贫开发工作重点县有一家社会工作服务站，带动培养5万名农村社会工作专业人才。通过国家扶贫开发重点县示范引领其他农村地区社会工作服务发展，推动解决工业化、城市化和市场化带来的农村流动人口、留守人员以及社区发展方面的有关问题，促进社会主义新农村建设。

（六）社会工作专业人才服务边远贫困地区、边疆民族地区和革命老区计划

按照国家边远贫困地区、边疆民族地区和革命老区人才支持计划要求，研究制定社会工作专业人才服务边远贫困地区、边疆民族地区和革命老区的政策措施。采取培训、调训、挂职锻炼等形式每年为边远贫困地区、边疆民族地区和革命老区培养500名急需紧缺社会工作专业人才，支持当地培养相关社会工作专业人才。每年组织选派1 000名社会工作专业人才到边远贫困地区、边疆民族地区和革命老区工作或提供服务，同时为边远贫困地区、边疆民族地区和革命老区社会工作专业人才到发达地区实践锻炼创造条件。

（七）社会工作专业人才培训基地和教材建设工程

适应大规模开展社会工作从业人员教育培训需要，着力加强社会工作培训基地建设。按照分工明确、布局合理、整合资源、优势互补原则，依托各级党校、行政学院、高等院校和各类培训机构等现有培训资源，到2020年，重点扶持发展300家社会工作专业人才培训基地，其中国家层面发展50家并纳入国家专业技术人才知识更新工程国家级继续教育基地建设范围，逐步形成覆盖全国的社会工作培训与继续教育网络。分类制定社会工作培训课程大纲，形成一批针对性、实务性和科学性强的社会工作培训教材。

（八）民办社会工作服务机构孵化基地建设工程

为创新社会服务与管理方式，扩大社会工作服务供给，满足人民群众日益增长的服务需求，通过政府购买服务支持，整合现有资源或新建等方式逐步建立50个国家级民办社会工作服务机构孵化基地，重点扶持和发展为老年人、妇女、儿童、青少年、残疾人、失业人员、低保对象、扶贫对象、受灾群众、进城务工人员、药物滥用人员、艾滋病患者等特殊群体提供服务的民办社会工作服务机构。到2020年，培育发展8万家民办社会工作服务机构。

（九）社会工作服务标准化建设示范工程

大力加强社会工作服务组织网络建设，逐步推进全国街道（乡镇）社会工作服务组织和城乡社区社会工作服务组织建设，到2020年基本实现街道（乡镇）社会工作服务组织全覆盖。着力推进社会工作标准体系研究，建立与我国社会工作发展相适应的社会工作标准体系。到2020年建立200个社会工作服务标准化示范地区、1 000个社会工作服务标准化示范单位和2 000个社会工作服务标准化示范社区，引导和推动社会工作服务发展，扩大社会工作服务覆盖面。

（十）社会工作信息系统建设工程

适应社会工作信息化、现代化发展需要，按照分级、属地原则，建设全国社会工作专

业人才队伍管理门户网站，到2015年建立能够支撑200万用户在线，全面覆盖所有县（区、市）的管理信息系统平台，实现社会工作专业人才需求预测、就业预警、在线登记注册、信息查询、行业自律和社会监管；建设社会工作服务机构信息库，推动整合社会工作服务机构资源，建立社会工作服务网络体系；开发各领域、各层次、各类型社会工作教育培训课件，扩大远程教育培训覆盖面；加强社会工作专业人才服务过程管理，不断提高社会工作服务质量、提升社会工作信息化水平。

六、保障措施

（一）加强组织领导

中央有关部门要做好抓方向、抓宏观、抓政策、抓协调工作，地方有关部门要做好中央政策落实和推进本地社会工作专业人才队伍建设。组织部门要把握规划方向，做好宏观指导、综合协调和监督检查。民政部门要发挥职能作用，强化工作力量，推动有关工作落实。其他有关部门和组织要做好本业务领域社会工作专业人才队伍建设工作。要将规划实施情况纳入地方各级党委政府和有关部门领导班子考核指标，建立规划实施监测评估机制，每年通报规划落实情况。

（二）建立规划体系

各地要以《国家中长期人才发展规划纲要（2010—2020年）》和本规划为指导，根据实际，制定本地区社会工作专业人才队伍建设规划，形成与国家规划衔接配套的社会工作专业人才发展规划体系。各有关部门要抓紧研究制定落实方案，指导推动本行业、本领域贯彻规划要求，推动本行业、本领域社会工作专业人才队伍建设。

（三）加大资金投入

随着国家财力增长，不断加大对社会工作专业人才发展工作的投入力度，逐步加大民政部门使用的彩票公益金支持社会工作专业人才队伍建设力度，并引导社会资金，增加对规划项目的投入，以形成财政资金、社会资金等共同参与的多元化投入机制。

（四）加强示范引导

认真总结社会工作专业人才队伍建设实践经验，组织开展全国社会工作专业人才队伍建设示范地区和单位创建活动，发挥示范地区和单位的引领带动和辐射作用，推动社会工作专业人才发展规划的全面落实。

（五）加强研究宣传

深入开展社会工作专业人才理论研究，积极探索社会工作专业人才资源开发规律。运用多种方式开展社会工作专业人才队伍建设宣传，提高社会工作专业人才的社会认知度。广泛宣传社会工作专业人才发展规划的重要意义、指导思想、基本原则、目标任务、主要举措以及规划实施过程中出现的典型经验和成功做法，为规划顺利实施营造良好社会氛围。

社会工作者职业道德指引

第一章 总 则

第一条 为加强社会工作者职业道德建设，保证社会工作者正确履行专业社会工作服务职责，根据国家有关规定，制定本指引。

第二条 本指引所指的社会工作者是指通过全国社会工作者职业水平评价，提供专业社会工作服务的人员。

第三条 社会工作者应热爱祖国、热爱人民、拥护中国共产党领导，遵守宪法和法律法规，贯彻落实党和国家有关方针政策。

第四条 社会工作者应践行社会主义核心价值观，遵循以人为本、助人自助专业理念，热爱本职工作，以高度的责任心，正确处理与服务对象、同事、机构、专业及社会的关系。

第二章 尊重服务对象 全心全意服务

第五条 社会工作者应以服务对象的正当需求为出发点，全心全意为服务对象提供专业服务，最大程度地维护服务对象的合法权益。

第六条 社会工作者应平等对待和接纳服务对象，不因民族、种族、性别、户籍、职业、宗教信仰、社会地位、教育程度、身体状况、财产状况、居住期限等因素而区别对待。

第七条 社会工作者应尊重服务对象知情权，确保服务对象在接受服务过程中，了解自身和机构的权利、责任和义务，以及获得服务的情况和可能由此产生的结果。

第八条 社会工作者应在不违反法律、不妨碍他人正当权益的前提下，保护服务对象的隐私，对在服务过程中获取的信息资料予以保密。

第九条 社会工作者应培养服务对象自我决定的能力，尊重和保障服务对象对与自身利益相关的决定进行表达和选择的权利。

第十条 社会工作者不得利用与服务对象的专业关系，谋取私人利益或其他不当利益，损害服务对象的合法权益。

第三章 信任支持同事 促进共同成长

第十一条 社会工作者应与同事建立平等互信的工作关系。

第十二条　社会工作者应主动与同事分享知识、经验、技能，互相促进，共同成长。有责任在必要时协助同事为服务对象提供服务，接受转介的工作。

第十三条　社会工作者应尊重其他社会工作者、专业人士和志愿者不同的意见及工作方法。任何建议、批评及冲突都应以负责任、建设性的态度沟通和解决。

第十四条　社会工作者应相互督促支持，对同事违反专业要求的言行予以提醒，对同事受到与事实不符的投诉予以澄清。

第四章　践行专业使命　促进机构发展

第十五条　社会工作者应认同机构使命和发展目标，遵守机构规章制度，按照机构赋予的职责开展专业服务。

第十六条　社会工作者应积极维护机构的形象和声誉，在发表公开言论或进行公开活动时，应表明自己代表的是个人还是机构。

第十七条　社会工作者应致力于推动机构遵循社会工作专业使命和价值观，促进机构成长、参与机构管理，增强服务能力、提高服务质量。

第五章　提升专业能力　维护专业形象

第十八条　社会工作者在提供专业服务时，应诚实、守信、尽责，积极维护专业形象。社会工作者应在自身专业能力和服务范围内提供服务。

第十九条　社会工作者应不断内化和践行专业理念，持续充实专业知识和技能，提升专业能力，促进专业功能的发挥和专业地位的提升。

第二十条　社会工作者应继承中华民族优良传统，借鉴国际社会工作发展优秀成果，总结中国社会工作经验，推动中国特色社会工作发展。

第六章　勇担社会责任　增进社会福祉

第二十一条　社会工作者应运用专业视角，发挥专业特长，参与相关政策法规的制定和完善，维护社会公平正义，增进社会福祉。

第二十二条　社会工作者应正确鼓励、引导社会大众参与社会公共事务，推动社会建设。

第二十三条　社会工作者应推广专业服务，促进社会资源合理分配，使社会服务惠及社会大众。

第七章　附　则

第二十四条　本指引自发布之日起施行。

民政部　财政部关于政府购买社会工作服务的指导意见

各省、自治区、直辖市民政厅（局）、财政厅（局），各计划单列市民政局、财政局，新疆生产建设兵团民政局、财务局：

为建立健全政府购买社会工作服务制度，加快推进社会工作专业人才队伍建设，加强以保障和改善民生为重点的社会建设，根据《国家中长期人才发展规划纲要（2010—2020年)》（中发〔2010〕6号)、《国家基本公共服务体系“十二五”规划》（国发〔2012〕29号)、《关于加强社会工作专业人才队伍建设的意见》（中组发〔2011〕25号）和《中华人民共和国政府采购法》要求，现就政府购买社会工作服务提出如下意见：

一、充分认识政府购买社会工作服务的重要性与紧迫性

社会工作服务是社会工作专业人才运用专业方法为有需要的人群提供的包括困难救助、矛盾调处、人文关怀、心理疏导、行为矫治、关系调适、资源协调、社会功能修复和促进个人与环境适应等在内的专业服务，是现代社会服务体系的重要组成部分。政府购买社会工作服务，是政府利用财政资金，采取市场化、契约化方式，面向具有专业资质的社会组织和企事业单位购买社会工作服务的一项重要制度安排。建立健全政府购买社会工作服务制度，深入推进政府购买社会工作服务，是加强社会工作专业人才队伍建设、促进民办社会工作服务机构发展的内在要求；是创新公共财政投入方式、拓宽公共财政支持范围、提高公共财政投入效益的重要举措；是改进现代社会管理服务方式、丰富现代社会管理服务主体、完善现代社会管理服务体系的客观需要；对于加快政府职能转变，建设服务型政府，有效满足人民群众不断增长的个性化、多样化社会服务需求，具有十分重要的意义。

近年来，不少地方围绕政府购买社会工作服务政策制度、体制机制、方式方法等进行了一系列实践探索，在拓宽服务领域、深化服务内涵、提高服务质量、满足社会需求等方面取得了重要成果。但从整体上看，我国政府购买社会工作服务还存在着政策制度不健全、体制机制不完善、规模范围较小等问题，与中央加快构建现代社会服务体系、增强民生保障能力、加强和创新社会管理的目标要求和人民群众不断增长的社会服务需求相比尚有较大差距。各级民政和财政部门要切实增强责任感和紧迫感，充分总结借鉴国内外政府购买社会工作服务实践经验，以改革创新精神，采取更加有力措施，加快推进政府购买社会工作服务。

二、政府购买社会工作服务的指导思想、工作原则和主要目标

（一）指导思想

以中国特色社会主义理论体系为指导，大力推进公共财政改革，以满足人民群众服务需求、保障和改善基本民生为根本出发点，以建立健全政策制度、完善体制机制为着力点，以培养使用社会工作专业人才队伍、扶持发展民办社会工作服务机构为基础，深入推进政府购买社会工作服务，为进一步完善现代社会服务体系、深化公共财政体制改革、促进社会事业健康发展提供有力保障。

（二）工作原则

坚持立足需求、量力而为，从人民群众最基本、最紧迫的需求出发设计、实施社会工作服务项目，用人民群众社会服务需求是否得到有效满足作为检验政府购买社会工作服务的重要标准；通过以点带面、点上突破、面上推广方式，以城市流动人口、农村留守人员、困难群体、特殊人群和受灾群众为重点，有计划、有步骤地开展政府购买社会工作服务，逐步拓展政府购买的领域和范围。坚持政府主导、突出公益，加强对政府购买社会工作服务的组织领导、政策支持、财政投入和监督管理，充分尊重市场主体地位，发挥市场机制在配置社会服务资源中的基础性作用，通过公开透明、竞争择优方式选择服务提供机构；引导服务提供机构按照公益导向原则组织实施社会工作服务项目。坚持鼓励创新、强化实效，立足各地经济社会发展实际，充分借鉴国内外有益经验，创新政府购买社会工作服务的体制机制，改进政府购买社会工作服务的方式方法，建立健全具有中国特色的政府购买社会工作服务制度；切实加强绩效管理，降低服务成本，提高服务效率，增强政府购买社会工作服务的针对性和有效性。

（三）主要目标

建立健全政府购买社会工作服务政策制度，建立完善的社会工作服务标准体系，形成协调有力的政府购买社会工作服务管理体制以及规范高效的工作机制；加大财政投入力度，逐步拓宽政府购买社会工作服务范围、扩大政府购买社会工作服务规模、提升政府购买社会工作服务质量；加快培养一支高素质的社会工作专业人才队伍，发展一批数量充足、治理科学、服务专业、作用明显的社会工作服务机构，提高其承接政府购买社会工作服务的能力，使社会工作服务的范围、数量、规模和质量适应经济社会发展要求，有效满足人民群众个性化、多样化、专业化服务需求。

三、政府购买社会工作服务的主体、对象、范围、程序与监督管理

（一）购买主体

各级政府是购买社会工作服务的主体。各级民政部门具体负责本级政府购买社会工作服务的统筹规划、组织实施和绩效评估；各级财政部门具体负责本级政府购买社会工作服务规划计划审核、经费安排与监督管理；各有关部门和群团组织负责本系统、本行业社会工作服务需求评估，向同级民政部门申报社会工作服务计划并具体实施。

（二）购买对象

政府购买社会工作服务的对象主要为具有独立法人资格，拥有一支能够熟练掌握和灵活运用社会工作知识、方法和技能的专业团队，具备完善的内部治理结构、健全的规章制度、良好的社会公信力以及较强的公益项目运营管理和社会工作专业服务能力的社会团体、民办非企业单位和基金会。具备相应能力和条件的企事业单位可承接政府购买社会工作服务。

（三）购买范围

按照“受益广泛、群众急需、服务专业”原则，重点围绕城市流动人口、农村留守人员、困难群体、特殊人群和受灾群众的个性化、多样化社会服务需求，组织开展政府购买社会工作服务。实施城市流动人口社会融入计划，为流动人口提供生活扶助、就业援助、生计发展、权益维护等服务，帮助其尽快融入城市生活，实现城市户籍居民与外来经商务工人员的和谐共处。实施农村留守人员社会保护计划，帮助农村留守儿童、妇女和老人缓解生活困难，构建完善的社会保护与支持网络。实施老年人、残疾人社会照顾计划，为老年人和残疾人提供生活照料、精神慰藉、社会参与、代际沟通等服务，构建系统化、人性化、专业化的养老助残服务机制。实施特殊群体社会关爱计划，帮助药物滥用人员、有不良行为青少年、艾滋病患者、精神病患者、流浪乞讨人员、社区矫正人员、服刑人员、刑释解教人员等特殊人群纠正行为偏差、缓解生活困难、疏导心理情绪、改善家庭和社区关系、恢复和发展社会功能。实施受灾群众生活重建计划，围绕各类受灾群众的经济、社会、心理需要，开展生活救助、心理疏导、社区重建、资源链接、生计项目开发等社会工作专业服务，帮助受灾群众重树生活信心、修复社会关系、恢复生产生活。

（四）购买程序

一是编制预算。民政部门根据本地经济社会发展水平和财力状况，协调有关部门和群团组织切实做好人民群众尤其是困难群体、特殊人群社会服务需求的摸底调查与分析评估，核算服务成本，提出政府购买社会工作服务的数量、规模、质量与效果目标要求，科学编制年度社会工作服务项目预算并报同级财政部门审批。二是组织购买。购买社会工作服务，原则上应通过公开招标方式进行。对只能从有限范围服务机构购买，或因技术复杂、性质特殊而不能确定具体服务要求、不能事先计算出价格总额的社会工作服务项目，经同级财政部门批准，可以采用邀请招标、竞争性谈判方式购买。对只能从唯一服务提供机构购买的，向社会公示并经同级财政部门批准后，可以采取单一来源采购方式组织采购。政府购买社会工作服务的组织实施，必须符合《中华人民共和国政府采购法》以及相关法律法规和部门规章要求。三是签订合同。民政部门要按照合同管理要求，与服务提供机构订立购买服务合同，明确购买服务的范围、数量、质量要求以及服务期限、资金支付方式、违约责任等内容。四是指导实施。财政和民政部门要及时下拨购买经费，指导、督促服务承接机构严格履行合同义务，按时完成服务项目任务，保证服务数量、质量和效果。

（五）监督管理

建立健全政府购买社会工作服务监督管理制度，形成完善的社会工作服务项目购买文件档案，制定具体、详实、严格的专业服务、资金管理及效果评价等方面指导标准。切实加强过程监管，按照政府购买社会工作服务合同要求，对专业服务过程、任务完成和资金使用情况等进行督促检查。建立由购买方、服务对象及第三方组成的综合性评审机制，及时组织对已完成社会工作服务项目的结项验收。积极推进第三方评估，发挥专业评估机构、行业管理组织、专家等方面作用，对服务机构承担的项目管理、服务成效、经费使用等内容进行综合考评。坚持过程评估与结果评估、短期效果评估与长远效果评估、社会效益评估与经济效益评估相结合，确保评估工作的全面性、客观性和科学性。将考评结果与后续政府购买服务挂钩，对考评合格者，继续支持开展购买服务合作；对考评不合格者，提出整改意见，并取消一定时期内承接政府购买社会工作服务资格；情节严重者，依法依约追究有关责任。建立社会工作服务提供机构征信管理制度。

四、加强对政府购买社会工作服务的组织领导

（一）建立健全领导体制和工作机制

各有关部门要将政府购买社会工作服务提上重要议事日程，纳入基本公共服务发展规划。适应社会工作分布广泛、高度分散的特点，建立健全以民政和财政部门为主导、各有关部门密切配合、社会力量广泛参与的工作机制。各省级民政和财政部门要根据本指导意见，抓紧制定具体实施办法。加强社会工作行业组织建设，发挥其在推动政府购买社会工作服务中的积极作用。

（二）建立健全政府购买社会工作服务制度

适时制定政府购买社会工作服务管理办法。将政府购买社会工作服务要求纳入社会工作专业人才队伍建设、民办社会工作服务机构发展以及政府采购、公共财政投入等方面法规政策和部门规章制修订范围。围绕社会工作服务流程、专业方法、质量控制、监督管理、需求评估、成本核算、招投标管理、绩效考核、能力建设等环节，加快相关标准研制步伐，逐步建立科学合理、协调配套的社会工作管理服务标准体系，为政府购买社会工作服务提供有力技术保障。

（三）培育发展社会工作服务载体

在充分发挥现有相关社会组织和企事业单位作用基础上，通过完善管理体制、适当放宽准入条件和简化登记程序等措施，鼓励社会工作专业人才创办民办社会工作服务机构。采取财政资助、落实税收优惠政策、提供办公场所等方式支持处于起步阶段、具有发展潜力的民办社会工作服务机构发展。引导民办社会工作服务机构完善内部治理结构，健全规章制度，加强管理服务队伍建设，提升资源整合、项目管理和社会工作服务水平，增强承接政府购买社会工作服务的能力。建立健全民办社会工作服务机构信息公开制度，着力提高其社会公信力。培育发展一批社会工作专业能力建设与评估咨询机构，为更好开展政府购买社会工作服务提供专业支持。

（四）加大政府购买社会工作服务经费投入

各级财政要将政府购买社会工作服务经费列入财政预算，逐步加大财政投入力度，扩大政府购买社会工作服务范围和规模，带动建立多元化社会工作服务投入机制。探索建立社会工作服务项目库，实现项目库管理与预算编制的有机衔接。从民政部门留用的彩票公益金中安排资金，用于购买社会工作服务。鼓励社会资金支持购买社会工作服务。严格资金管理，确保资金使用安全规范、科学有效。中央财政安排专项资金，支持社会组织参与

社会工作服务，引导社会工作专业人才为困难群体、特殊人群以及中西部地区和老少边穷地区提供专业服务。

（五）加强政府购买社会工作服务宣传交流

积极发挥各类新闻媒体作用，加强对政府购买社会工作服务的宣传。定期组织开展优秀社会工作服务项目和民办社会工作服务机构评选，调动社会力量参与社会工作服务的积极性，增强社会各界对政府购买社会工作服务的认同与支持。建立健全政府购买社会工作服务信息管理平台，依托信息网络技术，开展需求调查、计划发布、项目管理、政策宣传、信息公开等工作，提升政府购买社会工作服务管理水平。定期举办社会工作宣传周、项目推介会、展示会、公益创投等活动，为民办社会工作服务机构交流经验、推广项目、争取资源创造条件。

民政部　财政部关于加快推进社区社会工作服务的意见

各省、自治区、直辖市民政厅（局）、财政厅（局），各计划单列市民政局、财政局，新疆生产建设兵团民政局、财务局：

为贯彻落实《国家中长期人才发展规划纲要（2010—2020年）》（中发〔2010〕6号）、《国务院关于加强和改进社区服务工作的意见》（国发〔2006〕14号）、《中共中央办公厅　国务院办公厅关于加强和改进城市社区居民委员会建设工作的意见》（中办发〔2010〕27号）、《国务院办公厅关于印发〈社区服务体系建设规划（2011—2015年）〉的通知》（国办发〔2011〕61号）和《关于加强社会工作专业人才队伍建设的意见》（中组发〔2011〕25号）要求，切实加强社区社会工作专业人才队伍建设，积极发展社区社会工作服务，进一步促进和谐社区建设，现就加快推进社区社会工作服务制定如下意见：

一、充分认识加快推进社区社会工作服务的重要性与紧迫性

社区是社会的基本单元，是社会工作专业人才开展服务的主要平台。改革开放以来，我国工业化、城镇化、市场化、信息化和农业现代化快速发展，带来社会结构、组织形式、利益格局、思想观念的深刻变化，社区成为各种利益关系的交汇点、各种社会矛盾的聚焦点、社会建设的着力点和党在基层执政的支撑点。加快推进社区社会工作服务，对推动解决工业化、城镇化、市场化、信息化和农业现代化发展衍生的社会矛盾与问题，保障社会安全，维护社会稳定；对增强居民自治能力、培育居民互助意识、扩大社会参与、促进社区融合、增进社区和谐；对强化社区服务功能、深化社区服务内涵、提升社区服务层次、完善社区服务体系，满足社区居民心理疏导、精神慰藉、行为矫治、关系调适、能力提升等新的个性化服务需求；对丰富基层社会管理方式、创新基层社会管理体制、增强基层社会管理能力、强化基层社会管理效果；对落实党和政府惠民政策、彰显人文关怀、扩大和巩固党执政的群众基础，具有十分重要的意义。

党的十六届六中全会做出建设宏大社会工作人才队伍的决策部署以来，我国社区社会工作专业人才队伍初具规模，社区社会工作专业岗位逐步开发，社区社会工作服务组织逐步培育，社区社会工作服务逐步开展，社会工作在拓展社区服务范围、深化社区服务内涵、提升社区服务水平、回应社区居民需求、加强社区凝聚力、促进社区和谐与发展等方面的专业作用得到初步显现。但从整体上看，我国社区社会工作服务基础还比较薄弱，还存在社区社会工作专业人才数量不足、素质不高、结构不优，社区社会工作服务平台不宽、服务机制不完善、服务标准不健全、规模范围较小等问题，与中央促进社区发展、加强社区服务体系建设、创新基层社会管理的要求以及广大社区居民不断增长的专业社会工

作服务需求相比尚有较大差距。要从和谐社区建设、夯实党执政基础的战略高度，充分认识加快推进社区社会工作服务的重要意义，切实增强责任感和紧迫感，充分总结借鉴国内外社区社会工作服务经验，以改革创新精神，采取更加有力措施，加快培养壮大社区社会工作专业人才队伍，广泛深入开展社区社会工作服务。

二、加快推进社区社会工作服务的总体要求

（一）指导思想

坚持以邓小平理论、“三个代表”重要思想、科学发展观为指导，以满足居民需求、促进社区和谐、推动社区发展为根本出发点，以社区社会工作专业人才队伍建设为核心，以培育社区社会工作服务组织为基础，以普及应用社会工作专业理念、知识与方法为关键，以深化社区社会工作服务为重点，以建立健全体制机制、完善政策制度为保障，加快推进社区社会工作事业发展，为构建社会主义和谐社会、改善基本民生、巩固党的执政基础提供有力支撑。

（二）基本原则

坚持以民为本、立足需求。从城乡社区建设要求和社区居民的社会服务需求出发，构建社区社会工作服务制度，培养社区社会工作服务人才，设计和实施社区社会工作服务项目，用社区居民需求的满足程度来检验社区社会工作服务发展成效。坚持党政主导、社会参与。切实加强党对社区社会工作服务的领导，确保社区社会工作服务发展的正确方向；政府切实履行社区社会工作服务宏观规划、标准规范、政策引导、资金投入、监督管理等方面职责；建立健全社会参与机制，鼓励和发动广大社会组织、驻区单位、社区居民、志愿者队伍参与社区社会工作服务。坚持分类推进、突出重点。根据城市与农村以及东、中、西部地区和少数民族地区的各自特点，因地制宜确定社区社会工作服务发展速度、力度、范围与方式；同时，根据当前的突出问题与紧迫需求，以社区为依托，着力做好城市流动人口、农村留守人员、老年群体、困难群体、特殊人群的社会工作服务。坚持专业引领、融合发展。积极培养社区社会工作专业人才，加大对城乡社区自治组织成员、基层党组织成员、社区专职工作者、社区服务人员的社会工作知识普及培训，逐步用专业社会工作理念丰富社区工作理念，用专业社会工作制度创新社区管理服务制度，用专业社会工作方法提升社区管理服务水平，加快实现社会工作与社区建设在更高层次、更广范围、更多领域的融合发展。

（三）总体目标

当前和今后一个时期，要建立健全社区社会工作服务政策制度，建立完善的社区社会工作服务标准体系，形成协调有力的社区社会工作服务体制机制；加快培养一支高素质的社区社会工作专业人才队伍，发展一批数量充足、服务专业的社区社会工作服务组织，科学设置社区社会工作专业岗位；争取到2020年广大城乡社区自治组织成员、基层党组织成员、社区专职工作者、社区服务人员能够普遍掌握应用社会工作专业理念、知识与方法参与社区管理与服务，有效满足社区居民服务需求，促进社区和谐发展。

三、加快推进社区社会工作服务的主要任务

（一）大规模培养和使用社区社会工作专业人才队伍

坚持提升存量与扩充增量、专业培训与知识普及相结合，建立健全社区社会工作专业人才培养制度。以实施社会工作服务人才职业能力建设工程、社会工作管理人才综合素质提升工程和社区服务人才队伍建设工程为抓手，依托社会工作专业人才培训基地以及社区建设和社区服务人才培训基地，重点对城乡社区直接从事社会服务的人员进行大规模、系统化的社会工作专业知识培训，逐步提升转化为社会工作专业人才。推动建立高校社会工作专业教育与社区社会工作专业人才培养对接机制，支持社区管理与服务人员参加社会工作硕士专业学位在职教育。完善社会工作者职业水平评价制度，支持社区管理与服务人员参加社会工作者职业水平考试。根据社区管理与服务需要，支持城乡社区通过向社会公开招聘、民主选举、竞争上岗、挂职锻炼等方式，配备和使用社区社会工作专业人才；积极招录全日制高校社会工作专业毕业生到社区就业，逐步扩大社会工作专业人才在社区管理与服务人员中的比例，不断壮大社区社会工作专业人才队伍。对下派城乡社区锻炼的党政部门、人民团体、相关事业单位、部分执法单位的干部和选聘到村、社区任职的大学毕业生要普及社会工作专业知识。

（二）不断拓宽社区社会工作服务平台

城乡基层特别是城市社区要注重配备和使用社会工作专业人才，积极开发社会工作专业岗位，扩大就业范围，吸纳更多社会工作专业人才到社区服务。按照和谐社区建设总体要求，本着理顺关系、理清职能、整合资源的原则，逐步在街道社区服务中心、社区服务站、社区矫正机构等社区公共服务平台设置社会工作专业岗位，配备社会工作专业人才，鼓励社会工作专业人才通过选举进入城市社区党组织、社区居民自治组织、业主委员会。适应新农村建设需要，积极推动乡镇社会事务办或民政所设置社会工作专业岗位。鼓励有条件的街道和乡镇依托现有资源创建社区社会工作服务组织、设立社区家庭综合服务中心等方式，吸纳和使用社会工作专业人才，面向城乡社区特殊、困难群体提供社会工作服务。落实国家有关税收优惠政策，鼓励通过简化登记程序、降低登记门槛、提供服务场所、政府购买服务等方式，支持社会力量兴办社区社会工作服务组织，引导民办社会工作服务组织面向社区开展专业服务。

（三）分类推进社区社会工作服务

根据城乡社区发展特点和社区居民需求，分类推进社区社会工作服务。在城市社区重点开展针对老年人、未成年人、外来务工人员、残疾人和低收入家庭的社区照顾、社区融入、社区矫正、社区康复、就业辅导、精神减压与心理疏导服务。在农村社区以空心村落、空巢家庭、留守人群为重点，为留守儿童提供生活、学习、心理和安全等方面服务，为留守老人提供生活照料、代际沟通、精神慰藉、文化娱乐等方面服务，为留守妇女提供安全教育、技能培训、能力提升、关系调适等方面服务。开展城乡人才对口支持，创造条件引导和鼓励城市社会工作专业人才到农村社区开展服务。在少数民族聚居和信教群众较多的社区，根据需要配备政治立场坚定、熟悉民族和宗教事务的社会工作专业人才开展少数民族社会工作。积极推动社会工作方法与党的群众工作和思想政治工作有机结合，进一

步提升广大城乡基层党员干部、社区工作人员在宣传倡导、组织动员、资源策动、服务提供方面的本领。配合、支持社区居民委员会，定期开展社区居民需求调查，发动社区居民参与制定、实施社区发展规划，参与策划、执行社区服务项目与活动方案，进行社区动员与倡导。根据社区居民需求，综合运用个案工作、小组工作和社区工作方法，为有需要的社区居民及家庭提供个案辅导服务，开展小组活动，推动社区教育，提升居民个人和家庭社会功能；引导和培养居民主动参与社区公共生活和社区事务，加强社区居民能力建设，增强社区发展能力，建立健全社区支持网络；组织社区居民实现自助、互助和社区自治，形成理性平和、宽容接纳、诚信友爱、平等尊重的居民关系，增强社区凝聚力、归属感和人文关怀，促进社区文明、和谐与稳定。

（四）建立健全社区、社会组织和社会工作专业人才联动服务机制

按照“政府扶持、社会承接、专业支撑、项目运作”的思路，探索建立以社区为平台、社会组织为载体、社会工作专业人才为支撑的新型社区服务管理机制。坚持社会事社会办、专业事专业办原则，通过政府购买服务等方式，逐步将街道和乡镇政府面向社区的事务性、服务性工作委托有专业能力的社会组织承接，社会组织聘用社会工作专业人才提供服务。采取公办民营、民办公助等方式面向社区社会工作服务组织开放社区资源，为社区居民提供社会工作服务。通过建立健全社区、社会组织和社会工作联动服务机制，扩大社区社会工作服务范围，提升社区社会工作服务层次，创新基层社会管理方式，完善基层社会管理体制，增强基层社会管理实效。

（五）建立健全社区社会工作专业人才引领志愿者服务机制

志愿者队伍是社区社会工作专业人才开展服务的重要补充力量。建立社区社会工作专业人才定期、定向联系志愿者制度，对社区志愿者开展社会工作专业知识与技能培训，提升志愿服务水平。依托志愿者注册登记管理信息系统和社区公共服务综合信息平台，实现社区志愿服务需求与供给的无缝对接，做好社区志愿服务记录工作。探索在社区志愿者组织中配备社会工作专业人才，负责志愿者的招募、组织、管理、培训和监督，引导和带领志愿者协助实施社区服务项目，参与社区建设。对有从事社会工作职业意愿且符合条件的优秀志愿者，在其通过社会工作者职业水平考试并经登记后，优先录用到社区社会工作专业岗位。社区社会工作专业人才要以志愿服务项目为载体，充分调动社会力量广泛参与社区事务，丰富社区服务资源，凝聚社区建设合力，最大程度实现社区共驻共建共享。

四、加强对社区社会工作服务的组织领导

（一）建立健全管理体制和工作机制

各地要将发展社区社会工作服务及其人才队伍建设纳入经济和社会发展规划，纳入城乡社区建设总体规划和人才队伍发展规划；结合实际抓好本意见的贯彻落实，制定具体实施意见，出台具体落实措施。推动建立党委政府考核、群众评价和社会评议相结合的社区社会工作服务绩效评估机制；加快建立政府主导、社会广泛参与的社区社会工作服务推进机制。

（二）加快推进社区社会工作服务法规、政策与标准化建设

建立健全社区社会工作专业人才教育培训、评价考核、选拔任用、流动配置、激励保

障等政策。研究制定社区社会工作服务组织扶持发展政策措施。将社区社会工作服务标准化建设纳入国家社会工作服务标准化建设示范工程实施范围，围绕社区社会工作服务流程、服务方法、绩效评估等关键环节，研究制定社区社会工作服务标准。将社区社会工作服务及其人才队伍建设内容纳入基层社会管理、社区建设相关法律法规、部门规章和政策性文件制定和修订范围。

（三）加强社区社会工作专业人才激励保障工作

贯彻《关于加强社会工作专业人才队伍建设的意见》（中组发〔2011〕25 号）要求，建立健全社区社会工作专业人才薪酬保障机制，逐步提高社区社会工作专业人才薪酬待遇水平；鼓励各级党政机关、人民团体、事业单位招录、招聘社会服务相关职位工作人员和选拔干部时，在同等条件下要优先录用具有丰富基层实践经验的社区社会工作专业人才；注重把政治素质好、熟悉社会服务与管理的社区社会工作专业人才吸纳进基层党员干部队伍，选拔进基层党组织领导班子，支持有突出贡献的社区社会工作专业人才进入地方基层人大、政协参政议政，切实提高社区社会工作专业人才的政治待遇、社会地位与职业吸引力，引导社区社会工作专业人才长期、安心扎根基层、服务一线。

（四）加大社区社会工作服务投入

落实《民政部　财政部关于政府购买社会工作服务的指导意见》（民发〔2012〕196 号），将社区社会工作服务纳入政府购买服务范围，逐步加大财政投入力度，确保社区社会工作服务开展有场地、有人员、有资金。每年从民政部门留用的福利彩票公益金中安排一定资金，用于支持开展社区社会工作服务。鼓励社会资金支持购买社区社会工作服务。

（五）加强社区社会工作服务研究宣传

加强社区社会工作服务基地建设，利用社区平台为社会工作专业学生提供实习、实训，引导高校资源开展社区社会工作服务研究，及时总结提炼并利用社区社会工作研究成果指导实践发展，不断提高社区社会工作服务成效。加强对外合作交流，学习借鉴国外和港澳台地区社区社会工作服务先进经验，研究解决社区社会工作服务发展过程中的重点、难点和热点问题。支持各级各类新闻媒体采取广大社区居民喜闻乐见的形式，广泛宣传各地发展社区社会工作服务的重大意义、目标任务和经验做法，调动广大社区居民支持和参与社区社会工作服务的积极性，为推进社区社会工作服务营造良好的社会氛围。

关于加强社会工作专业岗位开发与人才激励保障的意见

各省、自治区、直辖市民政厅（局）、综治办、教育厅（教委）、公安厅（局）、司法厅（局）、财政厅（局）、人力资源社会保障厅（局）、卫生计生委，总工会、团委、妇联、残联；新疆生产建设兵团民政局、综治办、教育局、公安局、司法局、财务局、人力资源社会保障局、卫生局、人口计生委，工会、团委、妇联、残联：

为加快推进社会工作专业人才队伍建设，不断提高社会工作专业化职业化水平，根据《国家中长期人才发展规划纲要（2010—2020年）》（中发〔2010〕6号）、《关于深化司法体制和社会体制改革的意见》（中办发〔2014〕24号）和《关于加强社会工作专业人才队伍建设的意见》（中组发〔2011〕25号）要求，现就加强社会工作专业岗位开发与人才激励保障提出如下意见：

一、加强社会工作专业岗位开发与人才激励保障的重要意义和总体要求

加强社会工作专业人才队伍建设，促进专业社会工作发展，是创新社会治理、激发社会活力的内在要求，是完善现代社会服务体系、满足人民群众个性化多样化服务需求的制度安排，是推进国家治理体系和治理能力现代化的重要内容。党的十六届六中全会提出建设宏大的社会工作人才队伍以来，我国专业社会工作得到快速发展，在服务人民群众、化解社会矛盾、融洽社会关系、促进社会和谐、巩固党的执政基础等方面发挥了重要作用。但总体看，我国专业社会工作仍处在起步阶段，基础还比较薄弱，专业化职业化水平还不高，尤其是专业岗位不规范、数量较少，社会工作专业人才薪酬待遇水平较低，成为制约社会工作专业人才队伍壮大和专业社会工作发展的重要瓶颈。开发和规范社会工作专业岗位，提升社会工作专业人才薪酬待遇和激励保障水平，是发展专业社会工作的当务之急，是有效吸引和稳定广大社会工作专业人才长期投身专业化社会治理与服务的迫切需要。

今后一个时期，各地要从落实“四个全面”战略布局和创新社会治理、保障改善民生的战略高度，以社会需求为导向，扩大专业社会工作覆盖领域和服务范围，逐步加大社会工作专业岗位开发和规范力度，建立健全社会工作专业人才激励保障制度，切实保障社会工作专业人才薪酬待遇水平，拓宽职业发展空间。各地在推进社会工作专业岗位开发与人才激励保障工作中，要坚持按需设岗、以岗定薪。按照国家有关规定，根据现实发展需要，积极开发社会工作专业岗位，将符合条件的社会工作专业人才配置到相应社会工作专业岗位，落实相应的薪酬待遇。要坚持分类指导、有序推进。根据群团基层组织、城乡社区以及相关事业单位、社会组织的性质与特点，适应不同领域专业社会工作发展的实际需要开发社会工作专业岗位，完善社会工作专业人才薪酬待遇与激励保障措施。要坚持保障基层、稳定一线。充分发挥专业岗位的承载作用、薪酬待遇与激励保障政策的导向作用，

切实解决广大社会工作专业人才的后顾之忧，积极引导、重点保障社会工作专业人才到基层一线和艰苦地区开展专业服务活动。

二、加快推进社会工作专业岗位开发

（一）明确社会工作职业任务

加快推进社会工作的职业化发展，根据不同领域社会工作服务需求与特点，逐步完善社会工作职业标准，明确社会工作职业任务。社会工作职业任务主要包括：运用社会工作专业理念、方法与技能，提供帮困扶弱、情绪疏导、心理抚慰、精神关爱、行为矫治、社会康复、权益维护、危机干预、关系调适、矛盾化解、能力建设、资源链接、社会融入等方面服务，帮助个人、家庭恢复和发展社会功能；帮助面临共同困境或需求的群体建立支持系统；培育社区社会组织、开展社区活动、参与社区协商、化解社区矛盾、促进社区发展；组织开展社会服务需求评估、方案设计、项目管理、绩效评价与行动研究；开展社会工作专业督导，帮助督导对象强化专业服务理念、提升专业服务能力、解决专业服务难题；协助做好志愿者招募、注册、培训与考核，引导和组织志愿者开展社会服务。用人单位应按照社会工作职业任务要求，结合自身需求与特点明确和规范社会工作专业岗位职责任务和任职条件。

（二）明确社会工作专业人才配备要求

老年人福利机构、残疾人福利和服务机构、儿童福利机构、收养服务机构、妇女儿童援助机构、困难职工帮扶机构、职工权益维护机构、婚姻家庭服务机构、青少年服务机构、社会救助服务机构、救助管理机构、未成年人保护机构、优抚安置服务保障机构等以社会工作服务为主的事业单位可根据工作需要将社会工作专业岗位明确为主体专业技术岗位；医院、学校、殡仪服务机构、人口计生服务机构等需要开展社会工作服务的单位，要将社会工作专业岗位纳入专业技术岗位管理范围。贯彻落实中央关于事业单位改革的精神，积极探索采取政府购买服务方式提供社会工作服务，逐步实现政府提供社会工作服务从“养人”向“办事”转变。支持引导相关事业单位在承接实施政府购买社会服务中吸纳和使用社会工作专业人才。街道（乡镇）社区服务中心、城乡社区服务站、街道（乡镇）综治中心、社区综治中心、家庭综合服务中心、基层文化服务机构、群团组织服务阵地等基层公共服务平台以及基层人民调解组织、社区矫正机构、安置帮教机构、禁毒戒毒机构、灾害救援组织等根据需要配备社会工作专业人才。鼓励有条件的街道和乡镇依托现有资源支持发展民办社会工作服务机构，使用社会工作专业人才，通过政府购买服务等方式延伸基层社会治理与专业服务臂力。

（三）规范社会工作专业岗位聘用（任）

各地要支持引导城乡社区以及相关事业单位、社会组织明确社会工作专业岗位等级，建立相应的社会工作职级体系，不断拓宽和畅通社会工作专业人才的职业发展空间。实行国家社会工作者水平评价类职业资格与相应系列专业技术职务评聘相衔接，通过考试取得国家社会工作者职业资格证书人员，用人单位可根据工作需要，聘用（任）相应级别专业技术职务。聘用到高级专业技术岗位的，应具有高级社会工作师职业资格证书；聘用到中级专业技术岗位的，应具有社会工作师职业资格证书；聘用到初级专业技术岗位的，应具有助理社会工作师职业资格证书。

三、切实做好社会工作专业人才激励保障工作

（一）合理确定社会工作专业人才薪酬待遇

根据社会工作专业人才从业领域、工作岗位和职业水平等级，落实相应的薪酬保障政策。对聘用到事业单位的正式工作人员，按照国家有关规定确定工资待遇；对以其他形式就业于基层党政机关、群团组织、事业单位、城乡社区、社会组织和企业的社会工作专业人才，由用人单位综合职业水平等级、学历、资历、业绩、岗位等因素并参考同类人员合理确定薪酬标准，同时按照国家有关规定办理社会保险和公积金。各地要根据经济社会发展和整体工资水平，制定并适时调整城乡社区、社会组织和企业的社会工作专业人才薪酬指导标准。完善政府购买社会工作服务成本核算制度，编制预算时要将社会工作专业人才人力成本作为重要核算依据。承接政府购买服务的单位应参考当地薪酬指导标准支付社会工作专业人才薪酬。各地要将高层次社会工作专业人才纳入当地急需紧缺和重点人才引进范围，按照规定享受户籍落地、保障房申请等相关优惠政策；在选拔申报享受政府特殊津贴人员时要充分考虑符合条件的优秀社会工作专业人才。

（二）加大社会工作专业人才表彰奖励力度

将社会工作专业人才纳入国家现有表彰奖励范围，对政治坚定、业绩突出、能力卓著、群众认可的社会工作专业人才给予表彰奖励。开展全国专业社会工作领军人才选拔培养活动，将获选的专业社会工作领军人才纳入国家专业技术人才知识更新工程重点培养范围。各地各有关部门要按照国家有关规定，结合实际开展形式多样的社会工作专业人才表彰奖励活动。落实《边远贫困地区、边疆民族地区和革命老区人才支持计划实施方案》（中组发〔2011〕23 号）要求，对表现优异、贡献突出的被选派社会工作专业人才由国家或地方按规定予以表彰奖励，执行“社会工作专业人才服务边远贫困地区、边疆民族地区和革命老区计划”成绩突出的单位，由国家或地方按照相关规定给予表彰。鼓励社会工作服务机构、社会工作教育研究机构等对单位内部优秀社会工作专业人才开展多种形式的表彰奖励。鼓励社会工作行业组织、有条件的企业、社会组织和个人依法设立社会工作专业人才奖励基金，对有突出贡献的社会工作专业人才进行奖励。

（三）努力提高社会工作专业人才职业地位

落实《关于加强社会工作专业人才队伍建设的意见》要求，注重把政治素质好、业务水平高的社会工作专业人才吸纳进党员干部队伍，选拔进基层领导班子，支持有突出贡献的社会工作专业人才进入人大、政协参政议政。承担社会服务职能的党政机关、群团组织和事业单位在招录（聘）社会服务相关职位工作人员和选拔干部时，同等条件下优先录（聘）用具有丰富基层实践经验、善于做群众工作的社会工作专业人才，逐步充实社会服务专业力量。鼓励符合条件的社会工作专业人才通过选举进入社区（村）党组织、居（村）民自治组织。引导社会工作专业人才通过优质的专业服务，赢得群众认可，提升专业形象。鼓励有条件的地区设立社会工作专业人才关爱基金。依托各类新闻媒体和活动载体，广泛宣传专业社会工作优秀人物、先进事迹和典型经验，大力报道专业社会工作发展历程及最新成就，积极争取社会各界对专业社会工作发展的参与支持，大力营造关心、理解、尊重社会工作专业人才的浓厚社会氛围。

（四）关心艰苦地区社会工作专业人才成长发展

落实国家为推动西部大开发，促进边远贫困地区、边疆民族地区和革命老区发展的各

项人才激励政策。对录（聘）用到艰苦地区工作的社会工作专业人才，同等条件下在提拔晋升、专业技术职务聘用（任）时优先予以考虑。对在艰苦地区服务满两年报考社会工作专业硕士、博士研究生的社会工作专业人才，同等条件下优先录取。对自愿长期留在艰苦地区工作的优秀社会工作专业人才，当地政府部门要根据有关政策协助解决其住房、子女就学、配偶就业等事宜。

四、进一步加强对社会工作专业岗位开发与人才激励保障工作的组织领导

（一）落实工作职责

各地要将发展专业社会工作纳入当地经济社会发展规划。各地综治、教育、公安、民政、司法行政、财政、人力资源社会保障、卫生计生等部门以及工会、共青团、妇联、残联等群团组织要高度重视社会工作专业岗位开发与人才激励保障工作，按照《关于加强社会工作专业人才队伍建设的意见》中确立的社会工作专业人才队伍建设工作机制要求，履行各自职责，相互支持配合。综治部门要注重发挥社会工作专业人才在促进基层社会治理、平安中国建设中的作用，协调推进综治领域社会工作专业岗位开发与人才激励保障工作。民政部门要发挥牵头引导作用，联合推进各领域社会工作专业岗位开发，加快建立健全社会工作专业人才激励保障制度。财政部门要加大社会工作专业岗位开发与人才激励保障的支持力度。人力资源社会保障部门要将取得国家社会工作者水平评价类职业资格证书的社会工作专业人才纳入专业技术人员管理范围，指导做好相关事业单位社会工作专业岗位开发、社会工作专业人才评价、薪酬待遇落实和激励保障工作。教育、公安、司法行政、卫生计生等部门以及工会、共青团、妇联、残联等群团组织要做好各自领域的社会工作专业岗位开发与人才激励保障工作。各地要抓紧研究制定具体实施办法，形成从中央到地方相互衔接的社会工作专业岗位开发与人才激励保障政策体系。

（二）加大资金支持

各地要将应由政府承担的社会工作专业人才薪酬待遇和激励保障经费纳入财政预算，加大财政投入，加强绩效评价，确保资金使用效益。各有关部门和组织要重视解决本系统、本领域社会工作专业人才薪酬待遇问题。积极引导社会资金支持社会工作专业人才激励保障工作。符合国家支持大众创业、万众创新有关政策条件的社会工作服务机构可以按照规定享受有关优惠政策，促进社会工作服务人员就业。探索面向市场开展社会工作服务，通过合理收费解决专业人员薪酬保障和机构生存发展等问题。

（三）强化督查落实

民政部会同中央综治办、教育部、公安部、司法部、财政部、人力资源社会保障部、国家卫生计生委等部门以及全国总工会、共青团中央、全国妇联、中国残联等群团组织将联合组成督查组，对各地落实社会工作专业岗位开发与人才激励保障政策情况进行督促检查，研究解决政策实施中的突出问题。各地相关部门要对本地区贯彻落实社会工作专业岗位开发与人才激励保障政策的情况进行督查，确保各项政策要求落实到位，确保社会工作专业人才有广阔的职业发展空间，其薪酬待遇水平与职业地位得到明显提高。

广东省关于加强社会工作人才队伍建设的实施意见

为贯彻落实《中共广东省委广东省人民政府关于加强社会建设的决定》（粤发〔2011〕17号）精神，建设一支结构合理、素质优良的社会工作人才队伍，特制定本实施意见。

一、加强社会工作人才专业化培养

（一）构建社会工作人才培养体系

探索建立学历教育、专业培训和知识普及相结合的社会工作人才培养体系。加强社会工作学科专业体系建设，改革社会工作教育培养模式，提高实践教学在专业教育中的比重，制定社会工作专业学生实习督导管理办法和督导教师配备标准。建立我省社会工作人才终身学习培训机制，出台社会工作者继续教育办法，构建分层分类的社会工作人才继续教育体系。加强现有社会工作从业人员的教育培训及提升转化工作。建立社会工作人才培养的国际交流合作机制。

（二）加快社会工作人才培育基地建设

按照分工明确、布局合理、优势互补的原则，整合全省各级党校（行政学院）、高等学校、职业学院和各类社会培训机构等资源，加快构建省、市、县（市、区）三级人才培训网络。制定社会工作培训质量评估指标体系和培训课程大纲，加强对培训基地的扶持、评估和监督。到2015年，建立4个省级社会工作人才培育基地、50个社会工作专业重点实训基地。各地级以上市建立至少1个市级社会工作人才培育基地。建设全省社会工作远程教育培训网络。

（三）实施社会工作人才重点培养工程

1. 社会工作教育与研究人才培养引进工程

将社会工作人才纳入海外高层次人才引进计划和特聘专家制度支持范围。到2015年，吸引30名国（境）外高层次社会工作人才来粤从事教育教学与研究工作。大力培养我省社会工作教育与科研人才，通过科研和服务项目带动、到国（境）外进修深造等方式，重点培养一批学历高、研究能力强、学术成果丰富的社会工作教育教学人才和政策实务研究人才。到2015年，全省遴选30名中青年优秀社会工作教育研究人才出国深造，组织实施30个重大社会工作攻关项目。

2. 社会工作管理人才综合素质提升工程

与国内外高等学校建立委托培养机制，每年对各级社会工作行政管理骨干进行在职培训；3年内对公益服务类事业单位负责人轮训一遍，培训时间累计不少于2个月。到2015

年，选拔输送100名从事社会工作的行政管理骨干到高校社会工作院系深造或在职培养；选派100名民办社工机构管理人才到国（境）外培训、考察；培养500名优秀社会工作督导人才。

3. 社会工作服务人才职业能力建设工程

取得社会工作者职业水平证书的人员，纳入专业技术人员管理，按照《广东省专业技术人员继续教育条例》规定，每年参加不少于72学时的继续教育。对在岗但仍未取得相应社会工作者职业水平证书的人员，应采取进修、实习、短训、函授、自学考试等形式，进行不少于720小时的专业教育和培训。

4. 社会工作知识普及工程

将社会工作知识列入党政领导干部培训课程。定期举办厅（局）级领导干部和县（处）级领导干部社会工作专题研究班，力争三年内对市、县（市、区）所有党政领导干部轮训一遍。各市制订社会工作知识普及计划，对本市各级领导干部轮训一遍，着重对相关部门、乡镇（街道）、公益服务类事业单位负责人及工作人员、基层党组织干部、村（居）民委员会成员、下派基层锻炼的干部和大学生，以及直接从事社会服务与管理一线工作的人员进行社会工作知识教育培训。

二、推进社会工作人才职业化发展

（四）积极拓展社会工作服务领域

按照整体规划、分步推进的原则，有计划、有步骤、有重点地在社会福利与救助、扶贫开发、就业服务、教育辅导、卫生服务、家庭服务、法律援助、安置帮教、老龄服务、社区服务、社区矫正等领域推进社会工作。重点在民政、司法、残联、工会、共青团、妇联等部门和单位先行先试，加快拓展社会工作人才服务领域。加强城乡基层社会工作服务体系建设，依托社区服务培养社会工作人才。新建或整合社区公共场地设施，以社会工作人才为骨干，为居民提供专业化服务。

（五）着力开发设置专职岗位

突出城乡社区、公益服务类事业单位和社会组织吸纳社会工作人才的主体作用。在具有社会管理和公共服务职能的人民团体及实际承担社会管理服务职责的相关单位、社会组织，明确一批社会工作岗位；在公益服务类事业单位和城乡社区组织中，通过岗位调整、合并的方式，内设一批社会工作岗位；在公益服务类社会组织中，着力开发一批社会工作岗位。到2015年，全省专业社会工作者达到5万人，每万人持证社工人数达到5人。每个城市社区至少配备3名登记在册的社会工作人才，每个农村社区至少配备1名登记在册的社会工作人才；民政和工会、共青团、妇联、残联等系统的公益服务性事业单位，社会工作岗位设置比例不低于20%；全省公益服务性社会组织，社会工作岗位设置比例不低于25%。

（六）合理配备社会工作人才

严格规范社会工作从业人员准入管理，推行社会工作专业岗位职业资格聘任制度。对现有在编在岗人员，采取提升转换的方法，通过专业培训，限期通过考试获得社会工作者职业水平证书。新开发设置的社会工作岗位，主要招收社会工作专业毕业生和具备资质的专业人员。公益服务类社会组织通过提升转换和引进的方式，按要求配备社会工作专业人才。要将社会工作岗位的设置比例作为评估公益服务类社会组织的重要指标和政府购买社会服务的重要条件。

（七）大力发展民办社会工作服务机构

按照分类指导、有序规范的原则，降低准入门槛，简化登记手续，完善注册办法，积极培育引导民办社会工作服务机构发展。到2013年，建立5个省级民办社会工作服务机构孵化基地，为新成立的民办社会工作服务机构提供包括场地设备、能力建设、注册协助、小额补贴等社会组织创业初期亟需的资源。到2015年，全省民办社会工作服务机构达到500家。其中，制度健全、管理规范、服务专业、作用明显、具有示范导向作用的民办社会工作服务机构达到50家。

（八）建立“社工＋志愿者”联动发展机制

构建“社工引领志愿者，志愿者协助社工”的互动格局。引导各地志愿者组织设置一定数量的社会工作岗位，将志愿者培训纳入社会工作教育培训规划。鼓励符合条件的志愿者，通过学习、培训、考证等方式步入社会工作岗位。建立联动信息平台，实现社工、志愿者服务信息的实时共享。

三、推行社会工作人才科学化评价

（九）完善社会工作人才评价办法

研究探索社会工作员职业水平评价办法，将未考取职业水平证书的高等学校社会工作专业毕业生，以及经过社会工作专业培训、具备相应条件的现有社会工作从业人员，纳入社会工作员评价范围，对达到评价标准的，经登记成为社会工作员。

（十）实行社会工作人才登记制度

制定社会工作人才登记管理办法。需在政府购买社会服务的项目中以社会工作者的身份从事社会服务活动的，应到民政部门或其授权机构进行登记。逐步探索建立与国际接轨的社会工作者注册制度。建立和完善我省社会工作人才信息库。

（十一）建立社会工作人才考核评估体系

研究制定不同类型、不同层次的社会工作岗位职责规范。建立社会工作人才岗位考核制度，形成由品德、知识、能力、业绩等要素构成的岗位评价指标体系。采用资格考试、业绩考核和同行评议相结合的办法，对在岗社会工作人才的专业能力、职业素质和工作绩效进行综合评价。建立社会工作人才行业管理制度。

四、建立健全社会工作人才激励保障机制

（十二）建立公共财政支持体系

加大财政支持力度，合理界定政府购买社会服务范围，建立以政府购买服务为主要形式的财政支持社会工作发展机制。鼓励引导社会资金对社会工作的投入和支持。

（十三）建立合理的薪酬保障机制

以体现专业人才价值为导向，建立健全社会工作人才薪酬保障机制。事业单位社会工

作岗位人员，执行相应专业技术岗位薪酬标准；城乡社区和公益服务类社会组织社会工作岗位人员，原则上不低于当地同等条件专业技术人员平均薪酬水平。探索建立社会工作人才岗位津贴制度。落实社会工作人才的社会保障政策，按规定给予办理社会保险事宜。

（十四）畅通社会工作人才流通渠道

完善社会工作人才选拔机制。在制订公务员年度选拔计划中，逐步扩大面向社会工作者或社会工作专业毕业生的比例。研究制定鼓励、支持社会工作人才到贫困山区工作的优惠政策，加大社会工作人才对口支持力度，推进珠三角地区与粤东西北地区社会工作人才的交流合作。取消现行限制人才流动的规定，凡取得社会工作者职业水平证书并受聘于我省社会工作岗位的人才，不受户口指标和年龄等条件限制，可在工作所在地入户或在居住地享受积分制入户政策。本人不愿意迁移户口的，可办理居住证并享受与户籍居民同等的待遇。

（十五）建立社会工作人才意见“直通车”制度

发挥社会工作人才服务基层、了解群众需求的优势，畅通社会工作人才建言献策的渠道。在党代表、人大代表、政协委员中适当增加社会工作人才代表的比例。各级党政部门尤其是社会管理和公共服务部门，要在门户网站上设立社会工作人才建言献策智囊箱。重大社会建设政策出台前，要征求社会工作人才代表的意见。

（十六）建立社会工作人才激励机制

以政府激励为导向、用人单位和社会力量激励为主体，采取多种形式的激励措施，有效激发社会工作人才的积极性和创造性。

五、建立健全社会工作人才队伍建设机制

（十七）强化工作责任制

各级党委、政府要加强对社会工作人才队伍建设的领导，定期组织工作评估，对社会工作人才队伍建设严重滞后的地区和部门，给予通报批评。建立由组织部门牵头，民政部门具体负责，有关部门密切配合的工作格局。抓紧出台《广东省中长期社会工作人才发展规划（2011—2020年）》（暂名），研究制定配套政策，形成社会工作人才大量涌现、创造活力竞相迸发、聪明才智充分发挥的生动局面。

（十八）加强管理机构建设

各级人才工作协调小组要加强宏观指导，协调解决社会工作人才队伍建设的重大问题。各级民政部门作为社会工作人才队伍建设的行政主管部门，要切实加强对社会工作人才队伍建设的统筹协调和指导。鼓励各地成立社会工作（者）协会，充分发挥行业管理机构在行业自律、权益维护、业务培训、纠纷调解、合作交流等方面的积极作用，形成自我管理、自我服务、自我监督、自我发展的良性机制。

（十九）加大宣传引导力度

积极宣传有关加强社会工作及其人才队伍建设的方针政策，及时总结和推广各地社会工作人才队伍建设的新思路、新举措、新经验。通过“岭南社工节”活动，提高全社会对社会工作的知晓度和认同度，营造重视社会工作发展、尊重社会工作人才的良好氛围。

关于扩大广东省社会工作人才队伍建设试点工作的通知

各地级以上市民政局，佛山市顺德区民政宗教和外事侨务局：

为认真贯彻《国家中长期人才发展规划纲要（2010—2020年）》及《广东省中长期人才发展规划纲要（2010—2020年）》，落实省政府与民政部签订的《共同推进珠江三角洲地区民政工作改革发展协议》要求，根据全省民政工作会议精神，省厅决定在总结广州、深圳、珠海、东莞等地社会工作人才队伍建设试点经验的基础上，扩大我省社会工作人才队伍建设试点，珠三角地区要加快推进完善社会工作有关制度，其他各市至少选择1个区（县、市）和1个民政事业单位开展试点，并逐步扩大试点范围和领域，推动我省加快建立现代社会工作制度。现将扩大试点工作的有关事项通知如下：

一、充分认识扩大我省社会工作人才队伍建设试点工作的重要意义

社会工作是社会建设的重要组成部分，社会工作人才是解决社会问题的“医师”，是构建社会主义和谐社会的重要资源和宝贵财富，在落实社会政策、了解群众需求、改进社会服务、协调利益关系、化解社会矛盾、增进社会和谐、推动社会进步等方面都有其独到的作用。当前，社会工作人才已被纳入《国家中长期人才发展规划纲要（2010—2020年）》，是国家今后一段时期内要统筹推进的六类主体人才队伍之一。加强社会工作人才队伍建设是构建社会主义和谐社会的迫切需要，建设一支宏大的社会工作人才队伍是党和国家的一项重大战略决策。

自2007年民政部开展全国社会工作人才队伍建设试点工作以来，我省充分发挥珠三角地区先行先试的引领作用，坚持解放思想，改革创新，积极探索，大力推进社会工作人才队伍建设，特别是珠三角地区试点先行，在社会工作组织机构建设、政策制度建设、社工岗位开发、社工服务领域拓展等方面取得了初步成效，民办社工服务机构发展迅速，社工试点领域不断拓展，人才队伍日益壮大，专业化程度稳步提升，服务效果逐渐显现，社会认同度显著提高，逐步探索了各具特色的社会工作及其人才队伍建设发展的路子，积累了一定的推进社会工作发展的经验。目前，全省已有3个地区和4个单位被民政部命名为全国社会工作人才队伍建设试点示范地区和单位。但是，由于经济社会发展不平衡，我省粤东、粤西、粤北地区在社会工作人才队伍建设上尚未起步，社会工作发展不平衡，将严重制约我省社会工作制度的整体建立，影响社会工作及其人才队伍建设的全面发展。

省委十届八次全会提出了“加快转型升级，建设幸福广东”的目标，部署了在新形势下做好群众工作的具体措施；《广东省中长期人才发展规划纲要（2010—2020年）》将社

会工作人才培养工程列入我省人才发展的十三项重点工程之一，我省社会工作面临难得的发展机遇。加快发展社会工作是我省加强社会建设、提升民生福祉的现实需要和必然选择，将对创新社会管理体制、加快社会保障体系建设、提升基本公共服务水平产生根本性影响。各地要充分认识新形势下加快推进社会工作及其人才队伍建设的重要意义，稳步推进社会工作人才队伍建设试点，为全省全面开展社会工作、率先在全国建立社会工作制度提供宝贵经验。

二、扩大社工试点的基本原则、目标任务和方法步骤

（一）基本原则

1. 立足现实，突出重点

各地要正视社会工作人才队伍短缺，政府对社会工作服务投入不足的现实，结合各地实际，以民生需求为导向，立足民政，立足城乡社区及民政福利机构的现实发展，推动引进专业社会工作人才，培训提升现有社会工作从业人员专业素质和技能。

2. 分类实施

分步推进。要根据各地财力和社工人才培育发展的实际情况，分类推进试点地区和单位先行先试，取得一定经验后，再稳步推进到其他地区和领域。

3. 充分借鉴，大胆摸索

各地要努力学习借鉴珠三角地区先行先试的经验，充分考虑地区差异，发挥各地优势，大胆探索，建立适合各地特点的社会工作推进路子，培养本地社会工作人才队伍。

（二）目标任务

按照“两年试点探索，五年初见成效”的思路，以岗位开发和人才培养为重点，到2012年，各地民政直属事业单位全部完成社会工作岗位开发设置工作，试点地区至少培育发展1家民办社工服务机构，培育起一支本土的专业社会工作人才队伍，对现有社会工作从业人员全面培训一次，有条件的要出台社会工作人才队伍建设的政策文件，力争探索出我省欠发达地区开展社会工作的路子，实现我省社会工作的全面推进、均衡发展，使我省专业社会工作者到2015年达到5万人，社会工作人才达到20万人。

（三）方法步骤

1. 积极申报试点

各地市应根据本地实际，坚持先易后难、稳步推进的原则，综合考虑各方面因素，至少选取1个区（县、市）和1个民政事业单位开展试点。此次试点时间为两年（2011年、2012年）。

2. 试点方案制订及实施

各地在选定试点区（县、市）和试点单位后，应尽快开展服务区域及服务对象的需求评估，并根据评估结果拟定试点实施方案，包括服务区域的问题分析或服务对象的需求评估、试点的目标、主要内容、实施步骤、经费预算、评估指标等内容。试点实施方案制订后，各地应分步骤、分阶段地开展试点工作。

3. 试点成效评估

为保证试点成效，各试点区（县、市）和试点单位应定期开展自我评估，各地市民政

局应组织评估小组对试点工作定期开展评估，及时发现问题并做出调整。

4. 评选试点示范单位和地区

我厅将在扩大试点工作的基础上，开展全省社会工作试点示范创建活动，制定试点示范基本标准，表彰一批全省社会工作试点示范县（区、市）和试点示范单位。

三、试点工作的主要内容

（一）大力开展教育培训工作

各试点区（县、市）和试点单位要以提高运用专业理念、提供专业服务、整合社会资源、协调社会关系、处理复杂问题等能力为重点，采取座谈会、研讨会、工作坊、专家讲座、脱产培训、考察学习等方式，大力开展社会工作知识普及和专业培训。各地要以职业水平考试为契机，积极组织动员民政系统干部职工以及社区、公益类社会组织从业人员积极参加全国社会工作者职业水平考试，加强培训，推动社工知识普及，提升行政管理人员、事业单位人员和社区工作者的专业素质和能力。

（二）培育发展民办社会工作服务机构

各地要以开展试点工作为契机，采取简化登记手续、政府购买服务等手段，积极培育发展民办社会工作服务机构。引导社会组织引进专业社会工作人才，引导专业社会工作者向基层组织流动，为社会工作人才发挥作用、施展才能提供空间和舞台。

（三）注重岗位开发与机构设置

试点区（县、市）要吸收广州、深圳等地结合社会管理体制改革，在社区中引入专业社会工作人才和服务机构，建立社区综合服务中心的经验做法，结合实际加快推进完善社区社会工作；试点的事业单位要争取设立社会工作科（部），根据《广东省民政事业单位岗位设置管理指导意见》，将取得社会工作者职业水平证书的人员优先聘用到相应的职级岗位上，并引进社会工作专业人才积极开展服务。

（四）认真总结试点工作经验

各试点区（县、市）要结合《国家中长期人才发展规划纲要（2010—2020 年）》和《广东省中长期人才发展规划纲要（2010—2020 年）》，认真总结试点经验，研究制定有关促进社会工作发展的意见和方案。试点单位要结合试点，制定科学合理、系统完善、切实可行的社会工作规章制度。

四、扩大试点工作要求

（一）要加强组织领导

各地要高度重视，将社会工作人才队伍建设试点工作作为一项重要工作，摆上位置，积极申报。试点地区和单位确定后，要积极争取当地党委、政府的支持，协调组织、编制、人事、财政等部门及时研究解决试点过程中遇到的困难和问题。我厅将适时组织试点地区和单位开展社会工作培训，组织珠三角先行先试地区与新开展试点地区的交流合作，切实加强对试点工作的指导。

（二）要精心组织实施

各试点地区和试点单位要设立专门的试点工作指导机构，配备精干人员，制订试点工作方案，精心组织，有序推进试点工作。在试点过程中，各地市要加强指导，及时发现问题、总结经验，培育试点示范，要加大福彩公益金支持社会工作试点的力度，确保试点工作顺利进行。

（三）要加大宣传力度

各地要充分利用媒体，广泛宣传社会工作知识和理念，提高社会尤其是各级领导干部对开展社会工作试点、加快社会工作发展重要性、必要性和紧迫性的认识。各试点地区和单位要加强试点进展情况的信息报送，展示社会工作服务的功能作用、人物风采，省厅将在社会工作简报、民政门户网站及有关媒体上予以宣传，营造社会工作的良好氛围。

请各地于2011年3月31日前将选定的试点区（县、市）及试点单位及联系人名单报至省厅社会工作处。

联系人：石卉
联系电话：020－83312007，83312075
传真：83312017
电子邮箱：mzt_shihui@gd.gov.cn

关于印发《关于推进社会工作者与志愿者联动工作的实施意见》的通知

省直各有关单位，各地级以上市民政局、团委、文明办，佛山市顺德区民政宗教和外事侨务局、团委、文明办，各有关院校：

按照中央18部委出台的《关于加强社会工作专业人才队伍建设的意见》《社会工作专业人才队伍中长期规划》，以及《中共广东省委广东省人民政府关于加强社会建设的决定》《关于加强社会工作人才队伍建设的实施意见》的有关要求，结合我省实际，为加快建立社会工作专业人才和志愿者队伍联动服务机制，完善社会志愿服务体系，现将《关于推进社会工作者与志愿者联动工作的实施意见》印发给你们，请结合实际，认真贯彻执行。

广东省民政厅　共青团广东省委员会

广东省精神文明建设委员会办公室

2013年9月22日

关于推进社会工作者与志愿者联动工作的实施意见

为贯彻落实中央和省委省政府关于加强社会工作专业人才队伍建设和志愿服务事业发展的精神和整体战略部署，有效整合社会工作者（以下简称“社工”）和志愿者（也称“义工”）资源，构建“社工引领志愿者、志愿者协助社工”的互动服务格局，推动志愿服务的常态化、社会化和专业化，共同促进我省社会工作和志愿服务事业发展，现提出如下意见：

一、提高对实行社工与志愿者联动重要意义的认识

构建和谐社会、建设幸福广东不仅需要社工的专业力量，还需要社会公众特别是志愿者的广泛参与。实行社工与志愿者联动可以有效整合资源，发挥社工的专业优势和志愿者的精神引领，形成优势互补，良性互动的社会管理工作新格局，营造“服务社会，奉献关爱”的良好社会氛围，使社工理念、志愿服务精神深入人心，促进民生改善、社会进步。

二、推进社工与志愿者联动的主要工作措施

（一）建立社工与志愿者联动协调机制

各地要建立由党政部门、群团组织、社工组织和志愿者组织等组成的社工与志愿者联动指导机构，建立联动协调机制，研究和决定社工与志愿者联动工作的重要事项，出台促进联动工作的政策制度；定期召开专题会议，协商合作措施，解决存在问题，促进联动工作顺利推进。具体工作可委托有资质的社会组织承接或推动成立社工与志愿者联动的社会组织，促进政府、群团组织与社会组织、专业力量与社会力量的协调与合作。

（二）积极培育发展社工与志愿者联动组织

鼓励通过登记注册的形式，成立促进社工与志愿者合作发展、合作服务的社会组织；鼓励和支持社工与志愿者联动的社会组织以独立、自主的方式推动合作发展，承接政府委托的合作服务事项；推动在志愿者组织中设立社工岗位，通过政府购买服务、内部转换提升等形式，选拔专业社工进入志愿者组织，在志愿服务的组织、管理、培训等方面进行业务督导；鼓励社工组织设置相关志愿服务岗位，招募具有相应专业知识和技能的志愿者进入社工组织参与社会服务项目工作，打造接力服务的志愿者骨干队伍，推行志愿服务社会化和岗位化运作；鼓励优秀志愿者报考社工资格考试，成为专业社工，促进志愿服务的科学化和专业化。

（三）加强社工与志愿者人才的培养和使用

各部门各系统要鼓励和吸引年轻、高素质的专业人才参与志愿服务，努力构建专业、高效、有凝聚力、有影响力且与时代发展需求相适应的社工与志愿者服务队伍。要在社工教育培训中，设置关于志愿者管理和培训的相关课程，帮助社工充分认识志愿者的价值，在工作的开展中与志愿者进行更好的联动。要将志愿者培训纳入社会工作教育培训规划，加强对志愿者开展社会工作专业知识与技能的培训，提升其在各领域开展志愿服务的专业水平。对负有管理志愿者职能的志愿者领袖，要根据需要开展重点培训，推动其提升转化为专业社工。

（四）搭建社工与志愿者合作信息服务平台

各部门各系统要加强协调与联动，建立全省统一、信息完备、使用便利、对接顺畅、管理有效的注册志愿者信息管理系统和社工与志愿者联动信息平台，推进志愿服务记录制度，实现两者的信息共享、优势互补、资源整合。通过信息共享，社工组织能及时查询与服务项目需要相匹配的志愿者组织信息，发布机构的志愿者服务计划，招募志愿者参与服务项目，并在服务项目结束后对志愿者的表现做出评定，及时反馈意见。志愿者组织通过信息分享平台，发布服务计划，根据服务内容在平台中寻找适合的社工组织获取支持，社工组织应帮助志愿服务组织完善服务计划，建立服务团队，提供专业技术指导。

（五）推动社工与志愿者的对外合作交流

积极学习和借鉴国外及港澳台地区的社工与志愿者合作经验，建立交流合作机制，搭建交流合作平台。学习欧美国家及港澳台地区社会组织、公益机构招聘专业社工和招募志愿者，通过专业协调，扩大公众参与，有效推进社会服务的经验，结合中国国情和省内实

际，探索“社工引领志愿者、志愿者协助社工”的机制，促进合作服务的顺利开展。建立引进国外及港澳台地区资深社工到我省开展社工与志愿者联动服务督导、选派我省社工到国外及港澳台地区交流学习的工作机制，搭建互派志愿者到社工服务机构进行交流学习的工作平台。

三、创新社工与志愿者联动的工作项目

（一）加强社工与志愿者联动的理论研究和文化培育

加快设立社工与志愿者联动模式省级观察点和省级示范点，积极探索和总结提升各地试点工作经验，编写出版社工与志愿者联动模式理论书籍和工作案例集，巩固加强联动模式的理论基础；创新文化产品开发，促进文化交流活动，深入挖掘，推广表彰社工与志愿者联动发展的先进典型和先进事迹，宣传推广社工与志愿者联动文化。

（二）加强社工与志愿者联动的阵地建设

通过社工组织与志愿服务站点结对的形式，夯实社工组织与志愿者组织联动的阵地基础，健全和完善服务站点建设内容和规范；按照“项目＋站点”的工作原则，将志愿服务站点建设纳入社工承接街道（镇）或城乡社区社工服务的工作内容，委托社区志愿者组织负责日常管理、维护和运营工作，实现社会服务项目与服务站点有机结合、协同发展。

（三）深化社工与志愿者联动的服务项目

推动社工组织积极承接并推广“朝阳行动”、“稻草人”计划、“健康同行”、“志愿在康园”等志愿服务品牌项目，主动参与医疗卫生、扶老助老、扶残助残、科学普及、文化宣传、环境保护、应急救援、全民健身、消防安全、抗震救灾、法律援助、纳税服务、支教助学等领域的志愿服务项目，并将社工与志愿者联动模式引入项目管理和实施当中，扩大社工与志愿者联动模式在社区和农村志愿服务工作中的复制和推广。同时，鼓励志愿组织参与社工机构的专业服务项目，扩大服务社会人群的成效。

四、加强对推进社工和志愿者联动工作的领导

（一）加强领导，完善组织

各级民政部门、共青团组织、文明办要将实行社工与志愿者联动作为一项重要工作，摆上重要议事日程，确定专门机构或专人负责此项工作，统筹协调，不断完善联动工作机制，积极推进联动工作。各部门各系统要在各自领域中积极推进社工与志愿者队伍建设，在开展志愿服务中普及社工专业知识，引进专业社工，弘扬志愿服务精神，倡导志愿服务理念，建设宏大的社会服务队伍。

（二）深入研究，健全制度

各部门各系统要注重建立完善以使用、评价、激励为主要内容的政策措施和制度保障，为开展社工与志愿者联动工作提供良好的发展环境。要将社工与志愿者联动工作纳入各地社工队伍和志愿者队伍发展规划，努力加强社工与志愿者互联互动。要根据联动工作的发展变化，及时调整和完善政策，细化和充实措施，促进联动工作不断发展深化。

（三）加大投入，优化环境

各系统各部门要积极争取有关部门支持，将应由政府负担的社会工作专业人才队伍和志愿者队伍建设和服务经费纳入财政预算。要整合社会资源，积极争取企业和社会资金的支持，确保专业社工服务和志愿服务开展有经费保障。要通过购买服务、协约管理等方式，开辟多元化资金筹措渠道。在各级政府推动的公益创投项目中，社工与志愿者合作服务的项目要占一定比例。各地市、县（区）、镇（街）要面向社工组织、志愿者组织委托开展或购买合作服务项目，促进志愿服务的社会化、常态化、岗位化、专业化。

（四）科学评估、完善发展

要定期对社工与志愿者联动工作进行科学评估，更好地了解社工和志愿者的联动状况。对社工与志愿者联动过程的管理采取双向评估考核办法，将社工和志愿者联动工作开展情况作为考核社工组织和志愿者组织工作绩效的重要依据。社工组织考核指标包括绩效考核、培训学习情况以及对志愿者和志愿者组织的指导等方面。志愿者组织考核指标包括其在协助支持社工开展社会管理服务工作方面的参与情况。对工作成绩显著的优秀社工组织或志愿者组织给予奖励表彰。

（五）加强宣传、扩大影响

各地要通过报刊、电视、多媒体以及社区宣传栏等方式，加强对推进社工与志愿者联动工作重要意义的宣传，加深公众对该项工作的认同度和知晓度，让各级党委政府、社会组织、服务对象和人民群众更多地了解社工和志愿者、支持并参与社工与志愿者联动工作，形成良好的社会氛围和社会环境。

中共广东省委组织部　广东省民政厅关于印发《广东省社会工作专业人才中长期规划（2014—2020年）》的通知

省直有关单位，各地级以上市委组织部、市民政局，佛山市顺德区委组织部、区民政宗教和外事侨务局：

现将《广东省社会工作专业人才中长期规划（2014—2020年）》印发给你们，请结合实际贯彻落实。

中共广东省委组织部　广东省民政厅

2014年6月4日

广东省社会工作专业人才中长期规划（2014—2020年）

为创新社会治理，全面推进社会建设，贯彻落实《社会工作专业人才队伍建设中长期规划（2011—2020年）》和《中共广东省委、广东省人民政府关于加强社会建设的决定》（粤发〔2011〕17号），加快我省社会工作专业人才队伍专业化、职业化发展步伐，为构建和谐幸福广东提供有力支撑，依据《广东省中长期人才发展规划纲要（2010—2020年）》，制定本规划。

一、序言

社会工作专业人才是具有一定社会工作专业知识和技能，在社会福利、社会救助、扶贫济困、慈善事业、社区建设、婚姻家庭、精神卫生、残障康复、教育辅导、就业援助、职工帮扶、犯罪预防、禁毒戒毒、矫治帮扶、人口计生、应急处置、群众文化等领域直接提供社会服务的专门人员。充分发挥社会工作专业人才在困难救助、矛盾调处、人文关怀、心理疏导、行为矫治、关系调适等个性化、多样化服务方面的专业优势，对解决社会问题、应对社会风险、促进社会和谐、推动社会发展具有重要基础性作用。社会工作专业人才是创新社会治理、完善公共服务、构建和谐社会不可或缺的重要力量。

省委、省政府历来高度重视社会工作专业人才队伍建设。随着改革开放的不断深入，我省社会建设步伐不断加快，社会工作专业人才队伍建设取得显著成绩。人才队伍初具规模，专业教育迅速发展，服务机构不断壮大，制度建设稳步推进，管理体制逐步完善，发展环境日趋优化。社会工作专业人才在参与我省社会建设、提高我省社会服务水平、满足人民群众需求、化解社会矛盾、增加和谐因素、促进社会发展等方面的作用日益显现。但在总体上，我省社会工作专业人才队伍发展水平与人民群众日益增长的多样化社会服务需求还有一定距离，仍然存在岗位不明确、投入不足、体制机制和政策制度不太完善，人才数量缺口大、能力素质不高、结构不太合理等问题。

人才建设是强省之基、发展之源，未来几年是我省加快转变发展方式，推动科学发展、加速社会建设、促进社会和谐，建设现代产业体系和全面实现现代化、实现经济社会协调发展的重要时期，也是深化社会领域改革攻坚期和社会矛盾凸显期。加强社会工作专业人才队伍建设对于加快转变我省经济发展方式、推动科学发展、提高人民生活质量、应对社会问题、缓和社会矛盾、维护社会稳定、推进公平正义、促进社会和谐、建设创新型广东、实现我省经济繁荣社会发展具有重要的支撑作用。为此，各级党委、政府必须认清形势，统筹规划，锐意进取，勇于实践，努力开创我省社会工作专业人才发展的新局面。

二、总体要求和发展目标

（一）指导思想

立足于我省经济社会发展的客观需要，以我省加快推进社会服务管理创新的新形势、新要求为出发点，以社会工作专业化和职业化为目标，以人才培养为基础，以人才使用为根本，以人才评价激励为重点，以政策制度建设和资源投入为保障，以重点工程实施为突破口，初步形成具有时代特征、符合中国国情、凸显广东特色的我省社会工作专业人才发展模式，培养造就一支高素质的社会工作专业人才队伍，为我省实现“三个定位、两个率先”的目标提供有力的专业支持和人力资源保障。

（二）基本原则

面向基层、服务群众。将服务我省经济社会发展、提高人民群众生活质量、促进社会建设、改善基层社区治理、提升弱势人群生活能力、推进社会参与和公平正义作为根本出发点，把发挥实际效用作为落脚点。

专业引领、职业发展。坚持专业化、职业化发展方向，将取得职业水平证书的社会工作专业人才纳入专业技术人员管理范围，以能力建设为核心，以社会工作专业人才职业生涯发展为目标激励，切实提高专业素质和服务水平。

分类指导、有序推进。以社会需求为导向，优先培养为困难群体和特殊群体提供服务的社会工作专业人才，着重解决制约社会工作专业人才发展的重大问题，通过重点突破、以点带面，使社会工作专业人才队伍建设由重点领域向一般领域推进，社会工作受益对象由特定人群向一般人群拓展，统筹推进各领域社会工作专业人才队伍建设。

创新机制、优化环境。坚持各级党委政府引导推动、社会各界多方参与相结合的原则，健全统筹协调机制，强化激励机制，通过制度和机制的导向作用，不断增强推动社会工作专业人才发展的整体合力，形成支持社会工作专业人才发展的良好氛围。

（三）战略目标

到 2020 年，我省社会工作专业人才发展的总体目标是：建设一支数量充足、结构合理、素质优良、充满活力的专业化、职业化的社会工作专业人才队伍；建成体系完善、保障有力、运转高效的社会工作专业人才供需均衡的体制机制；形成党政高度重视、社会大力支持、公众广泛参与的发展环境；使我省的社会工作专业人才队伍建设基本适应经济发展、社会建设和人民生活需要；将我省打造成为高质量、多层次社会工作专业人才聚集地。

具体目标为：

1. 人才队伍不断壮大

进一步加大社会工作专业人才教育培训力度，鼓励引导社会工作从业人员参加社会工作者职业水平考试。到2015年，社会工作专业人才总量增加到5万人，其中具有社会工作师职业水平证书的中级社会工作专业人才达到8 000人。到2020年，社会工作专业人才总量基本能满足开展专业社会工作服务的需要。

2. 人才素质不断提升

不断加大对社会工作专业人才的培训力度，提高社会工作专业人才思想政治和职业道德水平，强化专业价值伦理，丰富专业理论与知识，完善专业方法与技术，增强专业实务能力，大幅度提升综合素质，基本形成以初级为主体、中级为骨干、高级为引领的人才梯队。

3. 人才结构趋于均衡合理

根据城乡和区域统筹发展、经济和社会协调均衡、重点领域优先推进、弱势人群支持适当偏重等原则，逐步使社会工作专业人才的区域结构、城乡结构、领域结构，以及专业结构、能力结构和年龄结构趋于均衡，并逐步优化。在全省范围内形成合理的人才布局，在以珠江三角洲地区为重点的基础上，加强粤东、粤西和粤北等地的城乡社会工作专业人才队伍建设，逐步实现社会工作服务在城乡、区域和领域的全覆盖。

4. 人才发展载体不断拓展

积极培育发展民办社会工作服务机构，加快社会组织建设，充分发挥行业服务管理功能。社会管理和公共服务部门、公益类事业单位、城乡社区、公益慈善类社会组织和企业中社会工作专业岗位开发设置标准逐步明确、数量不断增加、结构更加合理。到2015年，民办社会工作服务机构达到600家。到2020年，建成一批能承接我省公共服务职能转移、接受政府社会工作服务委托购买、数量充足、规模适度、结构合理、信誉良好、素质优良、运作高效的民办社会工作服务机构。

5. 人才发展环境不断优化

社会工作专业人才培养、选拔、使用、流动、评价、激励、保障等政策和制度体系逐步健全。社会工作服务与管理网络基本建立。各级政府对社会工作专业人才发展的重视程度不断提高，社会各界对社会工作专业人才的认知和认可程度显著提升。

三、重点任务

（一）加大培养力度，提升专业水平

1. 统筹规划教育培训

根据我省社会工作专业人才队伍现状和经济社会发展形势，制订教育培训的计划。建立长效机制，合理配置资源，加快建立各层次学历教育、专业培训和知识技术普及三方面协调配套、有机结合的社会工作专业人才培养体系。

拓宽社会工作专业人才培养教育的适用范围，着力培养从事社会管理、社会服务的服

务、管理、教育和研究人才，形成以社会工作的专业服务人才为主体，以专业管理人才为骨干，以专业教育和研究人才为支持的综合性人才体系，最大限度地满足社会治理、社会服务和构建和谐社会的立体人才需求。

研究制定社会工作专业人才教育和培训的经费资助办法，建立经费支持制度，鼓励参与国内和国际交流、学历教育、职业水平考试、继续教育等活动。

2. 完善教育培训模式

重点依托高校专业教育力量。重点依托并加强利用高校社会工作专业院系的力量，增强多层次的专业学历教育和人才输出。适当投入资源，支持本省范围内的高校社会工作专业院系加强学科建设、提高培养能力和扩大办学规模；支持省内高校新增社会工作专业和院系，适当扩大专业招生人数规模；探索与省内外、海外高校合作培养社会工作人才的多种模式，向本省输入大量的多层次社会工作专业人才。

加强专业教育与实训实践的结合。支持高校社会工作专业与地方合作，加强社会工作专业人才培育基地和重点实训基地建设。在各地级以上市、各领域建立示范性社会工作专业人才培育基地和重点实训基地，制定社会工作服务项目实施和人才培养有机结合的政策措施，提高实践教学在专业教育中的比重，配备具有丰富实践经验的实习督导，实行课堂教学与实务训练相结合的机制。

开展在岗培训和继续教育。有计划、分层次对现有社会工作从业人员，特别是在城乡基层居（村）民自治组织、公益类事业单位、公益慈善类社会组织等直接从事社会服务的人员，进行大规模、系统化的专业知识和实务技能培训，实行岗位轮训制度。鼓励尚未取得职业资格的社会工作从业人员参加社会工作专业学历教育和社会工作者职业水平考试，加快向专业人才转化。对涉及社会管理和公共服务的公务人员，以及各类社会服务机构的管理人员，有计划、有步骤地进行社会工作理论和实务培训。

3. 积极引进外地专业人才，加强粤港澳及国际协作

实行积极的社会工作专业人才引进政策，拓宽引进渠道。利用邻近优势，建立粤港台教育培训合作机制，聘请港台专家学者和资深社会工作者来粤专职或兼职任教、讲学以及担任中高级督导；组织社会工作骨干赴港澳地区学习、考察和培训。加强国际合作与交流，积极邀请国际社会工作专业的专家学者和资深社会工作者来粤讲学、研究、督导、交流；派遣省内社会工作专家学者和实务骨干赴海外考察学习。

（二）完善评价制度，规范职业发展

1. 完善从业人员的职业水平评价体系

研究制定系列化的社会工作者职业水平评价办法。在现有助理社会工作师、社会工作师职业水平评价基础上，探索建立社会工作员评价制度，逐步形成高端引领、梯次衔接、层级结构合理的社会工作专业人才职业水平评价体系。

建立行业性综合评价和考核机制。研究建立社会工作专业人才的行业性评价和考核机制，健全以岗位职责为依据，由职业操守、职业素质、专业技术、工作能力、工作绩效、服务对象反馈意见等为内容的岗位评价指标体系。实施动态管理，对在岗社会工作专业人才履职尽责和职业发展等情况进行综合考核评价。

2. 健全专业职级体系

将取得职业水平证书的社会工作专业人才纳入我省专业技术人员管理范围，实行统一管理。建立健全社会工作专业人才职称职级体系。逐步推行持证上岗，优先聘用和选拔持

有职业水平证书的社会工作专业人才。实行社会工作者职业水平证书登记制度和执业注册制度。

（三）创新使用机制，提升服务效能

1. 分类推进岗位设置

建立健全社会工作专业岗位开发和设置政策及配套措施，并研究制订实施办法。根据各部门、组织、机构的职能范围和具体需要设置社会工作专业岗位。以基层一线的需求为重点配备社会工作专业人才。

在具有社会管理和公共服务职能的有关部门、群团组织、公益类事业单位和城乡社区，逐步明确社会工作专业岗位的设置。社会工作专业岗位招聘、录用人员应主要面向社会工作专业的毕业生和取得社会工作者职业水平证书的专业人员。对现有在编在岗人员，主要通过专业培训、参加考试获得社会工作者职业水平证书的方式转换为社会工作专业人才。

在公益慈善类社会组织中，根据其职能和需求设置相应的社会工作专业岗位，并通过专业人才引进、购买专业岗位等方式，按要求配备足额社会工作专业人才。

在有条件的大中型企业以及工人较为集中的社区，推进企业社会工作、社区社会工作的开展，倡导在企业内部或社区设置社会工作部门，或通过企业和地方工会推行社会工作专业岗位的设置，增进工人福利，改善工人的工作生活条件，协助维护合法权益，促进和谐劳动关系建设。

2. 培育发展民办社会工作服务机构

加大培育和扶持力度，鼓励支持符合条件的组织机构、企业和个人兴办民办社会工作服务机构。完善培育扶持和依法管理政策，合理设置准入门槛，采取财政资助、提供服务场所及设施设备等方式，支持民办社会工作服务机构更好地开展工作。依托省内各主要城市的社会组织孵化基地，完善民办社会工作服务机构的政府扶持和服务平台。发挥政府资金的示范引导作用，积极探索并完善政府购买服务等方式，促进民办社会工作服务机构发展。探索从政府部门向社会组织让渡部分社会管理职能和公共服务领域。加强对民办社会工作服务机构的管理监督，引导和促进其健康发展。

3. 拓展人才发展空间

探索建立专职制、聘用制、派遣制、委托制等相结合的用人机制。完善社会工作专业岗位管理制度，形成人尽其才、才尽其用的用人环境。注重把综合素质好、业务水平高的社会工作专业人才吸纳、选拔到各级领导岗位上来。各级党政机关、群团组织、事业单位招录社会管理和社会服务相关职位工作人员时，在同等条件下可优先录用经过专业训练具备实践经验的社会工作专业人才。

搭建社会工作信息平台，建立社会工作专业人才与志愿者联动机制。建立全省社会工作专业人才信息库，及时向社会发布社会工作专业人才信息，促进有效的供需对接。建立志愿服务记录制度，建立健全面向全社会的志愿者的动员、组织和培训系统，推动建立社会工作专业人才和志愿者相互协作、共同开展服务的联动机制。

（四）加强激励表彰，优化发展环境

1. 健全薪酬保障体系和人力资源管理制度

在党政机关、群团组织、事业单位工作的社会工作专业人才，工资待遇按照国家有关规定执行。公益慈善类社会组织中的社会工作专业人才，可参照在党政机关、群团组织、事业单位工作的社会工作专业人才待遇，并由所在机构根据聘用人员学历、资历、职称、工作能力与工作职责等要素合理确定薪酬水平。

健全和完善基层社会工作专业人才的薪酬保障机制。根据各地城镇在职职工工资水平，参照当地相应专业技术人员的薪酬待遇水平制定社会工作专业人才工资标准。各地应制定并公布社会工作专业岗位平均薪酬指导标准，作为政府购买服务以及公益慈善类社会组织支付薪酬的参考标准。各用人单位应当结合自身实际建立并公开社会工作专业人才的薪酬调整、工作津贴发放、奖励和福利补助制度。根据相关法规和政策规定，按时足额缴纳各类社会保险费用，并做好人才流动过程中社会保险关系的接续工作。完善社会工作专业人才的档案管理和就业服务制度。

各用人机构在招聘、录用社会工作专业人才时，应根据有关法律法规签订规范的用工合同；在日常管理和工作中应探索、实施规范合理的人力资源管理制度，构建和谐的劳动人事关系，建立合理有效的社会工作专业人才激励机制。

2. 建立表彰奖励制度

以党委、政府表彰奖励为导向，按国家和省有关规定开展形式多样的表彰奖励活动。支持各级社会工作行业组织开展优秀社会工作者评选表彰活动，将社会工作专业人才纳入各级劳动模范、先进工作者等评选范围。在党代表、人大代表、政协委员中适当增加社会工作专业人才代表的比例。各用人单位要将社会工作专业人才的职业生涯发展作为重要内容纳入机构管理和发展计划。提升社会工作专业人才的职业声望和社会地位，强化专业价值理念，增强工作热情和职业归属感。

（五）健全管理体制，推进力量整合

1. 建立健全管理体制机制

坚持党管人才的原则，切实加强党对社会工作专业人才队伍建设的领导，建立组织部门牵头抓总，民政部门具体负责，机构编制、发展改革、教育、公安、司法、财政、人力资源社会保障、文化、卫生、人口计生、信访、扶贫等部门以及工会、共青团、妇联、残联、红十字会等组织密切配合，社会力量广泛参与的工作格局。组织部门要做好社会工作专业人才队伍建设的宏观指导、综合协调；民政部门要加强社会工作专业人才管理机构和队伍建设，切实履行好推进社会工作专业人才队伍建设的有关职能；其他有关部门要在各自职责范围内积极推进社会工作专业人才队伍建设；工会、共青团、妇联、残联、红十字会等组织要充分发挥自身优势，大力加强本系统、本领域社会工作专业人才队伍建设，提高其联系群众、服务群众、维护群众合法权益等工作的水平和效果。

2. 建立健全行业管理体系

按照“政社分开”要求，加大社会工作行业组织扶持发展力度，建立健全市一级社会工作行业组织，承担登记注册、执业管理、专业培训、行业自律、权利维护等职能，积极参与相关法律法规、行业规划、行业标准的研究制定工作，及时向政府部门反映行业诉求，提出行业发展意见和建议。积极为民办社会工作服务机构提供政策咨询、规划指导、项目推介、信息发布、能力建设、合作交流等服务。

3. 建立健全社会工作督导和评估机制

建立社会工作专业人才督导制度，制定社会工作专业督导能力素质标准，培养造就一批熟练掌握专业督导方法与技术、具备丰富实务经验、善于解决复杂专业问题，能够带动

社会工作服务人才成长、推动专业实务发展的社会工作督导人才。各地可支持设立独立的社会工作评估机构，对各类社会工作服务项目、机构和人员进行第三方评估，提高评估的专业性、客观性和可信度。

四、重点工程

（一）社会工作专业人才培训基地建设工程

着力加强社会工作专业人才培训基地建设。按照分工明确、布局合理、资源整合、优势互补原则，依托省内各高等院校、各级党校、行政学院和各类培训机构等现有培训资源，加强社会工作专业人才培养。到2015年，建立4个省级社会工作专业人才培育基地和50个社会工作专业人才重点实训基地，各地级以上市至少建立1个市级社会工作专业人才培育基地和适量的社会工作专业人才重点实训基地，促进社会工作从业人员的转化提升，培养一批具有较高理论水平和较强实务能力的社会工作专业人才。

（二）社会工作管理人才综合素质提升工程

着眼于提高我省社会工作行业管理水平和社会服务供给能力，将社会工作行政管理人才、行业管理人才纳入全省干部教育培训体系。定期举办各级各类专题培训班，邀请国内外著名的社会工作理论、实务专家授课或交流研讨。提高社会工作管理人才专业管理能力，开阔国际视野，遴选一定数额的优秀管理人才到国内外著名高校深造、进修或交流访问。加强国际交流与合作，引进培养一批高层次社会工作专业督导和评估人才。

（三）社会工作服务人才职业能力建设工程

积极推进社会工作从业人员专业化进程，开展系统化专业知识培训，鼓励参加社会工作者职业水平考试。取得社会工作者职业水平证书并在我省登记的助理社会工作师、社会工作师、高级社会工作师，应按照《广东省民政厅关于社会工作者继续教育管理的实施办法（试行）》的要求接受规定学时的继续教育。鼓励社会工作从业人员参加社会工作专业学历教育。

（四）社会工作专业人才区域均衡分布工程

体现社会工作追求公平正义的基本理念，促进全省各地区、各领域社会工作与社会服务的均衡发展，尽可能使基层群众较为普遍地享受到专业社会工作服务。根据现实基础和未来需求，在粤东、粤西和粤北地区实行适当的社会工作专业人才队伍建设资源投入与政策支持的倾斜，着力在当地培养社会工作专业人才。利用特大城市和珠江三角洲地区优先发展的有利条件对其他地区予以支持，促进全省社会工作专业人才队伍建设和专业化社会服务的均衡发展。

五、保障措施

（一）加强组织领导

各级党委、政府要加强对社会工作专业人才队伍建设的领导，定期组织工作评估。省人才工作领导小组负责宏观指导、综合协调和监督检查。民政部门要发挥职能作用，强化工作力量，推动有关工作落实。其他有关部门在各自职责范围内做好社会工作专业人才队伍建设工作。

（二）强化责任落实

省、市人才工作领导小组依据本规划细化分解重点任务，制定年度任务指标。各地各部门要根据本规划纲要，研究制定本地区、本部门社会工作专业人才队伍建设规划和落实方案，明确发展目标、主要任务和具体措施，提出本地区、本部门的重大任务或重点行动计划。

（三）加大资金投入

加大财政资金对社会工作专业人才队伍建设的投入力度，加大民政部门使用的福利彩票公益金支持社会工作专业人才队伍建设力度，并引导社会资金，增加对规划项目的投入，以形成财政资金和社会资金等共同参与的多元化投入机制。

（四）营造良好氛围

大力宣传各级党委政府有关社会工作专业人才队伍建设的重大战略思想和方针政策，明确实施本规划的重大意义、指导方针、目标任务、重大举措，在全省范围内普及社会工作专业理念和知识，提高社会工作专业人才的社会认知度和认可度，深入开展加强社会工作专业人才队伍建设理论研究，进一步形成理解、关心、支持社会工作专业人才的良好社会氛围。

广东省民政厅关于开展“专业社工、全民义工”试点工作的通知

各地级以上市民政局，佛山市顺德区民政和人力资源社会保障局：

近年来，根据民政部和省委、省政府的部署，我省扎实推进专业社会工作和志愿服务工作，取得了一定的成效。至2015年底，全省成立民办社工机构1 018家，设置社会工作专业岗位超过1.6万个，持证社工人数达到4.3万人，年经费投入量达11亿元，注册志愿者513万人，均位居全国前列，但仍存在社会工作专业化水平不高、一线专业社会工作者流动率大、志愿服务组织的总量较少、群众参与志愿服务的意愿未能充分调动等问题。为落实省领导有关“专业社工、全民义工”的指示精神，完成民政部下达给我省开展“支持发展志愿服务组织与规范志愿服务记录证明工作”的部省合作重点事项，进一步推动我省社会工作的专业化，培育发展志愿组织，动员全民参与志愿服务，根据2016年全省民政工作会议精神，省厅决定在全省范围内开展为期3年的“专业社工、全民义工”试点工作。现将有关事项通知如下：

一、指导思想和基本原则

（一）指导思想

全面贯彻落实党中央、国务院和省委、省政府有关部署，结合我省民政工作实际，引导社会工作专业化发展，使专业社会工作发挥心理疏导、资源链接、社会融入等作用；提升志愿服务的社会参与度，满足服务对象的多样化需求，推进社会工作与志愿服务协调发展，不断促进我省社会治理能力和水平的提升。

（二）基本原则

服务大局，增进福祉。把社工专业化、义工全民化纳入推进国家治理体系和治理能力现代化的大局，将增进人民福祉作为出发点和落脚点。

领域推进，专业引领。分领域推进社会工作服务，引导社会工作专业人才扎根同一服务领域，充分发挥专业引领作用，引导志愿者辅助开展社会工作服务项目。

立足需求，统筹发展。从群众的社会服务需求出发，多领域统筹推进专业社会工作和志愿服务工作，使专业社会工作和志愿服务工作相互促进联动发展。

二、试点方式

“专业社工、全民义工”试点工作按“1个专业社会工作服务领域+1个志愿服务组

织＋N名志愿者”（1＋1＋N）模式在省、市、县（市、区）、镇（街道）、社区等层面分别推进。各地试点工作以专业社工服务领域为主线，专业社会工作服务领域由各地自行选定，服务区域可以为市、县（市、区）、镇（街道）或社区。志愿服务组织培育发展按中央支持发展志愿服务组织的有关文件精神和我省社会组织有关政策执行。志愿服务记录按《中央文明办民政部教育部共青团中央关于规范志愿者服务记录证明工作的指导意见》（民发〔2015〕149号）和《广东省志愿服务记录实施细则》（另行制订）执行。

（一）省级试点

建立广东省灾害社工服务队，依法登记培育广东省救灾志愿者组织，建立灾害社会工作者与灾害志愿者的联动机制。定期对专业救灾社会工作者、志愿者进行培训、演练。建立应急响应机制，当我省乃至全国发生灾害需要专业社会工作者、志愿者介入时，及时赴灾区为受灾群众提供服务。

（二）地区试点

各地市民政部门负责本市试点工作的组织协调，可选择基础好、领导重视、积极性高的县（市、区）、镇（街道）或社区，以专业社会工作服务领域为主线进行试点。

2016年，珠三角地区每个市至少在3个不同专业社会工作服务领域开展试点，粤东西北地区每个市至少在1个专业社会工作服务领域开展试点。

2017年，珠三角地区每个市至少在5个不同专业社会工作服务领域开展试点，粤东西北地区每个市至少在3个专业社会工作服务领域开展试点。

2018年，珠三角地区每个市至少在8个不同专业社会工作服务领域开展试点，粤东西北地区每个市至少在5个专业社会工作服务领域开展试点。

三、目标任务

（一）主要目标

到2018年，基本建成与经济社会发展相适应，布局合理，管理规范，专业性强的专业社会工作人才队伍，在各专业社会工作服务领域都有相对稳定的一线专业社会工作人才。建立健全社会工作专业人才和志愿者相互协作、共同开展服务的机制，通过社会工作专业人才的引领，拓展社会工作专业服务范围，增强社会工作专业服务效果，培育发展志愿服务组织，规范志愿者招募注册、管理与服务记录证明，提升志愿者服务水平。至2018年，全省着力培育发展300个管理规范、群众认可的志愿服务组织，社会服务和志愿服务体系进一步完善。

（二）主要任务

1. 探索分领域服务的区位布局、人员配备与服务内容。在试点地区已有服务领域的基础上，重点发展老年人、青少年、医务、禁毒戒毒、社会救助等领域的专项服务，适度拓展其他领域的专项服务，探索各领域专项服务的服务对象、服务内容、社会工作专业岗位的设置情况、区位布局、经费投入等基本情况，为在全省范围内全面推进社会工作专项服务提供政策和实践依据。

2. 提升专业社会工作者的专业水平。提升试点地区专业社会工作者的实务能力，通过举办社会工作专业人才分领域培训、研讨、工作坊等，重点培养在救灾、老年人、青少年、医务、禁毒戒毒、社会救助等领域从事服务的社会工作者，储备在重点服务领域从事服务的社会工作骨干人才，提升重点服务领域的社会工作服务专业化水平。

3. 探索专业社会工作与志愿服务工作统筹推进的模式。着力培育发展立足社区、服务群众的志愿服务组织，探索社工机构固定联系若干志愿服务组织、社会工作者固定联系一定数量志愿者的机制，试点以区域、服务领域为单位培育发展志愿者组织。规范志愿者招募、培训及使用的长效机制，规范志愿服务记录证明。

四、实施步骤

（一）准备阶段

各地应根据当地的实际情况，制定试点工作的年度方案，并于每年 2 月底前将当地本年度试点工作方案报省厅社会工作处备案，方案内容包括确定试点工作的服务领域、覆盖区域、投入经费、专业社会工作岗位设置、服务人数、志愿者组织及志愿者发展计划。

（二）实施阶段

各地应严格按照试点工作方案，组织必要的人力、物力、财力，有计划有步骤地开展试点工作。要采取得力的措施，认真落实试点要求、加大试点力度、丰富试点内容、深化试点工作、提升试点成效。

（三）评估阶段

各地应在每年年底对本年度的试点工作进行总结评估，省厅将组织工作组赴各地进行年中、年末考评，并将各地的年度试点工作情况按珠三角地区、粤东西北地区的不同标准进行通报，根据评估结果调整下年度试点方案，评估结果作为省厅支持粤东西北地区社会工作经费分配的重要参数。2018 年底完成终期评估，提炼总结成功经验。

五、工作要求

（一）严密组织

省厅成立试点工作指导小组，负责全省试点工作。组长由刘洪厅长担任，副组长由王长胜副厅长担任，办公室设在厅社工处，计财、救灾、社救、政权、福利、事务、社会组织管理局等处室局负责人和部分专家任成员。各地试点工作由各地市民政局具体组织实施。

（二）突出重点

省厅从 2016 年起将分领域培训社会工作专业人才，今年将重点培训救灾、老年人、青少年、医务、禁毒戒毒、社会救助等社会工作专业人才，参与试点工作的相应领域专业社会工作者优先接受免费培训。分领域建立我省专业社会工作者人才库，分领域培育发展志愿服务组织。

（三）完善政策

各地要根据社会工作专业人才不同服务领域、服务对象的特点和规律，在试点基础上按照“成熟一个、推进一个”的原则，分领域制定社会工作服务标准。各地应以稳定人才队伍为目标，建立健全有利于社会工作专业人才长期、安心扎根基层、服务一线的培养、评价、使用、激励保障政策；政府购买社会工作服务，可适当引导承接方聘用在同一领域服务超过5年的一线社会工作者。将在同一领域服务年限作为各级评优评先的重要参考，在享受积分入户、住房保障、推荐人大代表和政协委员等方面提出优先建议；鼓励各地对在同一领域服务时间超过5年的民办社会工作机构一线社会工作者给予工资补助。开展志愿者专题培训教育，鼓励志愿者骨干成长为专业社工，推进志愿服务的专业化、经常化、岗位化。

（四）落实经费

各地要高度重视“专业社工、全民义工”试点工作，将这项工作作为一项重要民政工作来抓，争取当地财政的支持，加大对专业社会工作的经费投入。省厅将从省级福彩公益金中安排部分经费对欠发达地区试点给予支持，用于人员开支、服务费用、志愿者补贴等。

（五）总结推广

各地要及时总结试点经验，完善试点内容，以点带面，梯次推进，逐步扩大试点范围，及时推广试点经验。

广东省民政厅关于做好粤东西北地区“双百镇（街）社会工作服务站”建设运营示范项目申报工作的通知

各有关地级市民政局，财政省直管县（市）民政局：

为加快粤东西北地区社会工作发展，我厅决定实施粤东西北地区“双百镇（街）社会工作服务站”建设运营示范项目，从2017年至2021年连续5年资助粤东西北地区和惠州市、肇庆市、江门市台山、开平、恩平等地建设运营200个镇（街）社工服务站。现将有关申报事项通知如下。

一、目标任务

（一）丰富社会工作发展路径

推动粤东西北地区建设运营镇（街）社工服务站，依托街镇直接配备社会工作专业人才，培育一支稳定的社工队伍，扎根一线开展专业服务。

（二）推动全省社工事业区域发展平衡

依托镇街社会工作服务站，夯实基础社会工作服务平台，壮大社会工作服务力量，深化社会工作实践，带动志愿服务发展，通过打造一批可供学习借鉴的样板，加速粤东西北地区社会工作发展。

（三）增强基层社会服务力量

镇街社会工作服务站以辖区内有需求的群众为服务对象，覆盖城乡低保对象、特困人员、困境儿童、农村留守人员、优抚安置对象、老年群体等民政重点服务对象，提供精神慰藉、资源链接、能力提升、关系调适、社会融入等专业社会工作服务。通过街镇社会工作服务站建设，有利于充实基层社会服务力量，提升社会服务水平。

（四）推动“专业社工、全民义工”工作的开展

从2017年起至2021年，推动粤东西北地区建设运营200个镇（街）社工服务站，开发1 000个专业社会工作岗位，发展专业社会工作，孵化200个志愿服务组织，培育10 000名志愿者。

二、实施内容

（一）明确工作职责

镇（街）社工服务站的工作职责是为本镇（街）困境人群，重点是面临困境的老年

人、妇女儿童、青少年、残疾人、城乡低保对象、农村留守人员、优抚安置对象等，运用社会工作的专业技巧，提供精神慰藉、资源链接、能力提升、关系调适、社会融入等专业社会工作服务，推动社区发展。每个镇街社工服务站应根据所在镇街具体情况，明确1至2个重点服务领域。

（二）搭建服务平台

街道、镇政府应提供与服务需求相适应的办公和服务场所，配备必要的服务设施。配备集中的办公场地，用于社工日常办公、例会、文书记录、档案存放、接受督导培训等，原则上不小于50平方米，并在显著位置挂“××镇（街道）社会工作服务站”牌子。服务站应尽量选址在靠近居民区、公交车站等交通便利的位置，方便居民求助和接受服务。依托各社区现有服务设施，整合文化站、工疗站、党员活动中心、星光老年之家等场地资源，设立社区社会工作服务点，根据需要设置个案工作室、小组活动室、多功能活动室等功能室。

（三）配备社工队伍

每个镇（街）社工服务站应配备3～8名社工。社工招聘由镇、街道提出用人需求，全省统一发布社工服务站社工招聘信息，统一报名、统一招聘，由当地镇（街）政府签订劳动合同，2017年6月底前配齐上岗。服务站社工须持有全国社会工作者职业水平证书，社工师与助理社会工作师的比例不低于1∶4。每个村（居）委会指定一名文化程度较高且相对年轻的村（居）委会成员作为社工协理员，协助镇（街）社工站开展工作，并作为本土社工的重点培养对象。

（四）带动志愿服务

建立社工志愿者联动常态化服务机制，推动“专业社工、全民义工”工作的开展。依托街镇社会工作服务站培育发展立足社区、服务群众的志愿服务组织，到2018年底，每个街镇社会工作服务站至少培育1个志愿服务组织，规范志愿者招募、注册、培训及使用的长效机制，规范志愿服务记录证明。

（五）加强专业支持

由我厅组建省级专业支持团队，负责各服务站招聘社工的资格审核，协助社工站开展需求评估、明确服务领域，协同社工制订社工站五年服务规划和年度工作计划，指导社工开展专业服务，提供培训和督导，每年完成各社工站的评估报告并提交我厅，并作为省级资金下年度继续资助和社工续聘的依据。

（六）落实管理责任

镇（街）事务办负责社工站行政管理工作，社工站站长原则上由事务办主任兼任；在招聘的社工中选拔一名有3年以上工作经验的社工师担任镇（街）社工服务站副站长，负责社工站日常管理工作；省专业支持团队负责镇（街）社工站人员培训、专业支持、日常监督、年度评估等工作；地级市、县（市、区）民政局负责统筹协调本辖区（街）社会工作服务站建设，开展业务指导。

三、资金安排

从2017年起至2021年，由省、市、县三级安排资金资助粤东西北地区建设运营200

个镇（街）社工服务站。项目一经立项，原则上每个项目资助周期为五年。

（一）省级资金安排

省级资助资金用于服务站聘用社工的工作补贴。2017 年度按每配备一名社工人均资助 5 万元的标准，由省级资助资金与地方（市、县两级）资金按6∶4比例配套资金，省级资金资助每名社工 3 万元。考虑社工薪酬自然增长原则，从 2018 年起，每配备一名社工人均资助标准比上一年度增长 5%，2018 年至 2021 年人均资助标准为 5. 25 万元、5. 52 万元、5. 8 万元、6. 19 万元，由省级资助资金与地方（市、县两级）资金按6∶4比例配套资金。

（二）地方资金安排

1. 场地建设及维护费用由乡镇、街道承担；

2. 市、县两级落实服务站资助配套资金，按省级资助资金与地方资金6∶4比例落实，其中，市级资金不低于地方配套资金的 2/3，具体配套资金比例由各地自行确定，配套资金总量由当地实际招聘的社工人数确定。

3. 服务站开展服务所需经费由市、县（县级市、区）、乡镇（街道）统筹解决，确保每个示范项目每年不少于 3 万元的服务经费。

四、申报要求

（一）申报主体

申报主体为粤东西北地区各市和惠州、肇庆、江门市台山、开平、恩平等地的乡镇、街道办事处。

（二）申报条件

1. 参与项目申报的乡镇、街道要承诺配备 50 平方米以上的办公场地，以及符合项目开展需要的社区服务场地设施。

2. 市、县（县级市、区）两级统筹，保证省级资助资金与地方资金按不低于 6∶4 比例配套，其中，市级资金不低于地方配套资金的 2/3。

3. 乡镇承诺省级资助资金及地方配套资金仅用于镇（街）社会工作服务站专职人员工作补贴，确保专款专用。

4. 市、县（县级市、区）、乡镇统筹，保证每个示范项目每年不少于 3 万元的活动经费。

（三）申报程序和时限

以自愿为原则，采取自下而上、择优推荐、逐级申报的方式，由乡镇、街道办事处提出申请，经民政部门、财政部门逐级审核，报省民政厅或我厅委托的专业团队审定。具体申报时限、申报程序按照省民政厅、省财政厅关于做好 2017 年省级福利彩票公益金项目申报工作的通知要求执行。

（四）有关要求

1. 切实提高认识。粤东西北地区“双百镇（街）社会工作服务站”建设运营示范项目是我厅“十三五”期间重点实施项目，镇街社会工作服务站建设的规模和成效将列入民政工作重点督查内容。各地民政部门要提高认识，高度重视，将镇街社会工作服务站建设纳入“十三五”期间民政重点工作，切实以镇街社会工作服务站建设，破解粤东西北地区缺人才、缺路径发展困境。

2. 精心组织申报。各地要努力调动乡镇、街道的积极性，广泛发动镇街参与项目申报；要统筹考虑城乡均衡发展、结合当地重点服务需求，规划好项目布点；要根据镇街领导重视程度、场地保障、经费保障等因素，优中选优，力争申报一个，建成一个，带动一批，以项目建设带动当地社会工作发展。

3. 落实配套资金。各级民政部门要积极争取当地党委政府支持，把镇（街）社会工作服务站建设运营资金纳入当地财政预算，各级福利彩票公益金要对“双百镇（街）社会工作服务站”建设运营示范项目予以重点保障，并按照5年资助周期做好项目资助资金总体投入规划和年度投入计划，切实落实市、县两级配套资金。未按要求配套资金的项目，不予立项。

第二篇

社会工作专业教育

中山大学社会工作专业

一、中山大学社会工作教育发展探析

中山大学社会工作教育的发展历史，可以追溯至二十世纪三四十年代甚至更早。1981年，中山大学在全国首批复办社会学专业。自此之后，中山大学社会工作教育的发展重新走在全国前列。特别是在20世纪的最后20年里，这里发生一系列影响中国社会工作教育的大事件，足以被业界铭记：1986年，“广州会议”接纳开设社会工作课程的方案；1986—1989年，与香港大学合作全国最早的社会工作课程；1989年，举办全国首届社会工作师资培训班。此外，中山大学社会学系还在发展中国社会工作教育的整体设想下，不断探索自主开设大学课程和举办民政干部成人教育和培训。迈入21世纪，中山大学社会工作教育更是因其所处的独特文化背景和社会环境而得到迅猛发展，取得许多令人瞩目的成就，开创“南派”社会工作的独特风格。

中山大学社会工作教育的发展植根于别具特色的岭南文化，在近现代又一直有着“开眼看世界”的天然便利，故其优秀的专业传统一脉相承。院系调整之前，中山大学社会工作教育独树一帜的良好口碑领先于整个华南地区，具有“理论先进、思路创新、扎根社区、社会参与”的鲜明特点。

为业界所熟悉的中山大学社会工作教育一般以2001年为纪元，当年中山大学社会工作专业正式成立并招收了第一届本科生。然而事实上，中山大学社会工作教育有着悠久的发展历史，久远得甚至足以追溯到二十世纪三四十年代，即使是在中国恢复重建社会工作专业之后也同样未曾落于人后。

由此，可以试着把中山大学社会工作教育大致分为两个阶段：1952年院系调整之前和1981年恢复重建之后，而二者之间的近30年，社会工作与政治学、法学、社会学学科一样，因被取消而发展停滞不前。这样的划分能够真实反映中山大学乃至中国社会工作教育发展百年来所遭际的大的社会环境。

（一）院系调整之前中山大学社会工作教育的发展（1905—1952）

社会工作是应用社会学的重要组成部分，早期也与“应用社会学”概念相互通用，而中山大学向来有着深厚的社会学传统，这一传统分别来源于国立中山大学与私立岭南大学（二者于1952年院系调整时合并组成现在的中山大学）。

国立中山大学的社会学传统，可以上溯至尚未整合创立国立中山大学之前的广东法政学堂，其1905年开办伊始，就已将社会学列入课程表中。而私立岭南大学的社会学传统，可以追溯到1919年私立岭南大学创立历史政治系（亦称社会科学系），设立历史、政治和社会学三组。1931 年，国立中山大学社会学系正式建立，这一年也被视作如今的中山大学社会学与社会工作系的历史发轫。

20 世纪 30 年代，国立中山大学社会学系和私立岭南大学社会学系都开设了一些与社会工作相关的课程。记述私立岭南大学学习生活的一篇文章写道："岭大社会学系的学生，不仅要学习社会学的主干课程，而且要学社会工作、社会福利等辅助课程。"这与私立岭南大学社会学系选修课占较大比重、通过开设大量实用课程训练学生应用能力的鲜明教育特点是分不开的。民国二十八年（1939）的"岭南大学社会学系选修科目表"里就有"个案与集团（现在通称小组或团体）工作""精神病社会工作"等科目供第四学年的学生选修。与之相距不远的抗战胜利后的 1946 年，国立中山大学的课程表里也出现了"边疆社会工作"等供三、四年级学生选修的课程，由岑家梧先生任课。

然而，随着 1952 年院系调整，全国高校取消了社会学系。中山大学社会工作教育的星星之火，也随着社会学系的停办，而与其他社会学门类一起消失殆尽。当时恐怕没有人能想到，由于其后的种种原因，这一停顿就是近 30 年。

（二）恢复重建之后中山大学社会工作教育的发展（1981 年至今）

直至改革开放带来的科学春天到来，中山大学社会工作教育才伴随社会学专业的复办而重新发展。一般认为，恢复重建之后的中国社会工作教育经历了三个发展阶段：恢复重建阶段、初步发展阶段和快速发展阶段。虽然划分各阶段的起止时间不尽相同，但是业界大都认可这分法。

中山大学社会工作教育的发展当然离不开中国社会工作教育发展的大背景，但亦有其自身独特的发展规律，大致也可以划分为三个时期：萌芽期（1981—1989）、积累期（1990—2000）和迅猛发展期（2001 年至今）。其中，迅猛发展期的中山大学社会工作教育取得了令人瞩目的成就，而在萌芽期与积累期，虽然中山大学社会工作教育也始终走在全国的前列，但由于时间相去久远，又没能系统地梳理、回顾，因而其成就并未获得业界应有的重视。据此，本文重点介绍中山大学社会工作教育在前两个时期的发展。

1. 萌芽期

在萌芽期，中山大学社会工作教育面临的首要问题是如何从无到有、如何从大家对社会工作基本毫无概念到让社会工作为各界所初步熟悉。为此，恢复重建不久的中山大学社会学系在开办讲座和研讨会、与香港高校合作开课、编写教材、培训骨干教师等方面都率先进行了有益的尝试，并据此提出中国社会工作教育本土化的设想。下面就以时间为主轴，对这一时期的大事件加以介绍。

1981 年，中山大学与北京大学、南开大学共同成为全国首批复办社会学专业的三所高校，这一年同样成为如今的中山大学社会学与社会工作系的重要历史节点。在复办后首任系主任何肇发先生的带领下，中山大学社会学系在复办之初，就把中山大学社会工作教育的发展提上了议事日程，并在接下来的几年里推进了一系列工作的开展，成为中国较早开展社会工作教育的高校之一。

1985 年 12 月，中山大学社会学系举行"社会学在现代社会经济建设中的应用国际研讨会"，提出大力发展应用社会学（社会工作），以解决中国的社会问题。据何肇发先生撰写的会议综述记录，在与会的应用社会学领域的国际知名学者中，就有许多是有名的社会工作者。因此，这两个事件都可以被视为是恢复重建之后中山大学社会工作教育的发展先声。

1986 年，原国家教委在广州中山大学召开了社会学专业教学改革研讨会，费孝通先生、雷洁琼先生、袁方先生等中国老一辈社会学家都出席了会议。雷洁琼先生在会上发言，呼吁应尽快恢复社会工作的学科地位。费孝通先生也曾在一年前就有过“社会管理是现代化社会的一项重要工作，在西方称作‘社会工作’，有些国家已经从‘社会学’里分出来成为一门独立的学科，看来我们也会逐步设立这门专业”的陈述和论断，这些都促使会议最终接纳了开设社会工作课程的方案。会议综述指出，“社会学……为从事社会工作（如各种社会福利事业）和行政、企业管理人员提供所需的知识”，因此在开展社会学教育时，“各校可以根据自己的优势和社会需要，在培养方向上有所侧重，不求一律”。

这次在中山大学召开的“广州会议”，对中国社会工作教育的恢复重建和进一步发展起到至关重要的作用。正是这次会议推动了原国家教委批准北京大学等高校建立社会工作与管理专业（学员主要是来自国家民政部门的干部）、“马甸会议”（在北京马甸举行的社会工作教育论证会）确认社会工作的学科地位、北京大学等高校正式增设社会工作专业并开始招生等一系列中国社会工作教育历史上的大事件发生。因此，将这次“广州会议”视作恢复重建之后中山大学乃至中国社会工作教育的发展开端是再合适不过的。

中山大学社会学系不仅对决定恢复重建中国社会工作教育发挥了重要的作用，而且积极实践为学生开设系统的社会工作课程。1986—1989 年，中山大学社会学系与香港大学社会工作及社会行政学系开展了一项为期三年的社会工作教育与研究合作计划，其核心单元即从 1986 年开始，由香港大学的教师对中山大学社会学系 1984 级本科生进行专业的社会工作课程教育。香港大学的梁祖彬教授[①]当时是这一计划的协调人。他在后来接受采访时曾表示，这一计划是当时全国最早的社会工作课程之一。而在此前的 1983 年，香港大学就已经和广州市共青团、妇联和街道办事处合作，派学生和教师来广州实习两三个月。

当时这一计划的社会工作课程教学安排在冬季的圣诞节假期、春季的复活节假期以及暑期的几个月进行，颜可亲、梁祖彬、周永新、李希旻、曾家达、何桂华和陈丽云（以授课先后为序）七位香港大学的教师志愿参与了这一计划。社会工作与社会福利概论、社会政策与社会规划、人类行为与社会环境、社会工作理论与实务（个案工作与团体工作、社区工作）、社会服务机构管理等社会工作专业的核心课程都被列入这一计划的教学中。中山大学社会学系的教职员工也来旁听了这些课程，选听了一些课程的还包括从民政局和妇联邀请来的干部。

听过课程的中山大学社会学系师生普遍认为，在三大社会工作方法中，社区工作最为重要，个案工作与团体工作在当时的中国甚少直接应用。他们还认为社会政策与社会规划、社会服务机构管理等科目因引入了新的知识和理论而为中国的现代化所需要。他们也认识到社会工作中所隐含的西方价值观念从根本上与“中国特色的社会工作”不相同。

陈社英教授[②]当时刚刚留校任教，具体负责了这一合作计划。1987—1988 年，陈社英教授还与吴桢先生一起开设全国性的社区服务与社会工作讲座，其讲课内容由民政部人事教育司及《中国民政》编辑部合编成中国社会工作教育恢复重建之后的第一部社会工作教材，陈社英教授负责社区服务篇，吴桢先生负责社会工作篇，并于 1991 年由中国社会出版社出版。

---

① 现任香港大学社会工作及社会行政学系教授、系主任，曾任中山大学社会工作专业兼职硕士生导师。

② 中山大学社会学系 1984 级硕士毕业生，现任美国纽约佩斯大学终身教授、学术副校务长。

1989年4—6月，受民政部社会工作教育研究中心的委托，中山大学社会学系举办了全国首届“社会工作师资培训班”，共开设13门课程，授课近200个小时，来自全国各地的34名教师参加了这次培训班。根据民政部社会工作教育研究中心的要求和学员社会工作基础理论比较薄弱的实际情况，培训班开设了社会工作概论、社会研究与统计、人类行为与社会环境、社区工作、团体工作、个案工作、社区服务、家庭问题、妇女问题、国外社会工作、社会保障、统计学、人口学等课程。培训班继续与香港大学社会工作及社会行政学系合作，两系共同承担了培训班的教学，其中香港大学的何桂华、梁祖彬、郭义、周永新四位教师分别讲授了团体工作、社区服务、国外社会工作、社会保障四门课程。为了把课堂教学与社会实践有机结合起来，培训班还组织全体学员到深圳、珠海和佛山等地参观学习。

1989年10月27日，何肇发先生在《社会保障报》发表题为“我国社会工作教育的现状与展望”的文章，在总结之前所做的一系列恢复重建中山大学社会工作教育的工作基础上，系统地对中国社会工作教育提出了自己的设想：“我国社会工作教育的开展，也要根据国情，应坚持一个目的、两个系统、三个层次、四个步骤逐步展开。”一个目的是指为建设强大的社会主义中国，繁荣社会主义社会培养人才。两个系统是指要为民政系统培训干部，要在高校系统培养社会工作专门人才。三个层次是指“着眼未来面向世界，我们从高层次着眼培养人才，从低层次入手提高现有民政干部，从中层次培训大学水平的中层社会工作人员”。四个步骤的第一步是从现有民政学校培训骨干教师开始基础课程教育，第二步是在社会工作教育专家指导下组织骨干教师编写基础教材，第三步是逐步开设社会工作专业课程，第四步是建设一套中国特色的社会工作课程繁荣社会主义。何肇发先生还据此上书民政部，对在全国推动社会工作教育发展起了积极的作用。

2. 积累期

如果说萌芽期的中山大学社会工作教育之火是蓬勃燃起，为其后的发展确定了方向和模式，准备了教材和师资，在积累期这把火则是持续不断地散发着热力。进入20世纪90年代，中山大学社会学系一方面开始探索逐步将系统的社会工作课程固定化、正规化；另一方面尝试举办各种类型的社会工作教育和培训，以期为正式设立社会工作专业积累经验。下面就分别从这两个方面入手，对这一时期的大事件加以介绍。

20世纪90年代初，中山大学社会学系开始在香港的帮助下，开设由自己的教师讲授的社会工作专业课程。蔡舒①女士当时刚刚留校任教，便肩负起了这一重任。1991年8月，她在香港参加由亚洲及太平洋区社会工作教育协会主办的“社会工作教育人员培训班”，回校后便受命准备社会工作概论课程，并于1992年3月开始为中山大学社会学系1991级本科生进行一个学期的授课。

当时的学生对社会工作已有一定了解，这要归功于1984年出版的《社会学概论（试讲本)》中已有一章“社会工作”的内容。这本教材是在费孝通先生的主持下，由参加1980年中国社会学研究会利用暑假开办的首期短期社会学讲习班的教师所成立的《社会学概论》编写小组编写的。中山大学社会学系副主任丘士杰教授也参加了初稿的编写，并负责该书的通读统修工作。之后中山大学社会学系又以讨论稿为初步教材，进行开课试讲。

---

① 中山大学社会学系1984级硕士毕业生，现为北美洛杉矶华文作家协会会员。

该教材对“社会工作”一词的定义是：运用社会学的原理来解决社会问题，帮助丧失或缺乏适应社会生活能力的人恢复健全的社会生活，维持社会秩序，保持一定的社会制度的巩固与发展，是加强社会控制的重要手段之一。这在某种程度上决定了其后相当长一段时间里中国社会工作教育的发展方向。

蔡舒女士的授课内容包括家庭社会工作、学校社会工作、康复服务、医疗社会工作、矫治社会工作等。她认识到因为缺乏社会工作实习与实践经验，自己对有些内容的讲授缺乏真实、生动的实例分析与亲身体验。

在教学工作中，蔡舒女士发现学生非常赞同和欣赏西方社会工作的价值观念和伦理原则，但同时对人与社会行为的评判态度又带有明显的“集体主义”取向。他们普遍认为社会工作的本质是通过助人来助社会，而不一定在于助人本身。他们一方面对西方社会工作的有关概念、理论表现出极大的兴趣，另一方面又对社会工作这门职业缺乏专业期望。这些都集中而深刻地体现了那个年代的学生刚接触到社会工作时的迷茫。

据此，蔡舒女士认为在加强与港澳台及国外社会工作教育者的联络与交流的同时，要树立社会工作学科地位与培养专业的社会工作者，要尽早在有条件的院校建立社会工作专业，直接通过高考招收考生，让学生有明确的专业定向。

20 世纪 90 年代前半期所说的“社会工作教育”，更多的是指在我国国情背景下，为了满足政府部门管理需要培训民政干部而开展的教育，而非培养社会工作专业大学生。当时业界普遍认为由民政部门、劳动部门自己的干部学校培养和训练基层的社会工作人员比较合宜。在中国社会工作教育重点向民政部门倾斜的大环境下，中山大学社会学系也举办了多种类型的成人教育和培训，努力提高在职民政工作人员的专业水平。

1993—1994 年，中山大学社会学系开办“社会工作和社会保险”专业的成人教育大专班，招收广东的在职社会工作人员入学学习两年。这个班计划开设 15 门社会工作基础理论和基础知识的课程，它们包括：哲学、经济学导论、科学社会主义、社会统计学、社会研究法、社会工作概论、社会保障制度、社会保障体系、组织理论、个案工作、心理咨询、保险学基础、人口学、电脑应用、调查实习。

1993—1995 年，在民政部社会工作教育研究中心的指导下，中山大学社会学系还与加拿大卡尔加里大学社会福利系合作举办了民政干部培训班，计划用三年时间分十期对部分民政工作人员进行培训，每期一个月。培训班讲授社会工作和社会福利的专题课程，旨在使学员更好地掌握社会工作的新技能，更好地适应高层次的社会工作和社会福利的需要。这个培训班，由加拿大卡尔加里大学负担主要经费和派遣部分师资，由中山大学社会学系负责具体组织、讲授课程以及管理。

到了 20 世纪 90 年代后半期，中山大学社会学系通过实践，在开设社会工作课程、举办社会工作培训所取得的经验基础上，已经开始计划在原有社会学专业的基础上申请设立社会工作专业或社会福利专业的专科班和本科班，以期为中国培养更高层次的社会工作和社会福利人才。

3. 迅猛发展期

迈入新千年，借着中国社会工作教育发展的东风，中山大学社会工作教育之火有燎原之势。中山大学社会工作教育真正进入了迅猛发展期，一路都走在中国社会工作教育的发展前列，值得铭记的大事件也层出不穷。下面就以大事记的形式，简述中山大学社会工作教育在 21 世纪所取得的主要成就。

2001 年，中山大学社会工作专业正式成立，并开始招收第一届本科生。

2002 年，曾任香港城市大学社会科学部主任的罗观翠教授来到中山大学社会工作专业任教。既接续了中山大学社会工作教育与香港的学术前缘，又开创了中山大学社会工作教育的崭新局面。

2003 年，在中山大学社会学系社会学专业博士点，罗观翠教授开始招收社会工作方向的博士生。

2004 年，为推动发展中山大学社会工作专业，分设了社会工作系，罗观翠教授任系主任。到 2006 年，为了整合教学力量、共享教学资源，中山大学社会学系与社会工作系合并，更名为中山大学社会学与社会工作系。

2004 年，中山大学社会工作教育与研究中心成立，罗观翠教授任中心主任。中心建立多个校外实习基地，为社会工作的研究提供平台。中山大学社会工作专业严格按照国际标准要求 800 小时的专业实习课程，并在林护基金的支持下，获得了香港社会服务界部分资深社工的直接督导，大大提升了专业的实务教学水平。

2005 年，中山大学社会工作专业开始招收第一届社会工作科学学位硕士。

2009 年，中山大学投入 120 万元建成中山大学社会工作实验室，致力于实现社会工作教育、实务及科研的全方位发展。

2010 年，中山大学成为内地首批获得社会工作专业硕士学位授予权的学校之一，并招收了第一批社会工作专业硕士（MSW）。

截至 2010 年，中山大学社会工作专业先后招收本科生 449 人，研究生（含社会工作科学学位硕士及社会工作专业硕士）97 人，与珠三角地区的 40 余家社会福利服务机构和部门建立了稳定的实习关系，形成了独具特色的实习课程和督导体系。此外，中山大学社会工作专业师生还积极成立了多家社会福利服务机构，承接了一大批政府购买服务的项目，为“广州模式”社会工作的发展做出了突出的贡献，真正践行了用社会工作教育助推社会工作的整体发展。

从今上溯至 1986 年的“广州会议”，中山大学社会工作教育的发展不觉间已历经三十余年，如果从 1905 年晚清广东法政学堂开设社会学课程算起，则早已过去了一个多世纪。在这悠久的历史长河里，中山大学社会工作教育从星星之火发展至燎原之势，一代又一代的师生共同携手，为推进中国社会工作教育的发展做出了不可磨灭的贡献。中山大学社会工作教育必将充分吸收岭南传统文化的精华，发挥得天独厚的毗邻港澳开风气之先的优势，承继中山大学社会学社会工作专业的优秀传统，用心打造自己“南派”社会工作的独特风格，继续扛起引领中国社会工作教育前进方向的大旗。

二、中山大学社会工作专业教育概况（2001—2016）

（一）基本概况

中山大学社会工作专业最早是由香港社工专家协助组织建设的。在香港城市大学前社会科学部主任、资深教授兼社工罗观翠教授的指导和组织下，中山大学社会工作专业筹备建立，并于 2001 年招收第一届本科生。中山大学社会工作专业自建立以来，便确立了培养理论与实践相结合的社工人才的目标，注重学生的理论素养及专业素质的提升，并严格按照国际标准要求的 800 小时专业实习课程培养学生运用专业知识和技巧直接为社会提供服务的能力，为社工界培养了一大批优秀的管理和实务人才。

目前社会工作专业隶属于中山大学社会学与人类学学院社会学与社会工作系，学生培养以本科生、硕士生为主，此外还有社会学的社会工作方向的博士生。中山大学社会工作专业的教学团队共由16位教师组成，包括10位专任教师和6位兼任教师；其中教授4位，副教授10位，讲师2位；硕士生导师15人，博士生导师2人。师资在全国来说已经具有很高的专业化程度。

目前社会工作专业的主力教师有张和清教授、朱建刚教授、贺立平副教授、裴谕新副教授、李昺伟副教授等。此外社会工作专业还得到同系社会学专业的蔡禾教授、王宁教授、丘海雄教授、李伟民教授等知名教授的鼎力相助，为本专业的理论教学打下了坚实基础。除本校多位知名教师外，社会工作专业还聘请了中国香港、美国等多所著名大学的资深学者任教，这都为我们的教学科研打下了坚实基础。同时，社会学与社会工作系先后与国内外多所大学合作，定期开展深入的学术交流活动。

由于地理上的便利，社会工作专业在成立之初就与香港、澳门、台湾等地的大学合作密切，还与国外数家社会服务机构取得广泛联系并获得大力支持。同时，在林护基金的支持下，社会工作专业学生的实习获得了香港社会服务界部分资深社工的直接督导，大大提升了专业的实务教学水平，也渐渐形成独具特色的实习课程体系。

到目前为止，社会工作专业已与穗、莞、深以及珠三角地区的40余家社会福利服务机构/部门建立了稳定的实习联系，定期派驻实习生前往完成一定时数的实习课程，由社工专业教师担任教师督导，并聘请机构资深社工人员作为机构督导，共同指导学生的实习。

除了与社会福利服务机构建立实习基地外，社会工作专业师生也积极探索和建立了不同的社会服务机构，包括由罗观翠教授牵头成立的启创社会工作服务中心、由张和清教授牵头成立的绿耕社会工作发展中心以及依托社会工作专业教师成立的中大社工服务中心。如今，三家社工机构已经承办了不同类别的社会服务项目，取得了突出的成绩。

社会工作专业教师在完成课程教学任务的同时，也积极投身社会工作服务的行动研究，在不同的领域形成了各自的特色，包括城市社区综合服务管理、农村社会工作、灾害社会工作、企业及劳工社会工作、学校与青少年社会工作、非营利组织管理等方面。在上述社工实务方向，中大社工逐渐形成了自身的特色，有力推动着中国社会工作的专业化和本土化进程。

（二）专业教学简介

中山大学立足于华南，毗邻港澳等社会工作事业发达地区，长期以来在社会工作发展事业上拥有较大的地缘优势。自社会工作系办学以来，社会学与社会工作系一直十分重视以多元的视野对学生进行培养。中山大学社会工作包含本科教育、硕士教育及博士教育三个部分，其中硕士又分成专业硕士和科学硕士。

1. 本科

在当前社会转型与大力发展社会管理与社会建设的时代背景下，社会学与社会工作系重视对学生分析和处理社会问题能力的发展，强调人际关系沟通技巧的训练和运用，致力于培养社会工作理论与社会工作专业实践相结合的社工高级人才。在培养学生专业理论与专业实践能力的同时，也关注学生活动策划与机构行政管理能力的养成。

社会学与社会工作系社会工作专业本科教育课程包含三个板块：公共必修课板块、公共选修课板块、专业课程板块。专业特色课程包括家庭社会工作、儿童青少年社会工作、老年社会工作、劳工社会工作、非营利组织与管理、城市社会工作、农村社会工作、女性主义社会工作等数十种。本专业还依托社工实验室，为各种实践课程提供技术支持。同时，社会学与社会工作系安排了大量的实习课程和国内外交流学习项目，以供学生们夯实基础、内化社工价值和伦理，在实践中检验学习成效、修正不足。

2. 硕士

社会学与社会工作系旨在培养适应社会建设的高层次、复合型、应用型人才。课程学习结合多媒体教学、小组讨论、实地调研、实验室教学等方式，强化学生的基础理论知识学习，此外还注重案例教学，培养学员运用社会工作知识分析和解决问题的能力。

社会学与社会工作系要求学生在毕业前应修满不少于 36 学分的总学分，其中必修课 20 学分，选修课 10 学分，专业实习 6 学分。课程设置多元化，贴近各领域研究的前沿。社会学与社会工作系为学生安排社会工作理论、社会工作研究方法、整合社会工作实践、社会工作伦理等多种核心课程。同时，社会学与社会工作系定期举办本专业及相关专业的前沿讲座，还邀请境内外社工专业的专家分享自己所在地区的社工发展情况，使学生具有国际视野，启发学生从不同的角度与层次对自身进行思考。学生在毕业时必须完成不少于 1 000 小时的实习。社会学与社会工作系聘请多位校外导师对学生进行指导。在丰富的课程和专业实习之外，社会学与社会工作系鼓励学生自主组织各种调研活动，以实践促进专业技术的娴熟与专业知识的把握。

目前社会工作硕士培养方向主要有城乡社区工作、灾害社会工作、学校与青少年社会工作、企业社会工作、妇女与性别社会工作等，学生根据个人兴趣自行选择。

3. 博士

博士课程的主要方向为中国农村社会工作和灾害社会工作行动研究。农村社会工作是本专业重点发展的特色研究领域和实务方向，通过多年的教学、科研与乡村服务，逐步在广东、云南、四川乡村建立了国内一流的集实务教学、行动研究、社会服务为一体的专业人才培养基地。中山大学是全国从事灾害社会工作时间最早、坚守时限最长、发表研究成果最多的社工院校，中大社工师生支撑的广东绿耕社会工作发展中心，成为中国灾害社会工作实务重镇。从汶川、玉树、雅安到鲁甸，本专业教师积极参与灾害社会工作，在中国灾害社会工作人才培养、学科及实习基地建设和行动研究方面处于全国领先水平。

此外，社会学与社会工作系与华盛顿大学、香港理工大学、巴斯大学、哥德堡大学、台湾师范大学等多所国内外高校有着密切的合作关系，为社会学与社会工作系各个培养层次的学生提供各种符合个人发展的交流机会。

经过十五载的传道授业和经验积累，中山大学社会工作专业现已形成了独具特色的人才培养模式：植根于别具特色的岭南文化，具有“理论先进、思路创新、扎根社区、社会参与、社会变革”的鲜明特点。

（三）实习课程简介

1．本科生实习课程

	实习一：课程实习	实习二：机构实习
时间	总时数为200小时；分别在大一、大二的五门核心专业课程中进行，由任课教师安排不同的实践机会和内容	总时数为600小时；三年级课程结束后，学生将分别前往珠三角及省外的社会服务机构实习，一直持续到四年级第一学期初，实习时长约3个月
目的	期望激发学生对社会工作的兴趣，并帮助学生初步建立实践感	期望学生能够理解和遵守社会工作伦理道德和实务标准；能够了解机构的发展历史与服务现状、具体服务开展的特点，在参与机构服务的过程中形成对某一领域社会政策和实务工作的深刻认识，做出个人分析、研究和评估等；能够独立运用个案、小组或社区工作等不同工作方法开展服务，培养专业实操感，并逐步掌握扎实的实务知识和技能，整合理论于实务
形式	五门核心课程：专业成长工作坊、社会工作导论、个案工作、小组工作以及社区工作	个人制订独立的学习计划
内容	参观社会福利服务机构、参考志愿服务、欣赏及讨论社工主题影片、学习与演练社会工作实务基本技巧、走访与调研社区、撰写观察和分析报告等，使学生对各种社会工作机构及其功能有初步的认识，并建立初步的实践感	在实习督导的指导下，尝试独立运用专业知识以及个案、小组和社区工作等方法开展具体的助人工作

2．研究生实习课程

	实习一：课程实习	实习二：研究实习	实习三：实务实习
时间	总时数为200小时；分别在一年级的五门核心专业课程中进行，由任课教师安排不同的实践机会和内容	总时数为200小时；研究实习采用导师负责制，一般在研究生确定导师之后可以正式开始（一年级第一学期）	总时数为600小时；硕士一年级课程结束后进行；在机构时间为600小时，每周5天，共15周
目的	强化学生社会工作基础理论知识的学习	初步确定研究方向和深化论文选题，并明确实务实习的领域	以实践为本，进一步掌握扎实的实务知识和技能，并辅以较深刻的理论与实践及专业发展的反省

（续上表）

	实习一：课程实习	实习二：研究实习	实习三：实务实习
形式	五门核心课程：社会工作理论、整合社会工作实践、社会政策、社会工作研究方法、社会工作伦理	在导师的指导下进行，考虑到导师风格不同，学系不做统一的要求，由导师与学生共同商讨完成	个人制订独立的学习计划
内容	通过实验室教学、实地调研、案例研讨、小组报告等形式进行	通过阅读文献、社会调查、观察研习、参与项目、撰写论文及参与实务等方式进行	能整合理论与实践开展个案、小组和社区等实务工作，也能从社会政策和机构管理的工作中做出个人的分析、研究和评估，进行理论、实务和专业发展上的反思

（四）社会服务

本着教学实习、科学研究和社会服务三位一体的目标，社会工作专业建立了由本系师生注册成立的民办社会工作机构：启创社会工作发展协会、广州市中大社工服务中心和广东绿耕社会工作发展中心。

1. 启创社会工作发展协会

启创成立于2008 年2 月，是一个追求卓越及创新的社会服务机构，提供前线社会服务、研究、培训、咨询及评估服务。它致力于社会服务的创新，以诚信及公义为核心价值，结合内地和香港的资源和优势，提供专业和卓越的社会服务，倡导政策及服务改善，携手社会各界人士，共同建立一个关爱、平等、公义的社会，让人人过有尊严的生活。目前启创已经在广州市、佛山市顺德区、佛山市南海区、中山市以及四川地区开展服务。服务领域涵盖青少年服务、家庭综合服务、司法服务、长者服务、灾害支援服务、医务社工等相关领域。2011 年，为整合社会服务资源，推动内地本土社会工作服务实践及社工人才培养，成立启创（香港）社会服务网络。

2. 中大社工服务中心

中大社工服务中心是依托中山大学社会工作专业成立的专业社工服务机构，成立于2009 年6 月，2010 年3 月起正式投入运营。中心坚持“社区为本，家庭为重”的项目发展理念和专营社区家庭综合服务的发展模式，秉承“理念先行，品质至上”的原则，致力于现有国内社区家庭综合服务专业水准的提升，在社区家庭综合服务的实践基础上进行理论研究与倡导，丰富中国社会工作的本土化内涵。自成立以来，机构在全市相继建立了“5 +2 +2”服务网络，包括5 个家庭综合服务中心、2 个社区服务中心、2 个服务专项。其中中心成功运作了广州市首家街道一级的家庭综合服务中心——联和一家、广州市首批20 家社区综合服务中心试点单位之一——北京街家庭服务中心，以及广州市首家社区级家庭服务中心——联和街玉树社区家庭服务中心。

3. 广东绿耕社会工作发展中心

广东绿耕社会工作发展中心（绿耕城乡互助社）是2011 年在广东省民政厅注册的专

业社会工作机构，从2001年开始实践农村社会工作，2007年确立“城乡合作”的项目框架。绿耕目前主要在广东、云南、四川等地开展农村社会工作实践。绿耕人的自我定位是：我们是一群有志于社会公正与可持续发展的人，以发展的视野关注农村，认为中国农村的困境与城市主导的GDP发展模式相关，其出路是城乡合作、城乡共生与共好。绿耕有三大发展方向：农村/民族/灾害社会工作实践项目、城乡合作平台和社会工作培训与同伴支持网络。“城乡合作，公平贸易，共创生态文明与可持续生活”是绿耕的愿景，“扎根社区，精耕细作，培力弱势，彰显公义”是绿耕的宗旨。

三、教师介绍

蔡　禾　教授，1982年获武汉大学哲学学士学位，1987年获中山大学社会学硕士学位，先后在香港中文大学、美国杜克大学、美国彼茨堡大学做访问学者，任中山大学社会学与社会工作系博士生导师、中山大学城市社会研究中心主任、中山大学社会科学调查中心主任，入选教育部跨世纪人才。主要研究领域为城市社会学，先后获得国家哲学社会科学重大招标课题、国家和教育部哲学社会科学一般课题等多个研究项目，在“马克思主义理论研究和建设工程”重点编写教材《城市社会学》中任首席专家；出版《城市化进程中的农民工问题》《城市社会学讲义》《城市社会学：理论与视野》《失业者群体特征及其社会保障》《文明与代价——婚姻的嬗变》《现代社会学理论述评》等著作/教材；在《中国社会科学》《社会学研究》《管理世界》等刊物上发表论文80余篇。

张和清　教授，博士生导师，教育部新世纪优秀人才，社会工作专业负责人。获得香港理工大学博士学位，倡导并践行日常生活化的城乡合作社会运动及行动研究，主要研究方向是以社区为本整合社会工作理论与实践、农村社会工作、灾害社会工作。编著有《灾害社会工作：中国的实践与反思》《弱势群体的声音与社会工作介入》《农村社会工作》等书籍。发表《优势视角下的农村社会工作：以能力建设与资产建立为核心的中国农村社会工作实践模式》《专业限制与文化识盲：农村社会工作实践中的文化问题》等文章。主要研究课题有：城乡合作公平贸易共创生态文明和可持续生活项目（2015年1—10月）、社会治理背景下村居妇女工作转型创新研究（2015年1—12月）等。

朱健刚　教授，博士生导师，香港中文大学哲学博士，研究非营利与公益慈善，主要研究领域为社会组织、城乡社区、社会运动、公民社会理论等。出版《行动的力量》《国与家之间》等多部著作，并发表多篇论文。主编《中国公益蓝皮书》和《公益研究》杂志，并参与创办广东千禾社区公益基金会、上海热爱家园志愿者协会、广州公益学院等多类公益组织。担任民政部社会组织促进会专家委员会委员、国际第三部门研究学会（ISTR）理事、广州社会组织联合会常务副会长。曾是哈佛—燕京学社访问学者和富尔布莱特访问学者。

朱新秤　教授，1982年9月至1989年6月在华中师范大学教育系、心理系学习，获教育学学士、硕士学位；1989年7月至1996年8月在华中理工大学社会学系任讲师；1996年9月至1999年6月在中国科学院心理研究所学习，获理学博士学位；1999年7月至2016年5月在中山大学教育学院教育科学研究所任教；2016年6月至今在中山大学社会学与人类学学院社会学与社会工作系任教。研究方向有：社会心理、老年心理、进化与社会、教育社会学、学校社会工作、社会保障。

贺立平　副教授，硕士生导师，中山大学社会工作教育及培训中心副主任。获得北京大学博士学位，主要研究领域为社会工作、社会保障、社会福利、社区发展和非营利组织等，著有《让渡空间与拓展空间：政府职能转变中的半官方社团研究》与《学校社会工作》（合编）等。参与广州市社会组织研究、城市社区工作研究等众多研究项目。

李昺伟　副教授，硕士生导师，英国诺丁汉大学哲学博士和社会工作硕士，英国约克大学社会政策硕士，注册社工（香港）。主要研究领域为老年社会工作、社区社会工作、社会工作实务研究。著有《中国城市老人社区照顾综合服务模式的探索》《专业的良心——中国转型时期社会工作的守望》等作品。参与众多国内外学术会议，竭力支持中国社会工作的开展。

裴谕新　副教授，硕士生导师，获得香港大学博士学位。主要研究领域为女性研究、性别研究、性与社会工作、城乡合作中社工的角色与功能等。发表了《欲望都市：上海70后女性研究》《性敏感议题的社会工作倡导》《青少年性教育的社会工作介入》等文章，在中国社工界推广“性、性别与社会工作”课程与安全性话语公共倡导，以及参与“性教育与充权——儿童性侵害问题的社会工作介入研究”等项目。

丁　瑜　副教授，硕士生导师，获得香港大学博士学位。主要研究领域为性别研究，包括女性工作与日常生活、中国性产业与性工作者、女性流动人口、全球化框架下中国的现代化与城市化对当代女性的影响等；曾在《中国社会工作研究》《中国性研究》《南方人口》、*Sexualities*、*International Journal of Business Anthropology* 等国内外重要期刊发表文章；现在主要从事婚姻家庭与政府购买服务等方面的研究。

雷　杰　讲师，获得英国谢菲尔德大学博士学位。主要研究领域为社会工作专业化、社会政策与社会工作、儿童保护等。曾在《中国社会工作研究》《社会工作》《华东理工大学学报》、*Critical Social Policy*、*Social Policy and Society* 等国内外重要期刊发表多篇文章；主持了佛山市南海区里水镇“事实孤儿”及社会工作介入研究、广州市“政府购买家庭综合服务中心”项目评估、“社会管理创新背景下的社会工作专业化建构：以广东省为例”等项目的研究。

万向东　副教授，硕士生导师。中山大学劳工与服务中心副主任，广东省社会工作师联合会专家会员、督导委员会副主任，广州市政府重大行政决策论证专家，广州市创建幸福社区评估专家、广州市家庭综合服务中心项目评估专家。研究方向为劳工研究、城市研究、社区研究。行动方向为社区建设、农民工（流动人口）社区服务。主要作品有《农民工非正式就业的进入条件和就业效果》（《管理世界》，2008年第1期）、《农民工非正式就业研究的回顾与前瞻》（《中山大学学报》，2009年第1期）、《农民工工资剪刀差的初步探索》（《中山大学学报》，2011年第3期；《中国社会科学文摘》，2011年第9期转载）、《非正式自顾就业农民工的社会网络特征与差异》（《学术研究》，2012年第2期）。

黄少宽　副教授，硕士生导师，获中山大学硕士学位。主要研究领域为社会福利、社会问题、社区工作。曾在《中山大学学报》《南方人口》《城市问题》《社会工作》等重要期刊发表论文。参与《城市社会学》《社会学概论》《失业者群体与失业保障》等专著的编写，主持和参加过多个省部级、市级和校级科研项目。

谭　兵　副教授，硕士生导师，中山大学博士。主要研究领域为社会政策、社会保障，曾主持省、市社科基金项目，从事社会救助、老年社会政策、女性社会政策、社会保障政策模式、农民工社会保险政策等研究。在《中山大学学报》《中国社会科学文摘》

《学术研究》《广东社会科学》《广西民族大学学报》《社会工作》等期刊发表多篇文章，著有《香港、澳门、内地社会援助比较研究》。

任 焰 副教授，硕士生导师，日本吉备国际大学社会学博士。主要研究领域为劳工研究、医疗与健康问题研究。曾在《社会学研究》《人口研究》《开放时代》等核心期刊上发表学术论文。

黄晓星 副教授，硕士生导师，获得中山大学博士学位。主要研究领域为城市社会学、社区研究。在《社会学研究》《社会》等核心期刊发表过众多文章，包括《作为道德秩序的空间秩序——资本、信仰与村治交融的村落规划故事》《“上下分合轨迹”：社区空间的生产——关于南苑肿瘤医院的抗争故事》《社区运动的“社区性”——对现行社区运动理论的回应与补充》等。科研项目有：基层公共服务协同供给和社会管理网络研究（2013 年 5 月—2016 年 5 月）等。

徐 岩 讲师，硕士生导师，博士，先后毕业于北京大学与香港城市大学。主要研究领域为青少年社会工作、青少年发展、特殊人群心理状态与发展、定量研究方法。在《心理学报》《中国社会工作研究》等多个 CSSCI 核心期刊发表学术论文多篇，并主持“中国博士后面上基金项目”“教育部人文社科青年项目”等多个纵向或横向科研课题。任中大社工服务中心理事、国际社会行为发展研究会（ISSBD）会员、《心理学报》与《心理科学》审稿专家、广州市“羊城小市长”评委，并先后担任多个机构社工督导。

许 怡 讲师，获得香港理工大学博士学位。主要研究领域为劳工与社会工作、企业社会责任、社会运动等。曾在《开放时代》《华东理工大学学报》、*Journal of Industrial Relations* 等国内外期刊发表论文。

四、学子风采

廖焕标 中山大学首届社会工作专业毕业生，香港大学社会工作硕士，现任零略管理咨询有限公司执行董事。2005 年开始将社工元素引入戒毒服务，在戒毒康复、社区工作、青少年服务等领域有丰富的实务经验，专长为资源拓展、志愿服务管理、NGO 运营管理。

李伯平 中山大学首届社会工作专业毕业生，香港理工大学社会服务管理硕士，现任广州市白云区恒福社会工作服务社执行总监，机构属下社工 160 多人，是广州市白云区首家注册登记成立的社工机构，也是白云区最大的社会工作组织法人代表。曾获“2012 年全国最美社工”“第一届广东省优秀社工”“广州市劳动模范”等荣誉称号，同时是社会工作专业人才队伍建设专家委员会委员、广州市社协社会工作专业委员会成员。涉足服务领域有社区青少年工作、轻度智障残疾人工作、社区矫正工作、居家养老工作、义工工作、家庭工作、学校工作、麻风病康复村工作等。

黎玉婷 中山大学首届社会工作专业毕业生，加拿大西三一大学商业领导力硕士，佛山市南海区社会服务联会秘书长，启创社会工作服务中心佛山地区主任。社会工作师，政协佛山市顺德区第十三届委员会委员，曾获“2010 年度佛山市青年建功立业先进个人”“2011 年度南海区十佳社工”“首届佛山公益慈善之星金玫瑰奖”等荣誉。具有多元化的社会服务经验和管理经验，服务领域包括学校社会工作服务、社区青少年服务、特殊需要（亚斯伯格症、自闭症）儿童服务、家庭服务、义工培训及管理服务、外来工子弟服务、社区调解工作、医务社工服务、社会组织培育、社会组织管理等。

陈香君　中山大学管理学博士（社会保障专业），中山大学2006级管理学硕士（社会工作专业），山东大学法学学士（社会工作专业）。现任职于华南师范大学政治与行政学院社会工作系，社会工作实务与研究方向为儿童保护、妇女社会服务、学校社会工作、家庭治疗与研究。

闫红红　中山大学社会学博士（社会工作方向），中山大学2009届社会工作硕士，社会工作师。受到良好的社工专业训练，具备社会工作领域扎实的理论基础、丰富的实践经验、良好的社工专业服务水平。2008年6—8月，参与广州社工的援川计划，在震中映秀做灾害社会工作服务两个月。之后一年，定期去到四川映秀、草坡参与灾后社区重建工作；2009年6月至今，就职于广东绿耕社会工作发展中心，做过一线社工、项目负责人、总干事等职位，具备优秀的社工实务、项目管理等方面的能力。

张良广　中山大学社会工作管理学硕士，现任广州优势力社会工作发展中心执行总监，广州开发区优公益社会工作研究中心首席研究员，社会工作师，民政部主管期刊《中国社会工作》专栏作家（专栏名称“我在社工界做CEO”），广东省优秀社工，香港林护基金杰出社会工作奖得主，日本笹川优秀青年奖学基金获得者，国家211重大课题“城乡妇女的社会支持网络”课题组成员。曾先后在台湾、香港、广州、佛山等地进行社会工作实践与研究，在国内社会科学CSSCI核心期刊、剑桥大学数据库SCI期刊《社会》以及《中华女子学院学报》《中国社会工作》《中国社会报》等刊物及世界社会工作大会等国际国内学术研讨会中发表学术论文数十篇。

卢　山　中山大学2009级社会工作硕士，现在民政部民间组织管理局工作，有过自下而上多层面的实践经历，曾在大型国企、社工机构、大专院校工作，对社会组织与社会政策较为关注。

张晓园　中山大学2004级社会工作学士，华中科技大学2011级社会工作硕士。惠州市公民伙伴社工服务中心创办者、总督导，现任惠州大学兼职教师。社会工作师，获首届广东省“社工之星”称号、深圳首届社工督导金奖。

胡少良　中山大学2004级社会工作学士，在中山大学学习了四年的社会工作后，被前辈们的信念和社工的价值观深深打动，于是毅然决定投身这个行业，一直从事社区精神康复服务。

钟耀林　中山大学2005级社会工作学士，岭南师范学院讲师，农村社会工作与社会治理协同创新中心执行主任，广东省社会工作师联合会理事兼宣讲团讲师。

张文浩　中山大学社会工作硕士，社会工作师，现任仲恺农业工程学院社会工作专业教师，兼任第二届广州市社会工作协会理事、首届广州市天河区社会工作协会理事、广州市黄埔古村文化传承促进会理事。研究领域主要包括农村社会工作、社区发展、社区经济、乡村治理等。有多年的实务和督导经验，2009—2014年在广东绿耕社会工作发展中心从事农村社会工作和城市社区工作；2014—2015年担任广东省民政厅“扶贫双到”工作社工项目督导；2014—2015年担任广州市大德社会工作服务中心农村社区发展项目督导；2013—2015年担任广州市白云区恒福社会工作服务社督导。2012年作为主要参与者的绿耕城乡合作项目获得首届全国优秀社会工作项目一等奖。

刘　颖　中山大学2007级社会工作专业毕业生，获得香港中文大学社会工作学系社会福利（哲学）博士学位。现任教于广州大学社会工作系，主要研究方向为青少年社会工作。

刘　焱　2007年进入中山大学社会工作专业学习；2011年被保送中山大学硕士，攻读社会工作专业科学学位；2013年考入清华大学社会学系，攻读博士学位，主要进行劳工社会学相关领域的研究。

向　羽　中山大学2007级社会工作学士，2011级社会工作硕士，现任教于北京师范大学珠海分校，同时担任珠海市社会工作协会农村社会工作委员会会长、珠海京师社会工作中心副主任。曾赴台湾暨南国际大学交换学习，为谷歌“益暖中华”第三届全国大学生公益创意大赛资助项目策划人与中国国际社工联盟（IACSW）发起人之一。发起并创办《南方社工》杂志，任创刊号主编，主持第一届《南方社工》论坛。参与《中国社会工作发展蓝皮书（2011—2012）》《广东社会工作发展报告（2014）》等书籍的编写工作。

魏了了　中山大学社会工作专业毕业生，2011年留美攻读社会工作硕士，主修老年学。毕业后进入美国连锁养老社区公司接受运营管理培训。2014年开始在国内从事养老产业规划和项目运营等工作。

刘　维　中山大学2010级社会工作学士，中山大学政治与公共事务管理学院2014级硕士。现任佛山市南海区社会工作学者与学生联会秘书长，持有助理社工师资格证，热心佛山社会工作行业发展，致力推动社会工作人才培育与社会工作行业专业化和本土化发展。

华南农业大学社会工作专业

一、专业基本情况

华南农业大学社会工作专业于1999年开始招生，是广东省开办时间最早、累计招生人数最多的社会工作本科专业。本专业不仅是华南农业大学校级重点专业，而且是省级“特色专业”、省级“人才培养模式创新实验区”专业和省级“综合改革试点专业”。本专业于2012年获批社会政策与社会管理硕士点，于2014年获批社会工作硕士专业学位（MSW）授权点，并于2015年正式招生。

本专业两项重大教学成果——“社会工作专业实践教学体系的建构与实践”“社会工作专业类别化、社会化、国际化人才培养模式的研究与实践”分别于2010年、2014年荣获第六届、第七届广东省人民政府高等教育教学成果一等奖。

广东省高度重视社会工作人才队伍建设，并在全国率先试点和推广“政府购买社会公共服务”，社会对高素质专业社会工作人才的需求急剧增加，社会工作专业学生就业前景良好。本专业本科生就业率一直很高，一次性就业率均在98%以上。历届毕业生中，平均有近20%的学生成功考取公务员、研究生或出国留学，近80%的学生在政府部门、事业单位、社会福利机构、街道、社区、非政府组织、大中型企业和公司就业。

张兴杰教授是社会工作专业的创办人，也是社会工作系首届系主任，同时担任华南农业大学社会工作与社会政策研究中心主任。张兴杰教授带领社会工作专业教师团队，先后成功申报并获批了华南农业大学校级重点专业、省级“特色专业”、省级“人才培养模式创新实验区”专业和省级“综合改革试点专业”，并于2014年牵头申请到了社会工作专业学位硕士点，为本专业深层次教育发展平台的提升做出了重要的贡献。

二、专业定位与培养目标

兼顾本土化与国际化、应用性与理论性，以本土化、应用性为主；立足广州市，面向广东省，辐射华南及全国，培养适应社会主义现代化需要，德、智、体全面发展，具备基本的社会工作理论和知识以及较熟练的社会调查研究技能和社会工作能力，能在党政部门、科研机构及其他事业单位从事相关政策研究的理论型人才，尤其是培养能在社区、街道、社会服务机构、非政府组织、大中型企业和公司从事社会工作实务的应用型人才。把社会工作专业办成具有专业特色，和区域社会管理创新紧密结合，在同类学校同类专业中具有较强竞争力的专业。

专业培养目标明确、可行，符合区域经济对人才培养的需求，具有明晰的职业指向性。

三、课程设置

本专业本科生需要学习社会工作的基本理论，树立社会工作的价值观，学习和掌握开展社会工作的技能和方法，培养社会调查研究的方法与技能，掌握理论分析、实证研究、社会实践等多方面的能力。

具体而言，这些知识和能力包括：

（1）应完整准确地掌握马克思主义基本原理，熟练掌握社会工作的基本理论、方法和知识，了解社会学的理论和方法。通过人才培养方案中的马克思主义基本原理、毛泽东思想和中国特色社会主义理论体系概论、政治学、管理学原理、微观经济学、社会工作导论、社会学概论等课程达成。

（2）熟练掌握社会工作的各种技能和方法，善于运用社工理论、知识和方法帮助困难群体走出困境，从事正常生活并获得发展。通过个案社会工作、小组社会工作、社区社会工作、社会心理学、人类行为与环境、咨询心理学、青少年社会工作、老年社会工作、残疾人社会工作、企业社会工作、家庭社会工作、学校社会工作、矫正社会工作等课程达成。

（3）熟练掌握社会调查方法和技能及社会统计方法，掌握文献检索、资料查询的方法，具有一定的实际工作能力。通过人才培养方案中的社会调查研究方法、社会统计学、大学计算机基础实验、数据库应用实验、SPSS 软件应用等课程达成。

（4）了解党和政府的重大方针、政策、法律和法规，具备通过社会工作实践和社会工作研究影响社会政策价值取向的基本能力。通过社会保障学、社会政策概论、社会工作行政、现代社会福利思想、项目管理等课程达成。

（5）具有初步的科学研究能力，善于了解国情，善于分析各种社会现象和问题，具有较强的论文写作和语言表达能力。通过人才培养方案中的形势政策教育、大学英语、学术沙龙与科技论文写作等课程达成。

本专业核心课程为：个案社会工作、小组社会工作、社区社会工作、社会工作导论、社会心理学、社会调查研究方法、社会政策概论、现代社会福利思想、社会学概论。

四、历届招生情况

入学年份	招生人数（人）	入学年份	招生人数（人）
1999	80	2006	115
2000	38	2007	103
2001	121	2008	59
2002	112	2009	88
2003	116	2010	59
2004	214	2011	83
2005	137	2012	125

五、本专业教学和实训机构介绍

本专业特色集中体现于构建了完善的实践教学体系。

（一）实践教学内容体系

本专业鼓励学生在课程学习的同时，多利用课外时间进行课外课程实践。本专业社会学概论、社会工作导论、社会调查研究方法、个案社会工作、小组社会工作、社区社会工作等专业必修课的教学中，任课老师普遍会要求以入户探访、街头随访、问卷调查、活动参与等形式体验课程内容，提升对课程的理解和接收程度。在教学计划中安排了分散式实习、集中式实习和毕业实习三种实习形式。

（二）实践教学平台体系

本专业先后建立了涵盖政府福利部门、街道社区、民间非营利组织以及学校、医院、企业等在内的42家签约实习基地，服务对象主要有青少年、老年人、外来务工人员、社区矫正人员等。本专业另有校级大学生校外实践教育基地一个，为广州市妇女联合会实践教学基地。

（三）实践教学师资体系

本专业特别注重教师实践能力的提高，鼓励专业教师积极参与校外社会工作服务实践。目前本专业多数教师担任政府购买社会工作服务项目督导、评估专家、政府采购招投专家、理事、顾问等职务，在服务社会的同时，提高了专业实践能力，这对于专业学生的实践能力培养具有非常重要的作用。

（四）实践教学管理体系

规范的实践教学管理体系是实践教学质量的重要保障，也为检验和评估实践教学效果提供了重要依据。本专业建立了完整的学生实习档案管理制度，一人一档案。为确保分散式实习、集中式实习、毕业实习的质量，本专业采取了三个方面的具体措施：一是每次实习都要制订详细、可行的实习方案和实习计划书，并严格执行；二是要求学生必须写实习周记和填实习时间登记表，实习结束后要求实习单位提供实习鉴定表，这三种材料上都需要有关督导老师签名认可；三是规定毕业论文要以毕业实习为基础，比如毕业论文的选题一般要与毕业实习的内容有关，目的是让学生高度重视毕业实习，将毕业论文撰写看作是毕业实习的自然延伸。

（五）教学实训机构介绍

实训机构	地址	联系人	建立时间
儿童、老年人救助机构6家			
广东省少年儿童救助保护中心	东莞市樟木头镇宝山路宝山工业区内	叶敏勇	2009.5
广州市越秀区麓景路幼儿园	广州市麓景路83号	张凤琼	2010.12
广东省社会福利服务中心	广州市广州大道南敦和路3号	林济玉	2013.1

(续上表)

实训机构	地址	联系人	建立时间
广州市老人院	广州市钟落潭镇上水广从路1288号	常广财	2012.9
广州市越秀区老人院	广州市越秀区社区服务中心	孙美琴	2012.10
广东省第一救助安置中心	惠州市博罗县杨村镇	占佩容	2011.11
残障机构10家			
广东省残疾人联合会	广州市越秀区米市路58号	江明旭	2012.10
广东省汉达康福协会	广州市天河区前进街珠村丽都花园A4栋D-201	费明晶	2010.10
广东省慧灵智障人士扶助基金会	广州市麓景路83号	张凤琼	2013.10
广东省珠海市残疾人联合会	珠海市香洲区兴业路6号	李杰秾	2010.12
广州市盲人协会	广州市天河区龙口西路375号	陈阳	2011.4
广州市残疾人联合会	广州市天河区龙口西路375号	陈学军	2012.6
广州利康家属资源中心	广州市荔湾区西湾路85号荔新大厦3楼	冯慧玲	2010.12
广州市越秀区残疾人联合会	广州市越秀区文德南路海傍福安里6号	胡道明	2011.5
广州市才华职业技能培训学校	广州市天河区龙口西路375号	盛敏双	2010.10
广州市慧灵托养中心	广州市麓景路83号	张凤琼	2010.11
社工机构18家			
广州市北斗星社会工作服务中心	广州市天河区五山街华南农业大学公共管理学院楼313室	曾永辉	2009.9
广州市中大社工服务中心	广州市环市西路68号903室	贺立平	2010.9
广州市星空社会工作发展中心	广州市环市西路68号606室	何维	2012.1
广州市汉达社会工作服务中心	广州市天河区前进街珠村丽都花园A4栋D-201	费明晶	2012.7
广州市家康社会工作服务中心	广州市越秀区文德南路残疾人康复中心2楼	任莉	2011.5
广州市彩虹社会工作事务中心	广州市黄埔区荔联街小迳村文运坊七巷1-1号	谭少君	2012.10
广州市广爱社会工作服务中心	广州市天河区珠江新城华强路3号富力盈力大厦南塔1314室	朱媛媛	2012.9
广州市风向标社会工作服务中心	广州市天河区黄埔大道中159号1楼	罗智鸣	2012.9
广州市荔湾区逢源人家服务中心	广州市文昌北路何家祠道8号	孙元	2013.4

（续上表）

实训机构	地址	联系人	建立时间
广州市荔湾区原点社会工作服务中心	广州市天河区沙太南路66号广东青年职业学院	林锐斌	2012.8
广州市海珠区木棉花社会工作发展中心	佛山市南海区大沥镇黄岐北海路中段138号	谢茵	2012.1
广州市萝岗区优势力社会工作发展中心	广州市海珠区新港东路238号世港国际A栋609	张良广	2011.10
广州市白云区恒福社会工作服务社	广州市白云大道南685号阁屏商务大厦4楼	李伯平	2011.10
广州市番禺区阳光天使社会工作服务中心	广州市番禺区市桥西丽路西城花园十二街一座二梯601号	区泳璋	2011.12
佛山市顺德北斗星社会工作服务中心	佛山市顺德区伦教街道伦羊路44号301（北海信用社旁）	刘敏宁	2013.5
佛山市顺德区伦教星光社工服务中心	佛山市顺德区伦教街道南苑西路10号社区发展创新中心孵化1室	陈元	2013.5
深圳市社联社工服务中心	深圳市福田区彩田路5015号中银大厦A座26楼	严书翔	2013.1
中山市联合社会工作服务中心	中山市莲塘路石街6号第三层	王少婷	2012.4
社区发展中心2家			
佛山市顺德区伦教天伦万家群益中心	佛山市顺德区伦教街道伦羊路44号201（北海信用社旁）	吴楚仪	2012.8
佛山市顺德区伦教街道社会工作局	佛山市顺德区伦教街道南苑西路10号（郑敬诒职业技术学院西侧）	彭卓宏	2013.12
志愿者服务组织3家			
广东省社工与志愿者合作促进会	广州市天河区沙太南路66号广东青年职业学院	林锐斌	2011.9
广州市越秀区义务工作者协会	广州市越秀区社区服务中心	孙美琴	2011.4
广州市荔盟社会服务联合会	广州市荔湾区花地大道中51号夹层自编9号	梁俊贤	2013.1
街、镇办事处1家			
广州市荔湾区东漖街道办事处	广州市荔湾区浣南街4号	陈少芬	2012.9
基金会1家			
广东省绿芽乡村妇女发展基金会	广州市海珠区滨江东路珠江广场水岸卫城首层	吕燕青	2015.6

（续上表）

实训机构	地址	联系人	建立时间
社团协会 1 家			
广州市南方社会服务评估与研究中心	广州市天河区天河北路龙口中路华天国际广场西 2501 室	顾江霞	2015. 7

六、新闻媒体对本专业教育的报道和社会评价

早在 2002、2003 年，《南方日报》《广州日报》《新快报》《羊城晚报》《南方都市报》等重要媒体就对华南农业大学社工专业做过大篇幅报道。

七、教师介绍

目前，本专业共有专任教师 15 人。其中，45 岁以上教师 2 人，占 13. 3%，35 岁至 45 岁教师 9 人，占 60%，35 岁以下教师 4 人，占 26. 7%；教授 2 人，占 13. 3%，副教授 8 人，占 53. 3%，讲师 5 人，占 33. 3%；具有博士学位者 7 人，占 46. 7%，具有硕士学位者 8 人，占 53. 3%。

张兴杰 教授，中国社会工作学会理事，中国社会工作教育协会常务理事，广东省民政厅社会工作专业人才队伍建设专家委员会主任委员，广东省社会学学会副会长，广东省社会工作学会常务副会长，广东省社会工作师联合会副会长，广东省社会工作师联合会社工督导工作委员会主任，广东省残疾人事业发展研究会会长，广东省城市社区建设研究会副会长，北斗星社会工作服务集团法人代表和理事长。

卓彩琴 博士，教授，硕士生导师，华南农业大学社会工作硕士教育中心主任。同时是广州市北斗星社会工作服务中心合伙创办人/督导、广东省残疾人事业发展研究会副秘书长及理事、广州市残疾人事业发展研究会常务理事、广东省社工与志愿者合作促进会副会长、广东省社会工作学会副秘书长及常务理事、广东省社会工作师联合会专家会员、广州市社会工作协会评估专家等。

吴洁珍 硕士，副教授。先后担任广东省社会工作学会理事、广州市社会工作协会评估与监督部专业咨询委员会副主任、广州市政府采购服务评审专家、广州市民政局决策咨询专家、越秀区社区创新管理咨询委员会委员、中山市心苑社工中心督导等社会职务。

钟　莹 博士，副教授。广州市北斗星社会工作服务中心副理事长。2009 年 5 月至今，任广州市美沙酮门诊社会工作服务项目专业督导；2011 年 2 月至 2012 年 2 月，任广州市海珠区沙园街家庭社会工作服务中心专业督导；2009 年至今，参与广州市多个社会工作服务项目的评估工作等。

苏巧平 硕士，副教授。先后担任广州市北斗星社会工作服务中心副理事长，广东省社会工作学会副会长、常务理事，广州市荔湾区社会创新咨询委员会委员，广州市社会工作协会理事，广州市政府采购评标专家库评委，广东省社会工作师联合会专家会员等。

马林芳 硕士，副教授，硕士生导师，系主任。2015 年获得“广东省第四届优秀社

工导师”称号。2008年6月底以广州社工身份到四川省汶川县从事15天的灾后社会工作介入服务工作。2009年7月至今以主要负责人身份负责广东省少年儿童救助保护中心社会工作试点项目。2011年11月起，担任广东省第一救助安置中心社会工作试点项目督导。2014年2月起，担任广东省社会福利服务中心社会工作试点项目督导。参与广州市2009—2010年社会工作试点项目评估工作，广州市2010—2011年社会工作试点建设的街道社区综合服务中心中期和末期的评估工作，广州市白云区、黄埔区、越秀区2011—2012年家庭综合服务中心评估工作，2013—2014年广州市幸福社区项目评估工作。广州市政府采购招标评审专家库成员。

李锦顺 博士，副教授，系副主任，硕士生导师。主要研究领域为社会组织建设、社会组织与评估、政府购买服务和职能转移、社会发展理论、农村社会学、农村社会工作、外来人口社会工作。曾经到美国阿肯色大学和北京大学社会学系学习社会工作和城乡社会学。主笔《广州市品牌社会组织评价指标体系（试行）》等指标体系。广州市民政局智慧团社会组织管理小组成员、广州市社会组织公益创投优秀专家、广州市人民政府重大行政决策论证专家库专家、广东省公共资源交易中心评标专家库评标专家、广东省综合评标专家库评标专家、广州市社会组织专家库专家、广州市政府采购评审专家、广州市社会工作评估专家。参与《广东省民政事业发展“十三五”规划》《广州市民政事业发展“十三五”规划纲要（草案）》《广州市农村社会治理特色平台创建试点方案》《广州市社会工作条例》《广州市“十三五”民政事业规划草案》《广州市社会组织发展“十三五”规划》《东莞市民政事业“十三五”规划》以及《广州市社会组织发展“十三五”规划（征求意见稿）》等政府文件的制定、润色、论证工作；出版和发表社会工作、社会学论文、专著50余篇（部）。

罗天莹 博士，副教授。2003年7月起任教于华南农业大学社会工作系。先后担任了广州市北斗星社会工作服务中心专业督导，广东省社会工作师联合会社会工作培训讲师团成员和广州市社会工作协会、广州市汉达社会工作服务中心、广州市荔湾区馨源社会工作服务中心的专业评委等，积极参与社会服务工作。

肖小霞 博士，副教授。先后担任广东省社工学会和广州市社工学会理事、广东省残联和广州市残联理事、广州市政府购买社工服务项目评估专家、中山市政府购买社工服务评标专家、北斗星社会工作服务中心理事和督导。

钟向阳 硕士，副教授。先后担任华南农业大学心理健康辅导中心主任，广东省咨询与治疗专业委员会理事，广东省心理分析专业委员会理事，广东省高校大学生心理健康教育与咨询专业委员会常委、副秘书长，广东省高校大学生心理健康教育与咨询指导委员会副秘书长，广州市青年研究会理事，广州亚运会志愿者讲师，广州市中级人民法院少年审判庭“羊城之友”、心理测量顾问，广东省预防医学会精神卫生专业委员会心理危机干预联盟委员等。

李颖奕 博士，讲师。先后被选为广东省社会工作专家人才库成员、广州市社会工作协会社会工作专家人才库成员、广州市政府购买社会服务评标专家等。

林诚彦 硕士，讲师。广东省社会工作师联合会讲师团成员；2013年担任广州市民政局幸福社区试点评估项目专家评委。

曾永辉 硕士，讲师。广州市北斗星社会工作服务中心总干事，广东省社工人才队伍建设专家委员会委员（兼任机构管理社工专家组组长），广东省社会工作专家人才库成员，广东省社会工作培训讲师团成员，广州市社会工作协会常务理事，广州市社会工作协会咨询委员会委员，广州市黄埔区社会工作协会理事，中山市社会服务项目评标专家，中山市首届公益创投大赛项目导师，中山市督导专家库成员，南方电视台《全民议事听》嘉宾，广东社会学学会“三农”研究专业委员会委员，全国高校十佳学术网“北斗星社区”创办人。

廖慧卿 博士，讲师，硕士生导师。2014 年 8 月于中国社会科学出版社出版学术专著《国家、市场与残疾人工作权——广州市福利企业的个案研究》；发表多篇学术论文，如《就业模式、工作场所特征与残障者就业偏好》《工作场所无障碍、融合就业与残障者就业政策》《交换、福利抑或剥削：保护性就业的残障人士工作权》《合作、控制与共生——街道体制下的社会服务递送》《福利市场化、制度排斥与残障人士工作权》《大类招生背景下〈社会保障学〉的教学改革》《基于残障概念模式的残疾人就业政策目标评价》《残障概念模式与残疾人集中就业政策工具研究》《从国家到市场——中国大陆残疾人集中就业政策变迁：1949—2007》《中国残疾人集中就业政策研究：政策目标、政策工具及改革方向》《地方治理视域下高职院校人事管理模式改革》等。

八、学子风采

作为华南地区第一家社会工作专业教学单位，本校培养了众多优秀社会工作专业毕业生，目前他们已成为珠江三角洲各地区社会工作人才队伍的重要中坚力量。下表为部分获奖毕业生情况：

姓名	入学年份	工作单位	受表彰称号
杜莉妮	2002	南海共青团、南海义工联	2012 年度中国最美社工
刘小娟	2004	东莞市横沥镇隔坑村社区服务站	2013 年度中国最美社工；东莞市 2011 年度优秀社工机构管理人才；东莞市首届优秀社工
陈昭衡	2005	东莞市大众社会工作服务中心	2014 年度中国最美社工；第三届广东省社工之星
刘敏宁	2003	广州市北斗星社会工作服务中心	2014 年度中国最美社工；第三届广东省社工之星
黄汉威	2005	广州市启创社会工作服务中心	第一届广东省社工之星
林慧娴	2005	汕头市福利院	第一届广东省社工之星
陈智瑜	2005	广东省少年儿童救助保护中心	第一届广东省社工之星
梁国勇	2004	广州市明镜社工服务中心	第二届广东省社工之星；广州市第二届督导班“优秀督导”
关艳英	2004	中山市心苑社会工作服务中心	第二届广东省社工之星；中山市 2011 年度十杰市民候选人；中山市 2012 年度“中山好人”

（续上表）

姓名	入学年份	工作单位	受表彰称号
赖秋兰	2006	惠州市惠民社会工作服务中心	第二届广东省社工之星
许礼鹏	2004	深圳市光明新区壹家亲社工服务中心	第二届广东省社工之星；深圳市十佳社工
李雪玲	2005	惠州市惠城区彩虹社会工作服务中心	第三届广东省社工之星
郑晓敏	2006	惠州市惠民社会工作服务中心	第四届广东省社工之星
吴柔青	2005	东莞市乐雅社会工作服务中心	第四届广东省社工之星；2014 年度东莞市优秀社会工作者
吴懿艳	2004	东莞市鹏星社会工作服务社	第四届广东省社工之星；2014 年第三届全国优秀社会工作案例二等奖；2011、2012 年度东莞市妇联系统优秀社工；2011 年度东莞市优秀社工
黄思俊	2004	深圳市社联社工服务中心	第四届广东省社工之星；深圳市社工之星银星奖
吴泽楷	2003	深圳市安澜社工服务社	第四届广东省社工之星；2009 年度深圳市十佳优秀社工；2013 年度深圳市社工行业优秀督导之星
冯博雅	1999	广东工业大学	2006 年广州市优秀义工
谢海龙	1999	荔湾区多宝街社区中心	广州亚运会、亚残运会先进个人
胡飞	2003	深圳市融雪盛平社工服务中心	2010 年度深圳市社会福利中心先进个人；2012 年度鹏星社会工作服务社五星社工
李德贤	2003	江门市蓬江区恒爱社会工作综合服务中心	2011 年度佛山市南海区十佳社工
余欣	2003	佛山市南海区乐众社会工作服务中心/佛山市南海区社会服务联会	2011 年东莞市优秀社会工作机构管理者
温丽萍	2003	沙坪街道办事处	2011 年鹤山市优秀大学生村干部
李侨明	2003	中山大学	深圳市十佳优秀社工
何丽静	2003	广州市海珠区志愿者行动指导中心	广州市海珠区春运和抗灾救灾先进个人；2008 年度广州志愿服务贡献奖个人；2010 年度广东志愿服务银奖个人；广州亚运会、亚残运会先进个人；2011 年度广州市优秀共青团员；2013 年度广州市优秀团干部

（续上表）

姓名	入学年份	工作单位	受表彰称号
吕静文	2004	佛山桂城街道社工工作中心	2013年度佛山市南海区优秀社工；2014年度佛山市南海区优秀行政社工
陈碧霞	2004	深圳市龙岗区正阳社会工作服务中心	深圳市十佳社工
黄晓玲	2004	深圳市阳光家庭综合服务中心	深圳市社工之星金星奖
赖汉财	2004	深圳市光明新区社联社工服务中心	深圳市光明新区社工之星；深圳市优秀调解员；深圳市十佳社工
梁兴利	2004	深圳市阳光家庭综合服务中心	深圳市十佳社工
林杰荣	2004	深圳市社联社工服务中心	深圳市光明新区优秀团干
林青	2004	深圳市社联社工服务中心	2010年度深圳市光明新区社工之星；2013年度深圳市光明新区优秀人民调解员
刘洁	2004	深圳市社联社工服务中心	2013年度深圳市光明新区人民调解工作先进个人；2014年度深圳市光明新区先进调解员
韦宗均	2004	深圳市鹏星社会工作服务社	深圳市十佳优秀社工；十佳督导之星
翁洁文	2004	深圳市盐田社工服务中心	广东省双拥办纪念延安双拥运动70周年征文活动三等奖
郑美珠		东莞市横沥镇隔坑村社区服务站	2011年广州亚运征文优秀奖；2013年度东莞市优秀社工；2014年度机构服务先锋奖、文章创作奖、优秀督导奖；2014年第三届全国社会工作案例优秀奖
周晓莹		广州市成长动力社会工作专业发展与资源中心	2011年度佛山市南海区大沥镇最佳社工；2011年度佛山市南海区十佳社工
梁秋霞		中山市港口仁和社会工作服务中心	第一届中山社工新秀
曾小健	2004	河源市江东新区发展财政局	2008年度广东省共青团优秀调研成果奖；2013年河源市优秀志愿者
张静青	2004	佛山市三水区妇女联合会	佛山市妇联系统优秀妇女工作者
陈慧敏	2004	广州市荔湾区恒福社会工作服务社	荔湾区“贴心社工”
林暖英	2005	佛山市桂城街道社工工作中心	第四届佛山公益慈善之星金玫瑰奖
曾嘉琪	2005	佛山市南海区乐善九江社会工作服务中心	南海社工之星
郑玉棠	2005	广州市启创社会工作服务中心	2014年度佛山市南海区桂城优秀社工

（续上表）

姓名	入学年份	工作单位	受表彰称号
梁栩仪	2005	佛山市顺德区青年企业家协会	2010 年东莞市“我为东莞社工事业发展献一策”征文比赛一等奖
叶世昌	2006	广州市普爱社会工作服务社	2013 年度东莞优秀社工
王怡颖	2007	佛山市博睿社会工作服务中心	2012 年度佛山市南海区十佳社工；2014 年度佛山市优秀社工
曾淑贞	2007	东莞市鹏星社会工作服务社	东莞市妇联优秀社工
赖莉丽	2007	广州市民政局	2013 年广东省社会工作师联合会“小雁闹新春”优秀项目奖
孙晓寒	2007	广州市启创社会工作服务中心	2014 年首届广州市社会工作案例评选活动三等奖
叶伟明	2007	广州市大同社会工作服务中心	2014 年首届广州市社会工作案例评选活动二等奖
岑国瑜	2007	深圳市福田现代社工事务所	深圳市社会工作优秀案例金星奖
胡倩	2007	中山大学	2014 年首届广州市社会工作案例评选活动二等奖
刘俊昌	2008	广州市北达博雅社会工作资源中心	佛山市狮山镇“十佳案例”奖
何燕心	2008	共青团佛山市禅城区委员会	2014 年度佛山市禅城区优秀信息员；佛山市创建全国文明城市先进个人；全国未成年人思想道德建设工作先进个人
涂丹燕	2009	阳江市京师社会工作中心	2014 年广东省岭南社工宣传周之“社工智慧对对碰”比赛季军
许雪儿	2009	佛山市顺德区北斗星社会工作服务中心	2014 年佛山伦教优秀社工
李茜南	2009	东莞市正阳社会工作服务中心	东莞市南城区社工团队优秀社工
张倩昕	2010	华南农业大学	2014 年度广东省自强模范；2015 年度感动荔湾新女性

华南师范大学社会工作专业

一、专业起始时间

2009 年申请增设社会工作专业，2010 年正式招生，同年 9 月首届本科生正式入学。

二、专业首任负责人情况介绍

（一）专业首任院长介绍

华南师范大学的社会工作专业由政治与行政学院率先开设并负责相关的教学工作。首任院长为胡泽洪。

胡泽洪 教授，博士生导师，任职于华南师范大学政治与行政学院。1984 年 7 月毕业于湖南师范大学政治教育专业，获哲学学士学位，1987 年 7 月毕业于北京师范大学逻辑学专业，获哲学硕士学位。1987 年至 1993 年在湖南师范大学政治系任教，历任助教、讲师、副教授。1993 年 10 月调入华南师范大学政法系，历任湖南师范大学政治系逻辑学教研室主任和华南师范大学政法系逻辑学教研室主任、政法系副主任、政法学院副院长、政法学院院长，现任华南师范大学政治与行政学院院长、中山大学逻辑与认知研究所兼职研究员。

（二）专业首任系主任介绍

社会工作专业开始招生以后的第四年即 2014 年，社会工作系成立。首任系主任为蓝宇蕴。

蓝宇蕴 教授，博士，博士生导师。吉林大学学士，南开大学硕士，中国社会科学院研究生院博士。主要研究方向：城市化、城市管理、城乡社区研究。主要讲授课程：西方社会学理论、社会学概论、市政学、社会保障学、社会心理学、妇女社会工作、团体社会工作、社区概论、社会治理理论、民族社会学、人力资源管理、行政管理学、组织行为学等。社会兼职：广东省社会学学会常务理事、广东省社区建设研究会理事、广东工人运动协会理事、广州市社会学人类学学会常务理事等。

2010 年以来主持的主要研究项目：①新型城市化背景下的社区建设研究，2013 年国家社会科学基金重点项目；②广东经济强村的社区建设研究（GD12CSH05），2012 年广东省社会科学规划办项目；③广州经济强村的社区建设研究（2012ZD03），2012 年广州市社会科学规划办项目；④广州后亚运时期的基层社区组织建设研究，2010 年广州市社会科学基金项目。主持的其他项目：①从“流动人口聚居区”向“现代城市社区”的转型——城中村治理研究，2007 年国家哲学社会科学基金项目；②城中村“景观”问题的社会学研究，2006 年广东省哲学社会科学项目；③广州和谐发展的制度和对策研究，2005 年广州市哲学社会科学项目；④城中村“景观”问题的公共治理研究，中国博士后基金项目。获得的主要奖项：①2007 年广东省哲学社会科学优秀成果政府奖一等奖；②2007 年南粤优秀教师称号；③1992 年广东青年社会科学优秀成果二等奖。

（三）专业首任教研室主任介绍

社会工作专业开设之初，专业教学主要由社会学教研室负责。首任教研室主任为陆小媛。

陆小媛　副教授，博士，供职于华南师范大学政治与行政学院，现为社会工作系实验室主任。1989 年 9 月至 2002 年 7 月留学日本，2002 年 9 月归国。主要研究方向：经济学、人口学、劳动力移动、女性劳动、性别与家庭社会工作等。讲授的主要课程：家庭社会工作、社会学方法、社会调查与社会统计、人口与社会、社会保障学等。

出版的主要著作：《现代中国人口移动与社会性差》（「現代中国の人口移動とジェンダー」），日本侨报社 2009 年版。参编主要著作：《社会保障制度比较》，新华出版社 2006 年版（副编）；《大学生教育管理与比较研究》，2008 年度教育部政司工作委托研究项目（合编）；《社会学概论》，清华大学出版社 2013 年版（主编）；《爱由心生地保护：儿童保护之家长读本》，南方日报出版社 2014 年版（合编）。

主要社会职务：日本人口学会会员，日本女性学会会员，广东省妇女研究会理事，广州市社会工作协会理事，广州市海珠区社会工作委员会咨询委员，广东省幸福家庭促进会理事，广州市“幸福社区”评估项目专业评委，广州市荔湾区街道家庭综合社会工作服务中心首席评委，广州市海珠区“3861 我的家”妇女儿童服务项目总顾问，广州市海珠区人民法院·妇联共建“心·情·暖万家”家事案件调解项目顾问。

三、专业筹建情况

关于专业队伍建设：我校政治与行政学院 2001 年设立社会学教研室，现有社会学专业或相近专业教师 15 人，其中教授 5 人，副教授 7 人，讲师 3 人；有博士学位者 10 人，有硕士学位者 5 人，其中在职攻读博士学位者 4 人，师资队伍已基本能满足开设社会工作专业的需要。主要专业师资分别毕业于北京大学、武汉大学、中山大学、上海大学、日本城西国际大学等国内外重点大学的社会学专业，具有良好的学缘结构。为筹办社会工作专业，学校拟从外校引进从事社会学研究与教学的教授 1 名。其他专业教师通过吸收应届博士毕业生、从外校引进等方式在 2010 年夏季全部解决。关于专业课程建设：学院已在政治学与行政学专业开设了社会学概论、社会调查理论与方法、社会统计学、西方社会学理论、社会保障学、城市社会学、农村社会学、政治社会学、组织社会学、社会学名著选读等 10 多门课程，积累了相关课程建设与教学的经验。关于实践基地建设：学院已在广州市天河区、越秀区、荔湾区的街道、社区，广州市花都区的镇街以及珠海市、佛山市、肇庆市建立了实习、实训基地。关于专业状况调研：我院已赴北京、上海、南京、武汉等地以及省内开办社会工作专业的兄弟院校进行考察、学习，借鉴其专业建设的经验，对本专业办学状况、人才培养情况以及毕业生就业情况有了较为充分的了解与认识。关于学校专业发展规划和人才需求预测：华南师范大学专业建设发展规划的重要取向，就是面向经济社会发展的主战场。学校已将社会工作专业列入专业建设发展规划，并为此进行了充分的准备，开始了相关条件的建设。随着社会事业的发展和社会管理体制改革的推进，国内对于社会工作专业人才的需求增加，将为学生就业提供大量的岗位，开办这一专业正适应了社会发展的需要。

四、主要课程、培养目标、历届招生和就业情况

（一）主要课程

社会工作本科专业修业年限四年，实行全面学分制。设置公共课 15 门（必修课）、专业课 31 门（必修课 19 门，选修课 12 门）、实验课 13 门，以及专业实习和毕业论文。

社会工作专业本科教学开设主要课程一览

公共课								
课程名称	必修/选修	课时	使用教材				授课教师	
			教材名称	作者	出版单位	出版年份	姓名	职称
计算机技术基础（Ⅰ）	必修	48	《计算机应用基础》	李丽萍、柯铭健	科学出版社	2008	陈子森	讲师
大学体育	必修		《当代大学体育》	杨文轩	体育出版社	2007	温健德	讲师
大学计算机文化基础	必修	16	《计算机应用基础》	李丽萍、柯铭健	科学出版社	2008	李冠桦	讲师
军事课	必修	210	《军事教程》	范双利	西北农林科技大学出版社	2009	谢大雅	讲师
大学英语（一）	必修	60	《大学英语综合教程（学生用书 1）》	李萌华、王德明	外语教育出版社	2001	詹划生	讲师
大学英语（二）	必修	72	《大学英语综合教程（学生用书 2）》	李萌华、王德明	上海外语教育出版社	2001	詹划生	讲师
中国近现代史纲要	必修	32	《中国近现代史纲要》		高等教育出版社		龙观华	讲师
计算机高级应用（Ⅱ）	必修	48	《动态网站开发》（自编教材）				蔡韶华	讲师

（续上表）

公共课								
课程名称	必修/选修	课时	使用教材				授课教师	
			教材名称	作者	出版单位	出版年份	姓名	职称
大学英语（三）	必修	72	《大学英语综合教程（学生用书1）》	李萌华、王德明	上海外语教育出版社	2001	钱中丽	讲师
毛泽东思想和中国特色社会主义理论体系概论	必修	32	《毛泽东思想和中国特色社会主义理论体系概论》	张新峰、侯良健	高等教育出版社	2009	许加梅等	副教授
大学英语（四）	必修	72	《大学英语综合教程（学生用书1）》	李萌华、王德明	上海外语教育出版社	2001	钱中丽	讲师
思想政治理论社会实践	必修	64	无				陈代东	副教授
马克思主义基本原理	必修	32	《马克思主义基本原理》	胡卫红	高等教育出版社	2009	赵玉兰	讲师
思想道德修养与法律基础	必修	60	《思想道德修养与法律基础》	张志国	高等教育出版社	2010	王鹏等	副教授
形势与政策	必修	16	自编教材				曾璐	副教授
专业课								
课程名称	必修/选修	课时	使用教材				授课教师	
			教材名称	作者	出版单位	出版年份	姓名	职称
社会工作概论	必修	45	《社会工作概论》	李迎生	中国人民大学出版社	2010	刘学勇	讲师
高等数学	必修	45	《大学文科数学》	张饴慈	科学出版社	2008	熊明	教授
社会统计学	必修	54	《社会研究的统计应用》	李沛良	社会科学文献出版社	2001	张茂元	副教授
社会心理学	必修	45	《社会心理学》	金盛华	高等教育出版社	2010	蓝宇蕴	教授
社会学概论	必修	45	《社会学教程》	王思斌	北京大学出版社	2010	吕涛	教授
学科导论	必修	33	自编教材				6名教师	

（续上表）

专业课								
课程名称	必修/选修	课时	使用教材				授课教师	
			教材名称	作者	出版单位	出版年份	姓名	职称
西方社会学理论	选修	54	《西方社会学理论教程》	侯钧生	南开大学出版社	2010	蓝宇蕴	教授
人格心理学	必修	54	《健康人格心理学》	杨眉	首都经济贸易大学出版社	2004	田丽丽	教授
社区概论	必修	54	《社区概论》	于显洋	中国人民大学出版社	2006	杨和焰	副教授
社会研究方法	必修	72	《现代社会调查方法》	风笑天	华中科技大学出版社	2009	陆小媛	副教授
社会政策	必修	54	《社会政策概论》	关信平	高等教育出版社	2004	张晓红	讲师
团体工作	必修	54	《小组工作》	吕新萍	中国人民大学出版社	2005	蓝宇蕴	教授
社会工作伦理	必修	36	《社会工作价值与伦理》	陈钟林、黄晓燕	高等教育出版社	2011	张晓红	讲师
社会保障学	必修	54	《社会保障学》	郑功成	中国劳动社会保障出版社	2005	陆小媛	副教授
个案工作	必修	54	《个案工作》	隋玉杰	中国人民大学出版社	2007	陈香君	讲师
社区工作	必修	54	《社区工作》	徐永祥	高等教育出版社	2004	刘学勇	讲师
妇女社会工作	选修	54	《妇女社会工作》	闫广芬	天津大学出版社	2010	蓝宇蕴	教授
数据分析与统计软件	必修	54	《社会研究的统计应用》	李沛良	社会科学文献出版社	2001	张茂元	副教授
青少年社会工作	选修	54	《青少年社会工作》	陆士桢、王玥	社会科学文献出版社	2010	张晓红	讲师
人力资源管理	必修	54	《公共部门人力资源管理》	张强、吴克昌	华中科技大学出版社	2013	刘志鹏	教授

（续上表）

专业课								
课程名称	必修/选修	课时	使用教材				授课教师	
			教材名称	作者	出版单位	出版年份	姓名	职称
人口社会学	选修	54	《人口社会学》	佟新	北京大学出版社	2010	陆小媛	副教授
学术论文写作	选修	16	《学术论文写作》	杜兴梅	广东高等教育出版社	2006	6名教师	
社会工作行政	必修	36	《社会工作行政》	曾群	格致出版社	2007	余冰	副教授
老年社会工作	选修	54	《老年社会工作》	吴华、张韧韧	北京大学出版社	2011	张晓红	讲师
家庭社会工作	选修	54	《家庭社会工作》	张文霞、朱冬亮	社会科学文献出版社	2010	陆小媛	副教授
沟通艺术	选修	54	《沟通艺术》	李社教等	河南大学出版社	2006	赵艺	副教授
应用文写作	选修	36	《应用文写作》	李金同	清华大学出版社	2006	周建伟	讲师
组织社会学	选修	54	《组织社会学十讲》	周雪光	社会科学文献出版社	2003	张茂元	副教授
非政府组织管理	选修	54	自编教材				王鹏、刘海春	教授
心理咨询与辅导	选修	54	《临床社会工作实务——一种整合的方法》	Marlene G. Cooper、Joan Granucci Lesser	华东理工大学出版社	2005	余冰	副教授
就业指导	必修	36	自编教材				王鹏、陈必华、王芹、余晓玲、董海军、徐灿荣、周谭、何亮	
社会活动组织与策划	选修	48	《社会工作专业服务的规划与设计》	童敏	社会科学文献出版社	2011	陈香君	讲师

（续上表）

实验课								
课程名称	必修/选修	课时	使用教材				授课教师	
			教材名称	作者	出版单位	出版年份	姓名	职称
社会服务	必修	54	无				陆小媛	副教授
社会实践	必修	54	无				余冰	副教授
社区概论	必修	54	《社区概论》	于显洋	中国人民大学出版社	2006	杨和焰	副教授
个案工作	必修	54	《个案工作》	隋玉杰	中国人民大学出版社	2007	陈香君	讲师
社区工作	必修	54	《社区工作》	徐永祥	高等教育出版社	2004	刘学勇	讲师
妇女社会工作	选修	54	《妇女社会工作》	闫广芬	天津大学出版社	2010	蓝宇蕴	教授
青少年社会工作	选修	54	《青少年社会工作》	陆士桢、王玥	社会科学文献出版社	2010	张晓红	讲师
人口社会学	选修	54	《人口社会学》	佟新	北京大学出版社	2010	陆小媛	副教授
社会工作行政	必修	36	《社会工作行政》	曾群	格致出版社	2007	余冰	副教授
老年社会工作	选修	54	自编教材				张晓红	讲师
家庭社会工作	选修	54	《家庭社会工作》	张文霞、朱冬亮	社会科学文献出版社	2010	陆小媛	副教授
非政府组织管理	选修	54	自编教材				王鹏、刘海春	教授
心理咨询与辅导	选修	54	《临床社会工作实务——一种整合的方法》	Marlene G. Cooper、Joan Granucci Lesser	华东理工大学出版社	2005	余冰	副教授

（二）培养目标

总目标：本专业培养具有扎实的理论知识、娴熟的专业技能，有国际视野，适合在社会福利、社会保障、社会行政部门以及社会服务机构从事社会行政管理与社会工作实务的应用型高层次人才。

具体目标：一是培养熟练掌握社会工作方法与社会调查研究的基本知识和技能，胜任在各种社会服务机构和公益团体从事社会工作实务、评估与咨询等事务的社会工作师专业人才；二是培养理解与掌握社会工作专业的理论和基本知识，胜任在各级各类政府机关、社会团体和企事业单位从事社会工作行政管理的高级专门人才；三是培养具有深厚专业素养，能正确运用专业理论知识和技能对社会现象进行调查与反思，以及对社会问题进行深度分析的社会工作专业研究人才，为研究生教育培育创新型人才。

（三）2014 年本科招生和就业情况

年份	招生人数（人）	毕业人数（人）	就业人数（人）	备注
2010	48	48	48	已毕业
2011	29	0	0	未毕业
2012	34	0	0	未毕业
2013	35	0	0	未毕业
2014	50	0	0	未毕业
合计	196	48	48	毕业生就业率 100%

（四）教学实习情况介绍（包括实训设施、实习基地建设）

校内实习实践方面，2013 年，社会工作综合实验室建成并投入使用。这个实验室包括个案工作室、团体工作室、家庭工作室兼沙盘游戏室、控制室各一个，观察室两个，总共有 6 大功能区，面积达到 144 平方米。实验室功能分区服务于社会工作专业的实验教学和实务训练，同时也对外开展社会工作的相关服务。所在学院与学校具有完善的多媒体教学设备，教师与研究生可充分利用这些教学设施。学生也成立了校内社会工作协会。

校外实习实践方面，我校自开办社会工作专业以来，积极建立实践基地，以专业实习为基础，进行学生培养工作。目前签约社工机构达到 12 个，分别为：启创社会工作服务中心、广州三一社会工作服务中心、广东省社会工作师联合会、新家园社会服务中心、广州社联社会工作服务中心、广州尚善社会服务中心、广州利康家属资源中心、广州利民精神健康社会工作资源中心、广州市海珠区心明爱社会工作服务中心、北斗星社会工作服务中心、中大社工服务中心、广州市越秀区南方社会服务评估中心。同时，我校在社会工作专业的建设中，与政府和行业相关机构建立了稳定的工作联系，让学生更多地参与各种社会工作实践。此外，学校和学院同省内多个地级市建立校—地全面合作战略框架协议，为本专业学生提供充足的专业实践机会。

校外主要教学实习基地一览

基地名称	建立时间	是否有协议	承担教学任务情况	每次接收学生人数（人）
启创社会工作服务中心	2011	有	课程实习，毕业实习	6
广州三一社会工作服务中心	2011	有	课程实习，毕业实习	6
广东省社会工作师联合会	2012	有	课程实习，毕业实习	5
新家园社会服务中心	2012	有	课程实习，毕业实习	

（续上表）

基地名称	建立时间	是否有协议	承担教学任务情况	每次接收学生人数（人）
广州社联社工服务中心	2012	有	课程实习，毕业实习	5
广州尚善社会服务中心	2012	有	课程实习，毕业实习	4
广州利康家属资源中心	2012	有	课程实习，毕业实习	4
广州利民精神健康社会工作资源中心	2012	有	课程实习，毕业实习	4
广州市海珠区心明爱社会工作服务中心	2012	有	课程实习，毕业实习	6
北斗星社会工作服务中心	2012	有	课程实习，毕业实习	15
中大社工服务中心	2012	有	课程实习，毕业实习	8
广州市越秀区南方社会服务评估中心	2013	有	课程实习，毕业实习	4

五、专业教育状况及发展前景、对策措施

（一）目前专业教育状况

2000 年首次开设社会工作专业的相关课程，2009 年申请获批社会工作专业，2010 年招收首届本科生，2014 年成立社会工作系。自本专业招生以来，严格按教育部高等学校法学类专业教学指导委员会制定的指导性方案，准确进行专业定位与规划。经过五年多的专业建设，形成了比较完整的办学体系。在专业教师队伍的建设上，已建立起一支结构合理、适应专业发展需要的教师队伍，且为强化实践教学的组织协调能力，还专门配置了实习协调主任，主管本科生专业实习的对外联络和对内督导工作，同时还专门配置了实验室主任，负责实验教学的协调工作。在师资队伍结构中，兼职教师达到一定的比例，其中主要是为实践教学服务的师资。为让实践教学有更丰富的载体，先后建立了业务合作多样化的行业或部门关系。实验教学条件优越，已投资 80 多万元建成一个功能齐全、设备先进的社会工作实验室。专业图书资料充足，极好地满足了专业教学的需要；教学计划合理，教学质量监控措施有力；教学计划规定的实验项目均能开出并达到实验教学大纲的要求，毕业实习能按教学计划如期保质完成；毕业论文管理规范并严格过程管理和监督。良好的软硬件条件、优越的教学资源和高效的管理确保了社会工作人才培养的质量。近年来，社会工作本科生陆续进入省内外社会工作专业机构等单位就业或实习，他们的专业能力普遍获得同业机构的高度评价。

目前本社会工作专业建设的主要业绩及优势基础是：第一，建立了良好的实践教学平台。社会工作专业建立了稳定的实践教学基地及规范的配套管理制度。目前已与省内共 12 家社会工作实习机构签约，这些实践基地配有经验丰富的专业技术人员和专家，具备专业人才培养所需要的各种条件。其中，广东省社会工作业内最重要的行业协会——广东省社

会工作师联合会与社会工作系有长期良好的合作基础。本专业教师已与广州天河区、越秀区、荔湾区的街道和社区，萝岗区、花都区的镇街以及珠海市、佛山市、肇庆市等地都建立密切联系的指导与实践关系，有效保证了专业实践教育的持续开展。第二，在城乡社区领域具有深度的研究与实践介入。在社会工作专业创办前后的近十多年来，本专业团队一直致力于城乡社区的社会调查与社会政策的相关研究，取得一批在国内具有较大影响的调查研究成果。本项目负责人及学科带头人蓝宇蕴教授主持新型城市化背景下的社区治理研究，获得国家社科基金重点项目的资助，决策咨询研究报告获广东省和广州市主要领导人的批示，被中山市等地方政府聘为社会创新咨询专家；王金红教授在农村社区建设与治理模式创新、农民参与、城乡公共服务等领域拥有一批很有影响的成果，被国家民政部聘请为全国农村社区建设专家咨询委员会专家组成员。这些调查与研究活动的开展，为社工教育发展提供了理论与实践的推动力。第三，在妇女与家庭社会工作实务领域有深度的实践与研究。专业骨干教师陆小媛博士等以广东妇女研究中心为平台与依托，长期与省妇联等相关部门合作开展妇女儿童问题的社会服务与研究工作，主持或参与了“家庭治疗”项目、海珠区“3861”家庭妇女儿童服务项目等，在反对性别歧视、防止家庭暴力、妇女维权援助等方面有一定的影响力，并积累了比较丰富的实践经验，为该领域的社会工作拓展奠定了基础。第四，在学校社会工作领域，长期以来，我国各类学校的学生服务主要依靠政工干部和政治辅导员队伍，职业化和专业化程度不够。从国际经验来看，学校社会工作将成为新的职业领域。而本专业所在单位拥有教育学、心理学两大优势学科的专业资源，学校建立了学生心理咨询机构，并持续开展学生与青少年心理咨询辅导工作。学生是庞大的社会服务需求群体，学校社会工作是未来专业发展的主要新兴领域。在社会工作专业建设中，整合利用好独特资源优势，有利形成领先优势，使本专业的学校社会工作在省内乃至国内处于先进水平。第五，具有服务国家和社会需求的资源优势及区位优势。本专业发展立足广东，临近港澳。2012 年，专业所在单位在同国内多家高校的竞争中受到澳门中联办的信任与委托，经教育部和国务院学位办特批，在澳门开办了社会管理专业硕士班，招收学员主要是澳门社会服务机构以及爱国爱澳社团的业务骨干，这是国内首家获特批在澳门特别行政区开办的社会工作相关专业硕士点。办学运作获得澳门方面的高度肯定，具有良好发展前景。2012 年，专业所在单位还成功获批省内第一个社会管理学术型硕士点，体现国家对本单位办学实力、水平以及满足重大服务需求所具有优势的肯定，也为社会工作专业的未来发展奠定了良好基础。

（二）专业教育发展前景

本专业办学效果显著，发展势头良好，已成为广东社会工作专业领域具有一定影响力的专业。华南师范大学是本专业发展的最大依托，具有教学改革与建设的良好基础。第一，华南师范大学是广东省高水平大学之一，具有八十多年的办学历史，在长期积累中形成丰富的教学资源与成熟配套的教育管理机制，已经成功地进行了三十多年的教学实践，取得显著的专业人才培育效果。第二，华南师范大学有一支专业素质高、结构合理、既有理论又有丰富实践经验的专兼职教师队伍，他们是推进本专业发展的主角。第三，华南师范大学有一批学术造诣深厚的学科带头人，如在基层社区治理研究与实践领域有丰富积累的王金红老师、蓝宇蕴老师、余冰老师等，在技术开发与转变应用领域有专门研究的张茂元老师，在妇女问题的研究与实践领域有丰富积累的陆小媛老师，在公共研究和绩效评价等实践领域有一定影响力的张强老师、颜海娜老师等。第四，华南师范大学有一定规模的社会工作专业图书资料、功能齐全与设备先进的社会工作与心理学实验室等配套设备。第五，华南师范大学同地方政府、行业社会组织以及港澳、国外大学研究机构建立了广泛深入的业务联系，具有丰富的社会资源。而且，社会工作专业人才培养模式的建构，有学校系统化的配套体系支持，为社会工作专业人才的培养奠定了坚实的基础。学校教学质量监控体系科学、完善，运行有效，社会工作专业教学体系已基本成型与稳定。但社会工作专业教育毕竟处于建设中，学校在制度机制、资金与设备等方面的支持是社会工作专业教育顺利发展的关键。

（三）专业建设的对策措施

加强社会工作专业建设，需要结合社会工作专业发展的趋势与我校社会工作专业发展的现状，创新专业人才培养模式，推动专业教育走向成熟，其主要对策一是以社会服务需求为导向，以社会服务实践基地为主要平台，促进专业教育的发展。主要以校内外专业实习基地的建设为载体，强化校社或校企合作，提高人才培养质量。进一步加强已有实习基地的建设，如建立常规的联系制度与机制，增加具体合作领域等。此外，需要再拓展八个以上教学实践基地，并进行全面的规范化建设，把其建设成集社会服务、学生实习与教师专业研究于一体的综合性基础平台。并且与这些平台建设结合起来，开展以城乡社区、城乡公共服务、社会工作人才需求与评估为主题的社会实践项目，吸引社会工作及相关专业约 800 名的学生参与，最终形成具有较高质量的调查研究成果。另外，通过建立社工加义工的合作模式，凸显专业建设特色。主要通过建立三个社工与志愿者合作的孵化基地，形成良好合作基础上的社会效益与社会反响，获得学生实践、志愿者培训、社会服务实务与研究等方面的多赢。特别是通过社会服务的实践，为社会组织、志愿机构等提供咨询、研究和培训服务，这不仅有利师资培养，还可提升专业的社会影响力。二是在专业课程、教材体系等教学条件的建设上，健全具有社会工作专业共性要求与我校个性内涵的专业课程体系，建立一套有自己特色的、从理论课程到实训课程的完整课程体系，完成四门以上核心优质课程的开发建设，使之成为不同层次的精品课程。为扩大社会影响，建立职业培训课程体系，对外开展社会工作职业水平考前培训及社会工作者继续教育的相关培训项目，争取年培训社会工作专业人员 800 人次以上。同时，开展国际与港澳台学生交流项目，为 50 名以上学生提供赴港澳台等地学习及为 10 名以上优秀生提供国际交流的机会。针对专业教材的科学性与规范性不足的状况，如教材内容重复比例大、教材错误多、部分教材不专业、内容脱离实际等问题，将组织相关教师编写高质量与符合实际的教材与参考资料。通过强化教材建设中的科学性与适用性，促进高质量人才的培养。三是加强师资队伍与学术梯队建设。通过多种方式，提高教师专业素质，争取使有博士学位的教师人数接近百分之百。同时，在逐步使教授、副教授、讲师与助教形成合理梯度结构的过程中，争取使有正高职称者各自成为本专业某具体领域的学科领头人。引进或培养 5 名可带领本学科赶超国内、省内先进科研水平的学科带头人，包括二三名在国内或省内本学科领域有一定影响的学术带头人，培养 10 名左右优秀中青年科研与教学骨干。一名以上的教师，其中主要又是青年教师每年能申请到国外的本专业强校进行进修。争取资助 10 人次专业课程教师参加国际国内的学术会议。选派优秀骨干教师赴海外与港澳培训学习，提升专业水平及教学水平，提升开展社会服务教育及研究的能力。四是在科研方面，在已有院级科研平台与校级科研平台基础上，打造更多、更高层次的科研平台，其中包括增加学院级与校级科研平台，同时，争取申请获得一个以上以社区社会服务与社区建设为主题的市级科研平台，将社区社会服务、社区建设研究与我校社会工作专业的发展结合起来，即让科研与教学形成良性促进的关系；强化师生的科研意识，在今后三年的项目建设期内，本专业教师年均需获得五项以上市级科研立项，两项以上省级科研立项，一项以上国家级科研立项，年均到校科研经费争取达到50万元，并取得一批具有影响的科研成果。开展社工师生共同参与的相关论坛或沙龙，同时，与香港、澳门、台湾及海外同行及其机构建立密切合作关系，共同进行社会工作专业发展的探索。五是建立华南师范大学社会工作专业的学科网络资源和网上交流平台，包括完成社会工作专业教学资源库的建设，服务于校内外师生。将本学科教学、实践与科研成果及时与国内外大专院校、社会服务与科研机构，以及相关企业进行交流与共享，为进一步的合作推广和应用创造更多的机会，使本学科在省内外均有更大影响力。六是以国际、港澳交流学习项目为纽带，培育专业发展的国际化视野。与香港社会工作人员协会、香港义务工作发展局等港澳社会服务组织合作，开展交流学习与项目实习，共同设置主题讲座、工作坊，教师通过海外、港澳学习，大幅度提升师资的专业素质。

六、教师介绍

（一）主要专业教师一览

姓名	性别	出生年月	职称	最高学位	授学位单位名称	最高学位专业名称	是否兼职	进修情况
蓝宇蕴	女	1964.8	教授	博士	中国社科院研究生院	社会学	否	
陆小媛	女	1967.11	副教授	博士	日本城西国际大学	社会学	否	中国人民大学访学半年
张茂元	男	1978.6	副教授	博士	北京大学	社会学	否	
余冰	女	1968.12	副教授	博士	中山大学	人类学	否	
杨和焰	男	1969.9	副教授	博士	南京大学	行政管理学	否	美国伊利诺伊大学访学一年
陈香君	女	1983.2	讲师	博士	中山大学	社会保障	否	
刘学勇	男	1974.9	讲师	博士	上海大学	社会学	否	
张晓红	女	1976.4	讲师	博士	中国人民大学	社会学	否	

（二）优秀专业教师介绍

张茂元　副教授，硕士生导师。获得北京大学社会学系社会学硕士、博士学位，中山大学社会学学士学位。社会兼职主要有：广州社会组织研究院副理事长、广东开元社会服务研究中心理事长、广州市社会学人类学学会理事会理事。获得的荣誉主要有：广东省高等学校第八批“千百十人才培养工程”省级人才、广东省哲学社会科学优秀成果奖二等奖（2011、2015 年），指导学生课外调研多次获“挑战杯”广东大学生课外学术科技作品竞赛奖。

出版与发表的主要研究成果：①张茂元：《社会地位、组织能力与技术红利的分配》，《中国社会科学》，2013 年第 7 期；②张茂元、邱泽奇：《技术应用为什么失败》，《中国社会科学》，2009 年第 1 期；③张茂元：《技术应用的社会基础》，《社会》，2009 年第 5 期；④张茂元：《近代珠三角缫丝业技术变革与社会变迁》，《社会学研究》，2007 年第 1 期；⑤张茂元：《制度要素的有机组合：寻租理论评价的一个新的视角》，《社会》，2005 年第 3 期；⑥特纳著，邱泽奇、张茂元等译：《社会学理论的结构》（第七版），华夏出版社 2005 年版；⑦德兰逖著，张茂元译：《社会科学：超越建构论和实在论》，吉林人民出版社 2006 年版。

主要科研项目：①教育部人文社会科学研究规划基金项目；②广东省哲学社会科学“十一五”规划课题；③《广州大典》与广州历史文化研究专题课题。

张晓红 讲师。获得中山大学社会学硕士、中国人民大学社会学博士学位。2010 年起任职于华南师范大学政治与行政学院社会工作系，承担法律社会学、青少年社会工作、妇女社会工作、社会福利与社会保障、社会工作伦理等专业课程的教学，并面向全校开设性别社会学、社会学概论等课程。主要研究方向是法律社会学、青少年社会工作、妇女社会工作。

发表的主要论文：①张晓红：《纠纷及其解决中的性别呈现——基于某省女子监狱的实证研究》，《江苏社会科学》，2012 年第 1 期，《中国社会科学文摘》2012 年第 7 期转载；②张晓红：《志愿活动的内部效果与青少年的社会化——基于广州市 W 学校社工站的实践探索》，《中国青年研究》，2012 年第 6 期；③张晓红：《融入与隔离：从打工妹到卖淫女的角色转变》，《青年研究》，2007 年第 1 期；④张晓红、郭星华：《纠纷：从原始部落到现代都市——当代西方法律人类学视野下的纠纷研究》，《广西民族大学学报》，2010 年第 1 期，《人大复印资料》全文转载。

参编的著作：①郭星华主编：《法社会学教程》，中国人民大学出版社 2011 年版；②郭星华主编：《社会转型中的纠纷解决》，中国人民大学出版社 2013 年版。

科研项目：“纠纷解决中的主体建构——对农村‘民转刑’案件的法人类学研究”（12YJC840061），教育部青年项目。

余　冰 博士，副教授，实习协调主任。2012 年 1 月起任教于华南师范大学社会工作系（2005 年 1 月—2011 年 12 月任教于广东工业大学政法学院社会工作系），担任社会工作行政、小组社会工作、人格心理学、心理咨询与辅导等专业课程的教学，负责学系专业实习的协调与督导工作。广东省社会工作师联合会专家会员，广州市社会工作协会理事，广州市南方社会服务评估与研究中心常务理事。

科研项目：华南师范大学教学质量工程建设项目“基于反思式实践与学习的课程教学模式探索”（2014—2015）、“华南社会工作实习实践基地”（2014—2017）；教育部人文社会科学研究规划项目“国家中的社会：民办社会工作服务机构发展研究”（2010—2014）。

个人著作：《街坊变迁：城市社区组织的国家性与社会性》，人民出版社 2012 年版。

参编教材：谢建设主编：《社区工作教程》，江西人民出版社 2006 年版。

陈香君 社会保障专业博士、社会工作专业硕士，讲师。2013 年 4 月起任职于华南师范大学社会工作系，担任个案工作、人类行为与社会环境、社会工作伦理、高级社会工作实务、社会服务规划等课程的教学工作。在社会工作实务与研究领域的主要方向是儿童保护、妇女社会服务、学校社会工作、家庭治疗与研究等。

发表的主要论文：①陈香君：《离婚单亲家庭青少年眼中的家庭变故：风险与对策》，《学术探索》，2012 年第 3 期；②陈香君、罗观翠：《西方青少年抗逆力研究述评及启示》，《海南大学学报》，2012 年第 3 期；③陈香君、刘学勇：《行动者视角下的社会服务体系——来自广东实践的理论思考》，《当代港澳研究》，2013 年第 12 期，人大书报资料中心《社会工作》2014 年第 8 期转载。

参编的主要著作：①刘学勇、陈香君、陆小媛：《爱由心生地保护——儿童保护之家长读本》，南方日报出版社 2014 年版；②陈香君：《广东家庭综合服务发展报告》，见罗观翠主编：《广东社会工作发展报告（2014）》，社会科学文献出版社 2014 年版。

杨和焰 博士，副教授，1997 年 6 月起任职于华南师范大学政治与行政学院。1997 年 6 月毕业于黑龙江社会科学院，获法学硕士学位（政治学理论专业）；2008 年毕业于南京大学公共管理学院，获管理学博士学位（行政管理学专业）；2010 年 8 月—2011 年 8 月任美国伊利诺伊大学访问学者；2001 年获得中华人民共和国律师资格（资格证号：19200169090161）。承担的本科层次课程：政治学原理、法学概论、当代中国政治制度、西方国家政治制度、公共政策分析、地方政府与地方治理、社区管理概论、学校社会工作等；硕士层次课程：外国政治制度、公共政策分析；MPA 课程：地方政府与地方治理。

参编的主要著作：①李元书编著：《政治发展导论》，商务印书馆 2001 年版；②黄健荣等：《公共管理新论》，社会科学文献出版社 2005 年版；③黄健荣等编著：《公共管理学》，社会科学文献出版社 2008 年版。

科研项目：①参与国家社会科学基金课题："政治社会化与社会主义精神文明建设"（99BZZ001）；②主持广州市社会科学规划课题："功能结构系统：广州市政府审计优化路径研究"（2012GJ58）。

七、学子风采

吴道杰 社会工作系 2010 级本科生。大学期间，是一名较为活跃的公益分子，涉足环保、社区、助老等领域，曾任华南师范大学绿色文明社团会长，获青翼网主办的 2014 中国十大青年社会工作领袖（高校组）提名、"百佳绿色先锋"称号等荣誉。毕业后参加了团中央大学生志愿服务西部计划，现在服务于广西河池市凤山县，致力于挖掘本土志愿力量，营造志愿氛围，让志愿为这座山区小城增添温暖。

何志敏 社会工作系 2010 级本科生。在本科阶段，获得助理社会工作师和婚姻家庭咨询师证书、国家励志奖学金、广东省征文大赛一等奖、广东省大学生"福彩公益服务之星"称号、京港粤大学生科技与文化交流营文化作品大赛三等奖、"校优秀共青团员标兵"称号、"校优秀学生干部"称号等，积极参与班级和社团活动，曾担任学院团委委员兼实践部部长、班级学委、团支书。

熊若杉 社会工作系 2010 级本科生。拥有助理社会工作师证书。在校期间学习刻苦优异，多次获得专业成绩第一名，获得校级"优秀学生标兵""优秀学生"荣誉称号，多次获得学院奖学金，并获得本科生学术论文大赛二等奖。曾任政治与行政学院社会工作协会副会长，热心公益，多次参与公益活动，为进城务工人员子女进行志愿服务。香港中文大学社会工作学系社会工作社会科学硕士。

刘佳玲 社会工作系 2010 级本科生。大学期间获得助理社会工作师证书。多才多艺，是东莞市声乐合唱团成员，多次在大型活动中表演才艺，而且学习成绩优秀，获得校级、院级奖学金。积极参加社团活动，任政治与行政学院体育部部长和社会工作协会会长，获得“优秀学生干部”称号。曾参与新家园社会服务中心实习社会工作，负责外籍人士移居适应服务。2013 年暑假担任中国新闻社深圳支社实习记者，采写各类稿件 30 条。2014 年寒假担任东莞市委政策研究室实习生，协助确定东莞市第一个跨境贸易电子商务产业园区的选址。香港中文大学新闻学硕士。

蔡婷婷 社会工作系 2010 级本科生。在校期间，分别在 ICPESM2014 和《才智》上发表过文章，获得“校科研积极分子”称号以及大学生创新奖优秀奖，主持大学生创新创业实践训练课题，获得国家级一等奖。曾在大同、北斗星社会工作服务中心和广州市团校参加课外实践学习。现已获得助理社会工作师证书，就职于一家社会企业，为企业志愿服务提供专业的策划、咨询和培训。

韩　晔 社会工作系 2010 级本科生。本科期间获得助理社会工作师和婚姻家庭咨询师证书。学习成绩优异，获得国家励志奖学金，并获华南师范大学“优秀学生”称号两次，“优秀学生标兵”称号一次，“优秀团员”称号三次，并且多次获得政治与行政学院奖学金。积极参与学术研究，在《广东工业大学学报》上发表文章一篇，获广东省社会建设征文比赛二等奖，被华南师范大学评为 2014 年华南师范大学百名优秀毕业生。在校期间热心公益，被评为广州亚（残）运会优秀志愿者、华南师范大学学生工作部工作积极分子，被广州市荔湾区司法局评为社区矫正大学生优秀志愿者，后保送华南师范大学政治与行政学院社会管理专业硕士。

高俊辉 社会工作系 2010 级本科生。获得助理社会工作师证书，具备良好的社会工作专业服务水平。在校期间，获得国家励志奖学金、学校二等奖学金（优秀学生干部）、学院三等奖学金，连续两年被评为学校优秀共青团干部。曾担任校团委实践部副部长、校团委办公室副主任、政治与行政学院 2010 级级长、2010 级社会工作专业 5 班班长，有较强的组织协调能力。

深圳大学社会工作专业

一、专业基本情况

深圳大学社会学系成立于1996年，当年招收社会学专业专科学生。1997年，社会学系并入法学院，并于1999年挂靠法学专业招收社会工作本科学生。2004年，获得教育部批准正式招收社会工作专业本科学生。2014年，获得社会工作专业硕士学位授予权。2015年，招收15名专业硕士。社会学系曾长期是法学院的一部分，由时任法学院党委副书记叶兴平博士兼任社会学系主任，后来韩秀兰博士、易松国博士先后担任社会学系主任。2013年，徐道稳教授任社会学系主任。2015年，社会学系和心理学系合并成立深圳大学心理与社会学院。徐道稳教授任心理与社会学院副院长兼社会学系主任。

二、发展背景

深圳大学社会工作专业的发展是深圳经济社会快速发展的需要。首先，深圳的社会建设急需高层次社会工作人才。目前，深圳正面临着经济和社会的双重转型。在经济社会持续发展的同时，各种社会问题也不断涌现，并呈现出复杂化和多元化趋势，解决难度不断增加。正是在这种背景下，深圳市委市政府把社会建设放在与经济建设同等重要的位置，果断提出大力发展社会工作，推动社会治理创新。随着社会建设的深入推进，深圳对社区治理、社区服务等专业化社会工作的需求越来越大，要求也越来越高。只有尽快发展社会工作专业学位教育，才能满足日益增加的社会需求。其次，深圳的社会融合急需高层次社会工作人才。众所周知，深圳人口户籍结构严重倒挂，给社会管理和社会服务带来巨大压力。党的十八届三中全会通过的《中共中央关于全面深化改革若干重大问题的决定》要求“推进农业转移人口市民化，逐步把符合条件的农业转移人口转变为城镇居民。稳步推进城镇基本公共服务常住人口全覆盖，把进城落户农民完全纳入城镇住房和社会保障体系”。深圳虽然没有农民，但是城市化的任务还远没有完成，城市居民的社会融合离十八大要求尚有距离。发展社会工作专业学位教育有利于加强对非户籍人口的服务，从而促进社会融合。再次，深圳的社会福利急需高层次社会工作人才。深圳虽然是一个年轻城市，但是老龄化的步伐正在加快，老年人生活服务、文化服务、心理服务等服务需求巨大。深圳有超过1 000万非户籍人口，其中绝大多数是年轻人。他们生活在企业园区或城中村，工作压力大，生活条件差，心理疏导问题突出。在非户籍人口中，有相当比例是儿童，他们就学困难、课外活动贫乏，不少青少年流落街头，甚至走上犯罪道路。因此，在人口高度集中的深圳，老年社会工作、企业社会工作、儿童社会工作、司法社会工作等专业社会工作有巨大的社会需求，急需高层次社会工作人才支持。

三、培养目标和培养方向

培养目标：培养具有“以人为本、助人自助、公平公正”的专业价值观，掌握前沿的社会工作理论和实务，熟悉我国社会政策，具有较强的社会服务策划、执行、督导、评估和研究能力，胜任针对不同人群及领域的社会服务与社会管理的高层次应用型专业人才。

培养方向包括以下五个：

社会工作服务与管理。主要培养能够适应社会工作行政管理、行业组织建设、专业机构发展和专业实务推进的需要，具有社会使命感，懂运营，会管理，通晓社会服务专业知识的社会工作机构管理人才，或熟练掌握专业督导方法与技术，具备丰富实务经验，善于解决复杂专业问题，能够带动社会工作服务人才成长、推动专业实务发展的社会工作督导人才。

企业社会工作。主要培养能够运用社会工作专业知识在企业开展社会服务，预防和解决企业员工工作、生活、心理等方面的问题，推动建立和谐劳动关系的高级应用型和管理型人才。

儿童社会工作。主要培养能够运用社会工作价值观和专业方法，对儿童群体提供个案工作、小组工作、社区工作等专业服务，并熟悉儿童社会政策法规，能够在相关机构从事研究及管理工作的高级人才。

老年社会工作。主要培养能够运用社会工作价值观和专业方法，对老年人提供个案工作、小组工作、社区工作等专业服务，并熟悉老年人政策法规，能够在相关机构从事研究及管理工作的高级人才。

司法社会工作。主要培养能够综合运用社会工作专业知识和方法，为社区矫正对象、安置帮教对象及边缘青少年等弱势群体提供心理疏导、职业技能培训、就业安置等社会工作服务的高级应用型人才。

主要课程：社会工作理论、社会研究方法、社会工作实务、社会工作伦理、社会政策分析、人类行为与社会环境、社会保障制度、社会服务管理、社会项目管理、社会工作评估、社会福利思想、社会统计分析等。

四、教学和实习情况

深圳大学现有校舍建筑面积 82 万平方米，每间教室都配备现代化的多媒体教学设备。图书馆藏书丰富，总建筑面积 48 441 平方米。截至 2012 年 12 月，全校拥有 342.25 万余册图书，其中图书馆有 312.26 万余册，各学院资料室有 29.99 万余册。馆藏书刊目录数据库累计 817 917 种，3 072 639 册，另有 50 000 册未编赠书。中文图书 720 686 种，2 755 242 册；外文图书 82 028 种，128 075 册。中文报刊合订本 4 647 种，126 206 册；外文报刊合订本 2 379 种，51 806 册。电子图书镜像 1 701 784 册。光盘、网络、镜像数据库共 204 种（中外文），含全文电子期刊 74 447 种。以丰富的港澳台版藏书为特藏，共收藏 6.6 万余册港澳台图书。社会工作图书专柜拥有社会工作专业图书 3 000 册，期刊 10 份，报纸 5 份。

社会工作专业实验室创建于 2006 年。该实验室具备辅助完成犯罪学、心理实验与测量、社会心理学、心理咨询与治疗、个案工作、小组工作、社区工作实务等多门课程的软硬件条件。如“小组工作活动室”配备有团体工作活动工具包，能够完成 40 多个项目的团体辅导活动；“行为问题检测及矫正室”配备有从幼儿到老年的全套行为和心理检测量表和分析软件，同时还配有生物反馈仪、测谎仪、多项能力训练仪、音乐放松治疗仪等专业的行为和心理矫正仪器等。

社会工作专业在香港和深圳的 7 家社会服务机构设立了实习基地，每个实习基地都能提供个案、小组、社区工作的实务和督导服务。这 7 家实习基地是：

深圳市社会福利中心实习基地，位于深圳市福田区梅林路 26 号，2007 年 10 月建立。该基地可安排 20 名学生在福利中心老人院及育儿院的不同部门实习，为实习学生提供优惠午餐，指派福利院社工指导学生进行专业实践。福利中心配备完善的功能活动室，供学生开展心理辅导和小组活动。

深圳市救助站实习基地，位于深圳市北环大道 1032 号，2007 年 10 月建立。该基地可安排 20 名学生在救助站儿童科、成人男科、成人女科及接待室实习，为实习学生提供优惠午餐，指派各科社工指导学生进行专业实践。救助站配备个案室及小组工作室，供实习学生开展社会工作活动。

罗湖德福居家养老服务中心实习基地，位于深圳市罗湖区沿河北路区统建楼四栋三层东，2009 年 5 月建立。该基地可安排 20 名学生在全市 10 个服务点实习，可为实习学生提供优惠午餐，指派社工对实习生进行指导。

深圳市鹏星社会工作服务社实习基地，位于深圳市福田区红荔路银荔大厦 401 ~ 403 室，2007 年 8 月建立。该基地可安排 30 名学生在深圳市 40 多个服务点实习，指派每个服务点的社工为实习生提供专业指导。

香港协青社实习基地，位于香港西河湾圣十字径 2 号，2007 年 11 月建立。香港协青社每年接受深圳大学 20 名社工专业学生实习，并为学生免费提供住宿。实习学生被安排到协青社危机介入中心、协青社自立堂、协青社蒲吧和协青社嘻哈舞蹈学校等分支机构。各分支机构配备一名专业社工担任实习督导，每周为学生提供个人或小组督导。

深圳市社联社工服务中心实习基地，位于深圳市福田区彩田路 5015 号中银大厦 A 座 26 楼，2013 年 3 月建立。该基地可安排 30 名学生在全市 30 多个服务点实习，为实习生提供必要的资料和工作条件，并配有专业社工指导学生实习。

深圳市阳光家庭综合服务中心实习基地，位于深圳市福田区景田路 78 号深圳妇儿大厦 8 楼，2013 年 3 月建立。该基地可安排 30 名学生在全市各阳光家庭项目点实习，指派每个服务点的社工为实习生提供专业指导。

五、未来发展设想

加强教师队伍建设。2015 年，心理与社会学院加大人才引进力度，引进社会工作专业人才 5 人，计划 2016 年再引进专业人才 5 人，同时优化教师队伍年龄结构、知识结构，打造一支懂理论、懂实务的优秀教师队伍。

完善培养方案和教学方法。社会工作专业实务性很强，其目标是培养具有扎实理论基础，并适应社会工作职业实际工作需要的应用型高层次专门人才。在培养方案、教学方法、教学内容等方面要充分考虑培养对象及用人单位实际需求，采取多媒体教学、现场教学、团队学习、案例分析、现场研究、模拟训练等多种灵活教学方式，做到学以致亲、学以致能、学以致用、学以致行。

扩大校企、校社合作规模。积极与政府部门、各种社会组织或企业合作，努力开展“联合办学”或“合作培养”；借助校友网络和校友资源，搭建招生平台；加强与行业协会、实习基地的交流，通过社会工作工作坊、讲座、免费课堂、虚拟社区等方式将社会工作硕士教育中心打造成为校企合作、校社合作的重要平台。

六、教师介绍

徐道稳 教授，南开大学社会政策博士，中国社会学会理事，深圳市社会学学会会长，深圳市社会工作者协会常务理事，2008—2015 年全国社会工作师考试命（审）题组成员，多家社工机构理事或顾问。

李晓凤 教授，香港理工大学社会工作博士，先后参与 14 个社区服务中心及公益项目运营，具有丰富的社会工作实务经验。曾担任 8 家社工机构顾问或督导，具有国际化、本土化的社会工作督导经验。现担任广东省民政厅社会工作专业人才队伍建设专家委员会委员，并主持评审了广东省社会工作专业人才培育基地的评选，担任深圳市政府社会服务类采购评审专家，并参与了深圳市 34 项政府社会服务类项目的评标。

易松国 教授，香港大学社会工作博士，先后创办了深圳市鹏星社会工作服务社（2007）、东莞市星扬社会工作服务社（2009）以及佛山市顺德容桂鹏星社会工作服务社（2010）。现担任广东省民政厅社会工作专业人才队伍建设专家委员会副主任、民政部社会工作研究中心特邀研究员、深圳市决策咨询委员会委员。

杨青副 教授，北京师范大学心理学博士。2009 年至 2013 年，以工作坊的形式，为深圳中小学生及大学生做应急和创伤康复培训，为自闭症儿童父母做家庭系统治疗培训；2009 年至 2013 年，带领学生团队，在福田、宝安、龙岗、南山区开展贫困生帮扶教育实践；2012 年至 2013 年，进行了社会心理学专题实践，带领本科生完成了 6 个专题、14 个研究项目的调研和论证。

唐　咏 副教授，香港大学社会工作博士。2010 年，带领学生团队参加李嘉诚基金会全国宁养项目，开展癌症晚期病人照顾者的实务工作。2013 年，带领学生团队，顺利完成为期半年的临终服务领域的实务工作。现担任深圳市社会工作者协会培训课程评审专家、深圳市龙华新区社会工作评审专家，参与 2013 年龙华新区公益创投项目的评审工作。

马云驰 副教授，中山大学哲学硕士，长期从事社会学、社会政策和社会工作伦理的教学和研究工作。

吴崇华 讲师，南京大学社会学硕士，长期从事社会工作理论的教学和研究工作。

杨巍巍 讲师，日本庆应义塾大学社会保障学博士，长期从事社会保障的教学和研究工作。

广东工业大学社会工作专业

一、本科专业概况

专业代码	030302	专业名称	社会工作
修业年限	4 年	学位授予门类	法学学士
专业招生面向	广东省和部分省份	本校已设的相近专业	经济学、工商管理学
专业服务方向	培养具有基本的社会工作理论和知识、较熟练的社会调查研究技能和较强的社会工作能力，能在民政、劳动、社会保障和卫生部门，工会等社会组织及其他社会福利、服务和公益团体、企业、社区等机构从事社会保障、社会政策研究、社会行政管理、社区发展与管理、社会服务、评估与操作等工作的高级专门人才		
申请增设专业的主要理由及人才需求预测情况	1. 中国社会转型和向市场经济过渡急需社会工作专业高层次人才 (1) 政府职能转变、社会转型需要专业的社会工作者：政府与社会正在转为小政府大社会，大量的社会事务从政府和企业中剥离出来，交由社会工作专业化去做；社会转型出现大量社会问题：老、弱、病、残、贫、失业等，迫切需要大批高层次专业社会工作者解决；城市社区建设（服务、保障、管理）需要高层次专业社会工作者；中央政府提出建立独立的社会保障体系和社会服务网络更需要高层次社会工作专门人才 (2) 社会工作是21世纪迅速发展的新专业，社会工作专业人才是“21世纪十大紧缺人才之一”：据大众媒体报道和广东省教育厅就业中心、南方人才市场、广东人事厅对毕业生的统计，截止到2003年6月，广东省内社会工作专业毕业生为零，社会工作高级专门人才奇缺；继律师、会计师执业制度之后，中国社会工作注册制度和职业制度即将全面实行，上海2003年6月1日正式施行，广东2004年实施这一制度		

（续上表）

申请增设专业的主要理由及人才需求预测情况	2. 广东经济和社会发展需要大批高层次社会工作专业人才 广东是改革开放的前沿，体制改革纵深发展和社会转型导致各种方面出现社会问题：劳动就业、社会保障、教育服务、福利服务、健康服务、社区建设、社团管理、企业文化建设、家庭婚姻以及社会突发事件等，急需专业社会工作者解决。但目前人才需求缺口大。这为我校办社会工作专业提供了契机 3. 增设社会工作专业是广东工业大学发展的需要 广东工业大学要上层次、上水平，要成为以工为主，工、理、经、管、文、法等多学科协调发展的国内知名的高水平大学，必须加大文科比重，这对提高学校在全国的排名也具有积极意义；增设社会工作专业需要投资少、见效快；成立“文法学院”需要设立文科专业 4. 我校基本具备开设社会工作专业的能力 广东工业大学是省属重点大学，在师资队伍、科研能力、教学设备、图书资料等方面实力较雄厚；社会科学部教学、科研、管理能力较强，建设省级重点课程 5 年，办涉外文秘专业 5 年，有一定的办学经验		
专业筹建情况	前期准备：从 1999 年起，先后开设社会学概论、城市社会学、社会心理学等社会工作专业有关课程 师资准备：整合社科部、素质教育中心成员与全校有关教师，形成以高学历、高职称教师为骨干，中、青年教师为主体的合理、力量强的师资梯队；聘请国内知名教师为客座教授 物质准备：学校图书资料、教学设备、学生宿舍、新建专业建设费等提供了良好的办学条件；已落实 4 个实践基地并得到香港凯瑟克基金会（社会工作专门基金）的支持 学科建设准备：已得到北京中国社会工作协会支持，在教材、师资进修、科研等方面做出安排；武汉大学、中山大学等大学的知名教授提供指导和支持		
教师基本情况	教师总数：52 人（含客座教授） 教授：1 人 副教授：13 人 讲师：21 人 博士：4 人 硕士：22 人 本科：23 人	客座教授	武汉大学教授，博士生导师 中山大学教授，博士生导师 《南方日报》正高职，博士生

（续上表）

其他办学条件落实情况	经费：学校拟给新办专业20万元；香港凯瑟克基金会拟给予支持 实践基地： （1）中国共产主义青年团广东省委员会（青年志愿者指导中心） （2）广州市福利院 （3）广东企业文化中心 （4）广州市天河区小新塘办事处 图书资料：学校相关图书资料合计约8万册 教学条件：文法学院所有教学设施 学生宿舍：学校统一安排	尚需解决的办学条件及落实所需时间	专业图书资料不足，力争每年拨出5万元购买图书资料

二、办学特色

与国内省内高校开设的社会工作专业相比，广东工业大学社会工作专业既具有共性也有个性。共性在于根据教育部第二届社会学学科教学指导委员会对本科教育社会工作专业的培养目标和培养要求、主要课程和主要实践性教学环节进行教学。个性在于具有我校本专业的特点。

（1）统一招生为社会工作专业，不设具体专业方向，但具有专业特色。

为了拓宽学生就业适应面，每年统一招生为社会工作专业，不设具体专业方向。一、二年级学习社会工作专业基础课；三、四年级按市场需求、兴趣学习专业课和选修课，专业课和选修课突显专业特色。

（2）突出城市社区与广东外来流动人口社会工作的特色。

广东外来流动人口众多。随着社会政治、经济、文化的发展，由外来流动人口引起的社会问题，如就业、教育、居住、婚姻、社会保障等方面的问题与日俱增。政府和社会对做好外来流动人员的社会工作高度重视。目前，广东率先将流动人口的“收容站”改为“救助站”，同时又引发了如何甄别救助者等问题。搞好外来流动人员的社会工作对整个广东的社会工作具有非常重要的意义，在全国社会工作中也具有特殊意义。由于流动人口社会工作属于城市社区建设的一部分，因此，我校社会工作专业将城市社区与外来流动人口社会工作作为专业特色之一。

（3）重点突出企业文化工作特色。

目前，广东已成为“世界大工厂”。珠江三角洲拥有数以万计的企业，企业的问题往往是社会问题的缩影，这成为社会工作不应忽略的部分。较高层次的企业都以企业文化的形式体现社会工作在企业中的职能，这方面的人才需求量是巨大的。广东工业大学社会工作专业将突出“企业文化”工作特色，一方面开设教育部规定的社会工作主干课程，培养学生学习社会工作基本理论知识和社会工作的技能和方法；另一方面又开设企业文化特色课程，为广东企业打造企业精神（价值观、理想和信念），进行企业制度文化（道德、心理、行为准则）、企业物质文化（产品设计、产品质量、厂容厂貌、员工服饰、形象塑造、CI 策划），进行企业文化活动（策划、组织、宣传）、职业道德培训、职工心理辅导、企业社区建设、职工权益保障、卫生保健工作等提供高级专门人才。

（4）突出社会保障与老年社会工作特色。

我国是世界上老年人口最多、数量增长最快的国家之一。20 世纪 80 年代以来，60 岁以上的老龄人口平均每年以 3% 的速度持续增长，1997 年已经超过 1.2 亿人，到 2000 年达到 1.3 亿人，占总人口的 10%，我国开始进入人口老年型国家行列。更为突出的是，80 岁以上高龄老人已高达 1 100 万人，并以年均 5% 的速度增长。到 21 世纪中叶，60 岁以上的老人将达到 4 亿人左右，约占亚洲老年人口总数的 36%，占世界老年人口总数的 22.3%。我国老年人口规模之大，老龄化速度之快，高龄人口之多，是世界人口发展史上前所未有的。老年化带来许多社会问题，迫切需要社会工作者去解决。这就为社会工作专业人才培养提供了契机。我校增设社会工作专业，突出老年社会工作特色，正是社会发展的需要。

（5）突出外语特色。

充分利用文法学院中社科部涉外文秘教师力量以及外语系教师的优势，开设较大量的英、日语等外语课程，将学生培养成为具备较高水平的外语社会工作人才。

（6）突出工科强势背景特色。

广东工业大学主体是工科，我们将利用工科教学资源、实践基地以及与企业的天然联系，将工科强势背景作为办好社会工作专业的坚实基础和依托，使工科教学和社会工作紧密联系，显示我校社会工作专业独特的优势。

三、教学计划

（一）培养目标与基本要求

培养目标：本专业培养具有基本的社会工作理论和知识、较熟练的社会调查研究能力和社会工作能力，能在民政、劳动、社会保障、公安和卫生部门，企业、工会等社会组织及其他社会福利、服务和公益团体等机构从事社会保障、社会政策研究、社会行政管理、社区发展与管理、社会服务、评估与操作等工作的宽口径复合型高级专门人才。

基本要求：本专业学生要有扎实的社会工作的基本理论和基本知识，树立社会工作的价值理想，以文为基础，掌握计算机软件管理运用和分析统计等现代化方法与技能，能够适应我国 21 世纪对社会工作现代化发展的要求，具备进行社会调查研究解决实际问题的方法与技能，掌握理论分析、实证研究、社工实践等多方面的基本能力。

（二）本专业主干学科

社会学概论、社会工作概论、个案社会工作、团体社会工作、社区工作与社区发展、社会保障制度、社会行政与社会政策、青少年社会工作、老年社会工作、社会福利理论等。

（三）理论教学（含实验）安排

分类	课程编码	课程名称	学分	学时			各学期计划学分								停课考试
				总学时	含实验	含上机	一	二	三	四	五	六	七	八	
							16周	21周	21周	21周	21周	20周	21周	19周	
公共基础课（必修）	011001	邓小平理论概论	2. 5	48								2. 5			6
	011002	毛泽东思想概论	1. 5	30				1. 5							
	011004	马克思主义政治经济学原理	1. 5	30				1. 5							
	011012	马克思主义哲学原理	2	36						2					
	011007	法律基础	1. 5	30			1. 5								
	011005	思想道德修养	1. 5	30					1. 5						
	051001	体育（一）~（四）	4	120			1	1	1	1					
	021001	大学英语（一）~（四）	14	280	60		3. 5	3. 5	3. 5	3. 5					1~4
	031001	经济数学（含线代、概率）	9. 5	172			5	2. 5	2						1~2
	021010	大学语文	2	36			2								
	501021	当代世界经济与政治	2	36				2							2
	041006	计算机文化基础	1. 5	36		36	1. 5								
	041007	计算机技术基础	2. 5	50		24		2. 5							
	021013	应用文写作	1. 5	30				1. 5							
	小计		47. 5	964	60	60	14. 5	16	8	6. 5		2. 5			
专业基础课（必修）	030302	社会学概论	3	54			3								1
	030321	社会工作概论	2. 5	46				2. 5							2
	030322	社会行政与社会政策	2. 5	46					2. 5						3
	030323	社区工作与社区发展	2. 5	46									2. 5		7
	011032	社会保障制度	2. 5	46						2. 5					4
	030324	团体社会工作	2. 5	46							2. 5				5
	030325	个案社会工作	2. 5	46						2. 5					4
	011018	社会调查研究方法	2. 5	46								2. 5			6
	011019	社会心理学	2. 5	46				2. 5							
	030320	专业导论	1	20			1								
	501016	统计学	2. 5	46		10			2. 5						3
	501301	社会统计与 SPSS 应用	4	72						4					

（续上表）

分类	课程编码	课程名称	学分	学时			各学期计划学分								停课考试
				总学时	含实验	含上机	一	二	三	四	五	六	七	八	
							16周	21周	21周	21周	21周	20周	21周	19周	
专业基础课（必修）	011038	教育学	2	36					2						3
	511046	人员测评理论与方法	2	36						2					4
	030338	社会规划学	2	36									2		7
	030316	社会统计指标	1. 5	30					1. 5						3
	571028	组织行为学（双语教学）	2	36							2				5
	021004	专业英语	3	48						1	1	1			
	011038	社会福利理论	1. 5	30					1. 5						3
	511022	社会管理学	2	36							2				5
	小计		46. 5	848		10	4	5	10	12	7. 5	3. 5	4. 5		
选修课	专业基础选修课		8	144						2	6				
	专业方向选修课		14	252							2	6	6		
	公共选修课	人文社科类	7	126											
		自然科学类	3	54											
		工程技术基础类	4	72											
		小计	14	252											

（四）专业基础和专业方向选修课设置

分类	课程编码	课程名称	学时			各学期计划学分							
			总学时	含实验	含上机	一	二	三	四	五	六	七	八
						16周	21周	21周	21周	21周	20周	21周	19周
专业基础选修课	030316	当代中国社会工作专题	46	10							2. 5		
	031048	人类成长与社会环境	36							2			
	030341	青少年社会工作	30				1. 5						
	030331	老年社会工作	30					1. 5					
	030346	社区文化策划与实施	46	10							2. 5		
	011024	政治社会与经济社会	46						2. 5				
	011024	农村社会学	36						2				
	011031	心理咨询与辅导	36					2					
	030327	西方社会学原著选读	36				2						
	030311	社会分层	36								2		
	031038	科技社会伦理研究	30								1. 5		

（续上表）

分类		课程编码	课程名称	学时			各学期计划学分							
				总学时	含实验	含上机	一 16周	二 21周	三 21周	四 21周	五 21周	六 20周	七 21周	八 19周
专业基础选修课		021017	艺术技能A （键盘乐器弹奏等）	60			1.5	1.5						
		021019	艺术技能B （基训与风格舞蹈等）	30			1.5							
		011027	信息检索与利用	24		10					1			
		531015	信息分析与预测	46								2		
		要求最少学时		144										
专业方向选修课	城市社区与流动人口管理	511001	管理心理学	46						2.5				
		011023	城市社会学	46									2.5	
		511009	人力资源管理	36									2	
		531039	电子政务	36								2		
		030328	广东流动人口社会问题研究	30	10							1.5		
		011026	人口社会学	46							2.5			
		011035	人格心理学	36									2	
		531025	信息管理新理论专题	36							2			
		531026	信息系统新技术专题	36								2		
		011013	婚姻与家庭	30								1.5		
	社会保障与老年社会工作	011038	中国社会保障研究	36									2	
		030336	老年安康与人文关怀	30	10					1.5				
		011046	国外社会保障政策	30							1.5			
		531025	信息管理新理论专题	36							2			
		531026	信息系统新技术专题	36								2		
		011029	普通心理学	36									2	
		571027	公关礼仪	36									2	
		511550	行政管理学	46								2.5		
		571021	人际关系学	36						2				
	企业文化社会工作方向	511014	企业社会工作	46	10								2.5	
		511028	公共事业管理	30								1.5		
		511026	企业信息分析与研究	36									2	
		030339	企业形象策划与设计	36								2		
		531025	信息管理新理论专题	36							2			
		531026	信息系统新技术专题	36								2		
		011010	知识产权通论	30						1.5				

（续上表）

分类		课程编码	课程名称	学时			各学期计划学分							
				总学时	含实验	含上机	一	二	三	四	五	六	七	八
							16周	21周	21周	21周	21周	20周	21周	19周
专业方向选修课	企业文化社会工作方向	021003	综合艺术实践（一）（企业文化活动的策划、宣传、组织、推广的技能）	46		46							2.5	
		021001	综合艺术实践（二）（企业文化活动音响、舞台、灯光、效果的设计）	30		30					1.5			
		011021	企业文化学	30						1.5				
	要求最少学时			252										

（五）课内实践教学环节安排

分类	课程编码	实践教学环节名称	学分	集中周数	分散学时	含上机学时	各学期计划学分							
							一	二	三	四	五	六	七	八
实习（实验）	052001	军训	2	2			2							
	052011	社会实践	8	6									8	
	052002	认识实习	6	4							6			
	052012	社会调查	4	4			1		1		1		1	
设计（论文）	052008	毕业论文	12	12										12
实践教学环节总计			32	28			3		1		7		9	12

（六）校外实习基地

实习基地名称	设立时间（年）	地点	实习专业	是否有协议	运行情况（人次/年）
广州市大同社会工作服务中心	2008	广州市	社会工作	是	20
广州市阳光社会事务所	2009	广州市	社会工作	是	20
中山市阳光社会工作服务中心	2012	中山市	社会工作	是	2

（续上表）

实习基地名称	设立时间（年）	地点	实习专业	是否有协议	运行情况（人次/年）
广州市广爱社会工作服务中心	2012	广州市	社会工作	是	20
广东省第三荣军医院	2013	惠州市	社会工作	是	2
云浮市公安局强制隔离戒毒所	2014	云浮市	社会工作	是	2
广州市白云心理医院	2008	广州市	社会工作	否	6
广州市家康社会工作服务中心	2013	广州市	社会工作	否	2
广州市越秀区长者综合服务中心	2012	广州市	社会工作	否	2
广州市新家园社会工作服务中心	2012	广州市	社会工作	否	2

四、教师介绍

（一）由社会科学部转行教师5人

这部分教师是由于专业开设工作需要由非社会学专业毕业的教师转行而来，都是从社会科学部转行过来的，原来的专业与社会工作有紧密联系。

姓名	出生年月	学位	职称	毕业院校与专业	担任课程
朱静君	1957年9月	学士	副教授	中山大学哲学系	哲学、美学、社会工作概论、家庭社会工作
李锦顺	1970年10月	博士	副教授	中国社会科学院	社会政策、农村社会学、组织行为学
阎安	1966年3月	硕士（访问学者）	讲师	兰州大学历史系	社会福利思想、老年社会工作、社会保障问题研究
袁慧芳	1976年7月	硕士	讲师	暨南大学华侨华人研究所	社区工作、教育学、社区文化策划与实施
王圣军	1976年12月	在职博士	讲师	华南师范大学哲学所	社会管理学、企业社会工作、企业形象策划与设计

（二）接收社会学专业硕士6人

姓名	出生年月	学位	职称	毕业院校与专业	担任课程
车海波	1978年2月	硕士	助教	武汉大学社会学系	社会学概论、人类成长与社会环境、社会分层

（续上表）

姓名	出生年月	学位	职称	毕业院校与专业	担任课程
谭磊	1979年1月	硕士	助教	华中科技大学社会学系	社会保障制度、社会福利思想、社会保障问题研究
胡芳	1978年8月	硕士	助教	加拿大纽芬兰大学社会学系	社会统计学、专业英语、社会调查研究方法
刘勇	1979年12月	硕士	助教	上海大学社会学系	经济社会学、西方社会学名著选读、人格心理学
冯博雅	1980年3月	硕士	助教	中山大学社会学系	小组工作、社会统计与SPSS运用、学校社会工作
谢珺	1981年8月	硕士	助教	中山大学社会学系	个案工作、人格心理学、城市社会学、人口社会学

（三）新引进副教授、在职博士1人

姓名	出生年月	学位	职称	毕业院校与专业	担任课程
余冰	1968年12月	在职博士	副教授	华南师范大学心理学系	社会心理学、管理心理学、社会调查研究方法、心理咨询与辅导

主要工作内容：教学方面，适应专业教学开好专业课，包括心理学类、社会调查类、社工类等。科研方面，完成个人的博士论文研究；尝试组织所里青年教师构建科研团队，目前考虑的方向有社区研究、社工教育与发展、学生专业发展与成长等。其他方面，配合9月学生实习，建立街道等实习基地；加强与其他知名院校的联系，邀请在社科学术界有影响的学者导师来校交流。

五、学子风采

刘创新 广东工业大学社会工作专业2004届本科生。作为广东最早的一批职业社工、社会工作师，任东莞市普惠社会工作服务中心督导委员会主任，系东莞市首批社会工作宣讲师及志愿者培训讲师、社工督导人才。擅长领域有司法、戒毒、人民调解、社区工作以及灾后介入。

2014年作为广东省先遣队成员参与民政部组织的“支援云南鲁甸灾后重建计划”，2013年作为广东省调研员参与江门特大海难危机介入，2010年作为广东省派驻“茂名9·21特大洪灾”的常驻社工支援服务两个月。

2011年获得广东省社工之星、普惠之星等荣誉，2014年获得国家民政部案例大赛三等奖，2015年获得《广东社工鲁甸灾后援助服务案例精选》征文一等奖。2015年1月在行业核心期刊《中国社会工作》杂志“督导答疑”部分发表《如何设计服务各种志愿力量的工作流程》。

周小燕　广东工业大学社会工作专业2014级本科生，香港理工大学社会服务管理硕士，社会工作师。深圳市慈卫公益事业发展中心总干事，民政部全国首批专业社会工作领军人才，全国《政府购买城镇社区老年人社工服务标准》起草专家组成员，民政部灾害心理和社会服务调研组专家组成员。长期参与汶川地震灾后恢复重建工作，2010年被汶川县委、县政府授予“汶川县荣誉市民”称号，以及被四川省授予“十大杰出青年志愿者”称号，2013年其社会工作案例《逆境中圆梦——对芦山地震灾区青少年的个案介入》荣获第一届四川省社会工作优秀案例第一名。她还获得了2014年度“中国优秀社会工作人物”和2012年度“中国最美社工”荣誉称号。除此之外，她也是广东工业大学、惠州学院、安徽师范大学特聘导师。

徐玉霞　广东工业大学社会工作专业2004级本科生。曾担任广州阳光社会工作事务中心总干事、佛山市南海区桂城创益中心专业社工服务项目评估专家、广东省启航社会工作支援中心评估专家、河南师范大学公共事务学院社会工作专业实践指导教师。2008年获广东工业大学政法学院“十大优秀毕业生”荣誉称号。2009年所写文章《社区矫正对象个性化教育管理问题》被评为深圳市司法局组织的司法领域调研文章一等奖。2010年所写文章《专业相伴，快乐同行——社区矫正服务对象F的个案分析》获得深圳市优秀案例奖。2011年获得“广州市第二届督导班优秀学员”荣誉称号。2012年度获得“中国最美社工”荣誉称号。2015年荣获“广东省优秀社工”荣誉称号。她的《他山之石，可以攻玉——赴新加坡学习交流的十点反思》《社工请接纳自己》《社工助理广州越秀基层党建创新》等多篇文章被收录或发表在《中国社会工作实务纵深》和《中国社会工作杂志》等刊物上。

周海明　广东工业大学社会工作专业2009届本科生，获社会工作专业及工商管理专业双学位。曾担任班级党支部书记、班长、团委干部等，曾获得广东工业大学文法学院“2009届十佳优秀毕业生”荣誉称号、文法学院十佳“学业优秀大学生”称号，获学业优秀一、二等奖学金6次、国家励志奖学金两次，专业实习优秀生，2008年度校科技立项“夕阳红——社区居家养老模式探究”以优获结题，并获学校大学生挑战杯二等奖。

现任广州市大同社会工作服务中心副总干事/机构督导/家综主任，曾带领团队获得2013年全省优秀专业社会工作服务项目三等奖。2014年顺利完成香港理工大学社会服务管理硕士课程，以及从广州市第三届社会工作督导人才培训（研修）班顺利毕业。

获得广东省民政厅颁发的“2013年度广东省社会组织模范个人”、2012年度“中国最美社工”、2013年第二届广东省“社工之星”、广州市萝岗区2012年度首届“香雪慈善大使”、2010年广州市“优秀义工管理者”等荣誉称号，任广州市妇女第十二次代表大会代表、广州市萝岗区社会工作协会常务理事。

蔡延青　广东工业大学社会工作专业2005级本科生。前腾讯交互设计师，现“一起开工社区”联合创始人。于2011年6月创办国内第一个专注社会创新的平台BottleDream；于2012年7月开始“环球社会创新之旅”，两年时间里独自穿越四大洲20多个国家，采访世界各地年轻创变者（changemaker）的故事，并制作成纪录片，希望能够启发更多中国年轻人参与到社会创新的运动中来；于2013年11月在广州创办跨界创新社区“一起开工社区”，目前为华南最大的联合办公社区，正在进行向学习型社区转型的探索。他于2014年8月荣登美国*Fast Company*杂志“2014中国商业最具创意100”榜单（MCP100），2014年11月荣登《城市画报》post85精英榜以及被选入*ELLE*25周年特荐的25位E世代偶像。

杨艳秋 2008年毕业于广东工业大学社会工作专业，2012年至2014年就读于香港理工大学社会工作硕士课程。2008年至2010年在江门市从事残疾人康复社会工作，两年时间里，与当地社工一起开拓了江门医务社工服务模式。本着对家乡增城的热爱，2011年1月回归家乡，带领团队从无到有开拓增城本土的社工服务。

在她和团队成员的共同努力下，乐众社会工作服务中心成为增城市目前唯一一个被评为广州市5A社会组织称号的社工机构。同时承接家庭综合服务中心和幸福社区专项项目，自发开设儿童感统训练工作室，以社会企业项目进行运作，创新儿童服务项目“打开一扇门——读写障碍儿童支持计划”获得中国扶贫基金会与凤凰卫视联合举办的“发现新公益”电视比赛冠军，得到65万元的项目资助资金，开拓了广东省读写障碍服务的项目运作化先河。

胡　燕 广东工业大学社会工作专业2008级本科生。取得社会工作师证书、二级心理咨询师证书、社会工作督导人才培训班毕业证书，具备良好的社工专业服务水平。在校期间多次深入企业和社团实习，进一步增强了社会实践和分析问题与解决问题的能力。毕业后从事一线社工工作，目前担任广州市广爱社会工作服务中心副总干事。

袁美芝 广东工业大学社会工作专业2005级本科生。在校期间成绩优秀，获得三等奖学金一次，优秀学生三等奖学金两次。2009年毕业后加入东莞市鹏星社会工作服务社，成为东莞市首批社工；2011年成为东莞市首批社工督导助理；2013年成为东莞市首批社工见习督导。先后获得“东莞市首届优秀社工”“石龙镇优秀社工”“东莞市首届最美社工”称号，获东莞社工五周年征文比赛一等奖等奖项。除了有丰富的实务经验以外，也曾参与多个社会工作课题研究，在《中国社会工作》等行业杂志上发表文章，致力于本土社会工作经验的传播。

苏钰华 广东工业大学社会工作专业2006级本科生。于2013年获得社会工作师证书，具备良好的社工专业服务水平。在校期间，屡次获得学校奖学金。毕业后就职于佛山市顺德区容桂街道鹏星社会工作服务社，现为机构督导助理及区域主任，工作期间四次获得单位“优秀社工”称号，并于2014年获得第三届“广东省社工之星”称号。

廖培金 2006年9月至2010年6月就读于广东工业大学社会工作系，在校期间曾担任纪律委员、班长、班党支部书记等。毕业后曾就职于广州阳光社会工作事务中心，任社工、执行主任、中心主任；现就职于广州市救助管理站，获社会工作师证书。

范小枝 广东工业大学社会工作专业2004级本科生。2008年毕业后，即获得助理社会工作师证书；于2009年获得国家心理咨询师三级证书；2010年获得中国香港挑战阵网协会颁发的低结构阵网（Low Event Challenge Course）技巧证书；2012年获得社会工作师证书；2013年获得广州市第三届社会工作督导人才培训（研修）班结业证书；2015年初获得广州市社会工作协会颁发的“广州第一届应急队证书”。现任岭南社会服务发展社服务总监一职，负责服务统筹规划、质素监控及同工专业发展支持等工作。

邓立宁 广东工业大学社会工作专业2006级本科生。于2010年毕业后受聘于广州阳光社会工作事务中心任专业社工，就业期间不断积累经验，提升专业能力。在社区工作服务领域具备丰富的服务经验，尤其是家庭综合服务中心项目中的项目管理、运营。于2012年开始担任矿泉街家庭综合服务中心专业主任，带领团队连续三年获得项目评估优秀。

张　楷 广东工业大学社会工作专业2006级本科生。在校期间曾担任班长、政法学院学生会副主席；曾获广东工业大学优秀学生二等奖学金和国家励志奖学金、政法学院学生工作突出贡献奖和学业进步奖学金、文法学院班际篮球赛冠军、广东工业大学三人篮球赛亚军。还获过校优秀学生干部奖学金、文法学院“学生工作先进个人”称号以及广东工业大学第三届“挑战杯”大学生课外学术作品竞赛特等奖。2010 年 7 月至今任职于广东省社会工作师联合会，现为社会工作评估中心主管。

管光洪　广东工业大学社会工作专业 2010 届本科生。在校期间参加校红十字会、成长小组等社团，参与《民政部关于社会工作人才服务失业问题研究》《广东省推进养老服务社会化发展战略和发展思路研究》等调查活动，在广州市 12355 青少年服务台、广州市大同社会工作服务中心进行专业实习。毕业后从事社会工作事业，担任过社工、项目主管、总干事等岗位，服务领域主要涉及青少年服务、移居人士服务、义工服务，在服务开拓、项目管理、机构管理等领域有一定经验及思考，致力于推动社工事业发展。

黎顺填　广东工业大学社会工作专业 2006 级本科生。曾策划参与 2007 级社会工作专业成长小组、2006 级大学城工作坊、学院心理联络员培训等项目。曾荣获“优秀心理联络员”“优秀学生干部”“优秀暑期实践学生”等称号。

2010 年毕业后即从事社工行业，目前就职于广州阳光社会工作事务中心，是广州市第五届社会工作督导人才培训（研修）班学员。文章《艰难曲折中坚守助人信念》《不该凋谢的花朵》被收录在中山大学出版社出版的《中国社会工作实务纵深》；《寻找“小确幸”——我的家庭服务个案》被收录在《社工月刊》第二十四期；《社工眼中的读写障碍儿童——明日之星就在身边》《一名家庭社工眼中的“小确幸”》被“社工中国”网站刊登。

张东海　广东工业大学社会工作专业 2006 级本科生。现在东莞大众社会工作服务中心横坑社区综合服务中心担任中心主任，其带领的团队工作取得了一定的成果。在 2011 年获得莞城区“优秀社工”称号，与莞城组同事完成的“成长之路”青少年项目获得东莞市第一届公益创投入围奖。2012 年，其将在北隅社区的老年人服务经验结合社区服务对象实际撰写了服务案例，获得全国首届老年社工案例征集活动优秀案例奖。除此之外，他还荣获 2013 年度东莞市“优秀社工”称号，参与的“青少年抗逆力培养项目”入选寮步镇第一届公益创投项目。

王兴龙　广东工业大学社会工作专业 2009 级本科生，华南农业大学公共管理学院社会工作专业 2015 级硕士。在校期间，曾获得国家励志奖学金一次、校级一等奖学金一次、校级二等奖学金一次、校级三等奖学金四次、大学生“挑战杯”研究项目三等奖、优秀学生干部奖等多类奖项。工作期间，坚守社工价值，灵活运用理论知识，针对性地开展专业服务，在项目规划及焦点解决治疗方面有较多的研习。工作期间曾获“广爱优秀社工”称号、广爱优秀个案银奖、广爱优秀小组铜奖。现任荔湾区茶滘街家庭综合服务中心长者部主管。

余　梅　广东工业大学社会工作专业 2009 级本科生。获得助理社会工作师证书，具备良好的社工专业服务水平。在大学期间，创建广东工业大学“爱心伴成长”关注留守儿童项目，任社会工作协会会长助理和第十六届亚洲运动会志愿者，还担任过志愿者人力资源助理和广东省第二届“百人百场”应急知识宣讲活动宣讲员。毕业后，曾任广州市大同社会工作服务中心驻天河区龙洞街家庭综合服务中心家庭项目社工，广州市大同社会工作服务中心驻荔湾区中南街家庭综合服务中心助理主任兼青少年项目、妇女项目主管以及广州市大同社会工作服务中心驻中南街家庭综合服务中心副主任。现任广州市北达博雅社会工作资源中心驻佛山市罗村孝德家创益中心副主任。

范志杰 广东工业大学社会工作专业2005级本科生。他于社会服务界曾从事长者服务、家庭服务、青少年服务、残障服务工作，现主要负责中心社工日常督导、管理及行政工作，范围包括策划中心发展、社工服务督导及培训、对外公共关系等。在祺颐居家服务部开展“居家养老”服务工作。在永和街家庭综合服务中心时，重点开展长者服务，通过运用专业的个案工作、小组工作、社区工作等手法，丰富社区长者的晚年生活、帮助社区长者自我成长、发挥社区长者余热，在此基础上督导前线社工顺利完成工作。2011年9月至今在琶洲街家庭综合服务中心统筹督导中心工作，其中督导长者服务开展特色服务——长者生日会，不但得到居民的热烈反响，而且得到《南方日报》报道；他还督导中心长者社工获得“全国首届老年社工案例征集活动优秀案例奖”。他在多年的工作经验中已形成一套特有的长者服务工作手法。2014年顺利获得广州市第四届督导研修班结业证书并取得优秀成绩。同时，在新塘街家庭综合服务中心担任两年的督导工作，取得良好的成绩。

温云油 广东工业大学社会工作专业2009届本科生，获得助理社会工作师证书，具备多年的社工专业服务资历。在校期间，活跃在各类社会实践当中，于2006年被评为广东工业大学“无偿献血先进个人”，2007年被评为“广州市农林地区优秀志愿者”，2009年其毕业论文获得广东工业大学学生论文创新奖，2012年于新家园社会服务中心被评选为优秀员工，2015年被评为当时机构的优秀管理人员。

李秋仪 广东工业大学社会工作专业2008级本科生，现居东莞。在校学习成绩优秀，获得两次国家励志奖学金、6次校级奖学金。毕业后一直就职于东莞市大众社会工作服务中心，提供社区综合服务，表现突出，连续2年获得东城区“优秀社工”荣誉称号，2013年被评为东莞市优秀社工，并于2014年10月当选为东莞市社工督导助理。业余爱好羽毛球，大学期间曾获学院班际比赛团体亚军，工作中获得东莞市社工羽毛球赛团体冠军。

李湘华 广东工业大学社会工作专业2012届本科生。在校期间，曾参与广东社会工作网的运作管理，宣传社工。还参与广东公益恤孤助学促进会“爱满心田”项目、广东省妇联“让我玩在社区”中山两社区的项目，以及主动前往多个社工机构进行实习，涉及青少年、残障人士、长者等服务领域。2012年10月，进入越秀区思媛社会工作服务中心为黄花岗地区青少年开展服务。2014年6月进入广东省游心公益基金会，从事关爱抗战老兵公益工作，同时负责青少年成长项目，为偏远地区青少年开展助学服务，并在项目中引入社工元素，促进受助学生的健康成长。

林玉泉 广东工业大学社会工作专业2005级本科生。在校期间不仅完成了社会工作的专业学习，还选修了工商管理专业的学习，最后取得法学与工商管理学士学位。曾在广东省杨村社会福利院（国家民政部第二批社会工作试点单位）任职，以及在广州市大同社会工作服务中心任项目策划部部长。2012年6月至今，任肇庆市大同社会工作服务中心法人代表、副理事长、总干事。其带领的团队先后荣获2013年广东省优秀社会工作服务项目三等奖、“肇庆市公益行动先锋”称号。其本人也被评为2013年肇庆市“十大敬老之星”和2013年度“中国最美社工”。

林群娣 广东工业大学社会工作专业2007级本科生。大学期间学习成绩良好，除了主修社会工作专业外，还修读了工商管理专业。此外，在校期间积极参加社会工作实践活动，曾获“优秀实习生”称号，曾参与汶川县大同社会工作服务中心工作。大学毕业至今，一直从事社会工作服务，并考取了社会工作师证书。目前在广州恩善社会服务中心担任社工主管，主要负责长者服务与残康服务，以及担任机构实习生督导。在工作期间，积极参与行业的专业活动及培训，支持行业发展，曾参与第五届华人社会社会工作研讨会，发表论文《社会工作服务机构在社区长者健康照顾中的功能分析》等。

严飞霞　广东工业大学社会工作专业2009级本科生。在校期间，积极参加校内社团，曾是广东工业大学社会工作系成长小组的核心成员、和谐菜寮社会工作介入模式探究项目组的总负责人、广东工业大学社会工作系社会工作协会的才艺部干事以及广东工业大学政法学院话剧队的队长。除此之外，曾任广州市白云心理医院戒毒心理科实习生（心理医生助理）、广东省社会工作师联合会评估中心实习生以及广州市幸福社区评估项目干事。2013年6月1日至今，任广州市南方社会服务评估与研究中心（原广州市越秀区南方社会服务评估中心）主管助理、项目总干事。

李　彬　广东工业大学社会工作专业2008级本科生，获得助理社会工作师证书，具备良好的社工专业服务水平。在校期间，在专业考试中获得院三等奖学金两次，大一时创办社工新生互助学习社团——“社工学习小组”，并发展成地跨三市四所高校的校际组织，其作为广州代表参与珠海首届大学生慈善公益论坛；工作后，曾在社工机构与公益组织负责员工成长支持管理，在管理咨询公司担任管理咨询师（NGO绩效管理方向），在创业公司担任管理运营合伙人，在社工服务领域以社工成长支持体系构建、志愿者原创公益孵化、跨界社会工作为主题开展探索实践，并取得成果。

陈慧慧　广东工业大学社会工作专业2008级本科生，现任职于广州市大同社会工作服务中心（5A机构），担任珠江街家庭综合服务中心副主任一职，从事中心行政管理及外来工项目服务工作。大学期间曾任社会工作协会副会长、学生会干部等不同的职位，主持和参与社会工作系相关实践项目工作，如成长小组项目、爱心伴成长项目、S动力项目和菜寮社工站项目。四年的大学生活中也获得一定的嘉许，获得优秀学生一等奖学金、学业进步奖、“优秀学生干部”称号、国家励志奖学金；论文入选第三届中国社会工作大学生论坛优秀论文（作为学校唯一学生代表）（国家级）；还获得西安世园专项学生学术作品竞赛三等奖（国家级）、广东省第十一届“挑战杯”大学生课外学术科技作品竞赛二等奖（省级）、广东工业大学16届亚运服务银奖、广东省人民体育场“亚运志愿服务之星”称号（省级）、广东省公益恤孤助学促进会“优秀志愿者”称号、广东工业大学政法学院2012年度“十佳优秀毕业生”（校级）称号。

刘炳强　广东工业大学社会工作专业2007级本科生。在校期间，曾担任班长、社工协会学术实践部干事至部长、《广工社工》编辑部成员至主编等；投稿作品在济南“时代杯”文学作品大赛中获得优胜奖；获得过“优秀实习生”称号、“校级优秀志愿者”称号；在广州亚运会期间担任竞赛部第一小组组长，并获得场馆“优秀志愿者”称号及校级亚运志愿者铜奖。毕业后先在东莞正阳社会工作服务中心担任一线社工，其间在当时的团队当中担任《南城社工》简报主编，全面负责简报文编工作；获得过东莞市第一届公益创投项目个人创意类三等奖。于2012年12月至2014年12月回中山志远社会工作服务社任某中心副主任，因表现突出，能力得到肯定，获得机构2014年度“优秀社工”称号，并于2015年1月被提升为中心主任。

陆明亮　广东工业大学社会工作专业2007级本科生。在校期间，积极参与各种学校组织，如学院学生会秘书处、社会工作协会活动部。获得助理社会工作师证书，具备良好的社工专业服务水平。从2011年1月至2012年9月，曾为广州市海珠区青年地带华洲社工站（社区中心）（承接机构：广州市海珠区启创社会工作发展协会）前线社工。其间主要负责的工作为社区青少年社会工作、儿童和家长服务、发展志愿者队伍、弱势长者探访和照顾计划、社区工作（参考社区文化保育与青年传承计划——“文化大使”项目）。2012年9月至2014年3月，任青年地带华洲社工站站长，带领中心团队开展服务工作，统筹中心年度服务计划的制定和实施，中心团队的督导和管理，前线社工实务（个案为主、超大型社区活动统筹），与服务出资方、监管方和合作方进行工作沟通，负责部分公关活动（接待和服务宣传）。现任惠州市友爱社会工作服务中心总干事。

邓敏静 广东工业大学社会工作专业2009届本科生，社会工作师。在读期间曾多次获得奖学金。2009—2011年在东莞市大众社会工作服务中心驻虎门敬老院任社工，曾获东莞市社会工作征文一等奖；2011年6月至2013年5月在佛山市春晖社会工作服务中心任副总干事兼项目主管，负责机构的多个项目；2013年至今在佛山市社会工作协会任秘书长一职，获得佛山市2013年度“社会组织优秀专职工作人员”称号；2014年12月因参加鲁甸社会工作支援团广东服务队获广东省民政厅颁发的嘉许状。

陆佩莹 广东工业大学社会工作专业2009级本科生。在校期间，曾担任班长、“爱满心田”项目组负责人等职务；曾获学业优秀一、二、三等奖，优秀学生二、三等奖，2013年广东工业大学政法学院“十佳优秀毕业生”称号，2011年度广东公益恤孤助学促进会才华贡献奖。获得助理社会工作师证书，具有扎实的社会工作理论基础知识和良好的专业实务水平，累积了一定的义工管理经验。现在于广州市义务工作者联合会担任社工。

刘文沃 广东工业大学社会工作专业2009届本科生；2012年毕业于广州体育学院体育人文社会学专业，获教育学硕士学位。现任职于肇庆医学高等专科学校，讲师。目前考取得国家心理咨询师（二级）与助理社会工作师资格证，对大学生心理健康教育感兴趣，积极关注大学生的心理健康动向。

陈康军 广东工业大学社会工作专业2009级本科生，获得助理社会工作师证书，具备良好的社工专业服务水平。在校期间，获广东工业大学政法学院学生工作突出贡献奖、广东工业大学亚运网上征文比赛选拔赛二等奖、广东工业大学政法学院社会工作系案例分析大赛最佳团队奖和广东公益恤孤助学促进会志愿者嘉许奖，并且连续三年获得学校优秀学生二等奖学金和连续两年获得国家励志奖学金。工作后，被评为广州阳光社会工作事务中心优秀社工并荣获RM第一届社工项目设计赛第二名。现任人民街大新家庭综合服务中心青少年部社工。

张佳瑜 广东工业大学社会工作专业2010级本科生。在校期间，担任政法学院辅导员助理、社会工作党支部书记、政法学院心理健康协会会长、校区舞蹈俱乐部拉丁舞助教和班级组织委员。获过广东工业大学学业优秀三等奖和优秀学生三等奖、院学生工作突出贡献奖，被评为优秀学生干部、院际辩论赛最佳辩手、校优秀学生工作助理、亚运会残运会文明观众校级志愿者，又获“优秀大学生先进事例报告会”观后征文优秀奖以及2012年广东省高校社会工作案例分析大赛一等奖。其参与的调研项目获得了2013年广东工业大学“挑战杯”竞赛特等奖，并进入了省级比赛。获得助理社会工作师证书，现任太和镇家庭综合服务中心青少年部社工。

苏艳雯 广东工业大学社会工作专业2006级本科生。2014年修读完成北京师范大学—香港浸会大学联合国际学院及香港小童群益会联合举办的“社工服务单位高级管理人员培训”课程。在校期间，荣获优秀学生干部、暑期优秀实践队队员、广东工业大学第十三届学生学术科技节组织工作积极分子等荣誉，实习报告《社会工作在社区戒毒的介入模式探索》获广东工业大学第三届“挑战杯”三等奖。毕业后，曾在广州市少年宫特殊教育中心担任性教育老师和在广州市家康社会工作服务中心大东街家庭综合服务中心项目担任服务部副主管。同时利用工余时间参与有关性教育的工作。2014 年入选国际助残专家库，被聘为儿童安全基金会女童保护项目专家顾问，开始担任华南师范大学讲师，教授公选课“大学生性与成长”。2015 年 4 月，作为“爱成长综合性教育课堂”联合创始人，在广州越秀区组建广州市越秀区爱成长教育支持中心，致力于推广综合型性教育。

广州大学社会工作专业

一、专业基本情况

广州大学于2002年开始招收社会工作专业本科生。社会学系隶属于公共管理学院。公共管理学院以“培育公共精神，创造健康社会”为理念，注重本土化、专业化、个性化和国际化的发展战略，强调更专业、更学术、更高端的学术气质，积极营造民主、团结、和谐、高尚的办学氛围，为建设一流的、高水平的创新型学院而努力。

社会学系先后招收社会工作专业社区管理与服务、残疾人事业、医务与残疾人社会工作、社会组织管理等方向的本科生。其中社会工作专业（残疾人事业方向）采取全国首创的与广州市残疾人联合会协作办学的模式。目前社会工作专业在校学生达到400余人。在校、院党政领导高度重视，社会各界鼎力支持以及社会学系师生共同努力下，社会学系获得了快速发展。

社会学系第一任（2004—2005）和现任（2011年至今）系主任：谢建社，社会学博士，教授，硕士生导师。主要研究方向：流动人口与城乡融合研究、风险社会与危机管理研究、城市社会发展与弱势群体研究、社会建设与社区工作研究、社会转型与社会问题研究等。先后主持国家重点课题和国家社科基金以及省市社科规划课题10余项。出版学术专著20多部，公开发表学术论文220余篇、研究报告12篇，多项成果获得省市政府奖励。

社会学系第二任（2006—2011）系主任：程潮，教授，1990年7月于安徽大学哲学系硕士毕业，2001年9月考入中山大学哲学系攻读博士学位，2004年晋升为教授。现为公共管理学院社会工作专业方向学术带头人。长期致力于中国哲学、伦理学、文化人类学、社会学的教学与研究，主持和参与省部级科研立项课题4项。

社会学系依托合并后的广州大学深厚的人文底蕴，大力引进社会学和社会工作教学与科研的优秀人才。现有专职教师15人，其中教授3人，副教授9人，讲师3人；博士13人，硕士2人；有海外学习或访学经历的教师6人。有教育部社会学学科指导委员会委员1人，广东省人民政府决策咨询顾问委员会专家委员1人，广州市人民政府决策咨询专家1人。师资队伍结构合理，具有年轻化、高学历化、高职称化的特点。教师们爱岗敬业，思想素质优良，业务能力较强。

广州大学社会学系高度重视科学研究，切实坚持理论联系实际，设有岭南社会管理研究中心、中国农民工研究中心、南方灾害治理研究中心等学术机构。社会学系被确定为广州人文社科重点研究基地、广州市社会建设重点研究基地。2006年以来，全系共主持承担国家社会科学基金项目 15 项，省部级社会科学科研项目 10 多项。目前，社会学系是中国社会学会的常务理事单位、广东社会学会等学会的副会长单位。

社会学系培养具有良好政治素质与道德修养的社会工作专业人才，要求学生既具备社会工作理念和社会工作知识，又具备社会调研和社会工作实务技能。学生毕业后，能在政府机关、社会组织、社区组织以及社会福利、社会服务机构胜任社会组织管理、社会工作服务、社区建设管理等各类社会工作。

二、专业定位与发展方向

广州大学社会学系坚持理论与实践结合、国际化与本土化结合、学术提升与服务广州结合的原则，以及社会学研究与社会工作研究齐头并进、切实重视社会工作研究的伦理开展科学研究。在社会工作研究这一领域，基于全系教师多年来的社会工作人才培养、社会工作发展研究、社会工作政策研究与社会工作一线服务等的扎实开展，凝练出切入社会工作发展前沿、立足社会工作现实问题、服务广州和谐社会建设的长期稳定的科学研究方向，并按照这些方向展开科研组织、科研管理和“产学研、服务、实习、就业”一体化教学科研模式。

第一，社会工作与和谐社会建设研究方向。该方向从和谐社会建设角度出发，着重对社会工作与社会建设、社会管理、社会服务、幸福广州建设的关系，社会工作的动力机制、组织机制、协同机制、沟通机制、评估机制及社会服务组织的建设管理等重大理论与学术问题开展深入研究。本研究方向的特色是切入社会工作前沿，创新社会工作理论。目前主持国家社科基金项目 4 项，省部级科研项目 6 项，在国内社会工作领域产生重要影响。该方向学术带头人为谢俊贵教授，主要成员有周利敏副教授、方英副教授、徐军辉副教授、胡蓉讲师等。学术带头人谢俊贵系第三届教育部社会学学科教学指导委员会委员、广东省人民政府决策咨询专家、广州市人民政府决策咨询专家、广州市社会创新咨询委员会执行主席、中国社会学会常务理事暨网络社会学专业委员会副会长、广东省社会学会副会长、广州市社会工作学会副会长。该研究方向近三年的科研业绩包括获得国家社科基金项目 5 项，获得全国高等学校科学研究（人文社会科学）优秀成果论文三等奖，获得广东省哲学社会科学优秀成果著作一等奖，出版《民生本位视域中的社会建设——以广州为例的战略思考》《失地农民职业转换及其扶助机制》等广州研究专著，在《中国社会科学》和《新华文摘》发表论文。

第二，社会工作与流动人口管理研究方向。该方向以社会工作为理念，从社会服务的角度，根据广州流动人口的迫切需要，对城市化、全球化过程中的广州流动人口服务与管理问题进行深入研究，着重研究广州农民工流动人口群体和外国人流动人口群体的社会服务与社会管理问题，尤其是农民工的生存发展、权利维护、城市融入中的社会工作应用理论与服务创新问题。本研究方向特色在于注重重大现实问题、服务地方政府科学决策。该研究方向学术带头人为谢建社教授，主要成员有王亮副教授、罗忆源副教授、徐军辉副教授等。学术带头人系谢建社。该方向以农民工问题为其重点研究领域，在广东乃至全国农民工研究领域具有较大的影响。该研究方向近三年科研业绩包括获得广东省哲学社会科学优秀成果二等奖 1 项、广州市哲学社会科学优秀成果奖 1 项、国家社科基金重点项目 1 项；完成国家社科基金项目两项；在《中国人口科学》《中国行政管理》等权威刊物上发表论文；提交多项调研咨询报告，有的得到省市有关领导批示，其中一项调研报告得到中共广东省委书记胡春华同志的批示。

第三，社会工作与社区服务创新研究方向。该方向根据社会工作助人自助的理念和社会工作重在基层落实的原则，从社会工作服务与社区服务创新角度，重点研究社会工作实务方法、城乡社区社会工作、弱势群体社会工作、社会服务管理创新等方面的社会实践问题。该研究方向的特色是重视社会工作职业化、专业化、实务化、实地化的研究，积极推进社会工作“产学研”一体化，将社会工作研究与基层社会服务结合起来，相互促长。该研究方向学术带头人包括陈潭教授、程潮教授，主要成员有孙元副教授、谢颖副教授、杨明宇副教授、刘念讲师、张庆鹏讲师以及每年新进的教师等。学术带头人陈潭教授系教育部“新世纪人才”，博士生导师，广东省哲学社会科学优秀成果三等奖获得者；程潮教授系广州市广大社会工作服务中心总干事。该研究方向近三年科研业绩包括获得国家社科基金项目两项，省部级科研项目多项；完成国家社科基金项目两项；成立广州市广大社会工作服务中心等5个社会工作服务机构，直接承接政府购买社会服务项目，如广州市黄埔区大沙街道社区综合服务项目、增城区精神康复服务项目、广州市“幸福社区”建设评估项目等10项，总经费超过4 500万元，社区服务取得显著成绩。

三、专业课程设置

本专业本科生需要学习社会工作的基本理论，树立社会工作的价值观，学习和掌握开展社会工作的专业方法，具备社会调查研究的方法与技能，掌握理论分析、实证研究、社会实践等多方面的能力。

具体而言，这些知识和能力包括：

（1）应完整准确地掌握马克思主义基本原理，熟练掌握社会工作的基本理论、方法和知识，了解社会学的理论和方法。通过人才培养方案中的马克思主义基本原理、毛泽东思想和中国特色社会主义理论体系概论、政治学、管理学原理、微观经济学、社会工作导论、社会学概论等课程达成。

（2）熟练掌握社会工作的各种技能和方法，善于运用社会工作理论、知识和方法帮助困难群体走出困境，从事正常生活并获得发展，实现助人自助的工作目标。通过个案社会工作、小组社会工作、社区社会工作、社会心理学、人类行为与环境、社会心理学、青少年社会工作、老年社会工作、残疾人社会工作、家庭社会工作、学校社会工作、矫正社会工作等课程达成。

（3）熟练掌握社会调查方法和技能及社会统计方法，掌握文献检索、资料查询的方法，并且具有一定的实际工作能力。通过人才培养方案中的社会调查理论与方法、社会统计学、大学计算机基础实验、数据库应用实验、SPSS软件应用等课程达成。

（4）了解党和政府的重大方针、政策、法律和法规，具备通过社会工作实践和社会工作研究影响社会政策价值取向的基本能力。通过社会保障学、社会政策概论、社会工作行政、现代社会福利思想等课程达成。

（5）具有初步的科学研究能力，善于了解国情，善于分析各种社会现象和问题，具有较强的论文写作和语言表达能力。通过人才培养方案中的形势政策教育、大学英语、学术沙龙与科技论文写作等课程达成。

本专业核心课程为：个案社会工作、小组社会工作、社区社会工作、青少年社会工作、老年社会工作、残疾人社会工作、家庭社会工作、社会工作导论、社会心理学、社会调查研究方法、社会政策概论、现代社会福利思想、社会学概论。

四、专业实践基地介绍

广州大学公共管理学院非常重视社会工作专业学生的实践能力培养，学生大一至大三的每学期都会被安排到社会工作机构实习两周，大四每年需进行为期两个月的专业实习，锻炼实务能力，真正做到理论与实务相结合，为学生毕业后从事社会工作行业，成为高素质的社工人才队伍中的一员奠定坚实的实务基础，以下是广州大学社会工作实习基地的介绍：

单位名称	详细地址	联系人
广州粤穗社会工作事务所（站前家综）	广州市荔湾区站前路9号	谢建设
广州粤穗社会工作事务所（素社家综）	广州市海珠区江湾路基立下道54号3楼	谢建设
广州粤穗社会工作事务所（海珠工会凤阳站）	广州市海珠区鹭江西街13号3楼	谢建设
广州市广大社会工作服务中心（黄埔区大沙街家综）	广州市黄埔区大沙东路295~297号	林伟峰
广州市广大社会工作服务中心（增城市荔城镇社区精神康复综合服务中心）	广州市增城荔城富鹏友丰西路2号	林伟峰
广州市残疾人展能中心	广州市白云区大金钟路91号	谢颖
广州市开心社会工作发展中心（登峰街家庭综合服务中心）	广州市越秀区下塘西路金麓山庄和谐公寓133号3楼	王亮
广州市开心社会工作发展中心（农林街家庭综合服务中心）	广州市越秀区竹丝岗大马路10号之二东山龙珠大厦后座首层	王亮
广州市尚善社会服务中心	广州市荔湾区龙津西路逢源北街80号之三	朱荻
广州市黄埔区同心社会工作服务社	广州市黄埔区长洲街道上庄边岗自编一号	杨明宇
优公益社会工作研究中心	广州市海珠区新港东路238号世港国际A栋609	张茜
拾房子 WHYHOW 思维创造社	广州市越秀区新河浦一横路美华北路28号2楼	林欣
广州恩善社会服务中心（越秀长者综合服务中心）	广州市越秀区东沙角路涌边街19~25号	陈慧雯
广州利康社会工作服务中心	广州市荔湾区西湾路85号荔新大厦3楼	林桂鸿

（续上表）

单位名称	详细地址	联系人
小金雁社区公益服务中心	广州市番禺区大龙街道新桥村南坊下街25号，广州市番禺区石碁镇石碁村庚辉坊，广州市番禺区东环街蔡边村番2路车总站对面	崔丽霞
广州市大家社会工作服务中心（从化市城郊街家庭综合服务中心）	广州市从化区城郊街镇北路165号	刘大龙
广州市白云恒福社会工作服务社（京溪街家庭综合服务中心）	广州市白云区京溪东街1号德胜大厦2楼	郭绍莹
广州市白云恒福社会工作服务社（新港街家庭综合服务中心）	广州市海珠区东晓南路江南新苑门口	曹敏菁
广州市白云恒福社会工作服务社（同和街家庭综合服务中心）	广州市白云区同和街白山东路24号	李健峰
广州市白云恒福社会工作服务社（金沙街家庭综合服务中心）	广州市白云区金沙街礼传一街民和一巷10号	黄蔚
广州市白云恒福社会工作服务社（嘉禾街家庭综合服务中心）	广州市白云区嘉禾街旧墟西侧	谭瑞仪
广州市白云恒福社会工作服务社（新市街家庭综合服务中心）	广州市白云区新市棠乐路佳园街纵横缤城	李冬梅
广州市白云恒福社会工作服务社（白云区青年地带）	广州市白云区景云路32号2楼白云区志愿者行动指导中心	韦红羽
广州市家康社会工作服务中心	广州市越秀区北京路东横街26号爱心家园	谢倩莹
海珠区青年志愿者协会	广州市海珠区新港中路418号	
广州市番禺区桥创社会工作服务中心	广州市番禺区桥南街陈涌村金业路东排一号5楼	黄家盛
馨和社工（海珠区社区精神康复综合服务中心）	广州市海珠区同福中路323号	赵娟
风向标社会工作服务中心（珠吉街家综）	广州市天河区珠吉街吉山新路街109号4楼	王芳
风向标社会工作服务中心（员村街家综）	广州市天河区员村二横路昌乐园65号3楼	曾朱玲
风向标社会工作服务中心（鹤龙街家综）	广州市白云区鹤龙街黄边乐得花园星光老人之家	邱丽芬
风向标社会工作服务中心（小谷围家综）	广州市番禺区小谷围北亭村北亭大街69号（东林梁公祠）	凌洁
广州阳光社会工作事务中心（建设家综）	广州市越秀区建设二马路东三街一号2楼	蔡丽萍
佛山市春晖社会工作服务中心（大沥镇桂雅社区社会服务项目）	佛山市大沥镇桂雅社区	梁俐茵
佛山市南海区三一社会工作服务中心	佛山市南海区桂城街道简平路青苹果之家	

五、教师介绍

程　潮　哲学博士，教授，硕士生导师。先后任教于安庆师范学院、嘉应学院和广州大学。2006—2011 年担任广州大学社会学系主任。长期致力于中国文化与现代化、社会管理、中国民生思想等领域的研究。主持国家社科基金 1 项、广东省社科规划项目 3 项；发表学术论文 60 余篇，其中《新华文摘》《人大复印资料》全文转载 10 篇；出版学术专著 3 部。科研成果获省级奖 1 项，市厅级奖 5 项。现任广东省社科联决策咨询委员会委员、广东省儒学研究会常务理事、广东省社会学学会常务理事、广东省社会工作研究中心研究员、广州市广大社会工作服务中心总干事等职务。

谢建社　教授，管理学研究员，省骨干教师，市优秀教师，硕士生导师，社会学博士。广州大学公共管理学院副院长兼社会学系主任。社会兼职：广东省社会工作人才队伍建设专家委员会委员、中国社会学会理事、中国社会工作教育协会常务理事、中国残疾人事业与发展研究会理事、广东省社会学学会副会长、广东省社会工作学会副会长、广州市社会工作学会常务副会长兼秘书长、广州市妇女事业研究会副会长、广州工人运动研究会顾问、广州市青年研究会顾问、广州社会组织研究院理事、广州粤穗社会工作事务所理事长、广州市人民政府重大行政决策论证专家。2012 年度中国优秀社工人物。2015 年广东省优秀社工督导师。

方　英　副教授，台湾研究院两岸婚姻家庭研究中心召集人。江西师范大学文学学士，中山大学文学硕士、社会学博士。主要研究领域为社会性别研究、社会工作与社会组织研究。

罗忆源　硕士，副教授。2004 年开始从事社会工作专业教学工作，一直关注社会工作领域的教学和实务发展，积累了丰富的理论和实践经验。

谢俊贵　南京大学法学博士，1997 年晋升为教授。现任湖南师范大学县域发展研究中心博士生导师，社会学、人口学、传播学、MPA 硕士生导师，广州大学教授，社会学学科带头人。兼任教育部社会学学科教学指导委员会委员、中国社会学会常务理事、广东省社会学学会常务理事。致力于发展社会学、信息社会学、城乡社会学的研究，主持国家社会科学基金课题 1 项、省部级课题 10 项；独立出版学术专著 4 部，合作出版专著 2 部，主编教材 7 部，参编教材 4 部，合作译著 1 部；在《中国软科学》《新华文摘》等刊物发表论文 100 余篇；获国家社会科学基金课题结项鉴定优秀等级 1 项、中国社会学会优秀成果奖两项、湖南省社会科学优秀成果奖两项。

孙　元　泰国侨眷，副教授，硕士生导师。1986 年 6 月加入中国共产党，曾任广州大学团委副书记，广州大学公共管理学院社会学系书记、副主任。2002 年起从事社会工作本科专业教育，现任广州市侨联委员、广州大学侨联副主席、广州大学公共管理学院工会主席。广东省政府采购评审专家，广州市政府采购评审专家，广州市社会工作协会“社会工作专家人才库”成员，广州市幸福社区建设专家顾问团专家，广州市社会工作协会政府购买服务评估专家，广州市荔湾区政府购买服务项目评估专家，广东省社会工作师联合会培训教师，广州市社会工作协会培训教师。

王　亮　社会学博士，副教授，社会保障专业以及社会工作专业硕士生导师。研究方向：城市社会学，应用社会学，社会工作。广东省社会学学会会员，广东省社会工作学会会员，广州大学广州发展研究院特邀研究员，广州市社会组织评级专家库专家，广州市政府采购评标库专家，广州市社工机构认证督导。

谢　颖　博士，副教授，曾先后就读于华中科技大学电子信息工程系（本硕）和武汉大学社会学系（博士），芝加哥大学（2007—2008）、普渡大学（2014—2015）访问学者。2008 年起就职于广州大学公共管理学院社会学系。

徐军辉　管理学博士，副教授，硕士生导师。在华南理工大学和暨南大学分别获得经济学学士、管理学硕士和博士学位，1998 年本科毕业后至今一直在广州大学工作。

杨明宇　2005 年 4 月至今在广州大学任教。2008 年参加“广州市社会工作赴川抗震救灾服务队”；2009 年至今广泛参与广州市社会工作行业相关的政策制定和政府购买社会工作服务项目的评估；2012 年起担任广州市社会创新咨询委员会委员、广州市政府采购评审专家等社会兼职。

周利敏　上海大学社会学博士，复旦大学社会学系博士后。广州大学公共管理学院社会学系社会学副教授，社会学系副系主任，公共管理学院南方灾害治理研究中心执行主任。研究方向：灾害社会学、灾害社会工作、社会工作危机干预、社会工作实务（老年社会工作、青少年社会工作和医务社会工作等）。

胡　蓉　本科及硕士毕业于武汉大学社会学系，2010 年毕业于中山大学，获得社会学博士学位。研究方向为发展社会学、社会分层与流动。现任广州大学助理教授。

张庆鹏　2012 年 7 月毕业于北京师范大学心理学院（发展与教育心理学博士），同年进入广州大学，现为广州大学公共管理学院教师、助理教授。

刘　念　青少年及家庭服务领域督导。香港大学在读社会工作专业博士。本科期间，一直从事社会工作实践活动，2009 年起，负责包括广州粤穗社会工作事务所、广州市广大社会工作服务中心等多家社工机构的一线社工实务督导工作，对广州社会工作的发展有较为深入的了解。

六、优秀学子

2002 级：彭雄军、黎明泽
2004 级：林国康、马焕英、林伟锋、温碧静
2005 级：陈木森、蔡俊彪
2006 级：刘玉姗
2007 级：周芳芳、李康燕
2008 级：刘胜男

广东财经大学社会工作专业

一、专业介绍

广东财经大学社会工作专业创建于 2001 年，面向全国招收本科生，现归属于人文与传播学院应用社会学系。它作为华南地区第一批设立的社会工作本科专业之一，已有十多年办学经验，是广东省普通高等学校特色专业建设点、广东省专业综合改革试点、广东省社会工作本土化人才培养基地。注重海外交流、注重实习实践是该专业的特色；优良的研究策划能力、高水准的社会服务是该专业的优势。

社会工作专业本科现有在校生 407 人，2013 年、2014 年两届毕业生为 200 人。在编专职教师 14 人，拥有博士学位的教师比例为 93%，国家社科、教育部人文社科项目的人均主持率在全校各专业中名列前茅。与其他高校社会工作与社会学专业教师团队不同的是，广东财经大学社会工作与社会学专业教师尽管分为两个教研室，但延续着协同兼任的传统，奠定了理论与实践结合、研究与实务并重的教学与科研风格。教师队伍学历层次较高，年龄结构合理，教学科研水平在同类院校中处于领先地位，前学科带头人郭景萍教授曾获广东省教学名师奖，并被聘为教育部社会学教学指导委员会委员。

二、专业建设规划

专业定位：形成一支在华南地区乃至全国社会工作教育与实务届有影响的特色社会工作师资队伍；为华南地区培养受过良好社会工作专业教育的专业人才；把本校社会工作专业建设成为在海内外有影响的特色社会工作人才培养基地、社会工作理论研究基地和社会工作职业化试验与推广基地。

培养目标：主要培养符合社会发展需要，具有基本的社会工作理论、熟练的社会调查和社会工作实务技能，能在各类社会保障部门、社会研究机构、基层政权和社区从事社会福利保障、社会政策研究、社会治理、社会服务与评估等工作的具有创新能力的应用型、复合型高级专业人才。专业培养分为社会政策研究人才和高级咨询实务型人才两条路径。

培养规格：本科四年，授予法学学士学位。

课程特色：根据培养目标的两条路径，形成了两类专业特色课程群。一类是以社会政策研究为导向的课程，这类课程分为两大模块，一个是基础课模块，一个是专业课模块。要求教师团队从基础课（如定性研究方法、定量研究方法等）到专业课（如社区工作、老年社会工作等）保持从调研到政策设计的教学实践统一性，让学生在 2 ~ 3 年的持续课程中就某一主题反复进行社会政策的深入研究。另一类是结合社会工作与心理咨询技能的高级咨询实务型人才培养课程。该专业拥有优秀的心理学教师和教辅团队，依托学院心理健康咨询与研究中心提供团体辅导、临床心理辅导、沙盘与绘画辅导、萨提亚家庭辅导等特色课程，与原有的个案工作、小组工作相结合，使学生拥有在行业内处于领先水平的高级咨询技能。

实践教学：专业实习（本科 600 小时）、海外社会工作见习、社会调查（定量、定性）、行业调研、社会问题辩论、校内社会服务。

专业实验：社会心理学、个案工作、小组工作、沙盘与绘画辅导、萨提亚疗法等

三、招生与就业状况

根据校招生办提供的 2001 年至 2014 年广东财经大学招生简章历年来计划招生人数统计（见图 1），社会工作专业的每年计划招生人数波动较大。然而在 2010 年以前，实际的招生人数与计划却总是难以吻合。例如 2001 年计划招生 120 人，实际只有 24 人。据此 2002 年只提出了保守的 30 人招生计划，实际招生 32 人。2008 年是一次转折点。自此，社会工作专业维持着每年两个班、平均 100 人左右的规模至今。稳定的招生也稳定了社会工作系（应用社会学系的前身）的教师队伍，为系内 2009 年新增广东省第四个社会学专业[①]打下了基础。

2007 年以来，广东省率先在我国推行政府购买社会服务，扶持社会组织发展，社会工作专业迎来前所未有的发展热潮。社会工作就业市场的繁荣，不仅让教师以参与机构经营和项目管理的方式获取了实务的经验，更重要的是为学生在专业领域就业与创业开拓了道路。其中，2003 级至 2009 级毕业生从事社工领域工作的人数最多。然而，2010 级以后，尽管社会工作专业的招生与就业都更趋稳定，但选择到社会工作专业领域就业的学生却日趋减少。

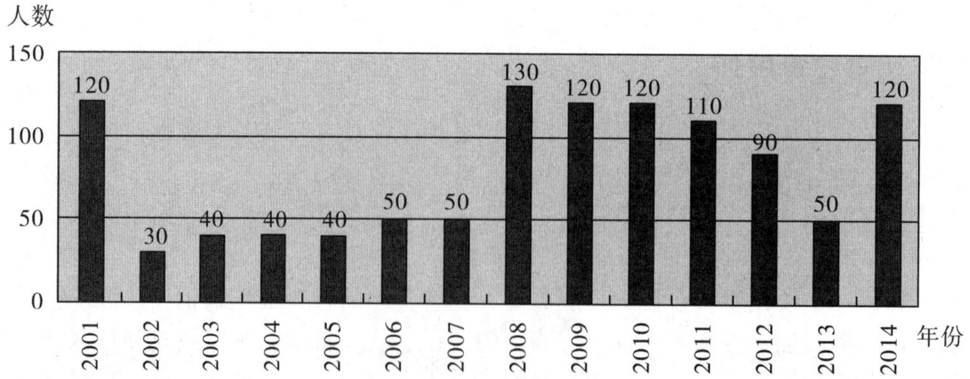

图 1　历年省内外计划招生总人数

从图 2 可以看出，从 2010 年至 2015 年，招生人数尽管有所浮动，但总体趋于稳定。

① 广东财经大学的社会工作专业是社会学专业在一个以财经类热门专业为主的院校里得以生存发展的基石。

遗憾的是，社会工作专业的少量优秀学生会参加学校实验区①的单独选拔考试，进入更为热门的工商管理、会计、金融实验班。因此，到了二年级时学生人数会比一年级略有减少。未能进入实验区的社会工作专业学生，大多会选择报考第二专业，第二专业依然以会计、金融为主。自从2012年以来，社会工作专业学生在本专业就业人数逐年下降，凭借双学位在金融领域就业的人数逐年增加。用一位在银行就职的毕业生的话说，社会工作专业给了他们服务的精神，这反而是竞争银行职位的优势。除了以转专业、双学位谋取在其他领域的发展，社会工作专业的考研成功率在人文与传播学院里一直名列前茅。尽管每年都至少有1名同学继续留在社会工作领域深造，但大多数考研学生选择社会学、心理学等专业，而报考社会工作硕士的期望是极低的。留学、考研、双学位……看似广东财经大学社会工作专业的学生对专业的向心力并不是太强，但是广东财经大学社会工作专业却非常自信有着最好的专业发展前景和最优的学生就业质量。这从办学改革的发展历程中可以看出。

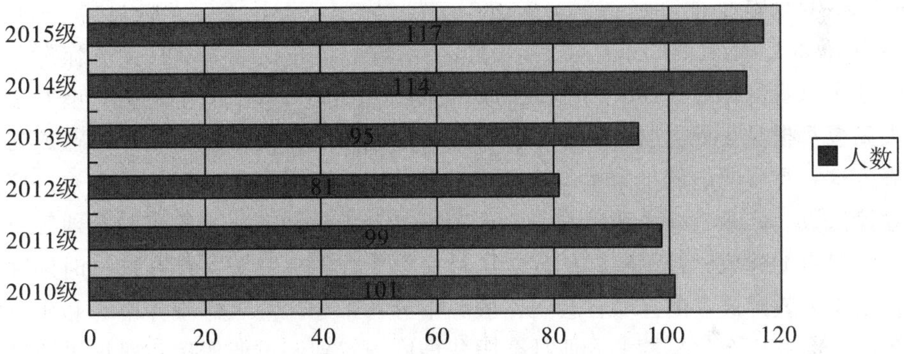

图2 2010级至2015级社会工作专业人数统计

四、办学改革历程

广东财经大学社会工作专业的发展可以分为三个阶段，每个阶段也恰好嵌入了整个社会建设和社会治理发展的大背景，它包含着广东财经大学社会工作专业师生对整个中国社会工作专业与行业的认识与反思。

（一）起步阶段

作为新兴专业，2001—2007年是社会工作专业的起步阶段。以广东著名社会学者张树琛②、社会活动家谢泽宪、中国情感社会学大腕郭景萍为核心的三驾马车在2001年开启了广东财经大学社会工作专业的征途。这是一个全新的探索，包括教师招聘、招生宣传、专业建设、课程设计都在不断创新中前进。2005年张树琛教授离开广东财经大学，剩下社会工作专业仅有的6名专任教师撑起整个专业的运转。到2007年，专业教师人数才达到10名。

在起步阶段，首先面对的是教师专业背景复杂、实务能力欠缺、对社会工作了解不够

① 部分学院开设了创新管理实验区，如工商管理创新实验区等，在全校大学一年级的学生中进行优中选优，许多较冷门专业的优秀学生都会选择考入实验区以实现专业转换并获取更好的师资等资源。

② 后调入暨南大学，已故。

的尴尬。在这种情况下，社会工作专业选择向香港学习，包括请进来、走出去。一方面聘用大量香港社会工作实务领域的专家担任实务课程的客座教授；另一方面建立起海外见习制度，每学期由专业教师带领学生赴香港进行为期一周的见习，探访大量香港社工机构。经过近10年的海外见习，广东财经大学的每位学生都有了对社会工作最前沿的认识，而每位教师也都在反复地走出去中通过考察与交流真正成为社会工作领域的专家。

社会对社会工作专业的陌生某种程度上激发了学生的创造力。2003级的社会工作专业学生创办了社工协会，2005年在教师指导下创立"新生训练营"，这一社会工作专业学生自创的服务项目目前已成为我校知名的学生活动品牌。训练宗旨在于帮助新生由高中生角色向大学生角色顺利转换，提升其重要人生阶段的社会适应能力。该项目展现了社会工作专业"助人自助"的专业特色和精神，2006年10月25日广东卫视《穗港澳零距离》栏目在18∶30的黄金时间段予以专题报道，时间长达8分钟。

（二）拓展阶段

2008年至2013年可谓广东社会工作的黄金阶段，广东财经大学社会工作专业也在这个时期完成了自身的拓展。2007年的政府购买社会服务改革使得广东省内拥有社会工作专业的各大高校都投身于社会服务推广。大量的社会服务项目使得社会工作专业成为学校实践社会服务这一重要职能的主力军。社会工作专业也逐渐受到有关领导的重视，广东省重点专业建设试点、广东省综合改革试点、广东省社会工作本土化人才培养基地等重大项目的上马，实验室的建成，社工机构的成立，社会学专业的建立等，都在这一时期完成。不仅如此，由系内教师成立的洋城社会工作服务中心、乐翔社会工作服务中心和东方红社会工作服务中心，在广东省早期的专业社会服务推广中起到了重要作用。根植于谢泽宪老师一直耕耘的"星光老年之家"项目的老年社会服务，是我校社会工作实务领域的最大特色。

在这一阶段，社会工作专业富起来了是许多兄弟专业共同的认识。通过从事社会工作督导、评估、培训等工作，社会工作专业教师同时收获了实操经验、行业地位与经济回报，这产生了一种较大的驱动力促使专业教师更多地关注与投入社会工作的发展。2008年，社会工作专业涂争鸣、谢泽宪等7位老师前往中国青年政治学院参加"全国社会工作师资培训"课程学习，成为国家认可的专业社会工作师资力量。同一时间，社会工作专业内所有40岁以下教师都完成了博士学位的攻读，成为学校拥有博士学位教师比例最高的专业之一。可以说，在这一时间段广东财经大学逐渐在理论与实践的双向锻造中，形成了一支在国内具有领先地位的专业师资队伍。教师团队获取国家社科课题3个、教育部课题5个、民政部课题2个、市厅级课题7个；拥有省、市社区与社会组织评估、社会服务项目招投标评审专家8人，社会服务机构总干事、总监4人，专业社会工作督导5人，优秀社会工作培训导师4人。

然而，与专业的蓬勃发展相反，来自学生领域的专业认同却有所下降。原因一方面是社会工作就业保障的不成熟导致前景不明朗，大量社会工作人才流失造成冲击；另一方面是行业增长过热，浮躁的市场逐渐使学生对专业感到失望。尽管广东财经大学社会工作专业学生的就业率与就业质量仍在省内保持较高水平，但优秀学生的选择往往与社会工作紧俏的就业市场背道而驰。对这一现象的关注也促使了专业新的改革与转型。

（三）转型阶段

如果说领导的个人风格会影响专业发展，那么广东财经大学应用社会学系2013年对年轻的学术派领袖的选择推进了专业的新转型。

和广东其他兄弟院校不同的是，广东财经大学社会工作专业尽管也成立了自己的社工机构，但系内学院派教师占据一定比例，重视科研的学术精神使得大多数教师并未完全投身于社会服务与机构运营，而是兼顾着教学实践与学术研究并重的大学传统。政府购买社会服务把许多广东的社工教师变成了董事长、总经理，疏于教学与科研。但广东财经大学教师在从事一定社会兼职的同时，坚守了以大学教师为第一身份的原则，自觉抵制市场繁荣与经济利润带来的浮躁。这种抵制在2013年建系以来最年轻的系主任麦思杰上任后更成为广东财经大学社会工作专业最独特的文化。回归大学精神和社科大学学科建制、注重理论教育与高级实务技术培养、推动教师海外进修等昭示着力图迈向高端专业化的新目标。

在教学改革上，社会调研能力的加强与心理咨询技术的扩张，使得学生在专业上更加扎实。开设"人文·社会"论坛，引入高端讲座与青年沙龙，让学生有机会聆听更多国内外顶级学者的讲座，也有机会近距离与业内青年才俊沟通。实习与实践依然是社会工作专业的重点，但随着广东社会工作的大发展，粗放式实习的时代过去了，精细化、高端体验化实践是新的趋势。教师大多没有参与社工机构运营，也就不会把学生作为自己的廉价劳动力。广东财经大学社会工作专业在国内首创实习模拟招聘会，邀请省内社会工作各领域顶级单位与在校学生进行双向选择，即使是本校的机构也要参与竞争，双方自由议价。学校从花钱让学生实习阶段跨越至竞价实习阶段，让学生在实践中领悟到自己的专业价值与市场行情。而新签订的实习基地进行的活动都不是简单的让学生去工作，而是必须提供横向项目经费，由专业教师带领学生在基地进行长期的调研，在这种师徒的田野学习中，使学生的社会调查技能显著增加，并让许多调研成果成为学生的科研和创业立项，给学生打开成就自我的新局面。

专业建设和教学理念的转型也带来学生活动的新面貌。尽管双学位依然是大多数社会工作专业学生的选择，但这并不再妨碍他们对社会工作的热爱。2013年，社会工作学生主办的社会调研大赛成为学校学术文化节的主打项目。开放的视野与日益增强的理论自信不断抬升着学生的自我期待格局，大量自发的高端专业交流与实践展开。面对学生的需求，2014年应用社会学系成立了校内首个系级学生会，以回应学生不断增长的专业实践热情，协助各类实践项目的展开。校内学生专业热情的重燃也影响到校外，2015年广东财经大学社会工作专业校友会成立，一批优秀的毕业生抱团与校内的学弟学妹建成互促互进的社会支持网络。

不抓紧行业红利尚未用尽的机会主动转型，就会陷入被动。2016年，广东财经大学被广东省教育厅列入新型学分制试点，只要修满学分通过答辩就可以获得某一专业学位。学生最多可在大学本科阶段获取三个不同学位，跨专业修学将实现零壁垒。这对于一所财经类院校中的冷门专业——社会工作而言，将是极大的挑战。如果连续3年专业学生流出率超过50%，该专业将面临停招。如何增强社会工作专业的社会认同和学生的专业认同，将是摆在广东财经大学社会工作专业面前最大的课题。

五、杰出师生

在广东财经大学社会工作专业发展进程中，有两位贡献卓著并性格迥异的教师。一位是社会工作专业的创始人谢泽宪博士，留学芬兰使她接受了北欧国家福利主义的思想投身社会工作领域。她更像一位社会活动家而非大学教师，对社会工作有着近乎宗教情结的虔诚，始终在不断推广着社工的价值理念和专业技能。正是她这样的品性，使得社会工作专业在社会知晓度不高的21世纪初在一个财经类大学得以存活。她甚至在退休后，还和学生们一起创业建立了乐翔社会工作服务中心。在校友会里，被谢老师亲自传教过的学生都自豪地称自己是社会工作专业的“黄埔军校一期”。而另一位是校内首位成为教育部社会学教执委委员并获得广东省教学名师奖的郭景萍教授。郭老师性情温和，是典型的学者，以情感社会学研究著称，后投身于社区社会工作研究与评估。正是因为有郭景萍教授坐镇，即使在社会工作领域诱惑最多的时期，广东财经大学社会工作专业仍坚持了注重理论探索与学术研究的大学理念，保持了行业内较高的科研水平。在两位元老的带领与影响下，年轻一代的教师正逐渐成长为专业的中坚力量，坚持着理论与实践结合、研究与实务并重的教学与科研风格。

在学生的就业问题上，广东财经大学社会工作专业一直抱持着宽容的态度。鉴于社工就业市场不成熟，从学生的个人发展考虑，学校并未推崇学生必须去社会工作领域就业创业，但学校一直提倡推广“一身服务精神，一生服务社会”的价值理念，鼓励学生在有条件的情况下以各种方式回馈社会，支持社会工作发展。因此，广东财经大学社会工作专业的就业质量一直较高，这是一所大学对年轻人与社会基本的良心。每年少数投身社会工作的毕业生都逐渐成为行业的领军人物，见证着广东财经大学社会工作专业的实力。如我国第一位医务社工梁健玲，她先后在家乡江门创立了两家社会工作机构，其中利民社会工作服务中心是江门第一家民办社会服务机构，她在2012年获得广东省第一届“十大优秀社工”称号。此外，获得省、市一级优秀社工奖的毕业生共达32位，多为主要社工机构的负责人。在社会组织与公益创业的大潮中，毕业生先后创建了8家社会工作服务机构，在各领域继续传播着社工价值。如今，这些留在行业内服务社会的优秀毕业生，构成了广东财经大学社会工作专业发展的坚强后盾。

六、教师介绍

蔡静诚　中山大学社会学博士，美国纽约州立大学阿尔巴尼亚分校城市网络中心访问学者。2005年进入广东财经大学应用社会学系任教，现任应用社会学系副主任、社会工作教研室主任、社会工作专业负责人。广东省社会学学会理事、广州市社会学学会理事、广州洋城社会工作服务中心理事。2005年至今任广东省多个城市社会工作培训导师，广州幸福社区首席评估专家，广州市社会组织评估专家，东莞市民政局社工督导，珠海市妇联、共青团社工培训师。对青少年社会工作、妇女社会工作、社区社会工作领域较为熟悉，具有丰富的社会工作研究与实务经验。

曾参与国家教育部重大课题“中国城市居民生活质量”、联合国开发计划署与中国经济技术交流中心课题“千年发展目标：中国居民生活质量”、“亚洲资本论坛年会”调研项目、国家社科基金项目“和谐休闲文化与文明生活风尚建设问题研究”等。近期主持项目有广东省教育厅育苗工程课题“善治的困境——新制度主义视角下的城市社区治理”、广州市哲学社会科学规划课题“权利重构视角下的城市社区治理研究”、佛山市哲学社会科学规划课题“工业化与城市化进程中的乡镇社会治理研究”。近期发表论文有《企业参与城市社会治理的新探索》，载《城市社会学辑刊》，天津社会科学院出版社 2014 年版；《重塑社区本体性安全——对武汉市百步亭社区建设的实地研究》，《学习与实践》，2013 年第 3 期。

在社会工作教育中推崇包容性与本土化，即让学生能领略社会工作各基础学科的精髓，打下扎实的理论和研究功底，并能立足于中国本土实地社会问题上去推广社会工作的应用。提倡教师应潜心于社会工作研究与社会工作理论知识传授，把自身打造成社会工作发展的智库，成为既有建设性又有批判性的独立第三方专家。

卢　玮　博士，讲师。2013 年 10 月毕业于香港理工大学，同年任职于广东财经大学社会工作系。承担课程：社会工作专业导论、西方社会工作实践与理论、社会工作专业毕业论文、社会工作价值与伦理、社会管理学、家庭社会学与社会工作、老年人社会工作。担任校外实务指导及培训职务：广东省社会工作师联合会培训专家库成员，广州市社会工作协会评估专家库成员等。研究方向为儿童保护机制建设、社会福利政策与发展。

科研项目：2015 年 5 月至今国家社会科学基金青年项目“构建从家庭到社会的儿童保护联动机制及社会工作介入研究”；2007—2008 年广州市哲学社会科学发展“十一五”规划课题青年项目“建设和谐广州社区——广州社区工作者相关制度及政策研究”（07Q14）。另参与 2007—2013 年国家社会科学基金青年项目“个案社会工作介入社区矫正的应用研究”（07CSH010）。

参编著作：国家级规划教材《社会工作机构的运作与管理》第三章（郭景萍主编，北京大学出版社 2015 年版）；《广东社会工作发展报告（2014）》第十一章（罗观翠主编，社会科学文献出版社 2014 年版）；《薪火相传——穗港社会工作合作实验项目》第五章（杨海清等主编，社会科学文献出版社 2015 年版）。

夏少琼　博士，副教授。2005 年 6 月起任职于广东财经大学社会工作系，承担小组工作、社会行政、质性研究方法等专业课程的教学，并且面向全校开设人类学、社会调查与社会科学研究方法等课程。

科研项目：2009—2012 年广东财经大学博士科研基金项目“社会工作视野下的灾后社区重建”；2010—2014 年教育部人文社会科学研究青年基金项目“社会变迁视野下的灾后社区重建”。

专著：《浴火重生——灾难、重建与社会变迁》（广东优秀哲学社会科学著作出版基金资助项目），广东人民出版社 2014 年版。

参编著作：《社会工作机构的运作与管理》第八、九章（郭景萍主编，北京大学出版社 2015 年版）；《企业社会工作》第五章（周沛主编，复旦大学出版社 2010 年版）。

社会活动与兼职：北京零点市场调查与分析公司绩效评估专家，广州市民政局评估专家，广东社会学学会理事等。同时兼任洋城社会工作服务中心理事及督导。

顾江霞　博士，副教授。2001 年 7 月起任职于广东财经大学社会工作系，承担社会工作概论、社区工作、社会政策等专业课程的教学，并且面向全校开设社会调查研究方法课程。

科研项目：2015年广东省民政厅委托项目“广东省社会工作专业发展与推动路径研究”；2012—2015年广州市民政局委托项目“广州市幸福社区综合测评体系及评估”；2010—2014年教育部人文社科项目“生命历程研究视角下的农民工家庭维系策略分析”；2013年广东省民政厅委托项目“广东省社会工作者继续教育管理办法（试行）”；2007年珠海市团市委委托项目“珠海志愿服务发展纲要（2007—2011）”；2006年广东财经大学校级项目“农民工在迁入地的组织化与社会整合”。

参编著作：《社会工作机构的运作与管理》第十章（郭景萍主编，北京大学出版社2015年版）；《广东社会工作发展报告（2014）》第二章（罗观翠主编，社会科学文献出版社2014年版）。

七、学子风采

徐　晗　社工师，广东财经大学社会工作专业2008届毕业生。现任广州市恒福社会工作服务社副总干事，兼任广州市老年社会工作服务专业委员会委员、广州市社会工作行业投诉监理委员会委员、首批广州社工宣讲员、广东百名社工督导团成员。毕业后一直从事社会工作服务，于2009年与大学老师及校友发起成立广州市乐翔社会工作服务社并成为机构第一名正式员工，见证了机构从无到有、不断发展的过程。积极探索农村社会工作发展新模式，带领团队获得由中国社区发展协会颁发的2014年度“社区创新奖”，并于2015年度再次获得“社区贡献（个人）奖”。除在珠三角地区深耕服务外，还积极推动社工发展较慢地区的社工发展，先后到湖南郴州、广东汕头、山东青岛等地的社工机构担任督导或顾问工作。

冯慧玲　社工师，三级婚姻家庭咨询师，生涯规划师。香港理工大学社会工作文学硕士（精神健康方向），广东财经大学社会工作专业法学学士。现任救助儿童会广州高级项目官员，兼任广州市残障社会工作服务专业委员会成员、广州市社会工作投诉监理会成员、广州社工宣讲团首批成员等社会职务。曾任广州利康家属资源中心社工主任，曾兼任广州市社会工作协会常务理事。自本科毕业后，专注于开展社区精神康复服务工作，曾经在庇护工场、精神病专科医院及社区等不同服务场所开展精神康复服务。首届广州市社会工作督导人才培训（研修）班结业，考核优秀。曾经为多所家庭综合服务中心、精神康复专项服务项目提供督导服务，并曾参与多所家庭综合服务中心及专项服务的评估工作。

梁健玲　社工师，江门市五邑大学社会工作系教师，江门市蓬江区恒爱社会工作综合服务中心创办人、总干事。2006年毕业于广东财经大学社会工作系，北京大学与香港理工大学合办课程硕士毕业。毕业后致力发展江门市社会工作事业，成立了江门市第一个社工类社会组织，培育社会工作人才队伍，宣传社会工作实务。

梁健玲致力于社会工作服务，并且得到了社会各界的高度评价，两项国家民政部课题通过成果验收立项，被评为江门市扶残助残先进个人、广东省首届5名优秀社工之一、2012年度中国最美社工、2013年度广东省社会组织模范个人、全国助残先进个人，任江门市社会工作协会副会长、江门市老年学学会理事、江门市社会创新咨询委员会委员、广东省民政厅社会工作专业人才队伍建设专家委员会委员、广东省社会工作师联合会理事、广东省社会工作本土化人才培养大学生实践教学基地督导、广东财经大学社会工作专业校外兼职教师、五邑大学校外兼职教师、江门市本土督导、江门市第六批优秀中青年专家和拔尖人才、江门市重大决策咨询委员会委员。

张翠颖　深圳社工中级督导，2008 年毕业于广东财经大学社会工作系，现任职于深圳市大鹏新区社会工作协会。曾获“2010 年度深圳市社工督导之星”“2012 年度广东省优秀社工”“2012 年度中国最美社工”等荣誉称号。2008 年 2 月，张翠颖成为深圳社工的一员，就职于深圳市龙岗区龙祥社工服务中心开展残障人士社工服务，期间担任小组长，在香港督导吴鸿均指导下，和小组成员积极探索社会工作在残联工作系统中的运用。2009 年 4 月至 2010 年，张翠颖晋升为首批深圳社工见习督导，并在香港督导吴鸿均、陈伟业的指导下，超额负责残障、民政、青少年、工会、信访领域共 35 名前线社工的督导工作。2011 年 1 月，张翠颖晋升为首批深圳社工初级督导，除了推进机构的发展工作，也十分热衷于领域服务平台及行业的推进工作。2014—2016 年 6 月，张翠颖作为“深圳社工明星讲师团”优秀讲师、“广东百名社工培育讲师团”讲师，被邀请到广东省江门市、惠州市、韶关市、广州市、佛山市，安徽省合肥市，山西省太原市分享深圳社工发展经验，为当地社工提供培训和实务督导、项目评估等支持，促进当地社工行业的发展。2014 年 6—12 月期间，张翠颖决定回归一线，选择在社区服务中心担任一名前线社工，增进个人的实务能力。2016 年 1—6 月，她负责实施恩派“汇丰银行伙伴计划”资助项目——“祖辈乐园”红棉社区隔代关爱流动服务站，成功培育了“祖辈乐园”互助队，由于成效突出，该项目在终期评估中被评为“优秀项目”；她还协助互助队顺利申请到第二批资助经费，保证了项目服务的可持续发展。

广东女子职业技术学院社区管理专业

广东女子职业技术学院社区管理专业创办于2001年，是广东省第一所以高等职业教育模式培养社区工作者的高职院校。15年来，学校坚持高职办学特色，积极进行专业教学改革和人才培养模式的探索，努力培养学生的综合素质和技术应用能力。

社区管理专业是在社会管理体制创新、经济与政治深化改革的背景之下进行申办的，至今已经有15届学生，共796人，历届就业率在95%以上，专业对口率较高，毕业后学生主要在珠江三角洲工作，从事基层社会管理、社会工作、物业管理等协调社会矛盾、调节社会关系等方面的社区工作，我们的口号是“成为未来现代化城市的管理者”。

一、社区管理专业概况

<table>
<tr><td colspan="3">培养目标</td><td>本专业培养掌握现代城市社区管理和社会工作的基本理论和方法，满足我国城市社区建设和社会化服务的需要，具备基层管理能力和社会工作能力，能向街道、居委会、社区劳动与社会保障部门，工、青、妇等社会团体和社会工作服务机构，物业管理公司提供具有专业服务精神的高素质、高技能型女性专门人才</td></tr>
<tr><td colspan="3">核心能力</td><td>社会工作能力：开展个案工作、小组工作、社区工作的能力；人际沟通和自我调节能力、心理认知和协调能力、组织策划能力；公益项目文案书写和实施能力
城市社区管理能力：设计问卷进行社会调查和社会统计能力；社区服务项目设计和实施能力；办公室事务和公文处理能力；社保业务经办能力；公关活动策划能力；人力资源管理能力；物业管理方案策划和经营能力；沟通与接待能力</td></tr>
<tr><td colspan="3">核心课程与主要实践环节</td><td>核心课程：现代社会调查方法、社区管理实务、社会工作理论与方法（含个案工作、小组工作和社区工作）、物业管理实务、社区服务
主要实践环节：“社工节”专业综合技能训练周、香港社工见习一周、专业见习160个小时、物业管理实训、社会工作理论与方法实训、顶岗实习13周、毕业设计、毕业教育</td></tr>
<tr><td rowspan="4">就业情况</td><td colspan="2">主要就业单位</td><td>街道办事处、居委会、社区服务中心、劳动与社会保障所、社工站、物业管理公司及社会福利慈善机构、社会团体</td></tr>
<tr><td rowspan="3">主要岗位</td><td>初始岗位</td><td>社区专职干事、社会工作助理、物业管理员、社区教育专员等</td></tr>
<tr><td>发展岗位</td><td>居委会主任、社会工作师、家综主任、物业管理主任</td></tr>
<tr><td>迁移岗位</td><td>心理咨询师</td></tr>
</table>

（续上表）

实训室	物业管理实训室、社会工作实训室
校外实训基地	香港协青社、风向标社会工作服务中心、和悦社会工作服务中心、大龙街家庭综合服务中心、康怡老人活动中心、瑞宝街街道办事处、广交会

二、本专业师资情况

具备相对稳定、水平较高、职称结构与年龄结构合理的有双师素质的专业优秀教学团队。目前承担本专业主要课程及实践性环节教学的校内外专职与兼职教师比例达1∶1，高级职称教师比例达75%，具有硕士以上学位的教师达75%，专任教师双师素质教师比重达100%。具体情况如下：

1．本专业专职教师状况

姓名	职称	学位	研究方向	专业技能证书
王红	教授	学士	公关实务、广告策划	高级礼仪师、高级人力资源管理师
马天芳	副教授	硕士	社会调查、社会学研究、社会工作理论与方法	物业管理考评员
冯惠棠	讲师	硕士	社区服务、社区管理、社会保障	社会工作师、三级心理咨询师、物业管理考评员
汤向东	副教授	硕士	物业管理、人力资源管理	高级人力资源管理师、物业管理考评员
段克勤	高工、教授	学士	城市建设与管理、社会工作	社会工作师考评员
杨蕴	副教授、副主任医师	学士	医护、卫生环保	

2．本专业兼职教师状况

姓名	职称	学位	工作企业	职务
徐林发	教授	博士	番禺区石碁镇政府	镇长
黄郁雯	社工师	学士	荔湾区逢源街社区服务中心	副主任
王晓	副教授	学士	广东轻工业职业技术学院	
刘东华	讲师、社工师	硕士	广州市团校	
陈忠华	社工师	学士	和悦社会工作服务中心	总干事
杨绍文	副主任医师	学士	番禺区石碁镇社区卫生服务中心	中心主任

三、社区管理专业人才培养模式和未来发展方向

（一）以就业为导向，结合岗位能力分析，依托政府、企业和行业，结合珠三角地区和行业的特点及要求，“四方联动”，实现政、企、校、行合作育人

1．社区社会工作专业人才对应的职业岗位

职业岗位

岗位名称	岗位职责描述
社区专职干事	能进行社区调查和信息统计分析，设计、实施社区服务项目，办理社区社保业务，胜任人民调解、户籍管理等工作
社会工作助理	提供专业的社会工作服务，能独立设计和实施个案工作、小组工作和社区工作
物业管理员	开发物业管理项目，拟定实施物业管理方案，进行入伙管理、业主关系维护与投诉管理

2．典型工作任务与职业能力分析

典型工作任务与职业能力分析表

岗位名称	典型工作任务	职业能力
社区专职干事	进行社区调查，实施社区服务项目，办理社区社保业务，进行人民调解、户籍管理等工作	社会调查、统计能力 社区服务项目设计和实施能力 基础财务能力 公关活动策划能力 人力资源管理能力 人际沟通能力
社会工作助理	社会工作服务，包括个案工作、小组工作和社区工作	人际沟通和自我调节能力 心理认知和协调能力 组织策划能力 社会工作能力
物业管理员	开发物业管理项目，拟定实施物业管理方案，进行入伙管理、业主关系维护与投诉管理	物业管理方案策划能力 沟通与接待能力 物业文书写作能力 物业经营服务能力

我们结合岗位典型工作任务与职业能力分析，制定相应的专业课程。

围绕建设“幸福社会，幸福广东”的主题，与社会管理协会、社会工作协会共建，把专业改革与社会服务对接。

组织学生参与幸福社区建设的调研工作、关爱前进街留守儿童的“三下乡”活动，组

办社会管理体制改革大赛、社会公益项目比赛、微公益项目比赛等活动，以行业协会牵头，以社会命脉为导向，以比赛促学习，以服务促专业；建立与政府、行业、企业、公益事业的多方联动机制，共同育人。

（二）与社会接轨，引入社会工作师职业标准，建立面向社会工作过程的课程体系

按照国家人事部、民政部联合颁发的《社会工作者职业水平评价暂行规定》和《助理社会工作师、社会工作师职业水平考试实施办法》的相关规定，凡中华人民共和国公民，遵守国家法律、法规，恪守职业道德，并符合助理社会工作师或社会工作师报名条件的人员，均可申请参加社会工作职业相应级别的考试。其中，社会工作专业专科层次学生报考助理社会工作师的条件是“取得社会工作专业大专学历，从事社会工作满 2 年”。报考社会工作师的条件是“取得社会工作专业大专学历，从事社会工作满 4 年”。由于该职业资格考试报考条件的限制，社会工作专业专科毕业生无法在毕业时取得社会工作职业资格证书，须至少毕业后从事社会工作满 2 年才能报考助理社会工作师考试。为弥补这一缺陷，社区管理专业开设了物业管理考证课程。尽管社区管理专业专科应届毕业生不能报考社会工作职业资格证书考试，但社会工作职业资格考试的考试课程和考试内容仍然是本专业教学课程设置的重要依据之一。

（三）工学结合：采用“校内仿真实训 + 生产性实训 + 顶岗实习”的“三级递进”实践教学体系

（1）校内仿真实训：主要通过“社工节”引企入校，让和悦社会工作服务中心的专业社工和系社会工作协会配合对本专业一年级学生进行专业化的校内模拟训练。同时，通过在社会工作实训室和心理咨询室中，对实训课程进行模拟，让学生熟练掌握个案工作、小组工作、社区工作和心理咨询工作的流程。

（2）生产性实训：通过学生到香港协青社和广州各大社会工作机构实践一周，参加社工服务工作长达 120 个小时，实地进行社工助理的工作，以使学生一毕业就能上岗。

（3）顶岗实习，学生以物业管理员或者助理社会工作员的身份，到对应企业和社会团体进行实习生的顶岗实习，通过实习实现顺利就业。

四、社区管理专业历届专业主任与系主任

任职年份	专业主任	系主任
2001 年 9 月—2004 年 7 月	段克勤	王红
2004 年 9 月—2007 年 7 月	马天芳	王红
2007 年 9 月—2008 年 12 月	汤向东	王红
2009 年 1 月—2010 年 12 月	马天芳	王红
2010 年 12 月底至今	冯惠棠	潘彤

五、社区管理专业2004—2017年学生招生人数与就业率

历届	招生班数（个）	招生人数（人）	就业率
2004	2	87	97.6%
2005	2	84	100%
2006	2	110	100%
2007	1	48	90%以上
2008	1	35	90%以上
2009	1	35	100%
2010	1	28	100%
2011	2	81	100%
2012	1	48	95.83%
2013	1	48	97.87%
2014	1	49	100%
2015	1	50	
2016	1	48	
2017	1	45	
合计	18	796	

数据来源：中国大学生就业在线系统和广东女子职业技术学院管理系统

五、教师介绍

段克勤 高工、教授，1960年高中毕业保送至国家外事部门留苏学习俄文（主攻城市建设与管理方向），为在华苏联专家担任翻译。曾任长沙环保职业技术学院校长、铁道部广州铁道车辆厂子弟学校副校长、广州市劳动局人才学院副院长。2001—2004年，在广东女子职业技术学院社区管理专业担任首届专业主任。时值国家刚启动社区建设，其考察了香港和内地先行开办的该专业，制订了首个教学计划，招收了三届社区管理专业的学生，编写了《社区概论》《社会工作英语练习》《物业管理实务习题集》等教材、教辅。在广州市海珠区沙园街道、南华西街道、番禺区桥南街道和大石街道等地开展社会工作，建设社区服务实习基地。2005—2011年担任华南师范大学增城康大学院管理系主任。2004年5月至今担任广东省城市社区建设研究会副秘书长、广东《社区》杂志、广东社区服务网“社区之窗”栏目主编。曾组织广东省高校社会工作，并组织社区管理专业学生300多人，分别在21个地级市进行了一次社区建设调查，写出200多篇调查报告，受到广东省民政厅的奖励。2015年组织《广东社会工作教育蓝皮书》《广东城乡社区全域普查调研工程》的编写工作。

冯惠棠 中山大学法学硕士、讲师，社会工作师、三级心理咨询师、物业管理考评员

员，幸福社区评估委员。1993 年 9 月—1997 年 7 月，就读于中山大学社会学系社会学专业。1997 年 7 月—2003 年 12 月，在广东省妇女干部学校妇女学教研室任教，参与培训中青年女领导干部。1999 年 9 月—2000 年 2 月，到广州市东山区（今并入越秀区）大塘街街道党委办公室进行锻炼。2002 年 1 月—2003 年 1 月，参加第 16 批广东省省直机关扶贫工作队，到阳山县扶贫，挂职阳山县妇联副主席。2003 年始在广东女子职业技术学院管理系社区管理专业任教。2010 年 12 月至今任社区管理专业主任。自 1997 年 7 月至今已任教 19 年。在教学工作方面，主要担任社区管理专业社会心理学、社区管理实务、社区服务、社会保障和公共关系、环保概论等课程的教学任务并主持社会工作实训室的建设，指导学生的社工实训和毕业实习。参与省精品课程《公共关系》和校优质课程《社会调查方法》的建设。主持广东省妇联课题 1 项、院级课题 1 项，参与省级课题 2 项、院级课题 3 项，在核心和省级以上刊物上发表论文近 10 篇，参与编著《广东省志·妇女志》和《妇女口述史》等书。参与多个亚洲基金会、微软公司等支持的项目，包括珠江三角洲外来女工培训项目、预防艾滋病项目和微软社区教育项目等。获得院“优秀党员”等称号。

马天芳 中南民族大学法学硕士，副教授。自 2001 年 7 月起，一直在广东女子职业技术学院工作，现已 15 年。2001—2002 学年担任学院教务处教学管理工作，承担社区管理专业课程的教学任务。2002 年 9 月—2004 年 7 月，在管理系社区管理专业做一名专职教师。2004 年 9 月—2007 年 7 月，担任社区管理专业主任一职。2007 年 9 月—2008 年 12 月，辞去专业主任一职。2009 年 1 月—2010 年 12 月，又重新回到社区管理专业主任岗位上。2011 年 1 月至今，为管理系社区管理专业教师。其主要负责制订或修订专业教学计划，开拓和联系实习基地等工作。在教学工作方面，主要担任社区管理专业社会学概论、社会工作实务、社会调查方法与研究、老年社会工作四门课程的教学任务。主持的网络课程社会调查方法获得院级“优质课程”称号。在十多年的教学工作中，曾获得 6 次优秀教师奖，3 次教学优质奖。在科研方面，在核心和省级以上刊物上发表论文 40 余篇。主持广东省教育厅教指委课题 1 项、院级课题 3 项，参与省级课题 4 项、市级课题 1 项。

王　红 教授，1982 年毕业于广西民族大学政治学专业。2002 年 6 月—2010 年 12 月担任广东女子职业技术学院管理系主任，主要从事公共关系学、公共管理、商务礼仪等相关领域的研究。开设了公共关系实务、商务礼仪、公共管理等课程。主持的公共关系实务课程被评为广东省高职高专精品课程。主持参与省级与校级科研、教研项目 8 项，公开发表学术论文 30 多篇，出版著作两部，多篇研究论文获省级以上学会论文奖项。积极开拓社区管理专业实习基地，组织社区管理专业学生到香港协青社实习，并参观考察香港社区敬老院等。是广东省精神文明学会理事、广东省企业高级人力资源管理师。

杨　蕴 副教授，副主任医师，国家营养师考评员，省妇联优秀共产党员，曾获广东女子职业技术学院“我最喜爱的老师”等称号。从事医学临床教学及社管等教育教学工作 30 余年，具备双师素质，具有丰富的教学、实践经验。主持、参与完成国家级课题 1 项、省级课题 2 项，参编教材多部，在国内公开刊物发表论文 30 余篇。在长期的教学工作中成绩优异，受到了专家、同行和学生们的一致好评，并带领学生深入养老院、福利院和社区等，为长者、特困人群及社区居民提供健康咨询、保健和宣传工作，受到各级各部门的热烈欢迎。

宋　慧 广东女子职业技术学院文化艺术系专任教师、社区管理专业主任。1978 年出生，山东省临沂人，中共党员，硕士研究生，2003 年毕业于中山大学教育学院，获得教育经济与管理学硕士学位。自2003年任教以来，主持省级、院级教研科研项目多个，负责一个校级工作室，在公开期刊发表专业论文多篇，还曾担任多门课程的教学工作，比如学校社会工作、家庭社会工作、大学生心理健康教育等，深受学生好评。

六、学子风采

广东女子职业技术学院从省妇女干校、省女子中专一路走来，为广东省各村委、社区居委、街、镇、区、县、市培养了上千位基层妇女干部，她们从最基层做起，为广东省妇女工作、青少年工作、社会工作做出了巨大的贡献，正如卢瑞华2001年为学院师生题词所写：现代女性文武双全，社会支柱家庭主将。

黄瑜婷 现于深圳市罗湖区清水河街道办事处工作，主要负责社区管理和接待工作。做事认真负责，条理性强，公关接待规范。上级认为她是一个完全值得信赖的员工。

黄丽英 2002级社区管理专业学生，毕业后自考暨南大学物业管理本科，从事房地产和物业管理相关的工作，现在主要负责公司品质管理以及标准化体系建设工作。获得“注册物业管理师”、ISO9001、14001和OHSAS18001以及SA8000的内审员证书。曾获深圳市“两新”组织的优秀党员，被公司评为优秀经理、优秀骨干等。

郑秀苗 2003级社区管理专业学生，大专毕业后继续攻读中山大学汉语言文学专业，获学士学位。2006年1月就职于碧桂园凤凰城售楼部。2007年3月—2010年5月就职于佛山市顺德区创源投资有限公司（前身为碧桂园集团事业发展部）。2010年8月至今自主创业，成立粤交旅国际旅行社有限公司，任执行董事。

杨　洁 2002级社区管理专业学生，现在广州金鹏通信实业有限公司任人事部主管兼团委书记，主要负责人事管理和共青团工作，工作两年来表现出色，是公司最年轻的中层干部。领导评价她“脑子灵活，做事有条理、有魄力”。

谢诗韵 2009年毕业于广东女子职业技术学院社区管理专业。自2008年起便加入社工行业大家庭，现任职于广东岭南至诚社会工作服务中心，担任家庭服务项目和本地人项目主管，并从2015年3月起在广东岭南职业技术学院任教，讲授社区工作这一学科。从事社工行业8年来，曾在“青年地带项目”中，出版了《绘疗天使》一书。2012年，获得“亚运优秀志愿者”称号。发表《智残孩子的个案介入》一文（载自《用生命影响生命——了解专业社会工作》，中国社会出版社2012年版）。

梁美意 2012年毕业于广东女子职业技术学院社区管理专业，现在读于北京大学继续教育学院社会工作专业本科，具备助理社会工作师资格证书。2012年2月加入社工行业。2012年3—12月担任2012年江门市江海区居家养老服务项目一线社工。2013年1—12月担任江门市江海区江南街道居家养老服务项目一线社工。2014年1—10月先后担任江门市赴港人士“展望新生活计划”服务项目一线社工和江门市江海区滘头滘北康园中心项目主任。2014年11月至今，担任江门市江海区礼乐街道丰盛幸福院服务项目的项目主任。

李凯渝 毕业于广东女子职业技术学院2009级管理系社区管理专业，后取得华南师范大学人力资源管理学士学位。接受过全方位的大学基础教育，受到良好的专业训练和能力培养，在公益行业、农村社会工作、青少年与长者社会工作等领域有较丰富的实践经验。获得助理社会工作师证书，具备良好的社工专业服务水平。

2013—2015年，在佛山市顺德区陈村镇宏德社会工作服务中心作为项目社工，独立负责“小小科学家——社区科普训练营”项目与顺德区陈村镇赤花新圩小学“缤纷夏日乐成长——青少年多元智能发展夏令营”项目的开展，现为北滘余荫院敬老院社工服务项目负责人，开展院舍养老社会工作服务。

刘碧怡　广东省女子职业技术学院社区管理专业 2001 级学生。热衷社会工作事业，从事社区管理，每天以满腔的热情投入社区工作中。在处理工作事件的过程中，学会了实地调查、认真分析，学会用心与居民沟通，用心完成工作，用心做好每一件事。为居民办好事、做实事，不断学习，不断充实和完善自己，更好为社区居民服务。工作具有亲和力，有较强的沟通协调能力，擅长青少年服务、老年人服务、妇女计划生育和家庭服务及外来人员管理服务，熟悉基层办事的工作程序，工作中耐心、细心、周到，急他人之所急，想他人之所想，关心他人，帮助他人，能熟练掌握日常办公软件，服从领导的安排。曾被评为 2005 年度荔湾区优秀青年志愿者、2006 年度荔湾区优秀共青团干部、金花街道优秀党员、金花地区 2007 年度计划生育“新时期最可爱的人”、2007 年度荔湾区优秀共青团员、2009 年度荔湾区优秀团员，获得 2006 年度荔湾区妇联系统调研文章优秀奖、金花街“创和谐、迎亚运、展风采”演讲比赛一等奖。

冯思华　广东女子职业技术学院 2010 级学生。除接受过全方位的大学基础教育，还接受了良好的社会工作专业训练和培育，在社会工作及社区管理与服务等领域有扎实的理论基础。在校获“校园十大之星”称号，曾担任我院团委委员及社会实践部部长一职。现已从事社会工作服务近 4 年，获得助理社会工作师证书，具备专业的实务能力和丰富的实务经验。现服务于广州市广爱社会工作服务中心，曾任残障服务部主管、中心主任助理及机构培训部干事等职位。工作期间获得“优秀实习生”及“优秀员工”称号。

广东女子职业技术学院青少年工作与管理专业

广东女子职业技术学院文化艺术系是在原教育系的基础上转型发展而来，青少年工作与管理专业（青少年社会工作方向）是文化艺术系三大专业之一。青少年工作与管理专业培养德智体美全面发展，熟练掌握青少年社会工作的专业理论知识、专业方法与技巧，具备社会工作管理与服务的基本技能，能够面向社区服务中心、少年儿童活动中心、社会服务机构和其他公益机构从事社会工作和青少年事务管理，为青少年发展性群体、弱势群体、问题群体提供专业化服务的复合型高素质女性技术人才。

青少年工作与管理专业开设于2009年9月，此专业由学院已退休院长吴宏岳主持申报，前系主任杨军、专业主任冯玉华具体负责。

一、人才培养目标

青少年工作与管理专业培养德智体美全面发展，具有正确的价值观，良好的政治素质、思想品德修养、职业道德素质和敬业精神，熟练掌握社会工作的专业理论知识、专业方法与技巧和社会工作管理与服务的基本技能，能够在社区服务中心、志愿服务站、社会服务机构和其他公益机构从事社会工作和青少年事务管理，适应产业转型升级和企业技术创新需要的发展型、复合型和创新型高素质女性技术技能人才。

二、主要课程、培养目标、历届招生和就业情况

（一）课程结构

课程模块	课程构成
基本素质课程	毛泽东思想和中国特色社会主义理论体系概论、思想品德修养与法律基础（含廉洁修身）、实用英语（或公共日语）、计算机应用基础、女性学、应用文写作、体育与健康、健康与心理卫生、大学生就业指导、军训（含军事理论）、形势与政策
专业基础课程	社会学概论、心理学基础、管理学基础、青少年社会工作、秘书实务、少年儿童健康教育、社会工作概论、心理咨询、社会心理学、社会调查方法与实务
专业核心课程	管理学基础、青少年社会工作、社会工作方法（个案、小组、社区）、秘书实务

（续上表）

课程模块	课程构成
专业拓展课程	学校社会工作、教育心理学、教育学、心理测验与评价、青少年活动设计与指导、实用美术、舞蹈、普通话、育婴师基础、青少年社会热点问题解析等
专业综合训练课程	综合训练、毕业设计、毕业教育等
综合素质教育课程	“凤凰花”社会服务实践、公益劳动、社会调查

（二）专业核心课程

课程	主要教学内容	技能考核项目与要求
管理学基础	计划、组织、领导、控制	1. 计划项目：为模拟或熟悉的组织进行 SWOT 分析，并制定其年度目标及工作计划 2. 组织项目：为模拟组织设计组织框架，设计招聘方案、新员工培训方案 3. 领导项目：为模拟组织设计激励方案 4. 控制项目：为模拟组织制订目标管理方案
青少年社会工作	1. 青少年社会工作价值伦理与基本理论 2. 青少年社会工作基本方法（家庭、学校、社区、外展、网络社会工作方法） 3. 青少年成长危机与干预 4. 青少年社会工作管理	1. 个案服务工作技能。要求：能撰写个案服务工作计划，独立开展个案工作并撰写个案工作报告 2. 小组服务工作技能。要求：能撰写小组工作计划，独立开展小组服务工作并撰写小组工作报告 3. 社区服务工作技能。要求：能撰写社区服务工作计划，独立开展社区服务工作并撰写社区服务工作报告 4. 青少年社会工作管理技能。要求：掌握管理的基本职能与技术
社会工作方法	1. 个案工作 2. 小组工作 3. 社区工作	能够熟练掌握个案工作及小组、社区工作方法，并能在实际工作中灵活运用。要求：能明确个案、小组、社区工作在解决社会问题上的基本思路和价值取向，并能组织设计个案和小组服务工作计划，开展个案和小组工作，并撰写工作报告
秘书实务	1. 办公室常规事务管理 2. 办公时间管理、办公资源管理 3. 网络办公、会务工作、会展服务、信息工作、调查研究、信访工作、保密工作管理 4. 公务旅行管理、秘书文案、秘书管理等	技能考核项目：秘书职业技能。要求：能够进行商务沟通、办公室管理、会议与商务活动管理、信息与档案管理以及常用事务文书撰写等

（三）顶岗实习和社会实践安排

实习阶段	实习目标	时间
认知实习	1. 初步获得对青少年儿童、青少年工作过程和规律的感性认识，巩固已有知识，为后续学习奠定基础 2. 在真实的工作情境中获得职业态度和职业精神以及职业价值观的熏陶和沉淀	第三学期
跟岗实习	1. 理论与生产实践相结合，通过实习巩固和扩大所学的理论知识 2. 全面了解青少年工作的概貌和业务内容，将所学知识与实践相结合 3. 参加实习单位有关青少年工作的实际运作过程，承担部分工作，熟悉青少年工作的运作过程与工作模式和规律	第四、第五学期
顶岗实习	1. 能够综合运用所学的关于青少年工作与管理的基础理论、专业知识和专业技能，进行青少年服务、管理、教育、培训、心理辅导等工作 2. 能够有效与同事沟通、协调、合作，能够及时处理工作中出现的问题 3. 通过实习拥有社会工作者、心理咨询员、行政助理、辅导员、培训师等的工作能力	第六学期
社会服务实践	利用分散的时间到特殊学校、青少年宫、社工服务中心、福利院、敬老院、社区、学校、义工联、妇联等机构参加社会服务实践，实现从义工、专业入门到认知社会工作再到社会工作实务能力的培养	第三、第四、第五学期的周五、周六、周日

三、教学和实习情况介绍

广东女子职业技术学院文化艺术系青少年工作与管理专业（青少年社会工作方向）属于高职高专系列，除了传授学生的基本理论知识，尤为重要的是提升学生的实务能力。本专业非常重视实训工作，积极建设校内校外实训室，不断完善实习制度，取得如下成绩。

（一）建设集专业实训和社会服务于一体的青少年社会工作实训中心

完善已有的校内实训基地建设，新建小剧场、青少年社会工作综合实训室、儿童早教工作坊、“兰色童画——树屋画语”创意美术活动基地、艺术治疗室、行为矫正工作室等校内实训室。最终在校内建成由青少年艺术活动中心、青少年社会工作实训中心、职业培训中心三大实训中心组成的青少年社会工作实训基地。通过校内生产性实训基地的建设，营造真实的职业环境，培养学生开展青少年社会工作的核心能力与技巧，使校内生产性实训占到实训总次数的50%。

（二）巩固和建设一批与校内实训基地功能相协调、有机衔接的校外实习基地

在校外与行业合作，建成稳定优良的实习基地。校外实践教学基地“厂中校”，依托校外实习基地，建立真实情景下的校外实训课程体系，将青少年活动设计与指导、青少年社会工作个案工作等课程的部分教学环节以及工作岗位认知等放在真实情景中进行，加强对学生实际操作能力的培养，逐步建立成绩考核评价机制、学生安全风险分担机制，探索形成“工学交替”的实习机制。

（三）建立以质量为核心的实训实习运行机制

1. 校内

（1）制定和执行校内实训基地的系列使用制度和管理制度，做到实训教学有计划、有记录、有总结。

（2）制定课程实践教学大纲、实践教学指导书，对青少年社会工作的专业方法及社会工作实务能力进行有计划的训练。

（3）建立实训成本核算、材料领用与再利用、设备使用与维护等方面的制度，构建全真模拟实训基地考核评价体系。

2. 校外

（1）以稳定优化的校外实习实训基地为平台，制定和执行《关于青少年工作与管理专业学生顶岗实习的管理制度》《学生实习手册》，完善毕业顶岗实习管理办法，建立学生毕业顶岗实习联系制度、毕业顶岗实习前的安全教育和安全技术交底制度、学校“双师”素质教师与企业兼职教师沟通联系制度，实现毕业顶岗实习全过程的动态控制。

（2）建立健全以系主任、专业主任、专业教师、实习督导教师组成的实践教学管理组织，建立实践教学大纲、教学计划审定制度、实践教学过程监督和实习检测评估机制，探索建立学生社会实践经历动态档案管理模式，健全学生实践教学管理制度。

（3）构建职业能力动态考核评价体系，建立健全实习机构对学生实习检测评估标准，包括学生职业道德、专业能力、知识结构、时间观念、沟通协调能力、活动组织能力等方面。并为学生建立社会服务实践档案，对学生的社会服务进行动态管理。

（四）专业社团建设

依托校内青少年艺术活动中心、青少年社会工作实训中心和校外专业实习基地，为青少年提供权益维护、教育引导、创业就业的保障性服务；提供身心发展、学习成才、文化娱乐的发展性服务；对失业、失学、失管青少年提供帮扶优化服务。

（1）注册成立“凤凰花”社会工作志愿者服务队。深入番禺社区，开拓包括青少年道德实践、技能素质提升、科普知识教育、身心健康维护、文化艺术教育等在内的社区青少年服务项目，切实为青少年的健康成长提供专业化的服务与技术指导，尤其是为社区的孤残儿童、留守儿童、进城农民工子女等弱势人群提供专业服务。

（2）注册成立青社起航社会工作协会。为社会工作专业学生搭建专业的学习成长平台，同时以广东女子职业技术学院为社区，将研讨学习中学到的知识运用到实践中去，运用社工专业手法为我院学生提供志愿服务，尝试开创高校社会工作服务。定期开展专业工作访谈、外出参观学习活动，以扩大学生的视野，使其了解行业发展动态，提升学生学习的积极性。

（3）注册成立历奇协会。历奇教育是当前青少年社会工作中非常实用的工作方法，为

提升专业未来的就业力，我系派出三位老师前往广东省青年职业学院参加为期一周的历奇拓展培训，并由三位老师牵头组织孵化历奇协会，定期组织学生学习历奇知识，并在校园里进行实践，让学生掌握历奇拓展能力。

四、新闻媒体采访报道、社会评价

（1）“凤凰花”社会工作志愿者服务队多次获评。广东女子职业技术学院“凤凰花”社会工作志愿者服务队是以我院文化艺术系为主，由学生、教师、社工行业骨干组建的一支专业化的志愿服务队。自2012年成立以来，服务队秉承助人自助的服务理念，充分发挥“社工＋志愿者＋艺术”的服务特色，长期深入社区、学校、家庭综合服务中心以及青少年校外教育培训机构开展志愿服务，并成功牵手全国首家乡村儿童活动中心，先后参加了“社区探索计划”“社区四点半课堂”“全民公益墟，少年中国梦”等多个社区公益活动项目，累计服务4 600人次，服务时数10 000多小时，获得了社会的广泛认可。2013年12月中央人民广播电台对我院“凤凰花”社会工作志愿者服务队进行了采访报道。2014年暑假，“凤凰花”社会工作志愿者服务队深入国家级贫困县清远市阳山县开展为期半个月的暑期“三下乡”活动，得到了当地政府的好评，两次被广东电视台公共频道《DV现场》节目组和广东省扶贫网宣传报道。

（2）学生培养质量得到社会的认可与好评。在服务社区工作、推动社区文化建设的同时，也推进了青少年工作与管理专业人才培养模式改革。志愿者服务队在“以服务促学习，以实践促成长”的过程中得到了锻炼和提升。根据麦可思数据有限公司的《广东女子职业技术学院社会需求与培养质量年度报告（2014）》显示，青少年工作与管理专业毕业生毕业半年后的就业率为100%，月收入、毕业时掌握的基本工作能力、就业现状满意度等各项指标均高于全国同类院校平均水平。

五、目前教育状况及发展前景

随着社会的发展，社会工作专业人才需求量越来越大，文化艺术系青少年工作与管理专业（青少年社会工作方向）在学院领导的大力支持与推动下，成为省级示范性专业，以示范性专业建设为契机，大力推进专业建设。

（一）推进“以服务带学习，以实践促成长”工学结合人才培养模式的改革

在原校企合作育人的基础上，推进“以服务带学习，以实践促成长”工学结合人才培养模式的改革。将社会工作服务贯穿于人才培养的全过程，实施学生专业成长“四个一工程”，即定点一个社工机构实践、定时参加一项社会服务、全程跟踪一个个案或小组、参与一次职业技能竞赛，构建三年不断线的校内生产性实训和校外社会服务实践循环渐进的实践教学体系，从而使学生在社会服务中明晰职业发展路径，带动专业课程学习，在工作实践中巩固专业知识，提升专业技能，沉淀专业价值，获得专业成长。

（二）校企合作加强课程建设，深化教育教学改革

充分发挥校企合作的优势，以技术领域和职业岗位（群）的任职要求和职业资格标准为依据，构建课程体系，改革教学内容。遵循高技能人才的成长规律，按照“行业分析→工作分

析→典型工作任务分析→学习领域描述”的思路，重构基于工作过程系统化的专业课程体系。

（三）实施师资队伍“双工程”建设，打造优良的专业教学团队

坚持“专兼结合，校企互聘，合理流动，校企共用”的师资管理模式，建设期内，平行推进师资队伍“结构优化工程”和“能力提升工程”。利用5年的时间，造就1～2名在广东省青少年社会工作领域有较大影响力的专业带头人，聘请行业骨干和技术能手担任兼职教师和实践教学指导教师。通过对专业教师进行实践教学能力培训、顶岗实践培训等，加强专业教师的企业经历、行业阅历、实践能力，进一步提高专任教师的“双师”素质，建设一支专兼结合的高水平专业教学团队。

（四）探索“四方联动，实体推进，制度护航”的“政校企行”合作育人的运行机制创新

积极依托广东女性职业教育集团的优势，努力探索政府引导、行业指导、校企对接、四方联动的校企合作运行机制创新。四方联动育人的接点平台是专业指导委员会，推动的着力点是校企合作实体，运行保障是其相关制度建设。通过这一机制创新，使更多的行业、企业、职业和实践要素融入青少年工作与管理专业人才的培养过程之中，进一步深化“校企合作、工学结合”的办学实践，从而实现“政校企行”合作育人的机制创新。

（五）建设高水平、多功能、开放性的青少年社会工作实训基地

完善优化已有的艺术中心等校内实训实习基地和设施，并在此基础上整合学校心理咨询室的资源，新建小剧场、青少年社会工作综合实训室、儿童早教工作坊和“兰色童画——树屋画语”创意美术工作室等校内实训室，并最终形成集教学、培训、科技服务为一体的青少年社会工作实训基地。稳定优化校外实习基地8个，满足学生工学场景下实习实训的需要，总体实训比例达到60%，半年以上顶岗实习的学生比例达到100%。

（六）搭建与企业共赢的社会服务平台，广泛开展社会服务和对外交流

在未来5年内，以校企合作为平台，以校内青少年社会工作实训基地为基础，全面提升专业社会服务能力，发挥辐射作用，成为广东省乃至珠三角地区青少年社会工作行业人才培养、员工培训、再就业培训和职业技能鉴定的重要基地。通过开展青少年事务远程在线服务和青少年社会工作者技能培训等，拓展专业服务社会的范围；鼓励教师与行业及工学合作单位联合开展技术研发，利用学校的优势和资源解决青少年社会工作过程中的技术问题，通过技术服务来实现更好的工学结合，强化教学的针对性、实用性和有效性，与此同时扩大本专业的社会影响力和知名度。

六、教师介绍

冯玉华 硕士，讲师，国家题库社会工作师实训指导专业委员会副主任委员。2003年7月起，先后任职于广东女子职业技术学院教育系、文化艺术系专任教师，青少年工作与管理专业主任，承担心理学基础、教育学等专业课程的课堂教学、专业实训以及青少年工作与管理专业的日常管理与建设工作。

主要承担的教研科研项目有：主持广东省示范性高职院校建设项目青少年工作与管理重点专业建设项目；参与完成国家人力资源与社会保障部保育员职业技能鉴定国家题库开

发项目、教育部国家社科基金教育学一般课题“品德课新课改十年的回顾与展望：基于生活德育的视角”、广东省“十一五”规划课题“以能力为本的中青年女干部培训模式研究”；主持广东女子职业技术学院年度一般课题“青少年工作与管理专业建设研究”项目、心理学基础网络课程建设项目；参与青少年工作与管理专业提升专业服务产业发展能力的研究项目、协同创新视角下社会工作专业人才培养的研究项目等。

参编（译）教材、著作多部：《道德发展手册》（教育科学出版社 2011 年版）、《道德教育新视野》（山东教育出版社 2004 年版）、《保育员：初/中/高级理论知识和操作技能》（中国财政经济出版社 2008 年版）。

余缅萍 硕士研究生，社会工作师，广东女子职业技术学院文化艺术系青少年社会工作专业骨干教师拟培养对象。积极参加社会实践活动，担任广州市居家养老服务评委、广州市幸福社区南方评估中心评委。承担社会工作概论、青少年社会工作等专业课程的教学，统筹安排青少年社会工作专业实习。

科研项目：个人主持 2014—2015 学年广东女子职业技术学院一般课题“基于自主学习课程构建的社工专业价值内化行动研究”。

获得荣誉：2008—2010 年重庆市优秀西部计划志愿者、东莞市首批市级优秀社会工作者；获“我为东莞社工献一策征文”三等奖；指导学生“行业—专业—人才”的需求调研，荣获学院二等奖省级入围奖。

七、学子风采

陈婵燕 2012 年 6 月毕业于广东女子职业技术学院文化艺术系青少年工作与管理专业。在校期间曾任班长、学生会主席，曾获“优秀毕业生”“能力优秀奖”“优秀学生干部”、主持人大赛优秀奖等，曾参与华辅教育、广州市家衡社会工作服务中心、广州市儿童活动中心、广州市番禺区石碁中心小学、第 16 届亚洲运动会赛会等的实习。

目前就职于广州市穗星社会工作服务中心，已获得助理社会工作师证书、心理咨询师三级证书、初级中学教师资格证书，具备良好的社工专业服务水平。2012 年 6 月 11 日入职至今，从一个实习生到一个社工队长，一步一个脚印，这个过程是为他人服务的过程，更是学习与成长的过程，这不仅使陈婵燕的专业实践能力有所提升，而且使其个人的生命进程有所提升。在职期间曾获服务队“优秀员工”、家综“优秀管理人员”称号。

陆姗娜 2012 年 6 月毕业于广东女子职业技术学院文化艺术系青少年工作与管理专业，专科毕业后获华南师范大学汉语言文学专升本本科学历、学士学位；国家注册助理社工师。在校期间曾担任广东省青少年志愿者指导中心干事、文化艺术系学生会组织部部长。曾在广州新穗学校实习，独立开展个案，并在广州桥创家庭服务中心参与实习。2012 年 6 月，入职于广州市成长动力社会工作发展与资源中心，致力于社区家综工作，曾多次在香港小童群益会下属服务中心接受挂职培训，曾到香港复康会职业复康及再培训中心进行交流学习，曾到上海，四川成都、汶川等地学习、考察与交流。

赖　娴 广东女子职业技术学院文化艺术系青少年工作与管理专业 2009 级学生。在学习上认真完成社会工作、心理咨询等专业理论的学习和技能培训，曾连续两年获得奖学金，在德智体美各方面发展良好，有较强的社会实践能力，荣获广东女子职业技术学院“十大校园之星”称号。在校期间多次参与社会实践，社工专业能力得到提高。毕业后在东莞市乐雅社会工作机构任妇联驻点社工，充分运用理论与实践相结合的方式，荣获机构新人奖。目前任职于东莞市凤岗镇人民政府妇女联合会，在解决妇女儿童的困难与疑惑和维护妇女儿童合法权益工作方面做出了努力，亦得到了自我能力的提升。荣获凤岗镇2014年度“平安建设暨综治信访维稳先进个人”称号。

冯君雅 广东女子职业技术学院文化艺术系青少年工作与管理专业2010级学生。在校期间受到良好的社工专业训练和能力培养，在青少年、社会学、心理学等各个领域有比较扎实的理论基础和实践经验。在校期间，曾担任文化艺术系学会生主席、社会实践部部长、院青年志愿者协会服务队队长等职务，并获得院“学雷锋标兵”“‘三下乡’优秀个人”“优秀学生干部”等称号。在校期间多次到各单位深入社会实习，如桥南街家庭综合服务中心、江南中街家庭综合服务中心、广州市儿童活动中心等，进一步增强了社会实践和分析问题、解决问题的能力。现就职于广州市天河区启智社会工作服务中心，一年多的工作经验让冯君雅更加坚信自己的点滴作用能为他人引路，坚信能在这条道路上越走越远。

陈碧花 广东女子职业技术学院文化艺术系青少年工作与管理专业2011级学生。曾两度获得国家励志奖学金、能力优秀奖学金，被评为“自律之星”，获院“随心所役，心守同聚”心理知识竞赛二等奖等奖项。在校期间多次深入社工机构和团体实习，曾在广州番禺桥南街家庭综合服务中心、广州市团校、惠州市救助站、广州番禺大龙桥家庭综合服务中心学习与工作。目前在惠州大亚湾区一窗灯火公益协会社区特殊人群领域做一线社工。

广东青年职业学院社会工作专业和社区管理与服务专业

一、开设时间

广东青年职业学院社会工作系成立于2011年。同年开办社会工作专业，2013年开办社区管理与服务专业。

二、关于开办专业的可行性分析

根据中共中央、国务院印发的《国家中长期人才发展规划纲要（2010—2020年）》，将社会工作人才提升到与党政人才、企业经营管理人才、专业技术人才、高技能人才和农村实用人才同等地位，并纳入我国人才发展大局。当前，社区、社团、社工“三社互动”和社工、义工“两社联动”的社会工作机制急需大量社会工作人才的参与。

广东省目前缺乏大量从事社会工作和社会服务的人才，尤其是“两个缺少”现象不可忽视：一是“经济建设人才多而社会建设人才少”，二是“社会建设高层次人才增多，实用技能服务人才充实这些机构”。据了解，中国香港的社工与服务人口的比例为1∶461，中国台湾为1∶3 000，欧美地区大约为1∶1 100，然而我国目前仅有3.5万名社会工作师和助理社会工作师，广州一线的专业社工不足1 000名，未来一段时间，广州至少需要1.5万名社工，东莞未来3～5年社工需求也将达到3万名，珠三角地区社工岗位设置也将在3～5年后达到50%。我国还需200万名社工。根据《广东社会工作发展现状调研报告》，广东省有超过400家社会服务机构，社工缺口超过4万名。

广东青年职业学院由广东青年干部学院转制而来，前身是创办于1950年的广东省团校，是一所经广东省人民政府批准成立，国家教育部备案，有60多年办学历史的全日制公办普通高等学校，隶属于共青团广东省委员会。学院曾开设青年学系，其中志愿服务研究专家为中国志愿服务研究“南方学派”的重要代表，依托学院“志愿服务研究强、青年服务网络广、社会公益资源多”的背景优势，在志愿服务研究中心的基础上，开设了社会工作专业。

三、主要课程、培养目标、历届招生就业情况

广东青年职业学院社会工作系社区管理与服务专业听取珠三角地区一线社工建议，参

考其他高职院校社会工作课程体系，结合青年院校特色进行补充完善，要求3年内修满128.5个学分以上方可毕业，其中基础素质类课程31个学分；专业基础类课程35.5个学分，包括社会工作导论、社会心理学、现代实用社会学、志愿服务理论与实践等；专业核心课程18个学分，包括个案社会工作、小组社会工作、社区社会工作、青少年社会工作、社会组织建设与管理。同时还要完成6个学分的专业选修课、4个学分的全院公选课，并且参加4个学分的课外活动，完成16个学分的毕业综合实践。学生到第五学期参加400个小时的专业实习，第六学期完成毕业顶岗实习。

（一）2011—2015年社会工作专业招生人数

招生年度	计划开设专业	招生人数
2011年	社会工作（青少年服务方向）	53
2012年	社会工作（青少年服务方向）	30
	社会工作（志愿服务管理方向）	28
	社会工作（社区管理与服务方向）	75
2013年	社会工作	63
	社区管理与服务	65
2014年	社会工作	89
	社区管理与服务	34
2015年	社会工作	110
	社区管理与服务	72

目前，我系首届社会工作专业毕业生就业率达97%，在社工岗位就业的毕业生受到社会服务机构的好评。由于社会转型和社会发展对于社会工作人才的需求日趋强烈，学院兴办社会工作专业具有客观的就业市场前景。

社会工作专业建设专业图书资源库藏书11万册，出版志愿服务研究中心图书20多种，已完成社会工作与志愿服务信息库资料。社会工作系获得教育部“社会工作专业能力建设”、广东省教育厅“高职社会工作人才基地建设”等630万元的经费支持。目前，项目通过评估，已结项。社会工作系教师获得民政部流动人口项目、创新强校项目等专项经费，中山市社会工作体系建设课题经费，东莞市志愿服务课题经费等，合计523万元。社会工作系教师创办原点社会工作服务中心，并承接社会服务。首届毕业生加入社工与志愿者合作促进会并成立广州市天河区青创社会工作与志愿服务中心。社会工作系获得学院投入经费、专项建设经费。教师课题经费较多，能够为学生实习提供良好的支持。天河区社会组织培育基地与天河区民政局合作，通过承接政府购买服务项目的形式，引进优秀的启智社会工作服务中心、风向标社会工作服务中心、天河区社会工作协会等优秀社会服务组织和社会服务项目，为学生参与社会服务组织活动、进行社会服务实践提供了平台和便利。

社会工作专业目前已完成社会工作核心技能实训室（包括小组工作室、家庭会谈室、观察室等）、社工与志愿者合作网络孵化室、社工与志愿者合作孵化基地、社区服务体验室、青少年特色服务实训室（包括情绪调解室、青少年越轨行为矫治室等）、礼仪与形体训练室、社区活动体验室的建设。这些校内实训室的建设，为课程实训环节、课程实践教学等方面提供了保障。本专业拓展了“校团合作”（与各级共青团合作）、“校政合作”（与各级民政部门合作）、“校社合作”（与社团组织、社区机构合作）的网络。

（二）校内实训基地

名称	规模	功能	主要设备
个案工作室	15 平方米，可容纳 2～3 人	训练个案辅导技巧	录播系统
小组工作室	18 平方米，可容纳 3～4 人	训练小组带领技巧	录播系统
家庭会谈室	15 平方米，可容纳 2～3 人	训练家庭面谈技巧	录播系统
观察室	70 平方米，可容纳 55 人	训练个案、小组服务技巧	录播系统、多媒体设备
社工与志愿者合作孵化基地	250 平方米，可容纳 50 人	了解社会服务行业现状，训练社工与志愿者合作方式方法	多媒体设备、计算机等
社工与志愿者合作网络孵化室	130 平方米，可容纳 60 人	训练志愿者组织建设与管理的能力和技巧	多媒体设备、计算机
青少年特色服务实训室	80 平方米，可容纳 20 人	训练青少年心理辅导技巧、放松疗法、沙盘训练	宣泄设备、沙盘、音响等
社区服务体验室	100 平方米，可容纳 60 人	训练社区服务技巧	多媒体设备
礼仪与形体训练室	80 平方米，可容纳 60 人	礼仪与形体训练	多媒体设备

（三）校外实训基地

名称	总数（个）	主要专业
广州市团校	2	社会工作、社区管理与服务
广州市志愿者联合会	2	社会工作、社区管理与服务
东莞同德社会工作中心	2	社会工作、社区管理与服务
广州市青宫社会工作服务中心	2	社会工作、社区管理与服务
大同社工服务中心	2	社会工作、社区管理与服务
广州市普爱社会工作服务中心	2	社会工作、社区管理与服务
北斗星社会工作服务中心	2	社会工作、社区管理与服务
家馨社会工作服务中心	2	社会工作、社区管理与服务
优势力社工服务发展中心	2	社会工作、社区管理与服务

（续上表）

名称	总数（个）	主要专业
东莞市星扬社会工作中心	2	社会工作、社区管理与服务
利民精神健康社会工作服务中心	2	社会工作、社区管理与服务
广州市白云恒福社会工作服务社	2	社会工作、社区管理与服务
北达博雅	2	社会工作、社区管理与服务
广州市海珠区华州街民政科	2	社会工作、社区管理与服务
番禺区桥南街家庭综合服务中心	2	社会工作、社区管理与服务
佛山市南海区启沅社会工作服务中心	2	社会工作、社区管理与服务
广州市心明爱社会工作服务中心	2	社会工作、社区管理与服务
乐翔社会工作服务中心	2	社会工作、社区管理与服务
增城乐众社会工作中心	2	社会工作、社区管理与服务
广州市广大社会工作服务中心	2	社会工作、社区管理与服务
启创社会工作服务中心	2	社会工作、社区管理与服务
佛山市南海区丹灶镇丹灶社区	2	社会工作、社区管理与服务
广州市创意仓社会发展服务中心	2	社会工作、社区管理与服务
桂城义工联	2	社会工作、社区管理与服务
广东省希贤教育基金会	2	社会工作、社区管理与服务

四、新闻媒体报道、社会评价

（一）媒体报道

2012 年 7 月 26 日，《南都公益周刊》以“广州志愿服务明星队牵手社工专业学子”为题，报道我系人才培养模式。

2013 年 4 月 9 日，青年视窗以“公益 V30：以志愿服务成就青年领袖”为题，报道我系发起的青年领袖学生培育项目“公益 V30·青年领袖营”。

2013 年 8 月 26 日，《大公报》以“粤 18 准社工来港实习取经”为题，报道广东“展翅计划”情况，其中刊出了对我系学生林泳坚（2014 年毕业）的采访。

2014 年 8 月 28 日，《人民日报》以“佛山市南海区翠颐社区：让爱心双向流动”为题，报道翠颐社区服务情况，其中报道了我系毕业生邹嘉豪（2014 年毕业，文中名“周家豪”）的工作。

2014 年 9 月 5 日，《中国青年报》以“惠州青年志愿者：专业社工‘扶上马’孵化基地‘送一程’”为题，报道惠州服务项目，大篇幅采访我系毕业生苏敏的工作。

（二）社会评价

社会工作专业学生连续三届参加国家民政部职业技能鉴定中心、中国社工教育协会等举办的“全国高职高专社会工作能力与实务竞赛”，均获得优异的成绩。我院学生凭借论文入选“全国社工大学生论坛”，前往哈尔滨参加论坛，与各类高校的研究生、本科生同台交流，其独特的实用性、创新性受到赞赏。在校内，社会工作专业学生在“爱心启航”征文大赛、大学生职业规划大赛、创业大赛、形象大赛等各类竞赛中，表现突出，屡获佳绩，得到各部门的认可和好评。

2013年，广东省民政厅、广东团省委、香港中联办青年工作部启动“展翅计划·粤港社工大学生实习交流”，在广东各高校招收18名学生前往香港实习，我院4名社会工作专业学生从120多位报名竞争者中脱颖而出，参与了本次实习，他们大胆交流、勇于创新，受到团省委领导和香港社团领袖的夸奖，也登上香港《大公报》的版面，展现了风采。同时，社会工作专业学生在广州启创社工服务中心面向全省高校启动“启明星社工学生实践计划”中，连续两年共有5支队伍入选计划，得到服务经费支助并成功开展项目。四年来，社会工作专业学生参与省内外的许多社团活动，团队合作与发展能力明显增强。

五、教师介绍

谭建光 教授，先后担任中国青年志愿者协会副会长、中华志愿者协会社区委员会专业总督导、中国志愿服务联合会专家组成员、联合国志愿人员组织研究专家、广东省社工与志愿者合作促进会会长、广东青年职业学院社会工作系教授。近年来出版《志愿服务：理念与行动》等20多本志愿服务方面的书籍，发表130多篇志愿服务方面的文章。荣获“中国志愿服务发展贡献奖”和“广州亚运会志愿服务突出贡献奖”等多项荣誉。从1995年投身志愿服务研究教育事业以来，为国家与省市提供政策建议和实施建议，发表具有社会影响力的文章，成为中国志愿服务研究“南方学派”的领军人物。

汪彩霞 讲师，社会工作师，社会工作系副主任，兼任中国社会工作协会社会工作师委员会常务委员，广东省社工与志愿者合作促进会副会长。主要讲授社会工作导论、个案社会工作等课程，作为主要成员参与社会工作专业中央财政支持高等职业学校专业建设项目、广东省社会工作人才实训基地项目、广东省特色专业建设项目等相关工作。致力于社会工作实务、社工与志愿者研究，参与“中国社工与志愿者教育资源库丛书”和《志愿组织管理》等书目的编撰工作。

张夏妮 社会工作师，社会工作专业主任。广东省社工与志愿者合作促进会理事，天河区社会组织培育基地项目督导。华南师范大学心理学硕士。主要讲授社会心理学、小组社会工作、人类行为与社会环境、青少年社会工作等相关主干课程。主要从事社会组织培育研究、青少年社会工作实务领域研究、语言认知机制下的跨文化民族心理学研究。主持学院科研课题1项、教改课题1项，主编《广东志愿服务的实践与创新》一书。

刘思博 国家三级心理咨询师，讲师，社区管理与服务专业主任。华南师范大学教育领导科学专业硕士，主讲课程为现代教育学、志愿服务理论与实践，研究方向为青少年志愿服务研究。先后公开发表论文3篇，主持学院青年科研课题1项。

李凌鸥 社会工作师，社会工作系讲师，中国青少年研究会成员，广州青少年社会工作培训讲师。中国青年政治学院社会工作专业毕业，硕士学位，主要研究方向为儿童与青少年社会工作、社会政策。近年来公开出版专业书籍1本，发表学术论文3篇。目前独立主持团省委课题1项、学院教改课题1项，曾多次参与国家级、省市级科研课题。长期关注并致力于儿童与青少年社会工作领域的研究。有在国际儿童组织、国内教育咨询机构从事志愿服务的经历与工作经验。

六、学子风采

林泳坚　广东青年职业学院社会工作系2014届毕业生，现于广东省社工与志愿者合作促进会任职副总干事，主要负责机构在广州地区的社会服务项目，目前负责执行“广东公益V30·青年领袖联合培育计划”和“天河区社会组织培育基地”等实务性项目。

2014年9月，发起创办广州市天河区青创社会工作与志愿服务中心，并担当机构理事（机构法人兼机构总干事）。

李晓欣　被评为2014届广东青年职业学院优秀毕业生。在校期间参加首届全国高职高专社会工作能力与实务竞赛并荣获三等奖，积极参加校外实践活动，如“启明星社工学生实践计划”和“展翅计划”之广东大学生赴港学习培训活动。现于广东省社工与志愿者合作促进会任副秘书长兼行政主管，工作之余兼修“圆梦计划”北京大学社会工作专业课程。

苏　敏　2012年国家奖学金获得者。在校期间曾参与首届全国高职高专社会工作能力与实务竞赛荣获三等奖，参加上海青翼训练营学习优秀社工服务经验，前往五华、龙江等地开展志愿服务、弱势群体服务情况调研，与系教师共同开展校级教改项目“基于复合型职业生涯规划的高职人才培养模式研究”。目前，在惠州市青时光社会工作服务中心就职一线社工，主要从事青少年社会工作一线事务，兼修“圆梦计划”北京大学社会工作专业课程。

陈颖忠　2015届毕业生。现从事青年培育、公益项目策划、中外交流等领域的工作。在校期间曾任社工系团总支部副书记，组建社工系STeam舞队，曾获全国高职高专社会工作专业技能大赛个人二等奖、团体三等奖等奖项，连续三年被评为社会工作积极分子。参加YMCA中德青年交流、大学生暑期赴德文化交流体验服务等中外交流活动。擅长团队培训、项目策划和影像拍摄工作。

廖建红　广东青年职业学院社会工作系2015届毕业生，现在是一名一线社工。于2015年3月23日入职深圳市龙岗区正阳社会工作服务中心。在职期间，认真负责，踏实肯干，敢于创新，敢于挑战；在实践中不断提高自己的专业服务技能、应变能力、人际交往沟通能力，力争做一名合格而优秀的社会工作者。

高晓炫　广东省青年职业学院2015届社会工作系毕业生。现就职于广州市番禺区正阳社会工作服务中心，在钟村街家庭综合服务中心从事青少年领域工作。希望能通过自己的努力，提高自己的实务能力，使社区的青少年更好地发展自我，社区和谐共融。

利嘉瑜　热情开朗，待人真诚，善于沟通。曾就读于广东青年职业学院社会工作系，在校期间多次参与志愿服务活动，并与一些社工机构有过合作，对于社工这一行业非常热爱。现希望能够在社工这一行业中不遗余力，在积累经验的同时也为大家带去更多的服务。

吴欣怡　广东青年职业学院2015届社会工作系毕业生。现就职于广州市白云恒福社会工作服务社，并于新港街家庭综合服务中心从事义工服务领域的工作。热衷于参加志愿服务，钟情于义工服务领域。

邓嘉丽　三级心理咨询师，毕业于广东青年职业学院社会工作系。2013年11月始在广州市海龙街家庭综合服务中心为社区戒毒/康复人士提供心理辅导、政策咨询、就业帮扶、美沙酮维持综合干预、家庭与社区支持网络构建等服务。

罗　婉　广东青年职业学院社会工作系2012级社区管理与服务专业学生。在校期间学习认真刻苦，最终以优异成绩毕业，并荣获学院“优秀毕业生”称号。现于广州市白云区恒福社会工作服务社下属的兴华街家庭综合服务中心担任社工助理一职。

卢　好　2011届社会工作系毕业生。广州市黄埔区普爱社会工作服务社残障康复部社工。

谭正蓓　广州市白云区棠景街家庭综合服务中心社工。爱生活、爱分享、爱旅游，擅长画画和做手工，通过自己亲手制作的作品来表达自己的内心想法。

邹嘉豪　2014年6月就职于佛山市南海区益家人公益资源服务中心，担任桂城商界关爱联会（原“关爱同盟”）专职社工。曾参加“上善若水，情满桂城”联会成立大会，为社工机构对接53个企业资源，组织企业举办了72场公益活动，筹得128万元善款。2014年8月28日在《人民日报》的《佛山市南海区翠颐社区：让爱心双向流动》一文中可见到邹嘉豪的相关报道。2015年6月，就职于佛山市禅城区禅青社会工作服务中心，担任佛山市禅城区志愿者联合会综合部部长及联合会专职社工，统筹管理禅城区志愿服务。

林金凤　佛山市南海区乐众社会工作服务中心南海医务社工。

林衍森　在校期间，曾担任班长、广东青年职业学院社工发展协会会长。曾参与广东省社工与志愿者合作促进会举办的“公益V30·青年领袖营”项目，现于广州市中大社工服务中心猎德街家庭综合服务中心担任助理社工一职。

梁乐诗　2015届社会工作系优秀毕业生。在校期间曾担任社会工作系学生会学习部部长。曾积极参与第二届启明星社工学生实践计划，校内外表现优秀。实习期间，曾在越秀区青年志愿者协会、越秀区团委、越秀区委宣传部、建设街家庭综合服务中心开展工作。

刘嘉玲　2015届社会工作系优秀毕业生，曾任社会工作系社会工作发展协会后勤部部长、学习委员。在校期间积极参与社会实践，先后在广州市绿耕社会工作服务中心、广州市白云区恒福社会工作服务中心、广州市启智社会工作服务中心、广州市启创社会工作服务中心、广州市恒福社会工作服务社和广州市番禺区阳光天使社会工作服务中心提供社会服务。在校期间曾参与广东省第二届高校案例分析大赛并获得集体二等奖。

李伟萍　2015届社会工作系优秀毕业生，在校期间担任班级学习委员和社会工作发展协会手语部部长，积极参与校内外实践活动，曾获广东省高校社工案例分析大赛二等奖。

谢淑莹　曾担任班长，课程改革“职业规划”课题研究组成员，荣获社会工作系社会工作实务技能团体赛一等奖，曾赴港参观交流学习。作为社工，能践行社会工作价值观，愿意做一个用生命影响生命的同行者。

陈泳玲　2015届社会工作系优秀毕业生。目前就职于佛山市顺德区一心社会工作服务中心，负责义工领域的工作。

蓝天宇　现就职于广州市启智社会工作服务中心，是天河区异地务工项目社工，初级社工师。原2012级社会工作系4班班长，中共预备党员，校园十大人物。连续两年综合测评成绩排名全系第一，被评为院级三好学生、优秀学生干部，并以全院第一的成绩荣获国家奖学金。曾获第二届全国高职高专社会工作能力与实务竞赛二等奖。

王梦华　2016届社区管理与服务专业团支部书记，广东省优秀共青团员，校园十大励志人物。曾连续两年综合测评排名全系第一，被评为学院“优秀团干部”和“优秀青年志愿者”，并获国家励志奖学金。曾获得第三届全国高职高专社会工作能力与实务竞赛二等奖、学院职业生涯规划大赛一等奖。

广州城市职业学院社区管理与服务专业

一、专业发展背景

我校社区管理与服务专业于2005年申报批准，由公共管理系副主任谭洛明负责并兼任社区管理与服务专业负责人，2006年开始正式招生。其可行性论证的依据是我国社会工作专业人才的培养起步较晚，第一个社会工作专业于1993年才在中国青年政治学院成立。之后，全国陆续有200多所高校设立了这一专业。据统计，国外每千人中就有2至2.5名社会工作者。按此标准，我国需要专业社会工作者300万人。但是，我国每年仅有1万名社会工作专业毕业生，从人数上远远满足不了社会需求。就广州市而言，截至统计时有城乡低保对象13.24万人、优抚对象7.2万人，还有1 443个城市社区和1 146个农村社区，都需要得到社会服务。至2006年底，全市民政社会服务领域共有社会服务机构3 989个，具有社会工作专业和相关社会工作专业学历的只有1 718人。广州市民政局统计资料显示，2020年广州市社工缺口将达到1.5万名。因此，将社区管理与服务专业定向于社会工作人才的培养有着广阔的前景。

二、专业培养目标和专业发展情况

广州城市职业学院社区管理与服务专业培养掌握社会工作专业的基本理论和基本技能，熟悉社会工作的政策、法规，具备较强的社区活动策划能力、组织协调能力，能够在社工机构、国家机关、企事业单位、社区管理机构、社会团体等从事服务与管理的高素质技能型人才。该专业在创立之初主要偏重行政管理方向的人才培养。2006年招收学生28人，2007年招收学生34人，2008年招收学生26人。由于毕业生就业困难，2009年停招一年。学校经过反复论证，于2010年将原有行政管理专业方向转为社会工作方向，回应社会管理创新对社会工作专业人才的迫切需求。2010年招生29人，2011年招生51人，2012年招生59人。2013年，在社区管理与服务专业的基础上，学校成功申办了社会工作专业。从2013年开始，每年分别招收社区管理与服务专业与社会工作专业各一个班学生，每班约50人。

三、注重师生实践能力的培养

教学团队结构合理，教师们经验丰富，在教书育人方面成绩突出。教师队伍由校内外专兼教师13人组成，其中副教授2名，讲师1名，承担每年一个标准班的教学任务，兼职教师10名，由社区行业知名学者、社区干部、社区管理专家和实际工作者组成，形成“老、中、青”相结合，“传、帮、带”一体化，学缘结构和学术背景互补的团队。每学期开展1～2次教学观摩课，通过各种培训和“传、帮、带”等活动，提高教师的教学水平。

教学团队针对专业实践性强的特点，积极运用校内实训设施训练学生实践技能，并着重进行实践教学环节的教学研究，加强对实践教学模式的研究探讨，多渠道地提高学生的实践能力。学生多次在专业大赛上获奖，其中2012年和2013年获得广东省高校社会工作专业案例大赛第三名和第二名的好成绩。2015年又获得广东省高校社会工作专业案例大赛两个第二名的好成绩。

从2013届和2014届两届毕业生的反馈可看出，用人单位对我校社区管理与服务专业的毕业生满意有加。现已有毕业生177人，双证书率达100%，就业率达到100%，其中优秀毕业生邹其辉起薪点达5 000元，2011社区班有4名在北斗星社工机构顶岗实习，第三个月就转为了正式员工的学生，起薪点为2 000元，单位对他们的评价是，“这些实习生的热情感染了我们一线的社工，其表现比我们的社工更优秀”。

四、专业发展前景和对策

贯彻落实《珠江三角洲地区改革发展规划纲要（2008—2020年）》和《广州城市职业学院“十二五”事业发展规划》精神，结合珠三角地区发展的人才需求，社区管理专业坚持“以服务为宗旨、就业为导向、能力为本位”的高职教育理念，将专业定位为服务广州、面向珠三角，培养善服务、精技能、懂管理、敢创新的高素质技能型社会工作人才。

建立专业教师与政府、社区、企业人员共同组成的专业指导委员会，形成“校企社政”四方共同培育人才，共同参与教学过程管理，共同分享办学成果，共同承担人才培养任务的紧密型专业合作办学机制。在专业办学中，“校企社政”四个方面发挥各自在产业联系、经费投入、先进技术应用、兼职教师聘用、实习实训基地建设和学生就业等方面的优势，推动政府制定企业参与学校人才培养的鼓励政策，校企深度合作，促进专业建设，增强专业办学活力。已建有2个校内实训室和10个校外实习基地，基本能够满足学生实习、实训的需要，力争将就业单位扩大到广东省各社工机构、社区家庭服务中心、社会福利院、老年公寓、企业、医院、学校等单位。

主动适应珠三角地区经济社会的发展需要，坚持以服务为宗旨，以就业为导向，聘请校外资深行业专家成立专业指导委员会进行指导。在未来三年的建设期内将不定期邀请他们来我院对专业设置、培养目标、业务规格的确定以及培养方案的设计等方面提出有益的意见，再由专业对其意见进行落实。另外，专业指导委员会还将全面参与专业改革与建设、课程改革与建设、产学研合作、实训基地建设等。“校企社政”互动，有目标地聘请行业专家、能手进行“专题指导”，将行业一线的工作经验引入课堂，实现课堂与社会的无缝衔接，可打造一支具有较强社会工作专业理论教学与实践服务的优秀师资队伍。

加强教学科研力度，鼓励教师到社会工作一线兼职担任督导等职务，选派教师去社区锻炼，参与专业培训，优化师资队伍结构；鼓励教师与企业进行横向课题、项目开发等深度合作，在提高教师的实践能力和操作能力的同时也为企业解决实际问题，加强校企间的合作，扩大本专业的知名度提供了帮助。将校企合作、工学结合的核心课程与教材建设带入教学，如《社区活动策划》《职业礼仪》已出版，《社会工作实务》《小组工作实务》待出版，邀请行业专家共同编写体现校企合作、工学结合一体化的职业教材。

五、教师介绍

徐盈艳　硕士，讲师。2009 年 7 月起任职于广州城市职业学院公共管理系社区管理与服务专业，承担社会工作导论、小组工作、个案工作、家庭社会工作等专业课程的教学。2015 年考取中山大学博士。

主持的科研项目：广州市教育局 2010 年科研项目“政府购买服务背景下广州社区工作的模式研究”，2012—2014 年度广州城市职业学院社区教育科研项目。同时，还承担了社会工作导论的网络课程建设与小组工作的教材编写项目，参与了多个国家社科、教育部规划与省哲学社会科学规划项目。

已发表的个人完成或合作完成的论文：《我国社区居家养老的现状、问题与对策探析》（《广州城市学院学报》，2013 年第 4 期）、《政府购买服务：社区工作的发展路径》（《经济研究导刊》，2013 年第 8 期）、《政府购买服务规制下的社会工作机构发展：广东四个城市试点项目的比较研究》（《当代港澳研究》，2012 年第 4 期）、《竞争性的阶层再生产——青少年“国际游学”的文化动因探析》（《青年探索》，2012 年第 4 期）、《社会转型、政府购买服务与社区工作》（《广州城市职业学院学报》，2011 年第 1 期）、《网络与阶层的双重区隔——内地优才在港融入网络的差异》［《南方人口》（CSSCI），2010 年第 5 期］、《双重边缘性与个体化策略——关于代耕农的生存故事》［《开放时代》（CSSCI、北大核心），2010 年第 5 期］、《社区教育需求调查研究：以广州市为研究点》（《职业技术教育》，2009 年第 13 期）。

张晓琴　硕士，现任广州城市职业学院公共管理系社区管理与服务专业副教授，国家社会工作师。承担人类行为与社会环境、青少年社会工作、社会调查、社会工作实务、专业实习指导等社会工作专业课程的教学工作，荣获第七届广东省高等教育省级教学成果一等奖（2014 年）、第六届广东省高等教育省级教学成果一等奖（2010 年）、广州市第九届教学成果一等奖（2013 年）。

近年来参与“政府购买公共服务与社会组织发展研究”（国家社科基金项目）、“推进广州学习型社会建设”（国家教育综合体制改革项目）、“现代化进程中的中心城市社区教育创新发展研究”（广东省哲学社会科学规划项目）、“广州社区学院发展研究”（中国高等教育学会重点课题）、“学习型城市与社区教育发展研究”（广州市教育局社科重点项目）；主持“社会管理创新背景下 NGO 与社区教育发展研究”（广东省教育科学规划课题）、“高职院校社会工作专业人才培养的研究与实践”（广东省高职教育管理类教学指导委员会课题）、“广州社会组织介入社区教育服务机制研究”（广州市教育局攻关项目）、“社区教育资源整合机制研究——基于 NGO 的视角”（国家教育综合体制改革项目子课题）、“社会工作服务资源库构建”（国家教育综合体制改革项目子课题）、“社区教育理论与实务——社区教育工作者继续教育读本编写”（广州市社区教育指导中心项目）等国家、省（部）级、市科研项目 20 余个。

在《中国高等教育》《社会科学论坛》《社科纵横》等各类刊物上公开发表文章 20 多

篇。其中，与社区建设相关的论文有《广州社区综合服务中心的发展及经验探析》（《广州城市职业学院学报》，2011 年第 4 期）、《社区综合服务中心建设的理论基础与现实困惑》（《社科纵横》，2012 年第 1 期）、《广州 NGO 社区教育开展现状及对策分析——以家庭综合服务中心为例》（《广州城市职业学院学报》，2012 年第 4 期）、《NGO：人本社区教育的新型组织载体》（《广州城市职业学院学报》，2012 年第 1 期）、《社会管理创新与社区教育发展形势分析》（《广州城市职业学院学报》，2013 年第 1 期）、《青少年社区生命教育现状及发展对策》（《当代教研论丛》，2014 年第 4 期）、《香港老年社区教育服务概观》（《中国成人教育》，2014 年第 10 期）等。

参编教材、著作：《广州社区教育发展研究》（辽宁教育出版社 2011 年版）、《海外老年教育》（同济大学出版社 2014 年版）、《社区活动策划》（南京大学出版社 2013 年版）。

张晓琴是全国社会工作督导人才高级研修班学员，全国首届社会工作行政督导。熟悉我国社会工作政策与法规以及广州市家庭综合服务中心的运营标准和要求，曾参与广东幸福村居指标体系建设研究、广州幸福社区的调研和方案论证以及广州多家社工机构的筹建指导工作。具有较丰富的社会工作实务经验，一直负责广州社工机构的前线督导工作。2016 年被评为广东省优秀社工导师。

谭洛明 江西南昌人，社会学副教授，社工机构督导。广东省城市社区建设研究会副秘书长。2004 年 6 月起任职于广州城市职业学院公共管理系，于 2005 年创办社区管理与服务专业并担任专业负责人至今，主要承担个案工作、小组工作和社区活动策划专业课程的教学。

近年来参加广州市社区教育研究交流推广项目“广州枢纽型社会组织介入社区教育服务机制研究”和广州市属高校科研计划项目“广州高职院校与社区文化建设联动模式研究”。参编教材、著作：《社区活动策划》（南京大学出版社 2013 年版）、《礼仪与形象塑造》（中山大学出版社 2008 年版）、《心理健康教育与训练》（中山大学出版社 2007 年版）。

六、学子风采

黄艳芬 广州城市职业学院公共管理系社区管理与服务专业 2011 级学生。接受过全方位的大学基础教育，受到良好的社工专业训练和能力的培养，在社会工作、社会学专业等各个领域有扎实的理论基础和实践经验，有较强的一线实务实践和研究分析能力，并具备良好的社工专业服务水平。在校期间，曾担任广州城市职业学院社会工作协会第二届会长。获得首届广东省社会工作案例分析大赛季军。获广州城市职业学院一等奖学金一次、三等奖学金一次。先后获广州城市职业学院“志愿服务先进个人”“优秀学生”和“优秀学生干部”称号。在校期间多次深入社区和多家家庭综合服务中心实习，进一步增强了社会实践和分析问题、解决问题的能力。

倪艳丽 广州城市职业学院社区管理与服务专业 2010 级学生。在校期间，获得广州城市职业学院国家励志奖学金一次、二等奖学金一次。先后担任班长、团支书、公共管理系实践部部长的职务，成立广州城市职业学院社会工作协会并担任第一届会长。获得广州城市职业学院“志愿服务先进个人”“优秀学生”“优秀学生干部”和“校级先进团支书”称号，获得“广州亚运会、亚残运会志愿者先进个人”称号，获得首届广东省社会工作案例分析大赛季军，并获“广州市优秀共青团员”和“广东省百强团支书记”称号。在校期间多次深入社区和多家家庭综合服务中心实习。在实习过程中，担任青少年部部长，由于表现突出，多次获得中心的“开心社工”称号。

邹其辉 助理社工师，中共党员。广州城市职业学院社区管理与服务专业2007级学生。自考南开大学本科社会工作专业。在校期间，担任学院学生干部，曾获广州市优秀共青团员、学校二等奖学金、国家励志奖学金。

毕业以来一直致力于社会工作事业，认同社工专业价值观。曾参与“深圳福彩公益金·环卫工人之家”项目，服务于环卫工人子女及其家庭。2011年7月至今在深圳市坪山新区大同社会工作服务中心任职六联社区服务中心主任，负责中心的日常管理工作及社区社会组织孵化工作。期间刻苦钻研，善于总结，撰写的《“受伤的刺猬，温暖的呵护”——社工与社区工作站调解员合力化解家庭危机的个案分享》入选坪山新区2012年优秀案例；《崩溃边缘的重生——外来工家庭之社工危机介入》获深圳市2013年度社工行业优秀案例金奖（十佳案例）。服务中善于创新，结合社区发展的实际，提出“六联”服务模式，获坪山新区社会工作“优秀项目负责人”“深圳市少先队优秀志愿辅导员”称号和“敬业奉献奖”。

邹燕清 广州城市职业学院社区管理与服务专业2008级学生。接受过全方位的高校基础教育，受到良好的社工专业训练和能力的培养，有扎实的理论基础和实践经验，有较强的实践能力。获得助理社会工作师证书，具备良好的社工专业服务水平。在校期间，曾担任学校青年志愿者协会秘书长、学院体育部部长、班长等要职。在校期间荣获2010年广州第16届亚洲运动会“优秀志愿者”；广州城市职业学院“2009—2010学年优秀实习生”“2009—2010学年二等奖学金”“2009年度优秀共青团学生干部”；白云区亚运会暑期演练“杰出志愿者”；中国第九届艺术节“优秀志愿者领袖”；景泰街亚运志愿服务点定向越野竞赛活动一等奖。在其社工职业生涯中，一直致力于居民服务，用自己的专业知识服务居民，一直努力学习，进行自我增值。“社区卫生人人参与，健康生活家家受益”社区卫生系列行动案例荣获“2013年首届广州市社会工作案例评选”三等奖；2013年获广州市明镜社工服务中心“优秀学术奖”；2012年被评为广州市明镜社工服务中心“优秀社工”；2012年获广州市明镜社工服务中心“优秀策划奖”；2011年、2012年连续两年荣获广州市明镜社工服务中心“优秀宣传奖”。

陈炜程 广州城市职业学院公共管理系社区管理与服务专业2011级学生。曾担任广州城市职业学院社会工作协会第二届副会长，并获得“优秀学生干部”称号。其积极与各高校社会工作协会干部进行联络与交流，参与及组织各类有关社工专业的活动和比赛，并获得首届广东省社会工作案例分析大赛季军。另外，曾多次深入社区和多家家庭综合服务中心进行实习，也曾在广州市北斗星社会工作服务中心岭南街项目任职一线社工两年。

汤水泉 广州城市职业学院社区管理与服务专业2007级学生。在校期间曾在广州市白云区团委、景泰街办事处团委开展志愿服务管理工作。毕业后，一直从事社区管理与服务工作，先后在增城市乐众社会工作服务中心、广州市南沙区百民社会工作服务中心、增城市心之光社会工作服务中心、广州市恒福社会工作服务中心工作，参与过家综项目管理、公益项目管理及广州市幸福社区建设相关实务工作。目前已修读完山东大学远程教育学院社会工作专业本科全部课程。

广州科技贸易职业学院社会工作专业

一、专业基本情况

广州科技贸易职业学院社会工作专业，系由2008年设立的公共事务管理专业（社会组织管理方向），以及2011年开办的社会工作专业（社区建设方向）融合发展而来。本专业是在广州市科学技术协会、广州市社会组织管理局的大力支持下开办的。在专业发展与建设的过程中，得到了社会团体（特别是行业协会商会）、社会服务机构（特别是社会工作机构、社会组织评估与研究机构）、公益机构的支持与帮助，形成了当前的专业特色与建设成果。

广东省高度重视社会工作人才队伍的建设，并在全国率先试点和推广“政府购买社会公共服务”。社会对高素质专业社会工作人才的需求量急剧增加，社会工作专业学生就业前景良好。本专业就业率一直很高，一次性就业率均在98%以上。历届毕业生中，有近20%的学生成功考取公务员、研究生或出国留学，近80%的学生在政府部门、事业单位、社会福利机构、街道、社区、非政府组织、大中型企业或公司就业。

2015年，本专业成为广东省第一批二类品牌专业。品牌专业建设的总目标为产教深度融合、特色鲜明、高水平、全省一流。围绕这一目标，我们将创新校企协同育人机制，充分调动社会、行业、企业参与品牌专业建设的积极性；坚持产教融合、校企合作，建设一支在全国具有较大影响力、数量充足、结构合理、专兼结合、德技双馨的专业教学团队；推动高职院校与行业、企业、地方政府、科研院所及境外高水平院校等开展深度合作；培育一批国家级、省级教学成果，建成一批精品开放课程、精品教材、专业教学资源库等优质教学资源并实现开放共享，形成一批技术应用创新成果，助推创新驱动发展战略实施和产业转型升级。

二、专业定位与培养目标

本专业毕业生主要面向社会工作领域从事社会组织管理与沟通的各类工作。就业岗位包括社会组织的行政助理、文秘、项目策划助理、活动执行员、媒介策划助理、外联干事、业务干事，区（县）、街（乡镇）的民政、团委、妇联、残联、工会、街道办事处等部门的社会工作管理和服务岗位；社会福利机构、社会救助机构的社会工作管理和服务岗位；以及学校、医院、社区、企业及其他各类组织的社会管理和服务岗位。

本专业就业面向的职业领域及主要工作岗位

职业领域	工作岗位	
	初始岗位	发展岗位
社区服务	一线社工	部门主管、项目主管、执行总监、督导
	行政干事（行政助理）	行政部部长、办公室主任、主任助理、站长、中心主任（总干事）
社会组织管理	人力资源专员	人力资源总监
	项目策划助理、执行员	项目部部长、秘书长（总干事）

本专业是以社会组织管理为特色的社会工作专业，采用“校政会三方合作，递进式工学交替”的人才培养模式，通过三年的教学，旨在让学生掌握社会工作领域尤其是社会组织管理方面的专业知识，能根据民政局、社会组织管理局（民间组织管理局）、各级科协等社会组织管理政府部门及各级各类社会组织的需要，从事社会管理和服务、办公文秘、行政助理、公共关系、项目策划、组织协调、业务开拓等方面的基层管理工作，并取得中（高）级公关员、助理人力资源管理师（三级）、通用管理能力认证等职业资格证书，成为具备社会组织运营管理、公益营销与项目策划的专项特长，拥有社区建设与服务专业技能手法的高级技术技能型专门人才。

三、课程设置

（一）课程体系构建原则

通过开展社会工作专业职业岗位群调研，依据技术领域和职业岗位（群）的任职要求，基于工作过程开发社会工作专业的课程体系并改革教学内容；同时，在保留已有特色的基础上，更加重视新媒体技术在社会服务领域的运用，强化学生的专业和职业素养，制定更符合广东地区一线社会服务需求的课程体系和职业资格认证体系，综合考虑高职学生的认知规律及能力，构建本专业系统化的课程体系。

（二）课程体系构建过程

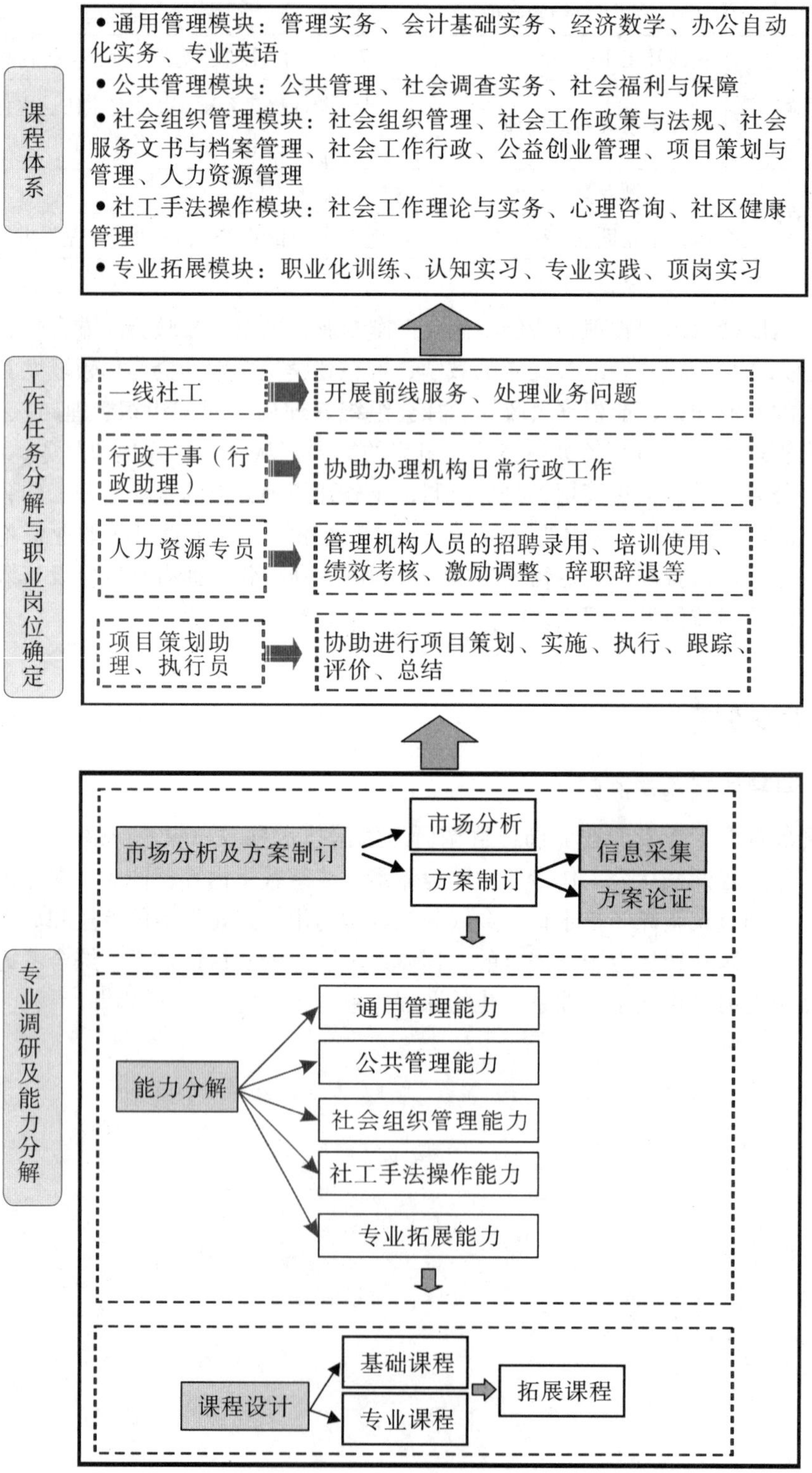

社会工作专业课程体系构建图

（三）课程体系框架

本专业按照以下原则进行了课程系统的构建：

（1）以社会组织经营过程为导向构建课程体系。

（2）按照社会服务领域职业发展中不同岗位及任务的逻辑关系构建职业能力课程。

（3）依据社会工作者职业资格标准构建专业课程。

（4）综合素质培养贯穿于整个课程体系。

职业岗位与岗位职责、职业标准对应表

职业岗位	岗位职责	职业标准
一线社工	开展前线服务、处理业务问题	国家职业标准
行政干事（行政助理）	协助办理机构日常行政工作	机构标准、行业标准
人力资源专员	管理机构人员的招聘录用、培训使用、绩效考核、激励调整、辞职辞退等	国家职业标准、机构标准、行业标准
项目策划助理、执行员	协助进行项目策划、实施、执行、跟踪、评价、总结	国家职业标准、机构标准、行业标准

工作内容、岗位能力、核心能力与课程设置表

职业能力	工作内容	岗位能力	核心能力	课程设置
通用管理能力	上传下达、团队建设、操作办公媒体、协调与沟通	协调与沟通能力、基本办事能力、媒体运用能力、团队建设能力	基本办事能力	管理实务、会计基础实务、经济数学、办公自动化实务、专业英语
公共管理能力	公共事务处理、社会问题调查、社会问题分析、公共政策解读	公共事务管理能力、社会调查能力、社会问题分析能力、公共政策分析与解读能力	公共事务管理能力	公共管理、社会调查实务、社会福利与保障
社会组织管理能力	机构管理与运营、专业文案写作、公益营销、社区资源募集、项目策划与执行、志愿者和义工招募与管理	组织管理与运营能力、专业文案写作与编辑能力、公益营销与筹资能力、项目执行与开拓能力、社区资源募集与管理能力	项目执行与开拓能力	社会组织管理、社会工作政策与法规、社会服务文书与档案管理、社会工作行政、公益创业管理、项目策划与管理、人力资源管理

（续上表）

职业能力	工作内容	岗位能力	核心能力	课程设置
社工手法操作能力	青少年社会工作、长者社会工作、妇女社会工作、残障社会工作、企业社会工作、其他领域社会工作、社区健康管理	个案工作能力、小组工作能力、社区工作能力、社会工作综合能力、社区健康管理能力	社会工作综合能力	社会工作理论与实务、心理咨询、社区健康管理
专业拓展能力	职业规划、培育团队、综合业务处理、危机处理	职场能力、综合实践能力	综合实践能力	职业化训练、认知实习、专业实践、顶岗实习

（四）专业核心课程说明

社会组织管理课程

课程名称	社会组织管理	学时数	64
学习目标	1. 认知社会组织（包括社会组织的含义、特点及发展状况） 2. 掌握社会组织的外部管理模式（包括社会组织的登记管理、政策法规） 3. 掌握社会组织的内部管理模式（包括社会组织理事会治理结构、会议议事决策机制、战略规划、人力资源管理、财务管理） 4. 掌握社会组织运营模式（包括社会组织营销、社会组织筹资方法与策略） 通过本课程的学习，培养学生社会组织管理方面的综合素质和必要技能，特别注重培养学生的基础专业知识结构和专业技能，提高学生在社会组织基础管理岗位（如行政助理、公关策划或活动执行）中必要的理论基础知识和良好的工作实操能力		
学习内容	本课程主要包括社会组织认知、社会组织管理模式、社会组织盈利模式三大模块。认知领域包括社会组织产生与发展状态等；管理模式包括登记管理、政策与法规、战略方向、治理结构、运行模式等；盈利模式包括营销规划、筹资方式等内容		

社会工作理论与实务课程

课程名称	社会工作理论与实务	学时数	64
学习目标	1. 了解社会工作领域的工作岗位、工作任务及各项技能的侧重点和内容 2. 掌握社会工作的理论基础知识和实务方法，增强社会服务意识和公共行为的辨别能力，提高分析和解决社会工作领域问题的能力，为今后从事相关工作打好基础 3. 培养初步的创新思维和分析问题、解决问题的能力，能针对具体问题制订具体的解决方案，能排查各类社会工作领域中的实际问题，并能根据不同主体的需要制订服务方案 4. 提高社会工作实务领域的实际动手能力和处理问题的综合能力		

（续上表）

课程名称	社会工作理论与实务	学时数	64
学习内容	1. 概念认知模块：认识“社会工作” 2. 基本方法模块：学习社会工作三大方法 3. 方法提升模块：学习特定领域中的社会工作方法 4. 自我检测模块：根据理论学习、实践训练的情况，了解自己的社会工作实操技能水平		

社会服务文书与档案管理课程

课程名称	社会服务文书与档案管理	学时数	64
学习目标	1. 了解社会服务文书的具体类型与要求 2. 掌握发文处理、收文处理、文件归档、档案整理以及档案保管利用的基本技能 3. 能够独立撰写社会服务领域的各类文书 4. 能够进行大型项目策划文案的编写及修改 5. 具备档案管理工作岗位的一般技能		
学习内容	主要讲述社会服务领域专业文书写作与收发文件、文书整理、档案检索，以及特殊档案管理等工作的一般流程与要求，具体包括： 1. 文书与档案工作内容及其重要性 2. 社会服务类文书类型与体例 3. 社会服务类文书写作与处理 4. 社会服务类文书整理与归档		

社会调查实务课程

课程名称	社会调查实务	学时数	64
学习目标	1. 了解社会调查研究的一般原则、基本程序和主要途径 2. 掌握社会调查研究的方式方法 3. 了解社会统计分析的基础知识 4. 提高对社会现象的认识水平和分析能力		
学习内容	1. 选择调查课题 2. 设计调查方案 3. 制作抽样方案 4. 社会现象测量 5. 问卷设计 6. 资料收集 7. 资料处理 8. 资料统计与分析 9. 撰写调查报告		

项目策划与管理课程

课程名称	项目策划与管理	学时数	48
学习目标	1. 了解社会工作领域中项目策划岗位的工作任务及其技能的侧重点和内容 2. 掌握项目策划的理论基础知识和实务方法 3. 培养初步的项目创新思维和危机处理思维 4. 掌握项目构思与设计技巧，能够独立进行简单的社会服务领域项目策划，并能根据项目方案有效开展项目执行与跟踪工作 5. 掌握应对项目评估的方法和技巧，能够独立进行项目评估材料的收集和整理		
学习内容	1. 认识项目策划与管理工作 2. 了解项目策划与管理的方法、程序、典型经验、注意事项 3. 进行特定主题领域项目管理与策划操作训练		

四、教学和实训情况

（一）以社会服务需求为导向，优化教学内容

采用不同形式、定期与不定期地对各类社会组织机构进行广泛的社会调研，追踪行业最新动态，全面分析就业岗位群及职位层次所需的职业岗位能力、职业素质、知识，以岗位作业模块为导向，制订人才培养方案，培养优秀人才，并在培养过程中动态地对教学内容进行适时优化调整，与行业共同培养专业人才。具体如下：

（1）实践“2 +0.5 +0.5”高职教育教学体系。

本专业将专业课程实习安排在第二、三、四学期开展，将0.5学年的社会组织管理领域实习与0.5学年的拓展领域实习相结合，将专业人才培养流程设计如下：

公共基础课程学习→专业课程学习→顶岗实习（包括0.5学年的社会组织管理领域实习与0.5学年的拓展领域实习）。

（2）强化实践性教学，突出高职课程的“实务性”，增加课程配套实训环节。

专业课程严格与本科院校课程相区别，体现课程的“实务性”，与本地区社会组织机构保持密切联系，共同挖掘和开拓可实训的项目，并以“理论够用、实操为主”的思路开展教学。课程主要实践环节设置如下：

①管理综合素质实训——培养大综合公共事业能力。

围绕组织管理综合技能，开设管理案例比赛、管理精英比赛、文书撰写、档案管理、接待沟通等若干个实训项目，以培养社会组织内务管理技能。

②公关营销综合实训——重点培育公益项目营销能力。

融合运用公关学、营销学中的市场调查与预测方法，及统计学中的相关分析等方法，在对某一市场进行市场调查的基础上制定出相应的营销策略，提高学生经济活动分析能力。

③社会工作方法实训——重点进行社会工作三个实务方法训练。

通过小组工作实训、个案工作实训、社区工作实训，同时组织学生到实习基地参与相关活动项目的策划、组织实施工作，提高学生的项目策划、组织与管理能力。

④专业实习与顶岗实习——社会服务专业实践能力大融合。

在第二至第四学期及第三学年组织学生开展专业实习与顶岗实习活动，将所学理论知识运用于实际的工作中，培养学生社会工作综合管理和专业技术能力。

（二）校内实习实训情况

在现有学生规模、师资条件下，本专业可灵活使用的校内实训场地分别是社会组织实训室、社会工作实训室、个案访谈实训室以及管理沙盘实训室、管理素质综合训练室及团辅室。社会组织实训室、社会工作实训室、个案访谈实训室为专业学生完成大部分实训模块的场所，实训内容包括文案制作、期刊编印、情境模拟等；管理沙盘实训室、管理素质综合实训室是专业学生开展素质拓展活动、社团运营活动、专业知识研讨、师生交流的场所。

社会工作专业校内实训室一览表

实训室名称	主要实习实训项目	功能	地点
社会组织实训室	项目策划与管理实训、社会工作综合实训	提供社会组织运营实训，帮助学生理解社会工作业务流程、组织机构、岗位设置、组织制度等	综合楼 602 室
社会工作实训室	社会工作实务方法（个案方法实训、小组方法实训、社区方法实训）	帮助学生在学习社会工作理论的同时，掌握实务技能	综合楼 503 室
个案访谈实训室	心理咨询、个案工作	帮助学生掌握个体沟通技能，处理个案问题	行政楼东 302 室
管理沙盘实训室（共享性）	通用管理实训、组织机构综合运营模拟	认识组织经营内容与流程，树立科学经营意识	综合楼 603 室
管理素质综合训练室（共享性）	管理素质综合训练	进行综合素质拓展和沟通训练等	综合楼 601 室
团辅室（共享性）	团队管理与建设	提高团队的凝聚力、思考力、合作性	行政楼东 303 室

（三）校外实习实训情况

办学几年来，借助前期的基础，可灵活安排实习的校外实习实训基地已超过 20 家（有协议），宽泛意义上的实习实训基地超过 30 家。校外专业实习实训基地为学生创造了良好的实习实训场所，并真实地呈现了工作情境与业务内容，配合本专业学生整一年的顶岗实践，较好地提升了学生的专业技能。

目前，本专业已经与以下实习实训基地建立关系并签订实习实训基地协议，这些基地在支持我专业建设方面，发挥了一定的作用，也收获了一定的效益，取得了双赢的效果。主要校外实习实训情况如下：

社会工作专业校外实训单位一览表

单位	建立时间	主要实习实训项目	可培养的能力
广州市女科技工作者协会	2009	会务会展管理实训、社会工作综合实训、项目策划与管理实训	组织协调能力、会务管理能力
广州再生资源行业协会	2010	社会工作综合实训	社会管理与服务能力
广州翻译协会	2010	社会工作综合实训	社会管理与服务能力
广州市文化创意行业协会	2010	项目策划与管理实训	社会管理与服务能力
广州城市可持续发展研究会	2010	社会工作综合实训	社会管理与服务能力
广州家庭服务业协会	2010	社会工作综合实训	社会工作实务能力
广州食品与健康协会	2010	社会工作综合实训	社会管理与服务能力
广州市科技关注中老年人健康促进会	2011	项目策划与管理实训	项目策划能力
广州基督教青年会	2011	社会工作综合实训	社会工作实务能力
广州阳光社会工作事务中心	2012	社会工作综合实训	社会工作实务能力
广州市番禺区小金雁社区公益服务中心	2013	社会工作认知实习、毕业生顶岗实习	社会工作实务能力
广州市同创社会工作服务中心	2013	社会工作认知实习、毕业生顶岗实习	社会工作实务能力
广州市穗星社会工作服务中心	2014	社会工作认知实习、毕业生顶岗实习	社会工作实务能力
广州市风向标社会工作服务中心	2014	社会工作认知实习、毕业生顶岗实习	社会工作实务能力
广州市北斗星社会工作服务中心	2014	社会工作认知实习、毕业生顶岗实习	社会工作实务能力
佛山市南海区西樵镇社会工作局	2014	社会管理认知实习、毕业生顶岗实习	策划与执行能力、组织计划能力、团队合作能力、人际沟通能力
广州市番禺区社会组织联合会	2014	社会工作认知实习、毕业生顶岗实习	组织运营管理能力、会务组织能力、团队合作能力、人际沟通能力
广州宇晨社会组织研究院	2014	社会组织管理实习、毕业生顶岗实习	外联沟通能力、团队合作能力、人际沟通能力

（续上表）

单位	建立时间	主要实习实训项目	可培养的能力
广州华仁社会工作服务中心	2015	社会工作认知实习、毕业生顶岗实习	社会工作方法与技巧、社工文书撰写与档案管理能力
广东开元社会服务研究中心	2015	社会组织管理实习、毕业生顶岗实习	社会工作实务能力、项目策划能力
广州开元社会组织研究中心	2015	社会组织管理实习、毕业生顶岗实习	社会工作实务能力、项目策划能力

（四）校企合作基础与成果

本专业深度实践“政校会行”协同育人机制，在紧密联结本土社会组织的同时，重视与政府、行业组织、相关院校联合开展项目合作与机构建设工作，为学生提供社会服务领域系统化实习的工作机会。

（1）与政府有关部门进行项目合作。目前，本专业教学团队输出有关政府培训项目共7期，分别为“民政部中央财政支持社会组织人员培训项目”（与广州市民间组织管理局合作，2012—2013年共3期）、佛山市南海区社工委“家·南海”之“西樵镇本土社会组织发展助力项目”（与西樵镇社会工作局合作，共4期）。本专业教学团队还与广东省民政厅社会组织管理局和广东省社会组织总会合作研究“发挥行业协会作用”的课题项目。

（2）与相关院校交流、分享、合作。本校以社会组织管理为专业特色进行招生的实践，作为一项有预见性的举措，吸引了国内一些院校同行前来学习、交流。北京社会管理职业学院（2012年）、长沙民政职业技术学院（2013年）等拥有全国实力最强的民政类专业的高职院校，在开设社会组织管理方向的专业时，都前来本校进行学习、交流。

（3）与各类型社会组织进行协同育人。重视并与本土社会组织联合开展项目合作与机构建设工作，如同广州市社会组织联合会、广州市社会工作协会、广州市番禺区社会组织联合会等多家枢纽型社会组织；广州宇晨社会组织研究院、广东开元社会服务研究中心以及广州阳光社会工作事务中心、广州普爱社会工作服务中心、广州汽车服务业行业协会等5A级社会组织，深入实践“政校会行”的合作教学模式，为学生提供社会服务领域系统化实习的工作机会。

（4）与行业组织沟通人才培养思路。我专业重视与行业组织沟通人才培养的标准、规格、方式、方法，商讨专业建设方案，多方听取机构的用人反馈意见。参与我专业教学建设文案编写的行业组织，主要有科技类社团、职业鉴定类民办非企业单位、社工类民办非企业单位、学术类社团、行业协会商会类社团、教育培训类民办非企业单位。

五、教师介绍

本专业重视师资队伍建设，已形成了一支适应专业发展需要、素质优良、结构合理的师资队伍。

目前，本专业共有专任教师5人。其中，45岁以上1人，占20%，35～45岁教师3

人，占60%，35岁以下教师1人，占20%；副教授1人，占20%，讲师4人，占80%；博士学位1人，占20%，硕士学位4人，占80%。

刘惠苑 硕士研究生，副教授，中央财政支持社会组织人员培训示范项目培训导师，广东省教育厅管理类教指委公共事业管理分指委委员，高级企业人力资源管理师，企业人力资源管理师考评员，广州科技贸易职业学院社会工作专业负责人，兼任广州宇晨社会组织研究院理事、广州市科技关注中年健康促进会副秘书长。从事公共管理、高职教育领域研究及实践十余年，2012年被广东省教育厅认定为广东省“千百十工程”校级培养对象，主要开展在公共服务领域的调研、审核、评价、学术研讨、理论指引工作。近几年主要从事社会组织管理、社区建设、社会管理与服务等方面的研究与实践，在多年的研究与实践中积累了丰富的理论研究经验，兼任多家机构的管理咨询顾问，开展社会服务与业务拓展工作，有较为扎实的研究和实践经验。

张玉玲 讲师，广州科技贸易职业学院社会工作专业教研室主任。广州市民政局社会组织评估专家，番禺区民政局社会组织评估专家，广州市社会组织联合会家综评估专家。兼任广州宇晨社会组织研究院理事、广州市荔枝青年成长促进会副会长。参与并承担部分政府项目子课题。

钟丽欢 公共管理硕士，讲师，参与多项政府课题项目，承担多项社区服务项目合作课题。指导学生在公益领域创业，兼任广州市荔枝青年成长促进会副会长、广州市科技关注中老年健康促进会副秘书长。

郑　虹 讲师，参与多项政府课题项目，承担多项社区服务项目合作课题。指导学生在公益领域创业，兼任广州市荔枝青年成长促进会理事。主要承担学生社会实践活动的指导工作。

王　傅 博士，讲师，社会工作师，执业医师，救护培训师，广东省教育厅管理类教指委公共事业管理分指委委员，广州物流职业教育集团副秘书长，广州市政府购买社工服务项目评估专家。大学毕业后，先从事中老年人和残疾人康复工作12年，积累了丰富的临床经验。随后从事社会组织管理和社会工作高职教育领域的研究及实践至今，主要开展社会组织管理和社会工作的调查研究、学术探讨和理论指导工作。近年来主要从事社会组织管理、社会工作参与基层治理、社区建设、老年健康管理与服务等方面的研究与实践，在多年的研究与实践中积累了丰富的理论研究经验。近5年来，主持省、市级纵向课题5项，在全国公开学术期刊发表学术论文27篇。

岭南师范学院社会工作专业

一、社会工作专业基本情况

岭南师范学院原名湛江师范学院。2004 年，本校基础教育学院开设了社会工作专科专业。2006 年，在时任法政学院院长张剑伟的支持和副院长雷冬文的带领下，法政学院开设了社会工作本科专业。当时社会工作专业属于公共管理系，系主任是李敏副教授，她为社会工作专业的发展做了许多贡献。2008 年，公共管理系主任转由赫广义副教授担任，社工专业在他的带领下继续发展。2011 年公共管理系主任由刘忠权副教授担任，2014 年社会工作系成立，刘忠权副教授兼任社会工作系主任。岭南师范学院社工专业是粤西地区高校中成立较早的本科社会工作专业，到目前为止，已经招收 10 届本科生，总人数为 779 人，截至 2016 年 7 月已有 7 届学生毕业，毕业学生 420 余人，其中大多数从事社会工作职业。

岭南师范学院社会工作专业培养的学生就业率达 100%，绝大部分毕业生都在珠三角地区的社会工作机构就业，有的自己开办社工机构，有的进入大型机构的领导层，有的已经成为当地的督导或初级督导。本校培养了如深圳市龙岗区彩虹社会工作服务中心副总干事宋红源、韶关市社会工作主要推动者李卫群等优秀毕业生。另外有 24 名社会工作专业的毕业生考上了硕士研究生，分别被中山大学、南京大学、中国人民大学等重点大学录取。

岭南师范学院社会工作系有一支年轻、富有活力的教师队伍，在知识结构、能力结构方面较为合理。其中，有教授 1 人，副教授 5 人，具有博士学位者 6 人，具有社会工作师资格者 8 人。此外，聘请了台湾社工教育界知名学者简春安教授、台湾朝阳科技大学社工系前主任刘邦富教授作为客座教授，还聘请了珠三角地区社工机构具有丰富实务经历的资深社工做督导和顾问，定期安排港台地区的资深社工、教授开办讲座（工作坊）。

二、培养目标和培养规格

（一）培养目标

本专业培养德、智、体、美全面发展，具有创新精神和实践能力，遵循社会工作的价值准则，具有扎实的社会工作和社会调查研究技能的社会工作者及社会管理人才。学生毕业后可以在民政、司法、教育、社会保障和卫生部门，工会、青年、妇女等社会组织，公司人力资源、公共关系部门，以及其他社会福利、服务和公益团体等机构从事服务、管理及理论研究等方面的工作，也可直接考取社会工作及相关专业的硕士研究生。

（二）培养规格

（1）树立人道主义和利他主义的价值理念，明确社会工作者的职业道德、专业修养和工作规范，树立服务社会、服务群众的意识，以及坚定推进我国社会工作事业的发展和社会进步的信念。

（2）具有良好的人文素养和科学精神，掌握社会工作专业的基础知识、基本理论和基本技能；熟悉社会工作业务，具有较强的实践能力和专业自主能力。

（3）了解与社会工作有关的方针政策和法律法规，具备较强的管理能力、策划能力和文书写作能力，能够胜任社会工作机构的管理工作与项目策划工作。

（4）具备较好的沟通能力和语言表达能力，能熟练运用社会工作的理论、知识和方法，开展社区工作、小组工作与个案工作，促进社区发展，帮助案主解决问题、走出困境、获得发展。

（5）熟练掌握社会调查的基本方法和技能，掌握初步的社会统计知识；了解本学科的最新研究成果和发展动态，具备基本的创新意识和论文写作方法，以及初步的科学研究能力。

（6）掌握一门外语，具有阅读本专业外文资料的能力；掌握计算机科学的基本知识和技能，具有运用计算机进行信息处理、文献检索等的能力。

（7）身心健康，乐观向上，有健全的人格。

三、实践教学条件

2011 年，建成了 150 平方米的专业实验室，在粤西地区拥有比较先进的教学实验设备和软件，为专业教学提供重要的辅助设施。

2012 年，以我校社会工作和社会管理专业的人才资源为依托，成立湛江市第一家市级社工机构——湛江市尚义社会工作服务中心。为指导学生参与社会工作实务研究，又成立了以社会管理和社会工作教师为主组成的东海岛社会发展研究团队。

2013 年，为推动粤西社会工作发展的信息互通，创办了粤西社工网。此外，民政部社会工作人才培训基地落户我校，为校地共建开展社会工作人才培训和研究工作提供了有力的保障。此外，同台湾朝阳科技大学签订“人才培养与学术合作协议书”，双方确定在学术交流、互派交换生、教师和学术资源共享等方面开展有效的合作。为协同创新中心工作的开展，提供了人力和技术支持，也给学生提供了实训和发展的平台。

2014 年 11 月，成立湛江市尚义社会工作服务中心中塘农村社工站。

2015 年 1 月，湛江市尚义社会工作服务中心获“广东省社会工作重点实训基地”称号。

我校社工专业与广州珠三角地区 10 多家社会工作机构建立了长期合作的实习实践基地，各签约实习机构可安排学生实习，并可提供必要的生活条件保障。

实践基地一览表

实践基地名称	地点	建立时间
深圳市龙岗区彩虹社会工作服务中心	深圳市	2008 年
东莞市鹏星社会工作服务中心	东莞市	2009 年
广州市大同社会工作服务中心	广州市	2010 年
广州市春韵社会工作服务中心	广州市	2010 年
东莞市正阳社会工作服务中心	东莞市	2010 年
深圳市龙祥社会工作服务中心	深圳市	2010 年
广州市北斗星社会工作服务中心	广州市	2011 年
湛江市尚义社会工作服务中心	湛江市	2012 年
广州市启创社会工作服务中心	广州市	2012 年
东莞市普惠社会工作服务中心	东莞市	2012 年
佛山市扬帆社会工作服务中心	佛山市	2012 年
茂名市马贵社会工作服务站	茂名市	2012 年
湛江市培力社会工作服务中心	湛江市	2014 年

专业教师一览表

姓名	学位	职称	职务
刘群慧	博士	教授	
刘忠权	博士	副教授、社会工作师	社工系主任
黄剑	博士	副教授、社会工作师	专业负责人
黄家滨	博士	副教授	
陈红桔	硕士	副教授、社会工作师	
张勇	博士	副教授、社会工作师	
谭春光	硕士	讲师	
钟耀林	硕士	讲师、社会工作师	
荣娥	硕士	讲师、社会工作师	
胡志利	硕士	讲师、社会工作师	
贺光耀	硕士	助教、社会工作师	
赵琼芳	硕士	助教	
刘甜芳	博士	讲师	

四、专业未来规划

本专业以培养能力增长为本的适应教育改革和社会发展需求的实务型人才为目标，以学科特色方向建设为龙头，以师资队伍、教学方式、教学实践、教学管理制度改革为主要内容，不断完善社工人才培养方案，努力提高教学水平、教学质量和科研水平。通过课程体系建设、实践教学环节调控、社会服务功能建设等大力推进专业建设，培养学生自主能力，逐渐建成特色突出、科研社会化、教学经验化、实力较强的专业。

（1）结合社会工作的服务和湛江市社会工作的发展需要，重点发展农村社会工作、学校社会工作和老年社会工作三个特色方向，鼓励教师在教学、科研和社会服务方面有所突出，总结教学经验，指导学生开展相应的实践活动。

（2）完善人才职业化的培养模式。把人才培养、科学研究、社会服务、文化传承四个方面结合起来，使“教、学、研、做、考（证）”互动合一，并加强与政府部门、社会组织等用人单位的密切合作。建立健全学生自主学习能力、创新能力、实践能力的培养机制，挖掘学生的潜力和优势，强化专业教育的实务训练，重视对学生综合素质的培养，鼓励在读本科生直接参加科学课题的研究。

（3）改革课程体系。了解社工工作过程，改革现有专业课程的教学内容体系。针对教师的自身特点，鼓励教师建立自己的教学体系，并开设体现地区特色的课程。将教材、教学参考资料和教学课件区分开来，选用高质量的教材，增加学生的参考书目，借用教学课件辅助教师教学。鼓励教师在有条件的情况下，自编教学讲义，出版指导学生开展个案、小组活动的案例集，提升教学的实用性、教材的应用性。

（4）改善教学条件，强化实践教学环节。坚持进行综合性教学改革试验，突出实践教学环节在培养应用型社会科学专业人才过程中的作用。改革教学条件，加强实验室建设与投入，加大实训课程的比例。深化与校外专业实习基地的合作，并与合作的社工实习基地建立完善的符合学生需求的督导制度。支持学生在第二课堂实践自己的课堂知识，支持学生参加全国挑战杯、创业大赛、联想公益大赛、Google 全球公益大赛等。

（5）突出服务地方职能，推动本土化社会工作事业的发展。本专业借以教研科研带动社会服务的发展，突出服务地方职能，推动本土化社会工作事业的发展。以尚义社会工作服务中心为平台，积极与政府部门联系，发挥高校教师在社会政策的制定和实施过程中的影响力，为湛江市政府（辐射粤西地区）发展社会工作事业出谋献策，并承接来自政府、社会组织、NGO 资助的社会工作类服务和研究项目，与政府、社会组织、基层组织合作建设社工服务站和社区组织。

（6）同中国港澳台地区和珠三角地区的社工机构合作，创建人才培养共同体。由于我校地处粤西，社会经济发展水平还比较低，社会工作实务开展还不够多，学生的实习与教师的教学、实训、科研等都颇受局限。拟在珠三角等社工发达地区选择多家知名社工机构，构建人才培养共同体。双方在学术实习实训、学校教学、教师科研等多方面开展深度的合作。

以民政部社工人才培训基地为平台，建立辐射周边的社会工作人才培训中心，重点对社区服务组织、公益服务类事业单位、公益慈善类社会组织、基层社会服务部门直接从事社会服务的人员和志愿者进行系统化的社会工作知识培训，推动粤西地区乃至周边省市社会工作人才队伍的建设。

深圳职业技术学院社区管理与服务专业

一、专业建设基本情况

社会工作在我国起步较晚，但随着我国社会转型的加速和体制改革的深入，社会工作涉及的领域越来越广。经济与社会发展带来的众多社会问题，仅仅靠行政方式已不能完全解决。计划经济体制下由单位承担的福利事业转由社区承担，企业职工由“单位人”向“社区人”过渡。政府的职能也在不断转变，“小政府，大社会”格局的形成，为社会工作的一个重要领域——社区社会工作的发展开辟了新的道路。

深圳市历来走在改革开放的前列。2007 年 7 月 3 日，政府新闻办就“深圳市民政事业发展状况、社区建设体制改革和社工职业化程度”举行新闻发布会。发布会指出深圳将建立社工职业化制度，今后，深圳所有社工服务将向民间社工组织购买，这在国内尚属首次。目前，首批 37 个社工岗位即将试行，到 2010 年，深圳将开发 5 000 个社工岗位。

深圳职业技术学院公共课部顺应新的发展形势，申请建立了社区管理与服务专业，迈出了培养专业社区社会工作者的第一步。社区社会工作主要是以社区和社区居民为工作对象或服务对象，通过专业社会工作者的介入，旨在确定社区存在的问题与人们的需求，发掘社区资源，增强人们应对困难和窘境时的能力和信心，动员和组织社区居民实现自助、互助和社区自治，化解社区矛盾和社区冲突，预防和解决社会问题，促进社区服务质量、福利水平的提高，从而培养和增强社区成员的归属感、认同感和幸福感。

二、专业主要课程、培养目标

（一）主要课程

本专业主要课程包括现代社区工作理论与实践、社会学、社会心理学、社会调查研究方法、社区建设与管理、人类行为与社会环境、社区工作实务、个案工作、小组工作、公共事业管理。

（二）培养目标

培养具有良好的人文素养，敏锐的观察力、理解力和协调组织能力，较强的语言与文字表达、人际沟通能力以及良好的心理素质和职业道德，熟悉有关社区发展和社会工作的方针政策及法律法规，掌握社区管理与服务专业知识和社会工作专业技能的复合式创新型高素质、高技能人才。

三、社会评价

深圳职业技术学院社区管理与服务专业立足深圳，本着为深圳本土社会工作机构提供人才服务的理念，在长期的办学实践中逐步形成了独具特色的人才模式，即需求导向的本土社工人才培养定位、能力本位的社工课程体系、产学研用结合的教学组织形式、专兼结合的师资队伍、“主干 + 拓展”的专业培养体系、校企融合的实践教学模式，从而形成了符合深圳社工人才需求、熟悉深圳本土文化、具有社会工作理论基础和实务能力的深圳本土社工人才培养模式。

校企融合、工学结合是职业教育的重要特点，深圳职业技术学院社区管理与服务专业依托深圳的社工机构与社工行业，在校企合作的广度、深度上不断开拓，初步形成了“政校企行”四方联动的校企合作模式。一是通过政府、学校、企业、行业的四方联合，以共建形式组建“新安社区建设研究院”，实现新安街道办、学校、社工机构、学生的多元参与。在课程研究、学生实践、机构进校园等方面展开了深入的研究。每一年研究院结合街道实际委托学校对一个课题进行研究，组织学生到新安街道22个社区进行为期两周的认知实习，邀请街道机构、社工走进校园开设沙龙活动。二是与深圳社工行业形成了多元化的校企合作格局，与深圳鹏星社工服务社签订“鹏星订单班”、与深圳市社联社工服务中心签订了“社工英才计划”、与深圳市龙祥社工服务中心签订了“本土社工人才计划”、与深圳市至诚社工服务中心签订了“企业社工精英计划”等，此外还与深圳市社协、南山区社协等各级行业协会签署了战略合作协议。三是校企合作的内容不断深化，校企合作的主要内容包括课题研究合作、校企合作开发课程、实践基地建设、学生兼职导师等。目前，本专业在新生入学时，各个机构就根据自己的需要进学校招收学生，社工机构为专业新生配备了专业导师，在三年的培养期内，学生可在实习时到社工机构进行学习。

四、教师介绍

倪赤丹 博士、副教授，2011年任职深圳职业技术学院社区管理与服务专业，2012年起担任专业主任，承担社会工作概论、社会保障、社会调查方法、SPSS统计软件应用等专业课程的教学工作。广东省第八批“千百十人才”校级培养对象，广东省优秀青年教师。

科研项目：广东省教育厅优秀青年教育培育项目——“国家治理体系现代化视野下社区服务体系构建研究”，广东省教育厅“中职、高职、本科社会工作专业教学标准研制”，布吉街道基本公共服务现状研究。

发表论文：《社会支持理论：社会工作研究的新“范式”》[《广东工业大学学报（社会科学版）》，2013年第3期]、《社会支持的研究范式与模型建构》（《岭南学刊》，2012年第5期）、《英国社区发展经验及对当代中国的借鉴》（《理论界》，2013年第1期）。

苏　敏 双硕士，讲师。2004年起在深圳职业技术学院从事教学工作。2007年9月起，担任深圳职业技术学院社区管理与服务专业教师，承担个案工作、社区工作、社会调查方法、成长小组等课程的教学工作，并对校学生干部进行社会调查方法和成长小组课程的培训工作。

参编著作：《社区发展规划》（科学出版社 2016 年版）。

五、学子风采

陈春娣　深圳职业技术学院 2008 级毕业生。2011 年毕业后在深圳市龙岗区春暖社工服务中心工作至今，获得助理社会工作师资格，具备良好的社工专业服务水平。现为深圳市龙岗区春暖社工服务中心储备讲师，医务领域小组长。专业从事医务领域社工服务四年，获服务对象赠送锦旗两面、感谢信三封。2012 年成为《深圳社工》第 3 期封面人物。2013 年参加深圳卫视经济与生活频道拍摄的《寻找需要帮助的人》特别节目之“医务社工五朵金花”。2012 年获春暖社工服务中心“优秀团队奖”，2013 年获春暖社工服务中心“春暖最佳传媒风尚奖”，2014 年获春暖社工服务中心“D 类项目奖”及“创优奖”。

刘珏霓　深圳职业技术学院法商系 2012 级大专生。在校期间主修社会工作专业，接受过全方位的大学基础教育，受到良好的社工专业训练和能力培养，在社工、社会学专业等领域有扎实的理论基础和实践经验，有较强的社会实践能力和研究分析能力。

麦晓薇　深圳职业技术学院社区管理与服务专业 2012 级大专生。在校期间，专业考试成绩常名列前茅。获得校二等奖学金 1 次，校三等奖学金 3 次，国家励志奖学金 1 次，校级秘书技能大赛二等奖 1 次，校级秘书技能大赛三等奖 1 次，还获得校“喜迎十八大，我与学校共成长”征文比赛优秀奖。在校期间多次深入企业和社团实习，进一步增强了社会实践和分析问题、解决问题的能力。

广东白云学院社会工作专业

一、社会工作专业简介

（一）专业设置

广东白云学院是广州市白云区较早设置本科社会工作专业的高校，自2010年9月起开始统招社会工作专业本科生，专业初创阶段在师资建设、人才培养模式、专业建设、校企合作、实验室建设等多方面都是零起点。自2010年起，学校陆续投入205.91万元用于社会工作专业建设和发展。

2010年9月，组建社会工作教研室；2011年改建社会工作系；2014年7月，出于学科发展的需要，广东白云学院成立社会与公共管理学院，社会工作专业被纳入其中。社会工作专业开设的本科主要课程有社会工作专业导论、个案工作、小组工作、社区工作、心理咨询技术、项目管理、民政社会工作、企业社会工作、社会政策与法规等20多门。

据2015年统计，广东白云学院社会工作专业本科毕业生共66名，在读社会工作专业本科生240人，毕业学生85%就业于大同、普惠、普爱、正阳、成长动力、北达博雅等省内知名社工机构或政府部门，赢得各社会工作机构的好评。

（二）师资力量

本专业通过人才引进和培养，建设了一支适应本科教学需要、素质优良、结构合理的专业师资队伍。现有专业教师9人，其中教授2人，副教授1人，讲师6人；具有博士学位者1人，硕士学位者8人。近4年来，社会工作专业被评为2012年度校级先进集体，1人被评为2015年第四届广东省优秀社工教师，1人被评为南粤优秀教师，8人被评为校级优秀教师，4人被评为校级中青年骨干教师。

学院社会工作专业教师队伍情况

单位：人

职称	人数合计	35岁以下	36至45岁	46至55岁	56至60岁
教授	2			1	1
副教授	1		1		
讲师	6	5		1	
总计	9	5	1	2	1

（三）重点学科

自2012年6月起，社会工作专业被确定为广东白云学院重点建设学科，建设期为3年，每年投入科研经费3万元，研究方向为企业社会工作、社区社会工作、学校社会工作。近5年来，本专业教师公开发表论文40多篇，教师主持或参与科研课题20多项，其中包括国家社会科学基金，广东省教育厅、广州市哲学社会科学规划课题等多个级别的科研课题和教研教改项目。

（四）校办社工机构资源和校外实践教学基地资源

学校以广东白云学院社会工作专业师资力量为基础，由广东白云学院独立出资，在2012年6月成立了校办社工机构——广州市白云区天星社会工作服务中心（以下简称"天星社工机构"），现有工作人员25名。2013年11月19日，其承接了广州市白云区江高镇人民政府家庭综合服务中心项目和广州市白云区江高镇司法所的社区矫正项目，3年共获得600万元的项目经费。此外还承接了广州市幸福社区公益创投等社会服务项目。

（五）校内社工实验室等实训场地资源

学校拥有专业功能分区明确的社会工作实验室，2011年投入使用，总投资24万元，面积为120平方米。学校拥有计算机实验室、经管综合实验室、语音实验室等250多间专业实验室，可用于社会工作调查、计算机统计软件应用等专业课程的培训。此外，学校拥有心理健康教育中心，占地120平方米，拥有专门的心理测评软件和功能分区明确的心理咨询中心，可为社会工作专业的学生提供现场教学。以上场所可供社会工作专业教学使用，具有满足社会工作专业实训培训工作所需的固定培训场所和教学设施。

二、社会工作实验室简介

为了更好地开展社会工作校内实践教学，广东白云学院投资24万元，于2011年兴建社会工作实验室，并投入使用，社会工作实验室装有个案工作站、案主身心测评软件、心理沙盘等技术软件，分为个案工作区、家庭工作区、小组工作区、控制室和观察室，可同时容纳60人开展实验教学。社会工作实验室能满足社会工作专业教学和科研工作，主要用于辅助临床社会工作课程中的方法教学活动，可以最大化地加强模拟教学、仿真实验和实际行动，使学生在学习理论知识的同时完善自己的实务工作能力。

三、社会工作重点学科简介

广东白云学院社会工作专业2012年被学校确定为校级重点建设学科，学校每年投入3万元经费，积极整合社会工作专业、心理健康中心、思政部、校办天星社工机构、学生处等相应的师资力量，形成企业社会工作、城市社会工作、学校社区工作3个研究方向，通过近3年的建设，取得了较好的成效。

（一）企业社会工作

本研究方向有3位教师，其中2人具有高级职称，1人拥有博士学位。

社会工作专业在立足原有企业研究背景的基础上，立足广东的实际，结合国内外研究成果，重点研究广东省内企业如何运用社会工作理念，把社工专业服务延伸到企业领域；

如何运用社会工作的方法，服务企业员工、管理者和消费者；如何提升企业的社会责任和制定与企业有关的社会公共政策；以员工身心健康、职业发展与规划、社会参与为主要内容，以推动社会、企业与员工的共赢发展为目标，探讨企业社会工作对加强和谐用工环境建设的必然性与可行性，为促进广东经济社会发展提供理论和实践方面的支持，实现“和谐广东，幸福广东”的建设目标。

（二）城市社区工作

本研究方向核心成员由3位教师组成，他们具有较深厚的专业背景。

本研究立足广东实际，结合国内外研究成果，重点研究在社区治理与三社联动视域下，如何将社会工作理念嵌入城市社区建设并逐渐发挥作用；社会工作介入社区建设的实践还有哪些不足；基于社区角度研究各类服务主体和服务方式，针对多维度服务人群，开展多维度服务方式，化解社区矛盾，整合社区资源，从而构建和谐社区等。

本项目研究团队有2位研究骨干，均为社工行业理论与实务性研究人才，其中1位具有丰富的政策立法、评估、督导等实务经验和从事广州市幸福社区建设评估经验，并因其突出的行业表现被授予2015年第四届广东省优秀社工导师荣誉称号。教师们以校办社工机构——江高家综社区项目作为实务研究平台，选取“城市社区工作”为研究方向，申请相应的研究课题5项以上，教师带领本专业学生完成相应研究课题3项以上，获得省级挑战杯等奖项3项以上。

（三）学校社会工作

本研究方向由3位教师负责，3人均具有丰富的学生工作经验，其中2人具有心理学专业背景，有前往香港青少年社会工作机构开展实务的经验，对帮扶有心理问题的学生有着丰富的临床经验和研究成果。有相应研究课题7项以上，其中省级课题3项，市级课题1项，校级课题3项；省级精品项目1项；省级获奖1项；指导社工学生获省级奖2项。本方向研究团队有校办社工机构——江高家综项目开展青少年课业辅导的实务，指导学生为广州市收容教育所学员开展为期3年的社会工作矫正服务，该服务获得了广州市收容教育所领导的一致认可，并获得了2013年教育部思政司党支部活动优秀案例。这一研究方向的教师根据自身兴趣主要选取了“流动儿童、留守儿童、女童保护”等作为研究主题，开展了多项调研和服务，并发表了多篇论文。

（四）广东白云学院校办社工机构简介

广州市白云区天星社会工作服务中心是由广东白云学院全额出资组建的社会工作专业服务机构，于2012年6月28日在广州市白云区民政局登记成立。该机构是广州市白云区内唯一具有高校社会工作专业本科教学背景，有独立法人资格的社工机构，性质为民办非企业。机构秉持“高校＋社工机构”联合发展的服务模式，以社会工作专业作为力量支持，在学校宏观指导下，独立开展业务，自主经营。其服务业务范围是本单位的业务范围：第一，为弱势群体和居民提供社会工作专业服务（包括儿童、青少年、妇女、老年人、残疾人；社区、家庭、企业员工、外来务工人员及其子女等）。第二，提供社会工作专业咨询、培训、决策和研究服务。第三，提供社会公益性活动策划服务。目前，我机构有在职人员10人，均为本科或以上学历，具有丰富的社会工作理论知识和实务经验，能够满足政府购买社会工作服务项目和社会工作培训的要求。

广州市白云区天星社会工作服务中心提高政府购买招投标程序，于2013年11月19

日承接了广州市白云区江高镇人民政府家庭综合服务中心（以下简称“江高镇家庭综合服务中心”）项目，共获得了3年600万元的项目经费。此后又承接了广州市白云区江高镇司法所的社区矫正项目。天星机构结合江高镇地域广、文化底蕴深厚、外来人口比例偏大、社区老龄化程度偏高等特点，充分利用辖区内各种服务资源，在已有社区服务的基础上，全面运用个案工作、小组工作及社区工作等专业社会工作方法，在辖区内广泛宣传社工服务，开展家庭服务、长者服务、青少年服务、社区建设、社区矫正等各方面的服务，创建和谐、幸福江高。

江高镇家庭综合服务中心选址在白云区金沙南路19号，距离广东白云学院步行20分钟，内设咨询接待处、宣传栏、社工办公室、个案室、家庭与法律咨询室、手工室、社区文化展览馆、长者地带、阅读地带、青少年与义工地带、成长地带、舞蹈室、多媒体室、厨乐天地、备用办公室、储物室、档案室、健身房、亲子地带等近26个功能分区，总面积1 177平方米。此场地作为广东白云学院的社会工作专业校外实践教学基地资源，用于开展社会工作专业实践课程教学和专业实习。

四、人才培养目标、主要课程、学生情况

（一）培养目标

培养德智体美全面发展，具有良好的社会工作专业综合素质和创新创业意识，掌握社会工作专业基础理论、基本知识和基本技能，熟练掌握社会工作调查研究方法和个案、小组、社区三大工作方法，具有直接帮助困难个体或群体走出困境的实际工作能力，并在社会工作服务、社会事务管理某一方面具有突出专长的应用型本科人才。本专业毕业生主要从事社会保障与管理、社会政策研究、社会行政管理、社区建设与发展、社会工作服务、社会工作业务评估等工作。

社会工作专业秉持广东白云学院应用技术大学改革精神，开展“3+1教学培养”模式，即在校3年通过课内教学、课外实践、学期阶段实习完成对于专业知识的掌握，最后1年通过开展包括社会工作专业实习、社会工作毕业实习、社会工作毕业论文写作等环节在内的校外企业实践教学，培养出符合社会发展需求的优秀社工人才。

（二）主要课程

主要学习社会学概论、社会工作专业导论、社会心理学、社会调查研究方法、社会政策与法规、社会保障概论、个案工作、小组工作、社区工作、社会行政、青少年社会工作、老年社会工作、家庭社会工作等课程。

（三）学生情况

2015年广东白云学院社会工作专业学生情况

类别	在校生	2015年招生	2015年毕业生	已毕业学生总数
人数（人）	240	47	33	66

五、校外实习基地

自2010年开始，广东白云学院社会工作专业注重校外实习基地的开发和校外实习工作的培训，现有包括校办社工机构在内的19家挂牌实习基地，为学生提供了充分的实习和就业岗位。

实习基地名称	地址	合作时间
广州市启创社会工作服务中心	广州市海珠区万寿路素社直街42号	2010年5月至今
广州市北达博雅社会工作资源中心	广州市南沙区南沙街九王庙管理区兴业路8号	2010年5月至今
广州市大同社会工作服务中心	广州市越秀区环市西路68号604房	2010年5月至今
广州市白云区恒福社会工作服务社	广州市白云区石井升平下街9号3楼	2010年5月至今
广州市白云区天星社会工作服务中心	广州市白云区江高镇	2013年9月至今
广州市海珠区心明爱社会工作服务中心	广州市海珠区宝岗路松溆前2号2楼	2013年9月至今
广州市黄埔区同心社会工作服务社	广州市黄埔区长洲街上庄边岗自编1号	2013年9月至今
广州市乐翔社会工作服务社	广州市黄埔区茅岗路748号悦丰大厦209室	2013年9月至今
广州市广大社会工作服务中心	广州市黄埔区大沙地东295—297号	2014年9月至今
广州市番禺正阳社会工作服务中心	广州市番禺区钟村街人民路文化大楼8楼	2014年9月至今
东莞市虎门九门寨社区综合服务中心	东莞市虎门九门寨环岛路46号附近	2014年9月至今
东莞市鹏星社会工作服务社	东莞市南城区亨美元美路华凯广场C幢钻石世家大厦5楼C室	2014年9月至今
佛山市桂城街道社工工作中心	佛山市南海区桂城街道怡翠花园	2014年9月至今
广州市萝岗区香雪社会工作服务中心	广州市萝岗区萝岗公路街118号	2014年9月至今
广州市北斗星社会工作服务中心	广州市天河区元岗路元岗北街120号	2014年9月至今
广州市友好社会服务中心	广州市白云区沙太路大源南艺福街9号	2014年9月至今
广州市恒福社会工作服务社	广州市海珠区江海大道中紫菀路60号大院花季华庭A2栋2楼	2014年9月至今
佛山市顺德区乐从镇睿航社会工作服务和研究中心	佛山市顺德区乐从镇新华路紫荆楼A17号	2014年9月至今
东莞市乐民社区服务发展促进中心	东莞市莞城运河东一路183号经贸中心B座18楼	2014年9月至今

六、科研和教学成果简介

（一）科研成果

社会工作专业依托校级重点学科研究团队力量，积极开展科研工作，以下为近年来的主要科研成果。

社会工作专业近年来主要科研（含鉴定）成果

成果名称	项目完成人	署名次序	获奖时间及名称
构建面向市场经济的社会信用体系研究（07BZZ013）	李新庚	1	2007—2013 年，国家社会科学基金项目
社会主义核心价值体系在社会各阶层的认同状态研究（11BSH035）	赵继伦	1	2011—2013 年，国家社会科学基金项目
广东省社会工作者工作满意度及其影响因素研究（11B52）	卫利珍	1	2011 年度，广州市哲学社会科学规划课题
以认知干预技术为途径——大学生心理危机预防性干预研究（11b51）	林川	1	2011 年度，广州市哲学社会科学规划课题
大学生校外实践教育基地（2013126）	李新庚	1	2013 年度，广东省教育厅高等教育教学改革项目
资源整合视角下的“社工＋志愿者”联动模式研究（2013WT073）	王静	1	2013 年度，广东省共青团项目
应用型本科院校社会工作专业实践教学体系研究（2013392）	王静	1	2013 年度，广东省教育厅高等教育教学改革项目
社区养老中的医务社会工作服务模式与策略（BYKY201314）	王静	1	2013 年度，广东白云学院校级科研项目重点资助项目
发展视角下新农村建设中的社会工作介入研究（2013WYM_0095）	邵海英	1	2013 年度，广东省高校学科与专业建设专项
社会工作专业应用型人才培养示范基地	赵继伦	1	2014 年度，广东省教育厅高等教育教学改革项目
应用型本科院校社会工作专业实践教学的构建与实践	王静	1	2014 年度，广东省级教育教学成果奖培育项目
志愿服务激励机制研究	王静	2	2014 年度，共青团广州市委课题
青少年社会幸福感的心理结构研究	邵海英	1	2014 年度，广东白云学院校级课题
医养结合模式下的广州市社区养老服务综合平台构建研究	王静	1	2015 年度，广州市哲学社会科学规划项目

（续上表）

成果名称	项目完成人	署名次序	获奖时间及名称
专业社会工作嵌入视角下的社区家庭综合服务中心运作研究	卫利珍	1	2015 年度，广东省教育厅高校青年创新人才项目
流动儿童城市融入状况及社会工作介入模式研究	卫利珍	1	2015 年度，广东白云学院校级课题
心理咨询与辅导实践教学体系构建	邵海英	1	2015 年度，广东白云学院校级课题

社会工作专业教师近年来发表及出版的具有代表性的学术论文及专著

学术论文及专著名称	作者	署名次序	发表（出版）日期	刊物、会议或出版单位名称
《家庭互动对流动儿童和非流动儿童抑郁水平的影响》	卫利珍	1	2011 年 11 月	《湖北经济学院学报（人文社会科学版）》
《社会工作者工作满意度的调查分析——以深圳市为例》	卫利珍	1	2012 年 3 月	《湖北成人教育学院学报》
The Study on Private Enterprise Competitiveness Quantitative Evaluation	李天骥	2	2012 年 5 月	ICCSE
《广东社会工作者工作满意度影响机制研究——以广州、深圳、东莞三地为例》	李红英、卫利珍	1、2	2013 年 2 月	《广东行政学院学报》
《试论政府购买社区卫生服务的趋势》	李天骥	1	2013 年 5 月	《南昌教育学院学报》
《转型期我国社团腐败问题的社会学研究》	詹育红	1	2013 年 5 月	《长春理工大学学报（社会科学版）》
《城市家庭养老代际互助关系分析》	赵继伦	1	2013 年 6 月	《人口学刊》
《应用型本科院校社会工作专业实践教学改革初探——以广东白云学院社会工作专业为例》	王静	1	2013 年 6 月	《西安石油大学学报（社会科学版）》
《社会工作在养老服务中的介入策略研究》	詹育红	1	2013 年 8 月	《长春教育学院学报》
《管理学》	李新庚	1	2013 年 8 月	北京邮电大学出版社

（二）教学成果

广东白云学院社会工作专业秉持“产教结合”的理念，积极服务社会。自 2010 年 12 月起，社会工作专业的教师除承担日常教学工作外，还利用专业内的实践课时和寒暑假时期积极指导学生参加服务社会的活动，先后带领社会工作专业的学生到恒福、北达博雅、启创、天星等机构开展社会工作服务，服务对象主要为老年人群体、残疾人群体、青少年群体、外来务工人员群体，每学期外出服务约计400人次，每学期服务社会超过2 000小时。学生在服务社会中，积极开展大学生创新创业课题和论文写作，相继获得多项奖项，实现课题立项和论文发表。

广东白云学院社会工作专业学生教学成果一览表

课题、论文	单位、具体奖项	时间	学生姓名	等级	指导教师
广东白云学院大学生科技创新项目：社会认同对社会工作者工作状况的影响因素研究	广东白云学院	2011年10月—2012年10月	黄婷婷等	校级	卫利珍
广东白云学院大学生科技创新项目：被收容人员再社会化的工作机制创新研究——以广州市收容所为例	广东白云学院	2011年10月—2012年11月	陈加静等	校级	卫利珍
2012年大学生创新创业训练计划：天星社会工作服务中心江高镇社区长者服务项目（创业实践项目）	广东白云学院	2012年6月—2013年12月	吴泳仪等	省级	王静
2012年大学生创新创业训练计划：广东省大学生支教持续性服务的影响因素及创新研究项目	广东白云学院	2012年6月—2013年12月	谢敏清等	校级	詹育红
广州市公安局收容教育所学员再社会化帮教案例	教育部	2013年5月	陈加静等	国家级	李新庚、王静、卫利珍等
《社会工作者的职业伦理现状及其影响因素——以广州市为例》	第五届中国社会工作专业大学生论坛论文二等奖	2013年5月	陈泳秀	国家级	王静、卫利珍
《社会认同对社会工作者工作状态的影响研究——以广州市为例》	《重庆工商大学学报（社会科学版）》	2013年6月	陈泳秀	国家级	王静、卫利珍
《社会认同对社会工作者工作状态的影响研究——以广州市为例》	《社会工作本土与本色（广东社工发展论坛论文集）》	2013年12月	陈泳秀	省级	王静、卫利珍
创信鞋业有限公司企业社会工作服务方案	广东白云学院	2013年6月—2014年6月	吕俊鹏等	校级	卫利珍

（续上表）

课题、论文	单位、具体奖项	时间	学生姓名	等级	指导教师
社会工作在新农村建设中的应用——社会工作介入社区能力建设的模式构建	广东白云学院	2013年6月—2014年6月	郭霞等	校级	邵海英
广州市“老养残”家庭现状及问题调查报告课题立项	2015年度广东大学生科技创新培育专项资金	2015年5月	吕俊鹏等	省级	王静
《广州市精神残障老养残家庭现状调查报告》	2015年度广东省大学生挑战杯三等奖	2015年5月	吕俊鹏等	省级	王静
《广州市志愿者激励机制现状、问题及对策研究》	2015年度广东省大学生挑战杯三等奖	2015年5月	张文光等	省级	王静
《广州市精神残障老养残家庭现状调查报告》	《管理观察》	2015年10月	吕俊鹏等	省级	王静

七、教师介绍

王　静　东北师范大学硕士毕业，讲师，社会工作师，国家二级心理咨询师，2015年第四届广东省优秀社工导师。自2009年起任职于广东白云学院，曾任广东白云学院管理学院院长助理、社会工作系首届系主任（2010年7月—2014年7月），广东白云学院所属广州市白云区天星社会工作服务中心副理事长（2012年6月—2014年7月）。

主要研究方向：社会工作教育、老年社会工作、青年社会工作等，曾参与省市区的社会工作教育研究、社工机构管理和督导、社会工作项目评估、社工政策立法等工作。讲授社会学概论、家庭社会工作、人类行为与社会环境、社会工作坊等课程。

所任职务与曾获荣誉：广东白云学院社会工作重点学科城市社区研究方向负责人，广州市政府购买社会服务实务评估人员库专家，广东省社会工作师联合会社工宣讲团讲师，广州市青年研究会青少年事务社会工作研究专业委员会筹备副主任、江门市江海区社会组织评估委员会委员、河源市社会工作师联合会专业督导等。曾先后担任广州市幸福社区、居家养老和日托、家庭综合服务中心、狮山公益创投、中山公益创投等多个社会项目的评估专家，曾参与《广州市政府购买社会工作服务考核评估实施办法（试行）》《广州市社会工作服务条例（草案）》文件的起草工作。在任期间带领社工专业师生先后荣获教育部思政司、国家级、省级、市级、校级等级别的多项社会工作荣誉奖项，使社会工作专业荣获2012年度校级先进集体。

科研项目：2013年度广东省教育厅高等教育教学改革项目“应用型本科院校社会工作专业实践教学体系研究”（主持）；2013年度广东省共青团项目“资源整合视角下的‘社工+志愿者’联动模式研究”（主持）；2013年度广东白云学院校级科研项目重点资助项目“社区养老中的医务社会工作服务模式与策略”（主持）；2015年度广州市哲学社会科学规划项目“医养结合模式下的广州市社区养老服务综合平台构建研究”（主持）；同时参与其他省、市、校各级课题共7项，此外参与广州市民政局的《广州市残疾和重病等困境儿童家庭社会救助现状及帮扶研究报告》撰写工作，担任课题组副组长。发表《资源整合视角下的“社工+志愿者”联动模式研究——以广州市A社工机构为例》（《太原城市职业技术学院学报》，2015年第10期）、《生态系统论下的老年社会工作服务介入策略研究——基于广州市江高镇老年人的实证调查》（《理论观察》，2014年第12期）、《应用型本科院校社会工作专业实践教学改革初探——以广东白云学院社会工作专业为例》[《西安石油大学学报（社会科学版）》，2013年第3期] 等多篇论文。

李新庚 博士，教授。现任广东白云学院社会与公共管理学院院长、管理学院院长、社会工作系主任、社会工作专业负责人、社会工作重点学科负责人。主要从事管理学、社会工作、信用理论、信用制度建设等方向的研究。主持并完成国家社会科学基金研究项目1项（已形成著作《社会信用体系运行机制研究》），省部级研究项目多项。出版专著3本，发表学术论文60多篇，主编及参编教材、著作9本。论文《孔子仁学管理思想的传统意义与现代价值》[《兰州大学学报（哲学社会科学版）》，1997年第2期] 获湖南省第五届社会科学优秀论文成果奖。

邵海英 硕士，讲师，国家二级心理咨询师，社会工作师。供职广东白云学院社会与公共管理学院，现为社会工作系副主任、广州市白云区天星社会工作服务中心研究发展部部长。讲授个案工作、青少年社会工作、社会心理学、心理咨询与辅导等课程。

科研项目：2013年度广东省高校学科与专业建设专项“发展视角下新农村建设中的社会工作介入研究”（主持）；2014年度广东白云学院校级课题“青少年社会幸福感的心理结构研究”（主持）；2015年度广东白云学院校级课题“心理咨询与辅导实践教学体系构建”（主持）。参与其他省、市、校各级课题共5项。近3年来发表《人类发展生态学视野下中国农村社区教育模式的优化》（《成人教育》，2015年第10期）、《社会工作视域下的农村社区能力建设研究——以广州市A镇B村为例》（《湖北第二师范学院学报》，2015年第11期）、《父母教养方式对中学生问题行为的影响》（《中国健康心理学杂志》，2014年第3期）等6篇论文。

卫利珍 硕士，讲师，社会工作师，国家二级心理咨询师。2010年毕业于厦门大学社会学与社会工作系，并于同年起任教于广东白云学院社会工作系，担任广东白云学院所属广州市白云区天星社会工作服务中心培训教育部部长、广州市青年研究会青少年事务社会工作研究专业委员会委员等职。讲授社会调查与研究方法、小组工作、社区工作等课程。曾带领社会工作专业师生开展广州市公安局收容所社工帮教项目，并荣获教育部思想政治工作司优秀奖，同时还获得校级中青年骨干教师、优秀个人等多项荣誉奖项。

科研项目：2011年度广州市哲学社会科学规划课题“广东省社会工作者工作满意度及其影响因素研究”（主持）；2015年度广东省教育厅高校青年创新人才项目“专业社会工作嵌入视角下的社区家庭综合服务中心运作研究”（主持）；2015年度广东白云学院校级课题“流动儿童城市融入状况及社会工作介入模式研究”（主持）。参与其他省、市、校各级课题共5项。发表论文《广东省社会工作者工作满意度及影响因素研究》（《社会工作与管理》，2014年第3期）、《广东社会工作者工作满意度影响机制研究——以广州、深圳、东莞三地为例》（《广东行政学院学报》，2013年第1期）等多篇。

八、学子风采

陈泳秀 广东白云学院社会工作专业2010级本科生，现就职于广州市老年人社会服务中心。在校期间，专注专业学习与自身发展，曾获得校级一等奖学金2次、“校优秀大学生”称号2次、“校优秀毕业生”称号等荣誉。其论文《社会工作者的职业伦理现状及其影响因素——以广州市为例》荣获第五届中国社会工作专业大学生论坛论文二等奖，其论文《社会认同对社会工作者工作状态的影响研究——以广州市为例》在《重庆工商大学学报（社会科学版）》上发表，并入选“广东社工发展论坛论文集”。曾申报和主持广东省2012年大学生创业实践项目——“天星社会工作服务中心江高镇社区长者服务”项目，开展社区长者服务。陈泳秀同学在校期间实习时数超过1 000小时，毕业论文荣获2014年度校级优秀毕业论文。

温少毅 广东白云学院社会工作专业2010级本科生，现就职于广州市成长动力社会工作专业发展与资源中心，承接佛山市南海区黄岐家庭服务中心，任社工服务副主任一职，主理儿童、青少年、社会组织培育项目及主管中心行政事务。在校期间，主动参与社会实践活动，曾以总负责人的身份带队前往梅州市平远县八尺中学及泗水学校进行为期1个月的义教活动，得到当地政府、学校、家长的好评，多次被评为学院及学校寒假/暑假社会实践优秀个人，并上台分享经历。于2011年获得广东省“五星志愿者”称号。

邝丽君 广东白云学院社会工作专业2010级本科生，现受聘于东莞市香市公益互助会，在该机构承接的东莞市寮步镇上屯村社区综合服务中心担任副主任一职。在校期间，曾担任班长、校学生会干部、管理学院第一学生党支部专业负责人、校青年志愿者协会常务秘书长等职位，在致力于为全校师生服务的同时，也不断提高自我的管理能力和水平。曾获得校级三等奖学金1次，被评为优秀共产党员1次、校优秀大学生2次、校优秀协会骨干等。曾多次参与学校组织的专业实训课程，并获得优秀学习团队一等奖。大学时期，每到寒暑假，均主动到东莞市寮步社会工作服务中心、广州市北斗星社会工作服务中心、东莞市正阳社会工作服务中心等社工机构开展专业实习。2011、2012、2013年获得广东白云学院大学生暑假社会实践活动“先进个人”等荣誉称号。于2011年暑假受聘于东莞市寮步镇大学生暑期社会实践活动成长促进小组，并荣获“优秀骨干”称号。

康卫杰 广东白云学院社会工作专业2010级本科生，现就职于佛山市高明区社会工作委员会。已获得助理社会工作师证书，具备良好的社工专业服务水平。毕业后，曾在佛山市高明区鹏星社会工作服务社担任一线社工，负责儿童和妇女领域的工作。在担任一线社工期间，能够积极参加各类社会工作的学术培训，注重提高自身的专业服务水平。2015年5月，被佛山市高明区社会工作委员会录用，成为社会建设科的一员，主要负责协助拟定与实施全区社会工作规划和重大政策，协调相关部门起草社会工作方面的规章草案，协助统筹指导和综合协调全区开展社会工作等。

黄健民 广东白云学院社会工作专业2010级本科生，现任东莞市黄江镇梅塘社区综合服务中心主任，获得助理社会工作师证书，具备良好的社工专业服务水平。在校期间，专注社会工作的专业学习与发展；课余时间及寒暑假期间多次参与社工机构的专业实习，包括 2013 年暑假期间在江门市福利院进行了长达三个月的专业社会工作实习和参与其他社会组织的义工服务。2014 年 1 月就职于东莞市普惠社会工作服务中心，同年 7 月晋升为东莞市黄江镇梅塘社区综合服务中心主任。2015 年 10 月参与中山市第一人民法院涉诉信访试点项目。

黄俊杰　广东白云学院社会工作专业 2010 级本科生，现就职于广州市成长动力社会工作发展与资源中心。在校期间受到了良好的应用技术大学社会工作专业人才的培养，积极参与各种学校团体，曾参与社工办、勤工俭学部、学生会纪检部等事务。已获得助理社会工作师证书，具备良好的社工专业服务水平。现主要负责长者服务，针对长者群体的需求，运用专业的个案、小组、社区等手法，以健康、社交、科学等主题开展服务。

郭　霞　广东白云学院社会工作专业 2011 级本科生，现就职于广州市北达博雅社会工作资源中心。在校期间，专注专业学习与发展，曾获得国家励志奖学金两次、校优秀大学生、校优秀学生干部、校十大优秀团干、校优秀毕业生等荣誉，同时荣获第四届“挑战杯”广东白云学院大学生课外学术科技作品竞赛二等奖。曾申报和主持国家级 2013 年大学生创新训练项目——“社会工作在新农村建设中的应用——社会工作介入社区能力建设的模式构建”，并深入社区开展工作。大四期间，在企业社会工作领域实习一年，团队合作能力及组织能力强，在企业社会工作领域不断探索，有自己的设想。同时其毕业论文被评为 2015 年度校级优秀毕业论文。

邓淑楠　广东白云学院社会工作专业 2011 级本科生，现就职于广东白云学院校办社工机构——广州市白云区天星社会工作服务中心。在校期间，曾获校三等奖学金 1 次，院优秀学生干部 1 次，校优秀运动员 2 次，广东白云学院 2012 年大学生暑期社会实践活动“优秀先进个人”称号、2013 年大学生暑假社会实践活动“优秀社会实践报告”。在校期间多次深入社会工作服务机构实习，实习时数达 500 小时，进一步增强了其社会实践和分析问题、解决问题的能力。此外，2014 年暑期因其专业表现突出，被学校挑选出席在澳门举办的为期 5 天的“2014 年两岸四地杰出社工学生学术交流研讨会”。

韶关学院社会工作专业

一、学院简介

韶关学院是经国家教育部批准成立的一所省属公办全日制综合性普通本科大学。

学校占地面积179万平方米，校舍建筑总面积78.86万平方米。目前，学校设有22个二级学院和教辅部门，以及36个研究机构；设有62个本科专业，53个专科专业。拥有省级重点实验室、省级实验教学示范中心6个；拥有“广东十大最美图书馆”之称的现代化、智能化的图书馆，馆藏纸质书222.67万册，数字资源达9TB。

学校现有教职工1 831人，其中具有正高职称者105人、副高职称者441人，博士128人、硕士706人。近年来，教师主持和参与国家级科研项目38项，省部级科研项目161项，市厅级科研项目414项，与地方经济社会发展密切相关的横向课题182项；公开发表学术论文9 300多篇，其中被SCI、EI、ISTP、CSSCI收录的论文400多篇；获得国家、省、市科技奖30多项；获得中国发明专利博览会金奖2项，国家专利60多项；获得国家级优秀教学成果二等奖1项，省级教学成果奖10项；出版专著、主（参）编教材近300部。

学校建校50多年来，培养各类人才近14万人。现有全日制本专科在校生28 097人，成人教育在校生14 441人。学生在全国、省级等学科专业竞赛活动中，获得包括国家、省一等奖在内的省级以上奖项400余项。毕业生深受社会欢迎，就业率保持在98%以上。学校被教育部、广东省教育厅授予“全国普通高校毕业生就业工作先进集体”荣誉称号。

学校注重对外交流与合作，与英国、美国、新西兰、日本、澳大利亚、韩国等多个国家与地区的大学以及学术文化团体建立了友好合作关系，有力促进了学校教学、科研工作的发展和教育国际化水平的提高。

二、师资力量

学院可担任社会工作专业教学的职工共有32人，其中教授3人、副教授5人、讲师8人、助教1人，师资结构合理。现有教师能够满足教学需要，学校将在今后3年内继续引进硕士、博士4名以满足专业发展的需要。

三、专业介绍

韶关学院社会工作专业挂设在法学院，自2012年秋开始以法学专业社会工作与管理教育方向招生，2012年招生65人，2013年招生58人，2014年招生63人，2015年招生60人。2016年正式以社会工作专业招生，共招生63人。韶关学院已经开办社会工作相关专业如公共事业管理专业7年、法学专业12年、思政专业6年。这些专业在多年办学的过程中积累了丰富的教学与管理经验、图书资料、教学设备等，这为社会工作专业的开设奠定了雄厚的办学基础和提供了专业依托。粤北高校第一个社工社团——韶关学院社会工作者协会，也在2012级社会工作与管理教育学生的积极筹备下于2014年10月正式成立，至今已经开展了多次活动，同时也开设了微信公众号——韶院社协ASW，让更多的人可以通过微信了解到该社协的动态。

四、专业学习及社会实践情况

（一）专业学习方面

社会工作专业的学生需要接受社会学、社会工作导论、心理学、社会调查方法、社会心理学、社会统计学、社区概论、发展社会学、社会问题、社会政策、社会保障法、婚姻家庭法学、劳动法学、民法总论、刑法、犯罪学、心理咨询与治疗、个案工作、小组工作、社区工作、社会工作行政、社区矫正、青少年社会工作、老年社会工作、妇女社会工作、学校社会工作等课程的学习。

（二）社会实践方面

本专业与韶关市海邻社会工作服务中心保持良好的合作关系，经常与海邻社工服务社合作开展社区服务活动。同时，社会工作专业的高年级学生还定期组织策划社工进社区的服务实践活动，2014年9月，2012级社会工作与管理教育方向的一批学生面对2014级200多名新生组织策划了为期一年共五节的成长小组活动（团辅活动），帮助2014级新生更好地适应大学生活。2015年继续推进了此活动。

五、教师介绍

李茂强　硕士，社会工作专业教研室主任，韶关学院法学院社会工作专业，教师，社会工作师。负责教授的课程有社会工作导论、社会行政、社会政策、社会问题和个案工作等。主要从事社会工作发展与社会工作立法的研究与探索。先后发表论文《社会工作的发展机遇和现实困境》（《西江月》，2012年第13期）、《职业倦怠对社会工作的影响》（《学理论》，2013年第12期）、《社会工作视角下的多机构联合干预家庭暴力探析》（《韶关学院学报》，2014年第9期）、《论广场舞在社会建设中的作用——从社会团结的视角出发》（《韶关学院学报》，2015年第5期）等。

陈诗颖　硕士，韶关学院法学院社会工作专业教师，社会工作师。负责教授的课程有人类行为与社会环境、社会统计学、社会调查方法、社会工作伦理和社区工作等。主要从事社会企业与社会创新的研究与探索。先后发表论文《静思书轩的社会企业运作模式浅析》（《中国市场》，2015 年第 4 期）、《社区工作课程教学中的跨专业合作》（《韶关学院学报》，2015 年第 7 期）等。

康　密　本科毕业于中山大学，硕士毕业于香港中文大学，在香港中文大学担任研究工作两年，对于本学科具有扎实的理论基础及丰富的学术研究经验。性格随和，具有优秀的沟通交流能力，做事认真负责，勤奋刻苦。教育理念是致力于为学生树立正确的价值观，帮学生打下坚实的专业理论基础，并结合实践，使学生掌握丰富的社会工作实务技巧。

六、学子风采

秦碧珍　韶关学院法学院 2012 级学生。大一开始就加入校青年志愿者指导中心，同时，她还加入了深圳市义工服务组织，利用寒暑假的时间做义工，目前，她的服务时长已超过 100 个小时，并且她还将继续坚持下去。在老师的指导下，她和同学们一起组织策划了韶关学院第九届法律文化周系列活动之“专业活动进社区，关爱儿童促成长”社工志愿服务社区活动。作为小组核心成员，她和同学们一起组织策划了为期一年共五节的针对 2014 级新生的团辅活动。积极参与了 2012 年韶关市社工周活动，与韶关市唯一一间社工服务社——韶关市海邻社会工作服务中心保持着良好的关系，并经常参加其组织的活动。2014 年暑假也曾与其合作开展了为期 5 天的福彩爱心大学生志愿服务暑期社会实践活动。2014 年 7—8 月，顺利获得了深圳市鹏星家庭暴力防护中心的实习岗位，参与了办公室的布局调整、义工服务管理制度的完善，参加了《深圳经济特区反家庭暴力条例（草案）》立法调研座谈会、2014 年度深圳市反家庭暴力立法研讨会，并被评为“优秀实习生”。2014 年 11 月，参加“MaD 创不同”大会资助计划。

周　鑫　韶关学院法学院 2013 级学生。在韶关市海邻社工机构、西双版纳劳动和社会保障局等多个社会单位参与实习和社会实践锻炼，各方面均取得不错的成绩。2013 年 12 月参加“青春中国梦·奋斗最美丽”团日活动获省赛一等奖，2014 年获得中国大学生“自强之星”荣誉称号（国家级），2014 年 6 月获首届“感动韶院”年度大学生自强人物荣誉称号，2013—2014 年被评为韶院“三好学生”“学习优秀奖文体活动先进个人”，2014 年 11 月获南区九苑特色活动征文比赛一等奖，2014 年被评为韶院共青团“校园文化先进个人”“宣传工作先进个人”，获韶院共青团“五四”表彰、法律知识竞赛三等奖，2014 年被评为“十佳社区团务工作者”，2014 年获教育部阳光体育冬季赛跑金马奖，2014 年 12 月在第八届校园科技创新节之“最美青春”微剧本大赛中获优秀奖，2014 年大学生暑期社会实践活动调查报告被评为优秀，2014 年大学生暑期“三下乡”获“社会实践活动先进个人”称号，2014 年获近代史纲要课“课堂先进个人”称号，2014 年 12 月获韶关学院“潮和氏”杯第一届青马职场比赛三等奖、校团秘迎新晚会三等奖，2014 年 12 月获广东省学联提名“中国大学生自强之星”，2015 年 3 月入选国家教育部、广东省重点推荐入围全国大学生年度人物评选等，其各类奖项或证书（国家、省级、校级）达二十多种。

赵成钰　社会工作者协会会长，爱好参加公益活动。先后获得 2012—2013 学年“学风建设先进个人”称号，2013 年第一学期被评为“优秀共青团员”，获第九届法律文化周闭幕文艺晚会二等奖及第九届法律文化周“学生普法工作先进个人”称号。其积极参与

2012年韶关市社工周活动和2013年韶关学院法律文化周系列活动之“专业活动进社区，关爱儿童促成长”社工志愿服务社区活动。2014年策划组织韶关学院法学院2014级新生的成长小组系列活动之“破冰之旅”“户外拓展”及“班级凝聚力”等，获得普遍好评。

许奕彬 曾任2012级社会工作与管理教育班班长（带领的班级获得先进班集体标兵，全校共有300多个班级，获此殊荣的仅10个），曾在校团委秘书处学习部担任干部。和同学们共同策划了韶关学院第九届法律文化周系列活动之“专业活动进社区，关爱儿童促成长”社工志愿服务社区活动，参与海邻社工站的相关活动，同时也是社会工作专业成长小组的核心成员，参与组织策划新生心理辅导活动，所在团队荣获韶关学院第八届科技创新节之“心随我创，创造未来”环保创意设计竞赛B类一等奖。2014年暑假，在潮州市启明星社会工作综合服务中心进行专业见习，并参与策划360阳光校园活动，被机构评为最佳主持人。

黄富晶 韶关学院首届社会工作专业的学生，曾获韶关学院优秀学习奖、韶关学院优秀学生三等奖学金等荣誉，并被评为“韶关学院社会工作先进个人”“韶关学院优秀学生干部”。曾参加韶关市首届“岭南社工宣传周”宣传志愿活动，多次参与韶关市海邻社工机构的服务活动，与清远市荧光社工机构常年保持联系，寒暑假前往实习，在具体实践工作中提升自己。经常参加志愿服务，如2014年连州市五保低保入户调查等。

蔡柔慧 韶关学院校青年志愿者协会外联部副部长，韶关学院校福彩爱心志愿组织干事，多次参与学院组织的“三下乡”活动、义教活动，到敬老院探望老人，定期到麻风病康复村慰问老人。先后获得“优秀学生社团干部”“优秀共青团员”“三好学生”“志愿服务先进个人”等荣誉。大三成为社会工作专业成长小组的核心成员，组织策划新生的入学心理辅导活动，团队荣获韶关学院第八届科技创新节之“心随我创，创造未来”环保创意设计竞赛B类一等奖。

刘树娟 2012级社会工作与管理教育专业学生，曾任法学院组织部部长。参加了学校组织的义教、送法下乡等志愿活动。同时她还和同学们共同策划了韶关学院第九届法律文化周系列活动之“专业活动进社区，关爱儿童促成长”社工志愿服务社区活动，并且作为主要策划人之一参与了帮助新生更好适应大学生活的团辅系列活动之“破冰之旅”。曾获得韶关学院技能竞赛一等奖、“韶关学院暑期‘三下乡’社会实践活动先进个人”、国家励志奖学金、“校园文化先进个人”等荣誉。

林　雅 2012级社会工作与管理教育专业班级团支书。曾参加法学院2014级新生团辅活动的第一次活动策划之“破冰之旅”，并在第二次活动中担任小组长，在第三次活动中担任活动场控等。先后被评为中“韶关学院普法先进个人”“优秀共青团员”“优秀学生干部”等。

翁泽佳 法学院2012级社会工作与管理教育专业学生。参加了2013年全国张氏恳亲大会、韶关市海邻社会工作机构举办的各项活动等。

黄茵怡 韶关学院社会工作与管理教育专业学生。2014年7—8月，申请成为肇庆市团委志愿者联合会的暑期实习生，专职负责在人流量大的街头为有需要的游客或市民提供必需的帮助，并且向过往市民宣传法治、预防疾病、家居安全、防止家暴等的知识。2015年1月30日—2月1日，成功赴香港参加一年一度的“MaD创不同”大会。2015年2月28日，正式注册为肇庆市西江社会工作中心志愿者，并在国际社工日为西江社工中心策划编剧以青少年问题为题材的情景剧《没有什么不同》。

李敏仪 2013年和2014年暑假，在东莞智瞬文化传播有限公司实习，进行文案编写、宣传策划、现场调控等工作，在活动宣传策划领域有一定的经验。在课余时间，作为校青年志愿者协会的宣传部副部长，积极参与协会的公益活动，如爱心跳蚤市场、韶西之行探访麻风病康复村等，参与策划、统筹，在部门内部负责部门专业技能的增值。2015年1月30日—2月1日，成功申请赴香港参加一年一度的“MaD创不同”大会，获益良多。

张泳仪 曾参加候山小学义教，到候山小学参加“三下乡”活动和由校青年志愿者指导中心主办的“圆梦中国，公益我先行”福彩爱心大学生志愿服务暑期社会实践活动。协助海邻社工站进行社会调查，任海邻社工站青少年活动室开幕式的志愿者，参加海邻社工站与香港黄允畋中学合作的探访慰问老人的体验之旅，任韶关学院法学院团辅活动的小组长，参加大塘尾老人院的探访，参加社会工作者协会的一些活动等，获得普遍好评。

广东科学技术职业学院社会工作专业

一、主要课程、历届招生情况

本专业主要课程为社会学基础、社会工作概论、社会心理学、社会调查研究方法、社会统计学、人类行为与社会环境、个案工作、小组工作、社区工作、社会政策概论、社会保障概论、青少年社会工作实务、老年社会工作实务等。

本专业 2013 年 9 月第一届学生共 77 人，2014 年第二届共 86 人，2015 年第三届共 90 人。

二、教学和实习情况介绍

学院现有的行政管理和秘书事务、法律实训室及各种实训设备，以及相关专业的教学实验模拟环境都为培养社会工作人才奠定了重要的基础。同时，我院注重与校经济管理、计算机、会计学等教研室开展课程设置与教学交流，寻求支持与配合，这为建设社会工作专业、确保人才培养质量提供了强有力的支持。

本专业立足珠海，能够尽享珠三角与中国港澳地区毗邻的优势，展开交流与合作，学习他们丰富的社会工作经验。通过聘请港澳地区资深社工专家与社工督导作为兼职教授，定期开办专题讲座、培训课堂等，丰富我校社会工作专业的教学形式与教学内容。同时充分利用省内已有的社工经办机构（目前珠海已有 6 家社会工作服务机构），建立课程实习与毕业实习基地，锻炼学生的实践技能。另外，本专业成立了向晴义工队，开展了形式多样、内容丰富的志愿者活动。

三、教师介绍

张　帆　硕士，副教授，毕业于四川大学公共管理学院。从事教学工作 20 余年，先后负责管理学基础、应用心理学、社会学概论、商务英语等课程的教学，有较强的科研和教学组织能力，在国家级、省级刊物上发表学术论文 20 多篇，先后完成国家级课题 1 项、省部级课题 3 项，出版专著 2 部。

李宁湘　中科院地球化学专业博士，高级工程师。2001 年调入广东科学技术职业学院之前是国有大型企业湖南玻璃厂总工程师、党委委员。现任广东科学技术职业学院人文社会科学院专任教师、综合素质课部主任、综合素质公选模块高新技术与现代管理课程负责人。在专业核心期刊上发表学术论文多篇。

朱淑兰 硕士研究生，毕业于华中科技大学社会学系社会工作专业。现为社会工作专任老师，主讲社会工作概论、个案工作等课程。

黄水勃 社会工作硕士，毕业于吉林大学。研究方向为社区工作和农村社会工作，硕士论文《老龄化背景下构建及完善城市老年人社区照顾体系研究》被评为优秀论文。开展关于新生代农民工的城市融入问题的课题研究。现任社会工作专业专职教师，教授社会工作概论、小组工作、社会学概论等课程。

熊　琳 毕业于中山大学社会工作系，获社会工作硕士学位。现为社会工作专业教师，助理社工师。曾在广州义工联从事专业社工服务，擅长领域为个案工作、老年社会工作、社会工作评估、社会工作研究等。

曾思媚 2012年毕业于厦门大学，社会工作专业硕士。具有两年社工实务经验，现任社会工作专业专任教师。

匡　义 毕业于香港浸会大学，社会科学专业硕士，现任社会工作专业专任教师，主要从事当代中国社会问题研究。

四、学子风采

自向晴义工队成立以来，义工们积极参加校内外组织的各类义工服务，服务内容涉及社区调查、文化宣传、老年探访、学生义教等诸多方面，服务总时数20 000小时，受到学校以及各级政府、机构、企事业单位等的一致好评。其中，2013级社工班李翠婷获金湾区“十佳志愿者”荣誉称号，2013级社工班张瑞雨、梁静怡获金湾区“优秀志愿者”荣誉称号，向晴义工队获2014年度“金湾区十佳志愿服务项目”荣誉称号。2014—2015年度优秀队员名单如下：

优秀队员名单：李少良、黄伟娟、莫家恩、郑丽玉、崔洁雯、吴新燕、梁秋婷、吴培燕、温凤萍、周世昌、陈泽茵、赵水花、李木艳、刘佳佳。

优秀委员名单：林紫婷、周映兰、张瑞雨、刘娉琳、左溶华、陈颖仪、黄晓丹、杜芳芳、林金铭、黄嘉欣、李丽晶、陈金宁、黎倍嫚。

广东南华工商职业学院社会工作专业

一、专业简介

广东南华工商职业学院成立于1993年，是经广东省人民政府批准、国家教育部备案，在广东省总工会干部学校基础上建立起来的全日制普通高等院校。学院行政主管部门是广东省总工会，业务主管部门是广东省教育厅，实行党委领导下的院长负责制。学院现在天河、黄埔、清远共有三个校区，校园面积73.3万平方米，建筑面积17.4万平方米，在校学生规模1.1万人。天河校区坐落于风景秀丽的广州市白云山麓，地处交通便利的广州市天平架沙太南路。黄埔校区处于广州市黄埔区长洲文化旅游风景区内，与广州大学城一桥相连。清远校区坐落在有“广州后花园”之称的中国优秀旅游城市——清远市清城区教育文化园内，校园占地面积66.3万平方米，校区依山傍水，空气清新；校园规划整齐，环境优美；建筑典雅、古朴、厚重；生活娱乐配套设施齐全。学院以文科为主，兼含工科，以普通类高职高专教育和工会干部教育为主体，兼顾继续教育和职业资格培训，现设有信息工程与商务管理学院、外语外贸学院、财务金融学院、建筑与艺术设计学院、旅游管理系、法律与公共事业系和思政部、体艺部等28个专业（群），涵盖经济学、工学、法学、管理学等十大学科门类，拥有报关与货运、会计（注册会计师）两个省级重点专业，以及金融管理与实务、工商企业管理、建筑装饰工程技术、商务英语、计算机网络技术、酒店管理等品牌专业。学院法律与公共事业系依托省总工会和省总工会干部培训资源网络，开设有社会工作、社区管理与服务、劳动关系管理等专业，着力于培养懂理论、有能力、高素质的劳动关系专业人才。其紧贴社会需求，在广东省乃至全国具有明显的特色和优势。学院于2008年开设社区管理与服务专业，2010年成立社区管理与服务教研室，2013年开设社会工作专业。

二、主要课程、培养目标、历届招生和就业情况

学院在社会工作专业设置上，把工会维护劳动者权益与社会工作的专业技能相结合，体现了工会服务于劳动者的特色。2016年，学院专业整合，把社会工作专业与法律专业调整在一个专业群里，作为专业群的基础课程对社会工作专业开设了相关的法律课程，如民法实务、调解与谈判技能训练、社区法律法规、劳动法实务等。

社会工作专业主要课程：社会心理学、人类行为与社会环境、调查技能与数据分析实务、社会工作基础、小组工作、社工应用写作、社区社会工作、个案工作、项目策划、社

会问题与社会政策、工会基本知识和核心业务、志愿组织建设与管理、心理咨询与辅导、档案与信息管理实务、社会工作行政等 21 门。

培养目标：本专业培养拥护党的基本路线，服务区域经济和社会发展，面向基层工会和社会服务组织，具备从事社会服务工作所需要的基本理论知识、素质和能力，具有社会服务职业发展、全面发展和终身发展潜质的技术技能型人才。

就业主要岗位：工会社会工作者、一线社工、社工行政助理、街道或社区政务中心窗口服务者和社区居委会主任助理。

主要岗位典型工作任务分析

主要岗位	典型工作任务	职业能力要求	主干课程与实践环节
工会社会工作者	宣传工会工作的法律法规；广泛收集劳动关系、职工需求、社情民意等方面的信息，掌握职工思想动态，反映职工诉求；指导基层单位建立工会组织，发展会员，收缴工会经费；开展信访接待、政策咨询、帮扶救助、职业介绍工作	具有较强的策划能力、写作能力、协调能力和沟通能力、宣传能力；法律服务、劳动关系协调、劳动纠纷调解能力；开展集体协商、劳动安全监督等工作能力	工会工作基础与实务、劳动法实务、职工民主管理、企业规章制度管理实务
一线社工	社区居民需求调查问卷设计、调查实施、调查结果分析与调查报告撰写；不同服务对象社会服务活动或项目的策划与实施；就业指导和劳动纠纷处理指导等	具备独立完成社会调查与统计分析的能力；具备开展社区活动的能力，包括社区一般活动的策划、组织、实施、管理能力；具备运用个案工作、小组工作、社区工作三大社会工作专业方法开展服务的能力；具备处理常见的劳动争议的能力以及进行就业指导的能力	调查技能与数据分析实务、小组工作、个案工作、社会工作法规与政策、社工咨询技巧、小组工作引导技能
社工行政助理	办公室日常事务处理；档案管理	语言表达能力强，善于沟通；具备一定的文书写作能力；具备对档案进行整理、分类、保存、备份的能力；具备较强的电脑操作能力；具备基本的社工服务项目策划能力	社会工作法规与政策、社会工作案例分析、档案与信息管理实务、社工项目策划、社会工作行政、办公软件应用

（续上表）

主要岗位	典型工作任务	职业能力要求	主干课程与实践环节
街道或社区政务中心窗口服务者和社区居委会主任助理	咨询、调解、沟通；档案管理；街道、居委、社区服务与管理	具有较强的社区规划、社区建设、社区管理和社区服务的实际操作能力；具有较强的社会工作管理能力，包括社会工作的管理、组织、策划能力；具有较强的调解、沟通、协调能力	社会问题与社会政策、社区管理与服务、社区社会工作、劳动争议协调、社会心理学

学院2008年首次招收社区管理与服务专业学生共21人，加上2013年成立的社会工作专业，现毕业学生近300人。2017年社会工作专业在校生为107人。社会工作专业学生就业率为100%。

三、教学和实习情况介绍

（一）校内实训

主要实训项目	实训室名称	主要设备名称	数量	可容纳学生人数
社区工作项目实施	团体实训室	移动桌椅、多媒体设备		50人
调查问卷统计与分析	信息处理实训室	电脑、SPSS统计软件	50套	50人
小组工作项目实施	团体实训室	多媒体设备	1套	50人
		移动桌椅	30套	
个案咨询	个案实训室	沙发、茶几、饮水机、心理沙盘、电脑等	各1套	所有学生

（二）校外实训

广州两大校区的学生实习时间为第五至第六学期，清远校区学生实习时间为第二至第四学期。社会工作专业的学生前两年在清远校区，第三年在广州天河校区。

主要实训项目	实训基地名称	容纳学生人数
社区服务需求调查实训	广州市天河区兴华街道办事处兴华街道所辖10个社区	40人
社区活动策划与实施	兴华街家庭综合服务中心	40人

（续上表）

主要实训项目	实训基地名称	容纳学生人数
社会工作专业综合实训	广州市白云区恒福社会工作服务社	20 人
	广州市星空社会工作服务中心	5～15 人
	清远市博阳社会工作服务中心	5～15 人
	清远市清新教育交流服务中心	3～15 人
	清远市风向标社会工作服务中心	5～15 人
	清远市北斗星朝阳坊社会工作服务中心	5～15 人
	清远市大同社会工作服务中心	8～15 人
	清远市清城区居家养老服务中心	8～15 人
	清远市青桥社会工作服务中心	3～10 人
	木棉社会工作服务中心	3～5 人

四、新闻媒体对学校社工专业教育的报道及社会评价

2016 年 9—12 月，社会工作专业开展了校外实训项目，结合清远市“我为清远加点蓝”社区服务建设项目的开展，与清远市博阳社会工作服务中心展开了为期 4 个月的社会服务。项目主要服务于清远东城街道的四个社区。秉持“情系社区，服务社群”的服务理念，紧密围绕“创建文明城市，提高市民素质”的核心目标，以社区为基点，通过完善社区各类服务及建设，促进居民参与；加强社会主义核心价值观的社区教育，培育社区义工利他精神，提升社区居民公共道德素养；培育社区微组织，激发社区组织活力，构建社区支持网络等策略点提升居民参与度，培养社区居民公共道德，共建人文关怀社区。

2015 级社会工作专业的学生开展的服务受到了清远市媒体的关注。从 2010 年开始，社会工作专业每年 10—11 月在天河区兴华街道办事处管辖区内为社区居民开展大学生“火凤凰社会实践活动”，得到了兴华街道团工委和社区居民的好评。

五、教师介绍

蔡　红　毕业于香港理工大学社会工作专业，硕士。广东南华工商职业学院社会工作专业负责人，讲师，劳动关系高级协调师。于 2015 年开始负责广东南华工商职业学院社会工作专业的教学与管理。讲授课程有小组工作、个案工作、志愿组织建设与管理、劳动法实务等，同时承担广东省总工会干部学校工会女职工工作的培训。在社会工作专业的教学方面，秉持教、学、做相结合的原则，教学中致力于培养学生社会工作的正确价值观念和社会服务精神。

姚仰生　副教授，中共党员，广东南华工商职业学院教师，工会与劳动关系研究中心主任，公共事业专业群带头人。2014 年入选广东省高校优秀青年教师培训计划。近年来，致力于工会及劳动关系教学和研究。为广东各级工会干部和社工专业学生讲授工会组织建设、工会规范化建设、社会问题与社会政策等课程。授课过程中，以问题为导向，引导学

生结合自身实际寻求解决问题的办法。

谭　红　中共党员，社会工作师，讲师，高校心理咨询师。中山大学管理学硕士，华南师范大学发展心理学在职硕士毕业生。广州市南方社会服务评估与研究中心理事兼行政执行理事，广州市家庭教育研究促进会副秘书长，广州市“幸福社区创建”评估项目专家评委，广州市家庭综合服务中心评估项目专家评委，国家商业行业职业技能竞赛裁判员。

卢　璐　中共党员，讲师。2008 年毕业于华南理工大学，获法学学士学位。2009 年毕业于英国曼彻斯特大学，获国际商法硕士学位。曾就职 Landon Global UK. , Ltd，任法务秘书。现为广州市天河区法学会会员，清远市人大立法顾问。2012 年进入广东南华工商职业学院工作，致力于劳动关系研究、社会工作和文秘人才的培养。主讲课程有法律基础、劳动法、社会保障、社会工作法规与政策、社会工作行政、秘书实务、商务礼仪、舆情采访与编辑等。曾公开发表学术论文多篇，参与省、市、院级科研课题研究。曾被评为南华工商学院优秀工作者，优秀共产党员。

李孚偲　2015 年 6 月毕业于广西师范大学发展与教育心理学专业社会认知方向，获心理学硕士学位。在读期间关注二、三线城市的留守儿童问题，定期参与广西南宁市妇联组织的关爱留守儿童活动，组织留守儿童进行心理健康教育。同时关注大学生心理健康问题，发表有以大学生心理复原力为主题的论文。2015 年 9 月入职南华工商学院法律与公共事业系，主要负责人力资源管理专业的工作分析、企业文化建设等课程。

六、学子风采

冼宝玲　广州市南沙团青汇青少年发展促进会成员。2012 年毕业，从事社会工作已经 6 年。“尽力而为，问心无悔”是她的行动宗旨，她一直致力以共青团为平台，结合专业社会工作手法，积极调动青年志愿者的资源，为辖区内的服务对象进行有效服务。

袁敬杰　毕业于南华工商职业学院，曾在兴华街家综实习 2 个月、广州市妇联宣传部实习将近 1 年，现就职于中大社工猎德家庭综合服务中心，负责青少年领域的社会工作。

彭　博　现就职于广东木棉社会工作服务中心。作为社会工作专业毕业的学生，其坚持推动以人为核心，以社工专业工作手法为辅助的原则，在行动上坚持助人自助，协力成长。

张浩贤　现就职于佛山市顺德区广爱社会工作服务中心。友善乐观，积极外向，通过参加不同的志愿者活动，不断学习，运用社工的专业知识投身于这个行列中。

梁芷君　广州白云区天星社会工作服务中心的一员。毕业于南华工商职业学院，在校时尊敬师长，学习目标明确；毕业后，在社会上坚定践行社工助人自助的精神理念。

广东省 2014、2015、2016 年高校社会工作及相关专业招生一览

学校	专业	2014/2015/2016 年招生人数（人）	地址	邮编/电话/网址
中山大学 10558	社会学 社会工作 人类学	63 65 72	广州市新港西路 135 号	510275　020－84036491 http：//admission. sysu. edu. cn
华南农业大学 10564	社会工作	95 120 113	广州市五山路 483 号	510642　020－85283652 http：//zsb. scau. edu. cn
暨南大学 10559	城市管理与服务	11 16 18	广州市黄埔大道西 601 号	510632　020－85220130 http：//www. jnu. edu. cn
华南理工大学 10561	社会工作	7 20 15	广州市五山路 381 号	510640　020－87110737 http：//www. scut. edu. cn
华南师范大学 10574	社会工作	48 50 55	广州市中山大道西 55 号	510630　020－85211098 http：//zsb. scnu. edu. cn
深圳大学 10590	社会工作 应用心理	44 62 75	深圳市南山区南海大道 3688 号	518060　0755－26536235 http：//zs. szu. edu. cn
广东工业大学 11845	社会工作	61 75 82	广州市东风东路 729 号	510600　020－39322681 http：//zsb. gdut. edu. cn
广州大学 11078	社会工作 应用心理 思想政教	151 137 135	广州市大学城外环西 230 号	510006　020－39366232 http：//zj. gzhu. edu. cn
汕头大学 10560	城市管理与服务 社会保障	21 30 27	汕头市大学路 243 号	515063　0754－86503666 http：//zs. stu. edu. cn
广东医学院 10571	社会工作	18 27 25	湛江市霞山区文明东路 3 号	524023　0769－22896175 http：//www. gdmc. edu. cn
韩山师范学院 10578	社会工作 思想政教	87 154 169	潮州市桥东	521041　0768－2525449 http：//www. hstc. edu. cn

（续上表）

学校	专业	2014/2015/2016 年招生人数（人）	地址	邮编/电话/网址
广州医科大学 10570	家政护理 应用心理	148 156 125	广州市东风西路 195 号	510182　020－81340278 http：//210. 38. 57. 40/zsw
广东海洋大学 10566	社会学 公共管理	107 108 141	湛江市湖光岩东	524088　0759－2396115 http：//www. gdou. edu. cn
仲恺农业工程学院 11347	社会工作	39 45 48	广州市海珠区仲恺路 501 号	510225　020－89003030 http：//zsb. zhku. edu. cn
广东药学院 10573	社会工作	69 60 60	广州大学城外环东 280 号	510006　020－39352027 http：//depz. gdpu. edu. cn/zsb/index. asp
广东外语外贸大学 11846	社会工作 应用心理	52 110 105	广州市白云区白云大道北 2 号	510420　020－36204310 http：//zsb. gdufs. edu. cn
南方医科大学 12121	家政护理 应用心理	19 15 20	广州市广州大道北 1838 号	510515　020－61648502 http：//www. fimmu. com
韶关学院 10576	思想政教 社会工作	124 130 128	韶关市大学路	512005　0751－8120066 http：//www. sgu. edu. cn
惠州学院 10577	社会工作 思想政教	128 125 118	惠州市渲达大道 46 号	516007　0752－2527803 http：//www. hzu. edu. cn
岭南师范学院 10579	社会工作 应用心理 思想政教	200 228 280	湛江市赤坎区寸金路 29 号	524048　0759－3183211 http：//zsjy. lingnan. edu. cn
肇庆学院 10580	思想政教 应用心理	89 85 75	肇庆市肇庆大道	526061　0753－2186877 http：//www. jyu. edu. cn
五邑大学 11349	社会工作	42 45 70	江门市迎宾大道中 99 号	529020　0750－3296265 http：//zsb. wyu. edu. cn

（续上表）

学校	专业	2014/2015/2016 年招生人数（人）	地址	邮编/电话/网址
广东技术师范学院 10588	应用心理 社会保障	85 84 58	广州市中山大道西 293 号	510665 020－38256659 http：//www. gdin. edu. cn
广东财经大学 10592	社会学 社会工作 应用心理	115 120 123	广州市仑头路 21 号	510320 020－84096844 http：//zsb. gdufe. edu. cn
北京师范大学珠海分校 13177	社会工作 应用心理	160 168 166	珠海市唐家湾金凤路 5 号	519085 0756－6126773 http：//zsb. bnuz. edu. cn
佛山科学技术学院 11847	社会工作	39 45 72	佛山市江湾一路 18 号	528000 0757－83989841 http：//www. fosu. edu. cn
吉林大学珠海学院 13684	社会工作 社会保障	126 132 138	珠海市金湾区草堂	519041 0756－7626296 http：//zsb. jluzh. com
广东第二师范学院 14278	思想政教 应用心理	72 80 148	广州市新港中路 351 号	510303 020－34113327 http：//www. gdei. edu. cn
广东白云学院 10822	社会工作	39 43 34	广州市白云区江高镇学苑路 1 号	510450 020－36093333 http：//www. bvtc. edu. cn
电子科技大学中山学院 11545	社会工作	19 25 18	中山市学院路 1 号	528402 0760－88888611 http：//www. zsc. edu. cn
中山大学南方学院 12619	家政护理	57 60 48	广州市从化温泉镇	510970 020－61787201 http：//zsb. nfu. edu. cn
广东财经大学华商学院 12621	城市管理	20 40 16	广州市增城荔城街华商路 1 号	511300 020－82666666 http：//zsb. gdhsc. edu. cn
广东海洋大学寸金学院 12622	城市管理	60 80 57	湛江市麻章区学智路 2 号	524094 0759－3871311 http：//www. gdcjxy. com

（续上表）

学校	专业	2014/2015/2016 年招生人数（人）	地址	邮编/电话/网址
广州大学松田学院 13657	社会工作	26 40 28	广州市增城朱村街	511370　020－82856989 http：//www. sontan. net
东莞理工学院城市学院 13844	社会工作	62 64 130	东莞市寮步松山湖大道文昌路 1 号	523419　0769－23382107 http：//csxy. dgut. edu. cn
中山大学新华学院 13902	家政护理	276 210 210	广州市龙洞广汕一路 721 号	510520　020－87065995 http：//xh. sysu. edu. cn
顺德职业技术学院 10831	家政护理 社会工作	79 84 50	佛山市顺德大良德胜东路 4 号	528333　0757－22327131 http：//218. 13. 33. 164/48m/Main/Main. asp
广东轻工职业技术学院 10833	社区管理与服务	38 40 36	广州市新港西路 152 号	510300　020－61230198 http：//www. gdqy. edu. cn
广东交通职业技术学院 10861	安全管理	16 24 55	广州市花都工业大道 11 号	510800　020－37236028 http：//zs. gdcp. cn
广东水利电力职业技术学院 10862	环境管理	45 47 45	广州市天寿路 122 号	510635　020－38490704 http：//www. gdsdxy. cn
深圳职业技术学院 11113	社区管理与服务 家政护理	115 120 98	深圳市南山区西丽湖	518055　0755－26731715 http：//zhaosheng. szpt. edu. cn
番禺职业技术学院 12046	社会工作	33 40 25	广州市番禺区沙湾镇青山湖	511483　020－34874086 http：//121. 33. 253. 219/zs
广东农工商职业技术学院 12322	社会工作	64 90 55	广州市天河区粤垦路 198 号	510507　020－85230071 http：//www. gduib. edu. cn
佛山职业技术学院 12327	社会工作	52 60 30	佛山市三水区乐平镇职教路 3 号	528137　0757－87263121 http：//www. fspt. net

（续上表）

学校	专业	2014/2015/2016年招生人数（人）	地址	邮编/电话/网址
广东科学技术职业学院 12572	社会工作	50 55 53	广州市天河区科华街351号	510640　020－85297313 http：//www. gdit. edu. cn
广东食品药品职业学院 12573	家政护理	71 68 70	广州市龙洞北路321号	510520　020－28854365 http：//www. gdyzy. edu. cn
广东行政职业技术学院 12577	社区管理与服务	20 22 90	广州市花都迎宾大道西28号	510800　020－86867108 http：//www. gdxzzy. cn
广东女子职业技术学院 12742	社区管理 青少年工作与管理	87 88 88	广州市番禺区市莲路南浦段2号	511450　020－34557001 http：//www. gdfs. edu. cn
广东机电职业技术学院 12743	社会工作	29 27 40	广州市沙太路麒麟岗	510515　020－61362195 http：//www. gdmec. cn
罗定职业技术学院 12770	社会工作 思想政教	90 100 65	罗定市西门岗5号	527200　0766－3782735 http：//www. ldpoly. com
阳江职业技术学院 12771	社区园林	100 110 20	阳江市江城区东山路213号	529500　0662－3362800 http：//www. yjcollege. net
河源职业技术学院 12772	社区园林	80 85 40	河源市源城区东环路大学城	517000　0762－3800006 http：//www. hycollege. net
汕头职业技术学院 12954	社区管理	50 60 35	汕头市濠江区东湖	515078　0754－88607737 http：//www. stpt. edu. cn
揭阳职业技术学院 12956	社会工作	61 75 40	揭阳市仙桥紫峰山下	522000　0663－8859905 http：//www. jyc. edu. cn
深圳信息职业技术学院 12957	文化管理	30 54 36	深圳市龙岗区龙翔大道2188号	518172　0755－89226361 http：//zhaob. sziit. com. cn

（续上表）

学校	专业	2014/2015/2016 年招生人数（人）	地址	邮编/电话/网址
清远职业技术学院 12958	家政护理 家政服务	149 155 139	清远市清城区东城街蟠龙园	511510　0763－393666 http：//www. qypt. com. cn
广东司法警官职业学院 12960	社会工作 社区矫正 心理咨询	130 137 100	广州市龙洞龙腾路 245 号	510520　020－87083551 http：//www. gdsfjy. cn
广东文艺职业学院 13707	文化管理	50 54 43	广州市番禺区市广路 242 号	511400　020－34810201 http：//www. cmc. edu. cn
江门职业技术学院 13711	社会工作	41 50 53	江门市潮连大道 6 号	529090　0750－3725289 http：//zsxx. jmpt. cn
珠海城市职业技术学院 13713	社会工作	58 60 30	珠海市金湾区西湖城区金二路	519090　0756－7253066 http：//www. zhept. edu. cn
肇庆医学高新科技学校 13810	家政护理	380 400 228	肇庆市端州区西江南 6 号	526020　0758－2857067 http：//www. zqmc. net
广东理工职业学院 13919	社会工作	43 48 35	广州市下塘西路 3 号	510091　020－83505073 http：//www. gdpi. edu. cn
广州城市职业学院 13929	社会工作 社区管理与服务	71 73 70	广州市广园中路 248 号	510405　020－86375471 http：//www. gep. edu. cn
中山职业技术学院 14066	社会工作	50 65 30	中山市博爱七路 25 号	528404　0760－88269288 http：//zspt. cn
东莞理工技术学院 14263	社区管理与服务	60 66 50	东莞市松山湖大学路 3 号	523808　0769－23303889 http：//zsxx. dgpt. edu. cn
广东青年职业学院 14361	社会工作 社区管理与服务	67 80 200	广州市沙太南路 66 号	510507　020－37250936 http：//www. gdyle. cn/zsjy

（续上表）

学校	专业	2014/2015/2016年招生人数（人）	地址	邮编/电话/网址
广东舞蹈戏剧职业学院 14407	文化管理	90 120 50	佛山市南海区大沥高尔夫路	528231 020－87047495 http：//www. gdddc. cn
惠州卫生职业技术学院 14408	家政护理	380 396 410	惠州市惠南大道69号	516025 0752－2366779 http：//www. hzwx. cn/2012
广东生态工程职业技术学院 14509	城市社区园林	30 36 61	广州市广汕一路297号	510520 020－87031813 http：//www. gdsty. cn
惠州城市职业学院 14509	社会工作	55 60 50	惠州市惠南大道明德路1号	516000 0752－3619501 http：//www. cityc. com. cn
茂名健康职业学院 14556	家政护理 健康管理	89 150 300	茂名市电白区水东镇安乐东路1号	525400 0668－2902527 http：//www. mmjkzyxy. com
广东南华工商职业学院 11114	社区管理 社会工作	41 110 105	广州市沙太南路113号	510507 020－28867333 http：//www. nhic. edu. cn
广东岭南职业技术学院 12749	社会工作	22 80 404	广州市东圃大观中路492号	510663 020－22305555 http：//www. lnc. edu. cn
茂名职业技术学院 13712	社会工作	40 70 100	茂名市文明北路232号	525000 0668－2920126 http：//www. mmvtc. cn
广州工商学院 13714	公共管理与服务	60 100 50	广州市花都区狮岭镇海布村光明路5号	510850 020－86914402 http：//www. gzgs. org. cn
广州涉外经济职业技术学院 13715	社会工作 社区康复	87 90 86	广州市沙太路大源北28号	510540 020－36783769 http：//www. gziec. net
广州科技贸易职业学院 14065	社会工作	29 36 45	广州市番禺区南村镇市新路北669号	511442 020－84560708 http：//zsw. gzkmu. edu. cn

（注：信息来自省招办，仅供参考）

第二篇

社会工作职业实践

农村社会工作

“城乡合作、公平贸易、共创生态文明与可持续生计”项目

项目单位：广东绿耕社会工作发展中心
项目组成员：闫红红、张文浩、饶琪弘、郭燕平、裴建忠、曹恩濡、郭兰亚、叶文婷、谭一鸣、郑思

一、项目背景

（一）项目缘由

根据市政府社会管理改革“先行先试”的精神，广州市民政局于2010年推出了33个广州市社会工作人才队伍建设政府购买社会工作服务试点项目，广东绿耕社会工作发展中心有幸承接了“城乡合作、公平贸易、共创生态文明与可持续生计”政府购买社会工作服务试点项目，借此探索可行的符合中国本土的农村社会工作发展模式。项目选择了广州市从化最偏僻的良口镇长流村开展农村社会工作服务，这也是试点项目中唯一的一个农村社会工作试点。

广东绿耕社会工作发展中心（以下简称“绿耕”）是目前广东省唯一一家省级社会工作专业服务机构。绿耕的前身是中山大学—香港理工大学广东绿耕社会工作发展中心。自2001年起，分别在云南少数民族地区及四川映秀等乡村开展农村社会工作，工作团队主要由云南大学社会工作专业师生、香港理工大学应用社会科学系督导、中山大学社会工作专业师生组成，至今已经“深耕”乡村十一年，成为中国开展城乡社区工作和农村社会工作时间最长的社工院校及社工机构。

（二）农村社区发展的背景与限制

根据绿耕十多年来的农村社会工作实践及研究，我们认识到目前农村社区的发展有着多方面的限制，亦面临着多重挑战：

（1）农村社会工作或发展计划的视野一般只放在农村，农村问题被孤立地处理，忽视了城乡之间的矛盾对农村问题的负面影响。众所周知，我国农村的贫穷及农民的弱势地位不只源于资源的匮乏，同时亦因为城乡对立的二元结构、农产品价格低廉（被压低）、市场波动、中间商剥削等，贬抑了劳动力的价值，导致城乡差别日益扩大。我们认为，如果没有城乡之间的共同合作，农民单方面的努力只会使反贫困事业事倍功半。

(2) 联合国环境与发展委员会于 1987 年提交的《我们的共同未来》报告已清楚表明，“经济发展”如果没有配合“环境保护”及“社会文化”的发展是不可持续的，只会造成贫富两极分化。穷人为了生存下去唯有进一步破坏生态环境，导致制造更多的社会、经济问题。然而，三者之间应该如何有机地结合起来，实现可持续发展呢？这一问题一直缺乏深入的探讨。

(3) 科学发展理应促进人类生活的改善，但不少的农业科技却反过来加剧农民的困境。例如，使用化肥、农药及经改造的种子虽然提高了农作物的产量，但化学制品却影响了食物安全和环境保护，与此同时，规模化的单一农业生产亦造成很多环境污染问题，而且使农产品成本高涨的同时价格却不断下降（贬值）。什么样的科学技术能适应农民的日常生产，并使农民真正受惠？这是很值得深入研究的课题。

二、项目点介绍及需求评估

（一）项目点介绍——广州从化市良口镇长流村

长流村位于从化市东北部的良口镇山区，全村约 1 800 人，属于溪流河国家森林保护区和广州水源林保护区，自然环境优越。长流村本身也是广州市新农村建设生态文明试点村。从 105 国道良口段开始有水泥公路（X287 县道）进村，交通较为便利。长流村下属有长岌、仙娘溪、杨围、三丫塘、枫木塱 5 个自然村，各村都有几百年的历史，其中多数有族谱流传。

长岌村是村委会所在地，全村 9 个队，近 900 人。村里以梁和易两大姓为主。据村民介绍，梁姓到本村已有 400 多年了，祖先是从增城迁进来的，目前依然保存着完整的族谱。村内公路（X287 县道）和溪流并行分布，村民分开居住在路（河）两边。村里还保留着多座具有百年历史的民居，目前多数村民居住在六七十年代建造的老房屋里。

仙娘溪村位于县道边，全村 5 个队，300 多人。村里以杨姓和易姓为主，也有族谱流传。仙娘溪村地形平坦，民居集中分布，大多数村民也是居住在六七十年代所建的老房子里，周边则是菜地、水田和山地。全村浑然一体，古朴优雅，环境宜人。

枫木塱位于县道边，是进长流的第一个村。全村 3 个队，200 人左右，全部姓陶。村子有着悠久的家族史和传统。村里地形崎岖，村落在路的一边呈阶梯状分布。

杨围村和三丫塘的地理位置相对较偏，由县道通往村里的一条水泥路与长岌村相连接，其中杨围村在路中间一侧，三丫塘则在路尽头。杨围村全村主要居住在一条围里，约有 200 人，全村四分之三以上的人口在外务工。据村民介绍，其祖先来自韶关新丰，200 多年前迁来这里。杨围村是从化新农村建设生态文明示范村。三丫塘沿山谷平地分布，全村 300 多人，皆姓张，目前只有约 100 人在村中。

（二）需求评估

在项目开始之初，绿耕的两位社工便于 2009 年 11 月初到 12 月底这段时间对长流的 5 个自然村进行了细致的调研。调研着重了解村民生计情况、文化历史状况、村民关系等。

总体来看，长流的 5 个自然村普遍面临着较为严重的生活贫困、本土文化认同较低、文娱活动困乏、村落生态环境破坏等问题。一方面当地村民收入来源较为单一，主要依靠种果树，人均耕地少，部分村民人均用地不足八分，种植极度依赖农药化肥，种植成本不断升高，年人均收入处于贫困线以下；另一方面，为了保护水源不受污染，当地政府规定水源区附近禁止开办工厂，且当地森林资源被严格控制，这些都一定程度上制约了当地经济的发展，加之由于交通不便和信息闭塞等障碍，当地农作物销路不畅，随着教育、摩托车、手机等消费需求的增加，因病致贫或因教育致贫的现象比较突出。此外，由于受都市大众文化的侵蚀，村民缺乏自我和社区认同，传统文化逐渐没落，农耕文明被极度边缘化。

（三）当地优势盘点

（1）村民勤劳朴实，促发展、求改变的上进心比较强。从我们对多数家庭的访问情况来看，多数村民都非常勤劳朴实，也非常想改变贫困的局面。有许多村民尝试过不同的致富和生计方式，只是都很难真正致富。例如，仙娘溪村许多男人做搬运木头的工人，长岌村不少村民在码头做搬运工人。村内外打工的、养蜜蜂的、淘沙的、种树的、做小买卖的都有，村民们都有较强的改变意愿。

（2）环境优越，自然、物产资源多样且比较健康。这里山清水秀，空气清新，田园风光优美，对于现代城市人有很强的吸引力。同时有多样的资源，如每家每户拥有一定量的水田；家家都有一小块不用化肥、少使农药的菜地；养蜜蜂较普遍和适宜；人工竹林较多，并且有部分村民掌握竹艺；遍山的砂糖橘（还不够健康安全）；每家每户都养有少量的鸡或鸭（有些本地鸡和健康的鸭）；家家都有风干的腊肉等。

（3）劳动力相对充足，尤其是留守妇女。走访中了解到两个大村的外出打工人口并不算太多，村里拥有相对充足的劳动力，有劳动力的留守妇女也比较多。大部分村民对于在外打工不抱太高期望，认为村里有生计更好，农忙时也愿意回家做事。

（4）宗族和传统有一定的延续性与影响力。这里的传统宗族观念比较强，宗族内的互助现象普遍，而且几乎村村都有族谱保存。村中具有较好的村风和村俗，村民对客人普遍热情，青年人也比较尊老，每逢初一、十五都要到祠堂祭祀，宗族内的换工很有特色。村里的老建筑保存比较完整，很多习俗也保存较好。留在村里的不少劳动力本身对当地的文化有较高的认同感和归属感。

三、社工介入与项目设计

（一）社工介入的必要性

一直以来，农村发展的计划大多以“问题为本”的扶贫模式开展，这种模式往往忽略了农村社区内部的动力，而单方面地认为农村是落后、贫穷、愚昧的。此类输血式的扶贫理念，不但会极大地打击村民的自信心，还会抹杀村民自身的能动性，造成“一顶贫困帽，惹来万人抢”的乱象。

社会工作作为一门以关注弱势、助人自助为导向的专业学科，为社区的良性发展提供了多元的理论视角。其中，社会工作的优势视角反对将服务对象问题化，认为问题的标签对服务对象具有蚕食效应，重复多次后会改变案主对自己的看法和周围人对他们的看法，削弱个人的自我认同。因而，优势视角强调社区发展应该重视资产建立和能力建设，社工应该立足于案主的优势和资源，协助他们达成自己的目标并能更好地应对风险与不幸，弥合个人与他人、个人与社区之间的裂缝。

在处理农村社区发展问题的过程中，社会工作不仅提供了创新视角——优势视角，亦为其现在面临的多重挑战开辟了解决之道：社工为资源链接者，能较好地搭建起桥梁，促进城乡资源互惠共享，从而有助于解决城乡孤立发展的问题；社工作为能力促进者，可提升村民对自我以及对村庄的认同，从而有助于解决由于农村社区与传统文化失落而导致的村民自我矮化等问题；社工作为同行者，能扎根底层，深入了解群众的实际需求，从而制订出符合村民利益的切实可行的工作计划。

（二）生态学视角下的社区社会工作

个案、小组、社区作为社会工作的三大方法各有侧重，而社区社会工作则更强调一种生态学视野，它看重人与人、社会和自然的和谐发展。从社区的层面上来看，社区发展式的社会工作者关注人与环境（包括自然环境和社会环境）之间的互动，并利用社区以及在社会环境范围内的资源网络来为案主提供社会支持。社区社会工作会将重点放在通过组织人们形成群体和组织、通过社区教育和组织发展来开发个人潜能这两方面，帮助个人利用社会资源和网络，摆脱困境，最终走向自力更生的发展道路。

总的来说，社区社会工作旨在将由原子化个人组成的分裂式社区转变为整合的、积极互动的、邻里互助的生态型社区。由此观之，社区社会工作的方法更能与农村社区的发展相适应，具体到绿耕的项目则是以社区社会工作为主，辅以个案、小组的方法跟进，以整合的社会工作方法来推动农村社区的可持续发展。

（三）项目设计

基于以上提到的一些经验与反思，为了突破农村社区发展的限制，回应村民在生计、文化与环境方面的发展需求，我们必须寻找另类的农村社会工作项目或发展计划，才能实现生计、环境和文化的可持续发展。我们深信，突破困局的关键在于建立公平贸易和公众教育的平台，也就是搭建“城乡合作”的平台。这个平台之所以重要，是因为它能够促成一种互惠互利的“生产—消费”关系。什么是生产者与消费者的共同利益所在呢？无疑是生活与健康。生产者需要一个能反映他们劳动成果及维持生计的回报，消费者需要得到安全健康的食品。

要破解上述种种矛盾，就必须促进生产者与消费者的直接合作。在城乡合作和公平贸易的平台上，农民与城市居民（生产者与消费者）再也不是二元分割的关系，不是落后与现代、贫穷与富有的关系。农民不是被动的扶贫对象，他们有能力生产出无污染、天然的健康食品；消费者不是被动的购买者，他们只要支持农民生产及通过监察生产过程，就可以获取安全健康的食物。“互惠互利”表明，生产者有责任为消费者提供安全的食物，消费者有责任为生产者提供合理、有尊严的回报。通过合作，双方可以实现“生活与健康”的基本需求。

“城乡合作”平台的建立，不单把生产者与消费者联系起来，同时亦促成“经济发展”“社会文化”及“环境保护”的有机结合，实现可持续发展的最终目标。生产者与消费者的合作，使生产者意识到环境保护应该直接与他们的生计挂钩，这样农民的环保意识必然会提高。同时，减少农药及化肥的使用，必然牵涉到文化的保护，因为传统的农耕方法本身就是有机及生态的，农民只要摆脱单一品种和规模化生产的现状，传统智慧及技艺就有发挥的空间。当农业生产得到合理的回报，传统知识有存在的价值时，农民的自我认同及自信心必然会得到提升，外出打工就不再是他们唯一或最好的选择，农村社会问题才有可能得以舒缓。

我们在从化·长流的项目中做出了如下设计：以城乡合作、公平贸易为平台，采取“前店后村”的策略，通过运用整合的社会工作方法发育城乡合作组织，发掘优良的农副产品资源、优秀的传统文化资源和优越的生态资源，推动城乡合作，和谐城乡关系，化解“三农”问题，并希冀由此探索中国农村社会工作的发展模式。

四、项目实施过程

根据对项目点的需求评估及相应做出的项目设计，项目具体的实践内容包括：

（一）生计需求—城乡合作社组织的发育—社区经济生计发展

“生计需求—城乡合作社组织的发育—社区经济生计发展”已成为当前农村最迫切的需求，但主流的以资本为导向的市场经济不但使得大部分农民无法从生产中获益（中间商剥削），更使得土地水源遭受到破坏（化肥、农药等），这种困境亟待我们另辟蹊径，寻求实现农村生计、环境和文化可持续发展的道路。

1. “公平贸易—城乡合作”

绿耕在项目中，将城市与乡村看作一个整体的、互动的社区（而非割裂的），通过发育城市的消费者合作小组及农村的种植合作小组，使得消费者能够以“共同购买”等形式与农户共担种植的风险，而种植合作小组的成立则有助于凝聚农户的力量，降低生产成本，提高产品质量。一方面农户以生态保护及健康的原则为城市居民提供安全的农副产品；另一方面消费者以尊重农户的劳动价值为前提进行直接交易，将消费者及生产者一同组织起来，搭建城乡合作和公平贸易的平台，能够促进生产者与消费者之间的互利互惠与互助，从而创造和谐的城乡关系。

（1）村中生态农副产品种养殖互助合作小组在农村社区，以可持续生计和生态环境保护理念为指导，社工与村民合作发掘当地优良的农副产品资源，并鼓励村民以小组的方式合作生产生态农副产品。目前村里已经开始了土鸡、蜂蜜、番薯、洛神花、蔬菜等各种生态农副产品的生产，参与到小组的农户有 31 户，农户从小组生产中获得的收益共有 243 830元。另外，一些还没有正式加入小组但已参与到公平贸易店代售和本地农墟交易的有 20 多户，收入约为 15 000 元。

（2）城市社区支持网络建设。在城市社区，社工通过搭建公平贸易店、共同购买、城乡汇农夫市集等平台来凝聚消费者，并开展环保、食品安全宣传、生态农业、关注小农等相关议题的社区教育活动，通过宣传城乡合作的理念，将消费者组织成有机的网络，消费者通过购买的行为来支持村中的生态种养殖项目，打破“施与受”的救助模式。此举不仅减少了中间商对农户的剥削，保证村民的劳动得到合理且有尊严的回报，亦大大提高了其种植生态农副产品的积极性。

2010 年 3 月至 2011 年 12 月，绿耕的公平贸易店开业以来营业额达到了 135 420 元，有效地支持了农村的组织发育工作。此外，绿耕联合广州关注小农、健康、环保的公益慈善组织，成立了非正式社区支持网络——“城乡汇”，该组织不定期在社区举办“农夫市集”活动。社工还深入广州居民小区举办社区活动，参与合作伙伴的社区沙龙，利用博客、网站、邮件群发、短信、QQ 群、电子简报等网络媒介，全方位地宣传所在乡村。

2. “乡村旅舍—城乡交流”

除了通过公平贸易来推动农村的生计发展，社工还利用当地已有的建筑资源——闲置老屋，将其修旧如旧，改造为独具当地特色的旅舍，并通过发育妇女小组管理旅舍，达到能力建设的目的。由此搭建原生态式乡村生活的体验平台，促进城乡交流共融，以及对农村生态和文化的保护。

（1）旅舍小组的成立及生计改善。从 2010 年 5 月 22 日乡村旅舍试运营起，农村社工在村中发起了一个由 7 位家境贫困的妇女组成的旅舍管理小组（现增至 8 人），协助她们布置并经营旅舍，同时城市社工在城市平台宣传链接资源。迄今为止，仙娘溪乡村旅舍已接待了 89 批次游客 776 人，直接为小组带来 128 436. 6 元的收益，其中 20%（25 687. 32 元）作为旅舍的维修基金，10%（12 843. 66 元）作为村中的公益金，妇女小组 8 人平分 70%（89 905. 62 元），人均纯收益为 11 238. 2 元（以上为 11 个月的合计数据）。

（2）妇女小组的能力提升。通过组织村中处于较弱势地位的 8 名妇女成立乡村旅舍管理小组，实现村民自主管理乡村旅舍，提升妇女社区事务的参与度。在管理乡村旅舍的合作中，妇女们锻炼了沟通交流的能力和社区议事能力；在与游客交流的过程中，妇女们的自信心和主体性不断增强。

（二）文化需求—传统文化的恢复与再造—社区认同

本项目以本土文化（传统宗族文化、农耕文化、乡村生活文化）恢复为理念，与政府和村民合作重修了祠堂和风水池，并建设了社区文化小广场和乡村生活博物馆。另外，联同社区青少年一起，开展了村中口述史的工作，在社区内开展了丰富多彩的文化活动。这些工作的开展丰富了村民的文化生活，并且有助于恢复失落的乡村文化，提升当地村民的文化和心理自信。

1. 村中口述史整理

社工组织大学生志愿者和村中青少年一起开展了为期两个月的“农村社区口述史整理”行动。遍访村中各户，发挥村中老年人的作用，收集当地风土人情的资料，与村民一起重建社区的集体记忆。村中青少年通过参与口述史项目，增进了对自身社区的了解和认同，老人家通过讲述村史体验到了自身的价值，项目很好地促进了代际交流。

社工将访谈获得的资料整理并展示于农村社区中的各个公共空间，使得尘封的历史记忆再度展现在村民和游客眼前，激发当地人更多地去了解自己生长生活的社区。

2. 老屋与祠堂的重修与再造

如上文所提，社工将老屋修旧如旧为乡村旅舍，不但没有将这种传统建筑束之高阁，反而在保存其特色的同时更令其焕发新生——游客入住能切身体验一种动态式乡村生活。

社工还借助重修祠堂和风水池的契机，动员全体村民参与社区建设。在这一过程中，村民的自主性与社区认同感被极大地激发起来。祠堂重修后，原本坍塌凋敝的空间焕发了全新的活力，祠堂用来举办宴会、聚会的功能得到恢复。

此外，社工在尊重本地祠堂文化的前提下，根据村民的需求，和村民一同对祠堂进行再造，将祠堂打造成集聚会、学习、交流、文化保存、娱乐为一体的多功能公共空间，在祠堂内开展讲座、学习班、讨论会、放映会等活动。

3. 农耕文化的保存

中国作为一个有着四千年农耕文明的国家，稻作文化源远流长。只是随着工业化农业的推广，那种突显人与自然和谐共处的小农耕作文化被逐渐遗忘。社工立足于项目点所在村落的稻作文化优势，从三个方面来推动农耕文化的保存：展览馆、农耕体验活动和传统老品种作物种植。社工与村民一道收集了古老的农具，将其陈列于祠堂里一个十多平方米的空间内，建成一个简单别致的农耕文化展览馆，并根据口述史的资料做出文化卡片，重现当地农耕的全过程。这让村中甚少参与农耕的年轻人及城市的游客有了可以了解失落农耕文明的地方，也让人们意识到曾被贴上“土的”“没文化的”标签的“耕田”有着它宝贵的传承价值。

配合乡村旅舍项目，社工经过对当地时令、耕作活动的充分调研，设计了每月不同的农耕体验活动。从插秧、除草、收割、风谷到挖番薯、摘果，旅舍的游客在村民带领下到田间劳作，亲身体验农作物的生长过程，村民和游客在互动中体会到农耕的价值。

在生态种植项目的开展过程中，社工倡导一种用传统的方法种植老品种作物的友善农业方法。实质上，这种理念来自农村本土社区，它是对现今追求“高产量好卖相”大量喷药下肥的农业模式的一种反思。它尊重农夫的知识体系，讲究种植与生态环境相融合，是对传统农业去糙取精式的回归。

（三）环境保护的需求——意识提升

绿耕社工在农村社区的各个项目中融入了提升环境保护意识的内容。生态种植项目引导农户逐渐摆脱对农药、化肥的依赖，而转向用物理、自然的方法克服种植困难，这将大大改善因施用化肥而板结的土质，亦会减少对水源的污染，有助于生态环境的恢复与保育。

乡村生态体验游的发展，使得村民意识到青山绿水是自身的发展优势，从而更注重村庄的卫生环境。而游客亦通过体验这种有别于大众旅行的旅游方式，更珍惜原生态的大自然，并意识到要尊重生态和文化的多样性。

另外，社工不定期地动员志愿者和村民一起清理村中的垃圾，放映环保的影片亦在一定程度上起到了提升环保意识的作用。

（四）学习的需求——社区教育

随着生计项目的顺利进行，社工感受到了开展社区教育项目的必要性。为了解决乡村教育资源匮乏的问题，社工通过链接各方资源在村中开设社区图书室、暑期学习班，并为村民提供外出学习交流和技术培训的机会。由此增强和提高村民自主学习的意识和能力，激发村民的潜力，完善村民的知识结构，促进其能力的提升。

（五）社工与志愿服务型人才培养

该项目作为广州市社会工作人才队伍建设的试点项目，十分注重对社工及公益人才的培养，又因为绿耕的高校背景和资源，从化·长流项目成为社工实习及大学生公益学习的重要基地。

1. 社工的实习基地

自项目开展以来，共接收和培训来自中山大学、云南大学、广州大学、广东工业大学、香港理工大学、华南农业大学、贵州民族师范学院、中国劳动关系学院等各大高校的社工系实习生近100人。其中中山大学的MSW（社会工作硕士班）的5位学生以项目实习内容为题，撰写了硕士毕业论文。

2. 公益学习及研究项目

项目还承接了中山大学暑期公益学习、谷歌公益、华南师范大学SIFE社区支持农业、华南农村研究中心珠三角社区经济研究课题等项目。

3. 志愿者的服务参与

来自广州、深圳、香港、上海等地的城市志愿者以及华德福自然体验学校、上海瑞金国际学校等学校的学生曾在项目点开展社区服务，在村中开展过修桥、补路、送餐、老人关怀、学习班等服务项目。

五、项目成效

（一）从化农村社会工作试点项目村民受益表

2010—2011 年从化农村社会工作试点项目村民受益表

项目	活动数据	受益群体及相关说明
乡村旅社、民宿（乡村生活体验游）项目	1. 经济收入：128 436.6 元 2. 接待批次：89 批 3. 游客人次：776 人	主要来自仙娘溪村 8 位弱势妇女组织的乡村旅社管理小组。另外 5 户为做家庭民宿接待游客的普通农户。乡村体验游的开展使得村庄为更多的人所认识，城乡交流活动增进了城市居民和村民的相互了解，降低了城乡排斥度
生态农副产品种养殖及乡土手工艺恢复	1. 农产品配送收入：243 830 元 2. 乡村农墟收入：约 15 000 元 3. 种植、养殖正式合作农户：31 户 4. 蜂蜜小组：6 户 5. 手工艺传承人：竹艺 2 人，酸菜 2 人，土豆腐 1 人，土蜂蜜 1 人	主要为来自仙娘溪村、长岌村等共 111 户加入的合作小组，以及还未加入小组的合作农户
文娱活动	1. 公共空间 工程投入劳务收入：29 705 元 ①文化博物馆两间（生活博物馆、农耕文化展览馆） ②祠堂两间（杨氏祠堂、易氏祠堂） ③风水池一个（仙娘溪村内） ④文化活动广场一个（本土文化） ⑤图书馆一个（与广东电视台合作） ⑥社工站一个（长流社工站） 2. 文化活动 ①弱势老人服务（9 人） ②儿童活动（志愿者活动 9 次；阅读小组 1 个；文娱小组 1 个；个案服务 9 人） ③村民文艺晚会（8 场，以文娱表演为主） ④社区电影（以食品安排、生态、项目纪录片，娱乐片为主，共计 10 余次）	仙娘溪村全村村民 67 户，长岌村部分村民，杨围村部分村民

（续上表）

项目	活动数据	受益群体及相关说明
环境	1. 农业生态环境（通过生态种植改善） 2. 起居环境（通过卫生教育及乡村旅社培训） 3. 村落环境（发动志愿者进行每月一次的社区垃圾处理活动）	仙娘溪村全体村民 67 户
妇女增权	1. 社区公共事务 2. 社区环境 3. 能力自信提升	妇女小组中的 8 位村民，本村相关妇女 25 位
城市社区工作	1. 公平贸易店营业额：135 420 元 2. 城市社区有机“小市集”：10 次 3. 长期志愿者队伍：89 人	
其他	1. 村民能力建设培训：妇女小组培训 5 次，村民外出培训 1 次 2. 祠堂文化活动中心：村民协商会议 15 次 3. 儿童个人资产账户建设：走访村民 41 户，初步实施计划 1 份 4. 妇女小组与其他小组及农户合作协商会议：2 次	长流村村民

六、项目经验及反思

根据试点两年开展的工作来看，我们主要通过三部分的工作联动，形成城乡发展良性支持网络，从而推动农村社区的良性发展。

首先，乡村组织建设（组织起来）。绿耕的社区行动策略是从村庄的低收入人群和弱势人群家访或访贫问难（个案家庭社会工作）切入，逐步将弱势人群组织起来（小组工作），推动生计互助组甚至合作社充分利用社工搭建的城乡合作、公平贸易平台自主创业，实现经济自助与互助，使社区民众安居乐业。此可总结为运用优势视角，推动以能力建设和资产建立为核心的农村社会工作。

社工社区组织的方法包括在整个社区内（几乎遍访村庄每一户人家），与村民建立信任关系，挑选社区积极分子，推动他们组成生计小组，大家一起盘点社区优势资源，确定并实施乡村体验游计划。在社区组织的过程中，社工不仅扮演资源链接者、平台搭建者和能力促进者的角色，利用政府资金将村庄一片废弃的“围屋”修旧如旧，改造成为乡村旅社；还扮演同行者和陪伴者的角色，将社区最弱势（贫困）的 8 位中年妇女组织起来，将修整完好的乡村旅社交由妇女们经营管理，并从中协助同行。

其次，城市社区支持网络建设（动员起来）。乡村组织建设起来的同时，绿耕的另一支城市社工队伍将城市社区动员起来。具体做法包括深入广州居民小区举办社区活动，参与合作伙伴的社区沙龙，利用各类网络媒介，全方位宣传所在乡村，以凝聚人气，推动社区支持“三农”。此外，绿耕联合广州关注小农、健康、环保的公益慈善组织成立了非正式社区支持网络——“城乡汇”，该组织不定期在社区举办“农夫市集”活动，直接向城市居民推广健康生活和乡村体验游。

最后，城乡合作、公平贸易（互动起来）。借助乡村生活体验游与公平贸易的契机，推动村民与城市居民携手合作，互惠互利，既突破“施与受”的助人模式，也有利于增进双方的相互理解，降低城乡社会排斥度。

绿耕农村社会工作 11 年的经验表明，无论是早期的文化与发展行动，还是近几年来的社区经济实验，社会工作专业在中国农村大有作为。绿耕的始创人张和清教授将 2007 年以来绿耕农村社会工作的经验总结为：秉持以人为本、公平正义、助人自助的社工精神，以“城乡合作、公平贸易、共创生态文明与可持续生计”为奋斗目标，采取以社区为本的整合社会工作策略，立足社区，以社区经济作为切入点，通过构建社区支持网络，综合运用个案、小组、社区、行动研究等专业的方法和技术，整合地推动微观的个人、家庭、社区能力的提升和宏观的社会政策乃至全球生态政治的改变。在具体操作层面，社工借助城乡合作、公平贸易的平台，在与社区民众同行的过程中发育农民互助组和专业合作社，通过乡村旅舍食宿、乡村生活体验游、农副产品公平贸易、公平贸易店销售等城乡合作项目，协助农民改善生计，从而实现生计、社会互助、文化传承、性别平等、生态保育等可持续发展的目标。

家庭与社区社会工作

“联和一家·幸福联和”家庭综合服务项目

项目单位：广州市中大社工服务中心
项目组成员：贺立平、甄鹤、曾晓菁、朱星星、何静文、杨时河、冷静、甘容

一、项目背景简介

2010 年 8 月，广州市政府发布《关于加快推进社会工作及其人才队伍发展的意见》及 5 个配套实施方案，要求每条街道至少建立一个家庭综合服务中心。

广州市萝岗区（2014 年 2 月并入黄埔区）联和街有幸成为首家建设家庭综合服务中心的街道。广州市萝岗区联和街道社区环境复杂，兼有现代社区、城乡结合社区、原始村落等社区形态，并居有大量的外来务工人员，社区需求多元，属于典型的正处于城市化进程中的城乡接合部。

2010 年 10 月，在萝岗区社区管理局的支持下，联和街街道办事处与广州市中大社工服务中心联手，建成了广州市首家家庭服务中心——联和街家庭综合服务中心（以下简称“联和一家”）。作为广州市首家家庭综合服务中心，联和一家以“社区为本、家庭为重”“社区为家庭保驾护航”为理念，以“提升个人、家庭及社区能力”为目标，致力于为个人、家庭及社区搭建能力建设平台，实现资源的循环互动，以期达到“联和一家，为了联和每一家；联和一家，和谐家庭千万家”的愿景。

二、根据需求制定规划

联和街成立于2004 年5 月26 日，面积62. 18 平方千米，辖黄陂、联和、玉树、暹岗、金峰园、天鹿湖六大社区。截至2012 年5 月，联和街总人口有12. 7 万人，其中户籍人口2. 56 万人，外来人口 10. 14 万人。为了项目设计与执行能够有效，联和一家进行过两次需求调查，分别于 2010 年 7 月 29 日—8 月 11 日和 2011 年 12 月开展。

需求调查将调查对象分成六个群体：长者、家庭、青少年、残康者、外来工、义工，并根据各个群体的不同特征设计了具有针对性的问卷。根据两次调查结果分析，联和一家获得了各个服务领域比较完整真实的需求信息，为展开本土化的社工服务奠定了良好的基础。据此进一步拟定项目总体工作进程规划如下：

项目总体工作进程规划

序号	事项	内容	目的	时间段
1	社区整体调研及分析	1. 社区基本信息概况、数据收集；焦点小组访谈 2. 长者、青少年、家庭、外来工、残康者、义工六大群体问卷调查 3. 六大领域服务方案初步规划	了解社区基本情况、需求、资源，确定社区问题的类型，便于设计服务方案	2010 年 7 月—2010 年 9 月
2	中心基本设施整体设计	1. 整合场地资源，以专业社工视角参与设计及装修中心场馆服务功能分区 2. 场馆设施设备采购 3. 场馆使用、管理相关制度建设 4. 中心指示标识设置	保障中心专业服务的场地设备资源，并引导居民有序正确使用	2010 年 8 月—2010 年 9 月
3	中心人员配备、财务管理、制度建设	1. 招聘符合资质的中心主任及社工、行政等工作人员，保证人力资源配备 2. 与服务购买方协调落实项目款拨付，保障财政支持 3. 人事、财务、服务等方面管理制度建设工作	保障人力、物力、财力投入，确保服务开展条件配给	2010 年 8 月—2010 年 10 月
4	前期宣传工作	通过服务体验日、宣传册、网站建设、单页、外展社区活动等多元手法，宣传中心服务内容，与社区居民、资源方建立初步关系，引导居民参与服务	提升中心的社区认知度，与服务对象、社区资源方建立初步关系	2010 年 9 月—2010 年 10 月
5	服务全面推展期	1. 六大领域服务全面有序开展 2. 与居民建立稳固关系 3. 营造居民参与社区服务的热情 4. 与社区资源方（如政府部门、企事业单位、社区服务网点等）建立初步关系，洽谈合作意向及规划	落实社会福利社会化，以中心服务，解决居民问题，满足居民需要，促进社会和谐	2010 年 10 月—2012 年 9 月
6	项目成效评估监控	以过程评估和结果评估相结合的方式全面评估服务成效，总结提炼中心经验，反思改善中心的不足	在行动中反思，以评促进，提升服务品质	2010 年 10 月—2012 年 9 月

三、运营概况和各方成效

在将近两年的运营过程中，联和一家作为广州市首家家庭综合服务中心，曾面临各种困难，但值得欣慰的是，自2010年10月正式运营以来，服务成效比较显著。截至2012年6月30日，联和一家共服务居民60 502人次，其中深度辅导个案901节，小组397节，社区活动365次，注册义工350名。从广州市萝岗区社区管理局委托第三方——广州市社会工作协会对联和一家开展全面评估的结果来看，2011年11月的终期评估与2012年5月的中期评估结果均为优秀。

联和一家配备了25名工作人员，就长者、青少年、残康者、家庭、外来工、义工六大领域开展家庭综合服务。我们给家庭综合服务中心的服务定位是综合视角下的社区社会工作，六大领域各有侧重，如长者领域，侧重于孤寡、独居、高龄、重病等类型长者的社会支持网络的建构；青少年领域致力于家庭、学校、社区三位一体联动教育模式的探索；残康者领域致力于残康人士及其照顾者的增能；家庭领域致力于健康照顾、危机应对、成长规划、品质生活以及社区参与五大维度的能力建设；外来工领域致力于消融隔阂、在地共融；义工领域致力于提升社区互助意识，营造居民向善文化。同时，这六大领域密切合作，不割裂，多互动，以一个个的家庭为单位来提供社工综合服务。个案、小组和活动日趋深度及专业化，突显社工的专业性。随着社工服务的不断推广，越来越多联和街居民开始认识与接触家庭综合服务中心，接受社工服务，并给予较高评价。

在运营过程中，为提高整体服务质量，联和一家引进了“优质管理”（TQM）的专业社会工作服务监控体系，强调对所有参与联和一家综合社区服务中心服务工作的社工、义工及行政人员进行专业培训，以确保服务质量。用例会分享（评估）的方式，借鉴TQM中的“360度服务质量评估系统”对服务过程进行监控，每一次的服务流程都要经历“查阅档案—服务输送—新资料汇集—例会分享—集体评估—新服务方案形成”等过程，每两周召开一次服务人员评估分享会。在此基础上，建立“社区居民个人服务档案系统”，即为每一位接受综合社区服务中心服务的居民设立档案，包含基本信息、身体状况、家庭情况、需求评估、接受服务种类、服务满意度、改进计划、计划评定意见等，借助每一次服务不断增加新的信息，以实现社区个性化服务，强化服务的规范性。对于在服务过程中遇到的问题、产生的情况及困扰，则借助例会和定期培训予以澄清和处理。

总体而言，在家庭服务中心本土化运营经验缺少的情况下，联和一家立足社工专业，扎根社区，勇于开拓内地家庭服务中心服务模式，积累了不少社工本土经验，联和一家作为广州家庭综合服务中心的试金石，其成功运营给广州市各街道家庭综合服务中心的起步发展起到了良好的示范作用。

四、社会效应和问题反思

截至2012年6月，联和一家共接待参访280余次，社会媒体报道50余次，先后被新华社、《穗府信息》《南方日报》《广州日报》《南方都市报》《羊城晚报》、广州电视台、凤凰网、广东省电台等不同类型的媒体报道，在行业乃至全社会造成较大影响，成为社会大众认识社工的推手，让社会上更多组织、单位、团体能够更好地理解与认同社工。联和一家的成功运营，带动了家庭服务中心的发展，将有助于及时化解家庭矛盾，缓解社会危机，营造民生良好环境，促进社会和谐，提升居民的生活幸福感。

当然，作为一个探索中的项目，在发展过程中也凸显出一些问题，值得认真反思和改进。比如社工从业人员年龄低，缺乏经验，实务能力弱等问题，还有社工流失率较高，督导资源相对匮乏，机构资金来源单一，社会认知度不够，危机处理机制不健全，与地方政府资源的沟通合作不够等各方面问题。但我们相信，诸如此类的问题都是发展中的问题，也将在发展中得以解决。

目前，联和一家已逐步和广州的各方资源合作，如广州义工联、其他NGO组织、萝岗区司法所、医院、企业等，将现有的资源整合，最大化利用，搭建非营利性组织支持网络。并将本土的社工实务经验进行归纳总结，进一步为行业发展做出宣传和倡导，使得前进力量有更为坚定的步伐，后进力量有更饱满的希望。

“和谐家园”深圳市反家暴社工援助服务项目

项目单位：深圳市鹏星社会工作服务社
项目组成员：易松国、徐秋菊、李晓霞、荣明姝、周红萍、王海星、陈爱华、黄俏、赖耀龙

2009年11月25日“国际消除针对妇女暴力日”，深圳市鹏星社会工作服务社的“和谐家园——深圳市反家暴社工援助计划”正式启动。本项目由深圳市福彩公益金资助，是国内首个民间反家暴社工援助项目。项目旨在预防和减少家暴事件的发生，帮助受虐者走出困境，协助受困人群重建美好生活，联合其他力量促进社会性别平等、社会和谐。

一、项目的重要性及创新性

（一）家庭暴力日益增多，危害巨大

家庭暴力是婚姻的杀手。据2007年8月12日《法制日报》报道，中国2.7亿个家庭中大约有30%存在家庭暴力，全国每年约有40万个家庭解体，其中四分之一缘于家庭暴力。据调查，深圳市人口超过1 200万，家庭数超过250万，三分之一的家庭有暴力存在，也就是说深圳市至少有80万家庭存在家庭暴力。

从微观层面说，家庭暴力影响家庭成员之间的感情，会对家人造成身心伤害甚至生命危险，影响孩子健康成长等。从宏观层面来讲，家庭暴力破坏社区、社会和谐，影响社会稳定。本项目有助于促进家庭和谐、社区和谐、社会和谐。

（二）政府和社会日益关注和重视

20世纪70年代以来，家庭暴力已经成为社会管理部门和学术界所关注的热点问题。截至2008年，全球有美国、英国、加拿大、澳大利亚、新加坡、肯尼亚、中国香港、中国台湾等44个国家与地区制定了反家庭暴力法。

1999年，联合国大会将每年的11月25日定为“国际消除针对妇女暴力日”；我国出台了《关于预防和制止家庭暴力的若干意见》等相关法规。2011年7月15日，反家庭暴力法立法工作取得突破性进展，全国人大常委会已将反家庭暴力法纳入预备立法项目。

（三）项目的创新性

本项目是国内首个反家暴社工援助项目，也是迄今为止国内唯一在反家暴方面提供系统服务的公益项目。“儿童零暴力成长救助计划”是国内首个关注家暴儿童的项目。该项目刚刚获得“首届中国公益慈善项目大赛”金奖。

2010年5月，项目组正式注册成立了深圳市鹏星家庭暴力防护中心，这是深圳市暨国内首家民间专业的家庭暴力防护和研究服务中心，标志着鹏星反家暴项目从短期的项目服务向长期、持续的服务转变。

二、服务团队的专业性

（一）专业的服务机构

深圳市鹏星社会工作服务社（以下简称“鹏星”）成立于2007年5月，是深圳市首家专业社工机构。中央电视台《新闻联播》及中央二台、中央四台新闻频道等主要媒体对此进行了报道。

鹏星创办人及负责人易松国是深圳大学社会学系教授及系主任，博士毕业于香港大学社会工作及社会行政学系，是教育部高校社会学学科教学指导委员会委员，民政部社会工作研究中心特邀研究员，广东省及深圳市社会工作协会副会长。

鹏星一直从专业化和规范化两个方面打造机构品牌，目前已成为国内知名的专业社工机构。从2008年开始，深圳市社工处聘请第三方专业机构对深圳几十家社工机构进行年度评估。在2009年的评估中，鹏星获得了综合总分第三、专业总分第一。在2008年、2010年和2011年的评估中，鹏星均获综合总分第一和专业总分第一。深圳市社工协会从2010年开始评选优秀社工机构，鹏星在2010年和2011年连续荣获“深圳市优秀社工机构”称号。2012年5月，鹏星被评为全国首批先进民办社工服务机构。

（二）优秀、专业的项目团队

反家暴项目有5名全职工作人员，2名专业社工，2名专业心理咨询师。反家暴项目主任徐秋菊，是中山大学社会工作专业的研究生，负责项目研发及管理工作。反家暴中心的理事团队包括深圳市妇联权益部部长、深圳市康宁医院副院长、深圳市律师协会副会长、深圳市心理咨询行业协会会长以及深圳大学和深圳职业技术学院的专家学者。机构聘请了香港社会工作人员协会会长、香港资深社工专家郁德芬博士担任项目顾问，聘请了经验丰富的香港督导担任项目督导。项目社工多次到香港的相关机构考察学习。

美国总统奥巴马的弟弟马克·奥巴马也是反家暴项目的一名重要成员，他义务参加项目的所有重大活动。

此外，中心还有一支庞大的心理咨询师义工队伍和律师义工队伍，周一至周五轮流值班，提供网络咨询和电话咨询服务。

三、项目实施情况

（一）建立反家暴网站

深圳市鹏星家庭暴力防护中心网站（http：//www.pxfanjiabao.org/）面向全国提供网络咨询服务。网站内容包括网络咨询、家暴新闻、家暴知识、成功案例、法律法规、图片视频等。网站每天及时发布最新的家庭暴力研究成果和新闻资讯。截至2012年，网站浏览量超过50万人次，已经成为中国内地反家暴服务浏览量最大的网站。

（二）建立及实行反家暴三级干预机制

项目建立反家暴三级干预机制，在三个层级全面开展服务，这在国内也是首次尝试。反家暴项目组自2009年开展服务至2012年初，开展了近100个个案服务，接听咨询4 900多人次，网络咨询1 200多人次，开展社区宣传教育活动57场，讲座33场，义工培训30次，法律热线服务159小时，印制宣传资料6万多册，服务63 629人次，服务人群来自全国各地。

（三）建立“零暴力”典范社区，探索社区反家暴模式

我们选择两个社区作为零暴力典范社区，倡导“爱自己·爱家人·爱邻里，不施暴·不受暴·不旁观”，强调“暴力零容忍”和“邻里守望互助”。而且，这种社区反家暴实务有着完善的工作手法——对义工进行培训、开展剧场小组以及主题社区宣传活动，可以说形成了社区反家暴服务的“模式”，完全可以复制到其他社区，在其他社区开展。同时，我们将社区与学校结合起来开展工作，致力于实现家庭零暴力、学校零暴力、社区零暴力。

（四）整合各方资源，初步建立深圳市反家暴资源网络

我们广泛联系与家庭暴力相关的单位及机构，建立密切合作。目前，我们与30多家单位建立了合作关系，包括深圳市教育局、深圳市卫生局、深圳市司法局、深圳市妇联、深圳市各区妇联、深圳市公安局及妇委会、深圳市律师协会、深圳市心理咨询行业协会、深圳市关爱办、深圳市婚姻家庭研究会、深圳大学、香港大学、香港家福会、香港和谐之家、诺亚方舟、风雨兰——性暴力危机中心、中国法学会反家暴网络、安澜之家、益友公益团队、海之梦心理咨询中心、深圳市都市频道《第一现场》、《公共粤语频道》、《鞠说好看》栏目组、中华儿慈会、北京红枫中心等。

项目与深圳市6个区妇联、10个街道妇联、50多个社区工作站联络，同时与600余名深圳社工联络，建立了丰富的转介资源。

（五）与外地机构合作开展反家暴服务

2011年，中心成功申请了中华少年儿童慈善救助基金会“童缘”项目关于家暴儿童零暴力成长计划的资助。2012年2月，中心成为中华少年儿童慈善救助基金会在广东地区的唯一资助项目，正式成为中华少年儿童慈善救助基金会公益慈善平台中的一员。

2011年8月，中心与北京红枫中心在“关于在全国6大城市同时开展针对社区工作社会工作人士及居民开展反家暴工作的宣传及培训工作的合作计划”中达成合作协议。2012年7月17日，“大声说出来”项目深圳地区启动仪式在深圳市鹏星社会工作服务社举办，同时为社区工作者（妇干、民警、社区社工等）提供为期两天的反家暴实务培训。

（六）项目管理规范化、专业化和制度化

我们建立了招聘和培训制度、各种服务规范和守则、档案管理制度以及员工考评制度等。项目的财务管理非常规范、透明。机构及深圳市民政局相关部门每年都聘请独立的会计事务所对项目财务进行严格审计。

四、项目的成效及影响

（一）项目服务评价高

我们在个案结案及各种活动之后都会对服务对象进行服务满意度测评。从测评的情况来看，服务对象对项目服务非常满意。打电话进行网络咨询的以及主动到中心求助的人越来越多。

（二）项目得到了社会的充分肯定

2010 年，在深圳公益创投大赛中，反家暴中心申报的项目“星星点灯照亮我的家门”，在 300 多个创投项目中拿到了前 13 名的好成绩。

2010 年，中心被评为深圳市福彩公益金资助的唯一优秀项目。

2012 年，本项目荣获“首届中国公益慈善项目大赛”实施类铜奖。“儿童零暴力成长救助计划”荣获大赛的金奖。大赛主裁徐永光先生在点评该项目时说：“家庭暴力是社会普遍关注的问题，但是家庭暴力对儿童造成的伤害，还没有引起社会的关注，儿童零暴力成长计划的创新性、可行性和可持续性，都是值得肯定的。”

此外，我们的项目还获评深圳市热心公益奖、深圳市优秀组织奖等奖项。

（三）项目得到了媒体的广泛宣传报道

鹏星反家暴项目从启动伊始即得到了媒体的广泛关注和宣传报道。

2009 年 11 月 25 日的项目启动仪式得到中央电视台、凤凰卫视及广东省和深圳市 20 多家媒体的宣传报道。

2010 年 11 月 25 日的深港两地反家暴论坛及系列活动得到香港及深圳 10 多家媒体的报道。

2011 年，中心举行“童缘”项目启动仪式，6 家深圳媒体对此进行了报道。2012 年 7 月 17 日举行的“大声说出来”项目启动仪式也邀请到 8 家媒体进行报道。

此外，项目开展的社区活动及成功案例等也得到了媒体的关注和宣传。自项目开始以来，媒体报道 200 余次。宣传报道的媒体包括中央电视台、凤凰卫视、香港健康卫视、深视卫视、深圳都市频道《第一现场》栏目、《鞠说好看》栏目、深圳电台、新华社、星岛环球网、中国社工杂志、青翼社工杂志、《文汇报》、《中国妇女报》、《香港商报》、《天津日报》、《女报》、《羊城晚报》、《南方日报》、《广州日报》、《深圳特区报》、《深圳晚报》、《深圳商报》、《晶报》、《深圳地铁报》等。

老城区精神病患者和家庭康复及照顾服务项目

项目单位：广州利康家属资源中心
项目组成员：冯慧玲、余婉雯、梁树基、胡少良、陈海霞、梁莉君、张玉河

广州利康家属资源中心（以下简称“中心”）在2009年成为“广州市社会工作人才队伍建设”试点，中心的“社区精神康复服务”成为试点项目。在2009年10月到2010年10月试点期间，中心开展了机构内的社会工作人才队伍建设、精神康复家属服务、精神病康复者康复训练服务和社区精神康复服务，取得了显著的成效。

由于在第一年的“广州市社会工作人才队伍建设”试点项目中表现良好，获得有关部门和社工界的认可，中心有幸在2010年10月成为第二年“广州市社会工作人才队伍建设”试点单位，中心的“老城区精神病患者和家庭康复及照顾服务”有幸成为试点项目。中心希望在第一年试点的基础上进行发展、创新和突破，让更多的精神病康复者及其家庭受惠，推动广州市精神健康社会服务的发展。

“老城区精神病患者和家庭康复及照顾服务”项目实施时间是从2010年11月1日到2011年11月30日。中心对服务对象进行需求调研以后，根据服务对象的需要制定了以下四方面目标：第一，在社工人才队伍建设方面，充实和完善中心的社工人才队伍，提升项目主管社工的项目管理能力，提升机构专业服务水准，发展本土化服务；第二，在家属服务方面，促进家属身心灵健康，提升新家属会员对精神健康知识的认识，建立并维持家属互助支援网络；第三，在精神康复会所（卓毅社）服务方面，恢复精神病康复者工作及日常生活的能力及信心，鼓励康复者与职员并肩积极参与中心决策及执行会务，建立广州精神康复会所服务模式，长远目标是在中心建立起获得国际会所中心认证的会所模式；第四，在社区精神康复服务方面，提升社区家属对精神康复知识的认识，建立社区家属之间的互助支援网络，促进社区家属的身心灵健康。

在社工人才队伍建设中，中心运用身心灵全人健康模式完善社工人才队伍。中心发现社工的身体健康、情绪健康和个人职业规划是非常重要的，因此决定运用身心灵全人健康模式完善社工人才队伍。中心根据社工的个人特点、需要和服务发展方向提供机会让社工参加相应的课程进修，通过一系列的进修课程，提升社工的素养，协助社工进行个人职业规划。

在家属服务中，中心运用身心灵全人健康理论和生死教育理论开展服务。在第一年的项目试点中，中心尝试运用身心灵全人健康理论开展家属服务，关顾家属的身体健康，提升家属的情绪管理能力，推动家属积极规划自己的晚年生活，获得了家属的肯定和认可。在第二年的项目试点中，中心发掘到家属在规划晚年生活的过程中开始思考自己百年归老的情况，对于百年归老有所担心并且希望及早进行准备。

在精神病康复服务中，中心率先试行精神康复会所（卓毅社）服务。2010 年底，中心在查阅了大量境外开展的精神康复会所服务资料，多次到香港和长沙实地考察会所服务开展后，经过充分的准备，正式在广州市率先推行精神康复会所（卓毅社）服务。该服务前期以中心已有的“毅志同行——有你伴成长”计划为基础，新加入会所服务的元素。在获得康复者的接纳和欢迎以后，2011 年 4 月，精神康复会所（卓毅社）服务正式与“毅志同行——有你伴成长”服务计划分离，独立为康复者会员提供以“公平、平等、自决”为原则的会所服务，由康复者和职员并肩推行会所事务，而“毅志同行——有你伴成长”计划则继续按照项目计划独立运行。

在社区精神健康服务方面，中心正式开设金沙利康精神康复综合服务中心。从 2009 年 12 月起中心派出 2 名社工到金沙街开展精神病患基线摸查工作和精神病康复者家属工作，并开展社区宣传活动与街道残联专干培训。2011 年 3 月，金沙街筹划建设综合家庭服务中心，划拨了 90 平方米的场地给利康中心用于开展精神健康综合服务。2011 年 6 月 18 日，金沙利康精神康复综合服务中心试营业，2011 年 6 月 24 日正式开张，中心以“身心康泰乐生活”为主题为金沙街居民和街道残联专干提供精神健康服务。

在项目结束的时候，中心对项目目标的实现情况进行了评估，项目的各项目标都已经顺利达成，并且获得服务对象的良好评价。在社工人才队伍建设方面，社工觉得中心提供的在职培训能够减轻其对职业的倦怠感，不断充实自己，同时有机会在培训的过程中与社工同行交流分享。每次结束培训重投工作岗位，社工都觉得有更多的能量面对工作的挑战。此外，社工非常喜欢中心根据每个社工的特性和兴趣专长提供相应的培训，使得每个社工能够发展自己的专业特色。

在家属服务方面，中心通过问卷调查和个别面谈的形式了解家属对服务的满意度。家属们向中心反馈表示，他们看到中心这两年开展的主题小组和工作坊的内容越来越丰富，很吸引人，他们尤其喜欢规划晚年生活和为百年归老进行准备的主题小组或者工作坊，觉得这些小组或者工作坊给他们带来了很大的帮助。

在精神病康复服务方面，参加精神康复会所（卓毅社）服务的康复者，非常认同该服务模式倡导的“公平、平等、自决”理念，因此他们非常珍惜参与该服务的机会。康复者提到在参与该服务的过程中学习到很多东西。参加该服务是没有津贴的，但是有不少康复者宁愿放弃有津贴的庇护工场的工作训练也要前来参加，可见其对康复者来说有强大的吸引力。

在社区精神健康服务方面，金沙利康精神康复综合服务中心正式运营以后，社区家属非常兴奋，每天聚在新中心参加小组或者工作坊服务，在中心的琐碎事务上给予社工很多支持和协助，他们主动地将改善服务的建议告诉社工，使得社工能够及时改进和完善服务。

项目顺利完成以后，中心也积极进行反思，总结项目经验。中心认为做得比较成功的有以下四方面：第一，发挥本土社工督导之优势，建立一支具备精神康复服务专业特色的社工人才队伍；第二，将身心灵全人健康理论和生死教育理论结合开展家属服务，建立广州本地精神健康家属服务的新模式；第三，建立个性化、多元化的精神康复服务体系；第四，建立“一站式”的社区精神健康服务模式。

除了项目的成功经验，中心也总结了项目发展仍需要突破的瓶颈，项目维持陷入困境、项目主管社工管理能力仍需进一步加强和人才储备困难是阻碍项目进一步发展的重要原因。针对项目发展所遇到的问题，中心提出了三项建议：①完善社工管理能力建设，拓展现有服务；②争取获得政府的常态化资助，开拓多元化经费来源；③培养社区精神康复服务的社工人才，充实服务队伍。

搬迁后老人社区融入项目

项目单位：东莞市正阳社会工作服务中心
项目组成员：裴文琳、何心意、吴雪珠、郭薇、邓红兵、刘玉平、荣任、蒋德辉、樊海涛、叶妙玲

一、项目背景介绍

随着市场经济的发展以及产业结构的转型，东莞市城市化进程不断加快。为支持虎门港鲑沙岛石化基地建设，鲑沙岛4个村的3 400多户居民要进行整体搬迁，这次搬迁也是沙田史上最大规模的土地整合工程。在那些将要搬离的人群中，1 700多位老人成了这支搬迁队伍中最为脆弱的群体，相对来说他们对新环境的适应能力较弱，他们在鲑沙岛上居住的时间最长，生活习惯较为牢固，社交网络系统较为固定，而且他们安土重迁的意识较强，乡土情结较为严重。因此，尽快使老年人融入新的社区环境显得格外重要。

本项目以搬迁老年人为主要服务对象，紧紧围绕老年人如何适应一个相对陌生的环境、消除负面情绪、重建社会支持网络等问题展开工作。通过开展一系列服务项目，例如通过开展新小区环境适应计划，包括社区安全知识宣传系列活动、就医指南活动等，来提高征地搬迁后老年人的社区安全感，促使他们能够顺利融入新的社区环境；通过开展心理健康计划，包括开展长者心理卫生知识讲座、长者乐聆俱乐部、长者重拾昔日欢乐小组等，来减少搬迁老年人因搬迁产生的心理不适与寂寞感；通过开展生理健康计划，包括开展长者食疗保健小组、长者活力健体操小组、社区老年人义诊等，号召搬入新社区的老年人强身健体，协助其建立健康的生活方式；通过开展休闲康乐计划，建立老年人兴趣小组，为有共同兴趣的老年人搭建休闲娱乐平台，养成良好的休闲娱乐习惯；通过开展老年人社交活动计划，包括各种节日的庆祝活动、朝阳与夕阳之间的互动联系，加强搬迁老人之间的社区联系和互动，提高其对新社区的认同感和归属感。同时，通过开展“社工＋义工”联动计划，成立一支由本社区青少年组建的“爱在鲑沙”老年人志愿服务队伍，增强本社区青少年的敬老爱老意识，在社区营造关爱老年人的氛围，培养社区青少年的社会责任感，唤起搬迁社区邻里相互照顾、守望互助的精神，共建人文关怀社区。另外，还将成立一支由社区医生、康复师、心理咨询师等组成的专业化程度较高的康健志愿服务队伍，增强社会对征地搬迁后老年人群体身心健康的关注。

该项目的服务团队是由东莞市正阳社会工作服务中心的三名社工组成的，他们将通过社工的专业知识和技巧在鲑沙新区内开展个案辅导、社区活动和小组活动来帮助老年人顺利地融入新的社区环境。该项目的预算总额为251 298.17元，服务期限为一年。

二、需求分析（预估）

在搬离故居的拆迁户中，老人是这个搬迁队伍中最为脆弱的群体，其在融入新社区生活的过程中存在着以下一些亟待解决的问题：

（一）关于征地搬迁后老年人如何适应、融入新社区环境的问题

在社区访谈过程中发现，搬迁老人在原村落的生活节奏悠闲，平时除了邻里间闲聊外，还可以在自家门前种菜、养花、晒鱼干等，原生态的自然环境使老年人的晚年生活简朴而充实。搬迁安置小区是一个配备了电梯等公共设施的封闭式小区，很多老年人不会使用电梯等公共设施，对周边社区环境感到陌生，对交通出行不熟悉，对公共配套设施分布不了解等。搬迁老年人原本熟悉的生活环境在短期内发生了巨变，从而影响其生活质量。

（二）关于征地搬迁后老年人因生活和社会环境骤变产生的心理问题

首先，搬迁补偿一直是社会上一个具争议性的话题，这个问题会使部分老年人产生或多或少的困扰和负面情绪。其次，老年人突然进入一个陌生的生活环境，对原乡村的归属感随着拆迁而消失。拆迁之前农村的传统社区是熟人社会，邻里和谐、亲近；搬迁后的新社区，邻里间互动减少，关系疏远，容易引发老年人的心理疾患。

（三）关于征地搬迁后老年人的生理问题

老年人由于人体结构、生理机能的衰退，疾病频发，健康的维护是老年人最为关注的问题，是其最渴望满足的需要。搬迁后，孤独、寂寞以及不安感增强，会导致健康水平下降。

（四）关于征地搬迁后老年人的康乐休闲需求

拆迁之前农村是传统社区，邻里和谐、亲近，新社区的居住环境、生活方式不同于传统社区，加上公共配套设施的逐步完善，老年人休闲的地点、方式和内容都发生了变化。寻找和开发老人的爱好，并且为有共同爱好的老人搭起一座良好的桥梁，有利于征地搬迁后老年人建立朋辈支持系统，促进身心健康。

（五）关于征地搬迁后老年人的代际隔阂和社会隔离问题

首先，由于征地搬迁，原有共住家庭的老人，受经济及安置房源等条件的制约，要面临与子女分开居住的境地，很多老年人成为“空巢”老人，双方的沟通减少。其次，因为住房分布的改变，老年人彼此间的接触减少，社交圈子可能缩小，导致孤独和寂寞情绪增长。

三、项目成效与经验总结

（一）项目成效

项目实施以来，服务团队不仅严格按照项目计划书完成每一项指标，而且更加注重项目实施对各方面产生的影响。

1. 社会层面

随着我国工业化和城镇化进程的加快，大量农业用地被用于工业建设，“失地农民”“拆迁安置”和“城市适应”已成为一个热门话题，也为社会各界人士所关注，而且在社

会转型和构建和谐社会的大背景下，对失地农民及其相关问题的关注显得格外重要。另外，我国步入老龄化社会以来，对老年人的关注度空前增强。鲩沙新区老年居民作为被拆迁群体，他们对新环境的适应和融入情况一直受到当地政府的重视和多家媒体的关注。沙田镇鲩沙新区“期颐偕老——搬迁后老人社区融入项目”正是在政府的重视下，考虑到鲩沙新区老年群体的实际需求应运而生的。

搬迁初期是矛盾多发期，也是非常敏感的时期，一个矛盾可以引发一系列的矛盾。通过组织和开展各种有意义的活动，让社区老年居民感受到政府对搬迁老年群体的关注与关爱，减少了社区老年群体的抱怨声，形成了良好的社会舆论氛围，缓和了因环境适应问题而产生的多种矛盾，起到了社会减压阀的作用，有利于和谐社会的建设。

同时，项目实施以来引起了多家媒体的关注，通过他们的宣传报道，更多的人了解了搬迁后老年群体的生活状态，了解了社工为社区老年群体开展的服务，使更多的人关注搬迁后的老年群体，为其尽快适应及融入城市生活提出了很多宝贵的意见和建议，这也为其他地区的搬迁安置工作提供了借鉴。

2. *社区层面*

一个社区就像一个人一样要有活力，特别是新建的社区要体现出朝气。鲩沙新区目前只完成了第一期的拆迁安置工作，首期搬迁居民的满意度和归属感对后续的搬迁群体有着直接的影响。项目自开展以来，不仅丰富了社区老年群体的闲暇生活，而且为社区老年群体提供了一个相互交流的平台，为他们在社区营造了一个公共空间，让他们通过这一空间来发现彼此的需求，大家通过共同的爱好凝聚在一起，有助于促进社区其他问题的解决。项目实施以来在社区营造了一种氛围，一种积极向上、老有所乐、老有所为、爱老助老的社区氛围。通过各种有益的活动丰富了社区文化，丰富了社区老年群体的闲暇生活，影响带动周围的其他群体，在整个社区产生影响力，从而加强了社区居民之间的交流与沟通以及互帮互助，加强社区居委会与社区居民之间的关系，增强这个社区的凝聚力，让社区居民找到一种归属感和对社区的认同感。通过志愿服务团体的建立，以及对团体成员进行专业培训，提高社区居民对老年群体的关注，在社区形成一种尊老爱老助老、团结友爱、互帮互助、和谐融洽的氛围。

3. *个人层面*

在搬迁之前社区老年居民以从事农业生产为主，平时很少参加社会活动，在时间上和资源上都较为匮乏，活动参与意识不高。搬迁后他们不再从事农业劳动，闲暇时间突然增多，一时难以适应。社工服务为他们参加各类社区活动提供了一个良好的平台，丰富了他们的闲暇生活，满足了他们对闲暇生活的需求，让其老有所乐。而且社工开展的服务更加注重对社区老年群体健康、合理和科学的生活方式的倡导，而这种生活方式的建立与常态化，对社区其他群体同样产生了影响。

另外，社工在进驻社区的初期，针对失地农民的城市适应问题进行了实地调查，并完成了一篇本科毕业论文——《失地农民城市适应性及其影响因素研究——以东莞市沙田镇W岛为例》。

（二）经验总结

1. *活动形式方面*

鲩沙新区老年居民是一个搬迁群体，他们原有的身份是农民，而且根据调查结果，他们的文化程度普遍较低，多为文盲或小学文化程度，他们原有的农村生活较为随意。因此在活动形式的选择上应尽量灵活处理，不能让形式的条框过于束缚老年人的行为。例如开展小组活动，一些小组的组织形式不利于调动社区老年居民的参与，这样势必会影响他们参加活动的积极性，难以达到预期的效果。

2. 活动内容方面

老年人喜欢回忆过去，回忆他们经历过的岁月，谈论自己年轻时的事情，失败与成功、困难与收获、苦难与幸福，这些都是他们人生路上最精华的一部分。因此在活动的设计上要尽量结合他们过往的生活体验，为他们吐露心声提供一个平台，例如成立长者乐聆俱乐部、长者重拾昔日欢乐小组等。

3. 时间安排方面

老年人的作息时间具有特殊性，他们早上起得很早，而且大多担负着做家务以及接送孩子放学和上学的职责。因此组织的一些活动要尽量根据老年人的作息习惯进行安排，这样才能够保障他们全身心地参与到活动中来。另外，考虑到老年人的身体状况，每次活动的时间不能太长，应尽量控制在一个小时以内，以保证活动的效果。

4. 接受能力方面

相对于年轻人来说老年人的接受能力较低，对一些新思想和新知识较为排斥，而且长期以来已经形成了自己固有的思考和行为方式。因此在这方面不要力图去改变，在生活习惯上要多给予尊重，体现延续性，在此基础上引导他们融入城市生活。

5. 闲暇时间替代方面

鲀沙新区老年居民由农民转为市民，这是一个被动选择的结果，他们失去了原有居住地农民的角色，搬迁后在生活和生产方式上发生了改变，闲暇时间增多，因而有必要在态度和价值取向上鼓励他们多参与社区活动，弥补他们在精神和生活中的空虚感。

6. 社区走访方面

社区走访是了解服务对象需求、体验服务对象生活的重要途径，因此要时常进行社区走访。在社区走访时应严格遵照 PRA 态度，不能以一种高姿态与服务对象交流和沟通，这样会疏远与服务对象之间的关系，不利于调查的顺利进行，势必会影响调查的结果，对社工的项目服务也会造成影响，要以一种平等的姿态参与其中，真心与他们进行心灵的沟通，真正融入他们的生活。

引入社工义工联动机制开展空巢老人服务项目

项目单位：广州市义务工作者联合会
项目组成员：冯现、张一伟、李丹丹、张碧芬、林晓芬、蔡启菁、林佩红

一、项目介绍

（一）项目背景

响应市委、市政府“关爱空巢老人”的号召，落实好各项惠民措施，必须动员社会力量积极参与，提供支持配合。为此，广州市义务工作者联合会（下称“我会”）利用自身庞大的义工资源优势，率先申请政府购买项目，从2009年11月起，承接“关爱空巢老人”服务项目，该项目在广州市2009—2010年社会工作人才队伍建设政府购买服务项目末期评估中被评为优秀项目。该项目充分利用社工义工联动模式，建立社区服务外展工作网络，深入社区，为空巢老人提供适切的服务。为此，自2009年以来，我会结合广州市政府购买社会服务项目试点，利用自身庞大的义工资源优势，首推以“社工义工联动”模式，承接“关爱空巢老人”服务项目。两年来，我会秉承社会工作理念，积极探索，勇于创新，以专业的社工服务为基础，以品牌服务为外延，以“高标准、高质量、高水平”的要求开展服务，形成了凸显特色、运作高效的服务模式，得到了服务对象的高度认可，取得了良好的社会效益。据统计，项目累计开展长者个案123个，开展长者及助老者小组31个（140节次），开展社区活动36次，组织义工上门探访慰问144次，开展义工热线慰问（长者心声热线平台）时数约12 762小时，服务长者约34 120人次，参与服务的义工约26 000人次，义工服务时数约75 000小时。

（二）项目服务对象

主要服务对象：以广州市“平安通”用户为主的空巢老人（范围包括海珠区、荔湾区、天河区、白云区）。潜在服务对象：有需要的社区空巢和独居老人。

（三）项目目标

（1）探索“社工义工联动”模式，为社区空巢老人提供适切的服务，搭建社区空巢老人义工支援服务网络。

（2）整合“平安通”紧急呼援平台、社区服务中心等社区助老资源，引导长者认识并善用社区服务资源。

（3）弘扬敬老爱老的美德，链接社会慈善爱心资源，为社区空巢老人营造一个和谐关爱的社会环境。

(4) 以发展空巢老人潜能为本，由专业社工综合运用社区、小组、个案等专业手法，为空巢老人提供一系列发展增能以及支援服务，使空巢老人实现自助互助，无惧空巢，安享晚年。

二、项目需求评估

(一) 项目需求评估过程简介

项目实施之初，项目社工进行了首次"破冰"。从需求调查开始，4 名项目社工先后组织 400 多名义工进行了 2 000 多次挨家挨户"扫楼式"社区探访，历时 2 个月，共探访了 1 000 户空巢老人，收集了大量的社区空巢老人基本信息和服务需求。2010 年，项目服务长者 11 498 人次，收集到了诸多长者探访记录表、义工服务反馈表等资料，同时形成了《长者服务需求调查报告》，为项目的再次需求评估奠定了坚实的基础并提供了丰富有效的原始信息和数据。2011 年度，我会不仅认真对 2010 年通过上门探访、小组、社区活动、热线访谈等方式收集到的空巢老人信息进行分析统计，同时还重点针对项目新增的服务对象以及上年度筛选出的较有服务需求的服务对象进行分析和需求评估，采取电话访问和探访面谈等形式，评估他们在生理、心理、住房、生活照顾、社区资源及经济等方面的情况和需求，并在此基础上策划和调整项目的服务内容及方式。2011 年上半年，我会组织近 3 000 多名经过社工培训的义工深入社区 2 000 多户独居空巢老人家中开展探访，并向社工提交了反映长者健康状况、居家环境和社会支持网络等多方面情况的探访记录表格。

(二) 根据需求评估确定项目目标群体

本项目关注的空巢老人，以平安通用户（海珠区、荔湾区、天河区、白云区）为主，兼顾其他有需要的空巢老人。目前，广州市老四区的平安通用户有 6 189 户，他们当中九成以上为政府资助用户。他们一是低保、低收入中的 60 岁以上的独居、双老老人，70 岁以上老人和四级以上残疾老人，享受政府终身资助，即全免首年设备费和服务费，今后的服务费用也由政府负责；二是 60 岁以上的劳动模范与六级以上残疾军人以及革命烈士家属，政府给予一次性全免资助，即全免首年设备费和服务费，一年后的服务费用由其自行负责；三是低保、低收入中的 60 岁以上非独居老人和退休金每月 500 元以下的独居、双老老人，政府给予一次性半免资助；四是 80 岁以上的老人，政府给予一次性全免资助，即全免首年设备费和服务费，一年后的服务费用由其自行负责。这部分空巢老人，虽获得了平安通系统的支援，在紧急情况下能得到及时的救助，但目前广州市社区养老服务和平安通落地服务的建设现状仍无法完全满足这部分长者日益增长的服务需求。

因此，本项目以服务对象为本，发挥社工义工联动机制的积极作用，广泛地开展上门探访、热线电话慰问等服务，服务范围已覆盖至老四区的所有街道，服务对象实际受惠面基本达到 100%。

(三) 根据需求评估发现服务对象的需求

根据需求评估发现，"出门一把锁，进门一盏灯"是许多空巢老人的生活写照；心理孤独和生活缺乏照顾是空巢老人普遍面临的问题；"老无所依"和"老难所安"是老年空巢化的两大长期挑战。总体来说，他们的需求集中在生活照顾、情感支援、身体康复、住房安排、经济援助、社区参与以及获取政策、服务以及日常生活信息等方面，且其服务需求凸显出实际化、专业化和可持续化的特点。

三、项目成效与经验总结

我会秉承社会工作理念，推行“社工义工联动”机制，积极探索，勇于创新，以专业的社工服务为基础，以品牌服务为外延，以“高标准、高质量、高水平”的要求按时并全面完成了各项服务指标，更形成了凸显特色、运作高效的服务模式，得到了服务对象的高度认可，取得了良好的社会效益。

（一）首推社义联动，创造服务新成效

我会以开展项目为抓手，努力探索实践社工义工联动机制，二者联动的核心是社工，义工是两者联动的基础。经过实践，已形成“社工引领义工、义工带动各方”的良性循环服务链，为其他义工队伍和组织树立了榜样，发挥了示范性作用。

1. 积极发挥社工引领作用，实现专业带动

（1）引领义工服务常态化。以项目为依托，以社工团队为引领，以搭建义工常态化支援网络为切入点，大规模组织、培训义工开展服务，形成社工技巧专业性带动义工活动普遍性的点面互动体系。

（2）促进义工管理优质化。一是义工招募多样化；二是义工培训系统化；三是服务配对科学化；四是义工督导专业化；五是义工激励制度化。

2. 充分发挥义工的辅助作用，实现各方互动

（1）以“辅助”促“互动”。让相对有限的社工队伍和相对无限的义工队伍联动，不仅有利于实现人力资源的整合，有利于降低服务的运行成本，也有利于把社工的专业性和义工的群众性结合起来，优势互补，扩大服务群体的受惠面。因此，我会积极引导义工结合自身特长和服务特色，辅助社工开展社区宣传活动以及“义心传城”“耆望成真”等各种为老服务，实现与社工的良性互动。

（2）变“配角”为“主角”。义工虽然存在人员队伍不稳定、服务时间受限制等劣势，却拥有人数众多、经验丰富、分布领域广泛等优势，因此，我会积极挖掘和发挥义工的特长与主观能动性，赋予义工“主角”和“主人翁”的角色，引导义工活动发展和队伍建设，使义工不再只是“配角”，不再被动地参与服务，而是积极参与项目的策划和执行，还为项目的深化发展出谋划策。

（二）整合多方资源，实现服务新效益

1. 搭建协作桥梁，促进社区与机构互助共赢

我会积极发挥统筹协调全市义务工作的作用，牢牢把握社区主阵地，以推行政府购买服务、开展综合家庭服务中心建设试点和实施外来工积分入户政策为契机，积极发挥桥梁枢纽作用，联合各社区、社工机构开展关爱空巢老人服务，使服务真正落到社区，为社区空巢老人搭建有效的义工支援网络和认识、使用社区服务资源的平台，增强空巢老人对社区的归属感，同时也促进了社区与机构的融合，使两者通过互助合作达到共赢。我会先后与京溪街家庭综合服务中心、海珠区西村街等70多个街道、社区、社会服务机构、义工服务团体以及老人院等组织合作，通过项目合作、义工发展、服务转介等形式，搭建一个社区与机构沟通互动的桥梁，有效地扩大了服务受惠面。

2. 链接多方资源，实现社会资源最大化整合

一是主动链接慈善资源开展延展性服务。我会以“关爱空巢老人”这个政府购买服务项目为平台，主动链接更多慈善资源以开展更大规模、更深远的服务。两年来，先后获得广东省金秋慈善基金会等十余家爱心单位和个人的支持，共接收了总值超过 100 万元的慈善资金和物资，实现了政府资源与社会资源的有效对接和最大化整合，成为试点项目中唯一实现“政府购买 + 社会支持 + 社团运作”良性运行并实现多赢的项目模式。例如，广东省金秋慈善基金会赞助“金秋送暖 义心传城 ‘织’因为您”义工服务大行动 121 713 元（其中包括 53 300 元的实物捐赠），广州延信贸易有限公司总经理邓国强发动诸多爱心企业家共同为该项目品牌计划——“耆望成真”赞助经费 38 000 元。

二是以“合作伙伴”模式扩大服务参与面。两年多来，携手我会开展关爱空巢老人服务的团体达到近 150 个，包括广州百佳超级市场有限公司、广州慈善医院、黄埔职业技术学校、广州市金之星艺术团等企业、机关事业单位、高校组织、草根义工服务组织。而参与服务的义工个人则更是数不胜数，他们都积极以义务导师、上门探访、社区宣传等方式为空巢老人提供多样化的服务。

三是共享资源使服务遍地开花。我会将链接到的各种资源与街道社区综合服务中心、民办社工机构等社会服务组织共享，共同开展关爱空巢老人服务，扩大长者服务受惠面。例如，广州劲申贸易有限公司捐赠了价值超 13 万元的 1 000 套羽绒服，我会联合各社区服务组织，通过义工活动，将其送到有需要的社区空巢老人手中。同时，我会认真做好服务跟踪和反馈工作，保证爱心资源真正用于有需要的空巢老人身上。

（三）丰富专业元素，建构服务新品牌

为促进空巢老人的深层次、个性化服务需求与社会慈善资源、义工资源更有效地对接，我会倾力打造品牌服务，全方位培育关爱空巢老人品牌体系，推动项目策划计划化、专业化、规范化，同时以品牌服务为依托，以“回应服务对象需求”为落脚点开展常态化服务。

（四）探索多面介入，积累服务新经验

项目以发展长者潜能为本，由专业社工通过综合运用社区、小组、个案等专业手法，实践“老有所为”理念，为空巢老人提供一系列发展增能及支援服务，使长者在服务后能有所收获，并通过“老有所为，老有所学”实现互助自助。

（五）拓宽宣传渠道，营造服务新气象

1. 整合社会宣传媒体资源，争创更大的社会效益

目前已形成以广东电视台、广州电视台、南方电视台、《广州日报》、《南方都市报》等为主体的集电视、报纸、广播、网络为一体的立体宣传架构。通过与媒体的合作，不仅提高了社会对空巢老人的关注度，也为空巢老人链接到相关慈善资源，更有效地宣传了关爱空巢老人的传统美德，鼓励了社会对空巢老人服务的广泛参与，为空巢老人营造了友好和谐的社会氛围。

2. 挖掘典型义工人物和长者故事，以点带面深化宣传效果

一是善于培养并塑造优秀义工，通过《广州义工通讯》等宣传渠道对乐善义工服务队、长者心声热线义工队中的优秀义工（冯少珍、黄顺玲、梁凯蓉、苏文超）进行了人物专访，并推荐至中央文明办、市文明办等有关宣传媒介，以塑造关爱空巢老人的典型义工

人物，扩大社会宣传效果，营造了浓厚的义工服务氛围，并号召了更多人加入关爱空巢老人的义工服务队伍，推动了义务工作的蓬勃发展；二是善于挖掘典型长者故事，将长者故事和社工、义工的服务进行整合浓缩，形成典型服务案例，以体现空巢老人的切实需求和专业服务成效。

3. 多渠道、多形式宣传关爱空巢老人资讯

通过电视、报纸、宣传手册、海报、内刊、QQ 群、博客、论坛、互联网和热线等，宽渠道、多形式地向社会大众传递关爱长者服务信息及政策资讯，并进一步弘扬义工服务精神。项目开展至今，印发和派送项目服务手册及宣传单张（包括关爱空巢老人服务简介、长者心声热线简介、"耆望成真"计划简介、项目服务手册、十巧手、长者防跌知识、长者防暑知识等）超过 15 000 份，营造了良好的关爱空巢老人社会氛围。

4. 积极与政府沟通反馈，争取政府的更大支持

我会在开展服务的同时，也十分注重与政府各部门的沟通，及时向中央文明办、市文明办、市民政局等单位报送服务信息和总结材料，让政府及时了解关爱空巢老人的服务动态，使项目获得更大范围、更大力度的宣传，并获取政府更大的支持。

（六）培养社工人才，促进机构良性发展

我会作为全国第二批社会工作人才队伍建设试点单位，近年来积极投身社工人才队伍建设，将社工人才队伍建设作为进一步推动义务工作专业化、制度化的契机和突破口，特别是承接了"关爱空巢老人服务"这个政府购买服务项目后，积极设置社会工作岗位，引进了多名社会工作专业人才，组成了结构合理、素质优良的项目专业执行团队，并引进多名社会工作专业实习生，共同秉承社会工作理念，开展高水平、全面性、专业化的服务。

妇女社会工作

广东省妇联反对对儿童暴力项目

项目单位：广东省妇联
项目组成员：温兰子、杨建珍、周丽琼、吴培英、林秀娟、焦亚琼、张良广、刘巧慧、吴晓英、刘诚

一、项目背景

对儿童的暴力在世界各国普遍存在，中国政府对此高度重视。2006 年，中国政府与联合国儿童基金会合作启动了“反对对儿童暴力”项目（2006—2010 年），由全国妇联牵头，在广东、陕西、浙江三省试点实施。

广东是中国改革开放的前沿阵地，经济的繁荣往往伴随着社会文明的进步、公民权利的实现。在此背景下，多年来，在反对儿童暴力领域，广东省一直致力于探索一套科学完备的反对儿童暴力的支持系统，为优化儿童的生存发展环境，实现社会公平正义，维护社会和谐稳定做出了积极的贡献。广东省妇联长期开展国际合作项目，一直站在反对儿童暴力工作的最前沿，在长期反对儿童暴力的过程中积累了一定的经验。佛山市禅城区张槎街道大富村、东鄱村位于城乡接合部，流动人口多，被列为广东省试点村。

二、需求分析

基线调查由联合国儿童基金会委派的专家、中国社会科学院卜卫教授主持，共分为两部分，分别是 2006 年 8 月面向 16 名儿童和 39 名家长的定性调查，以及 2007 年 3 月对大富村和东鄱村 389 名儿童和 368 名家长进行的问卷调查。调查显示，家庭是儿童暴力频发场所之一，父母或其他家庭成员是主要施暴者。同时指出了影响广东省反对对儿童暴力工作有效展开的主要问题，包括：在思想观念上，对儿童暴力的认识存在偏差；在工作机制上，儿童暴力预防机制和救助机制需要进一步完善；在工作方法上，反对对儿童暴力支持系统中的相关工作人员普遍显得专业性不足；在立法层面，保护儿童的法律、法规可操作性不强。

三、项目计划

（一）五年项目目标

总目标：在项目社区发展支持家庭应对儿童暴力的能力和资源，探索适合本地实情的支持家庭应对儿童暴力模式。子目标一：在项目社区探索建立支持家庭预防针对儿童的暴力的机制。子目标二：在项目社区探索建立支持受暴儿童家庭的机制。子目标三：通过行动研究提出支持家庭反对针对儿童暴力的公共服务政策和法律建议书，以推动地方政府完善公共服务体系及相关政策法规。每个目标下都设有评估指标和评估方法共30项。

（二）项目阶段步骤

自2006年到2010年，分为三个阶段：

2006—2007年为第一阶段，主要工作为基线调研和宣传培训。

2008—2009年为第二阶段，主要工作为在项目社区构建对儿童暴力的预防和救助机制。

2010年为第三阶段，主要工作为推广项目社区经验，推进倡导政策制度制定以及总结项目五年工作经验，提交结项报告。

四、项目实施

（一）儿童暴力多维度主题培训

广东项目开展以来，广东省妇联针对不同人群，展开了10类宣传培训，包括《儿童权利公约》儿童参与式三步培训、儿童叙事会、家长骨干培训、社区家教指导员培训、政府官员培训、专业人士培训（医生、律师、记者）、热线接听人员培训、公安人员专题培训、志愿者培训等，为反对对儿童暴力工作的开展奠定了坚实的基础。

（二）社区儿童保护支持系统建设

社区儿童保护支持系统建设充分发挥妇联组织的优势和作用，发动民间力量来反对对儿童暴力，维护儿童权益。推动试点村建立儿童权利代言者制度、乡村社工制度、儿童俱乐部、家长俱乐部，使儿童暴力问题走出“家”的私领域，变为公共事务，为家庭保护儿童提供有力的社区支持。

（三）政策倡导

项目执行以来，广东省妇联通过召开研讨会、组织儿童论坛等多种形式，及时了解儿童保护中存在的突出问题，有针对性地提出对策和建议，积极参与地方性法规和相关政策的制定，取得了一定的成效。

（四）个案处理

直接或间接处理广东省内针对儿童的暴力近10宗，并由此总结儿童保护个案的流程及介入办法。

（五）儿童保护项目成果开发

项目开发出13种与儿童保护相关的工作手册与宣传品，一方面有效加大了宣传力度，提高了对儿童暴力基础知识的知晓率；另一方面有利于推广经验，发挥示范带动作用。

五、项目成效

经过五年的艰苦探索，广东省妇联结合中国实情，创造了应对儿童暴力的广东模式，即“一个母亲小组、三个支持系统、一个发动引擎”。母亲小组，就是在社区组织母亲（妇女）以小组的形式学习新儿童观和非暴力教子方式，进而在家庭和社区倡导非暴力文化。一方面向母亲介绍非暴力教子的理念和方法，更重要的是将母亲的个人压力和困扰作为小组共同议题加以讨论，并生成母亲小组的动力；另一方面，母亲小组在某种程度上也是妇联组织推进性别平等与妇女解放的一部分。事实证明，母亲对孩子的爱，错一分就会成为暴力的动因，正向引导则成为儿童保护的源泉。三个支持系统指的是技术支持系统、行政支持系统和舆论支持系统。所谓技术支持，指的是所有为儿童服务的专业人士，如社区家教指导员、医生、教师、警察、心理咨询师、研究人员等；行政支持指的是所有解决儿童暴力问题的政策及政策执行部门和服务机构；舆论支持指的是大众传媒和社会反映。发动引擎指的是专业社工和社工工作手法。联合国儿童基金会与全国妇联联合对广东项目开展的中期及终期评估，给予高度评价，认为这套在试点地区形成的政府主导、妇联推动、全社会参与、预防与救助并重的防止虐待儿童的工作机制和网络，为中国其他地区提供了非常有价值的借鉴经验，在此基础上发展的儿童友好社区创建活动被纳入《中国儿童发展纲要（2011—2020 年）》《广东省儿童发展规划（2011—2020 年）》指标，同时被纳入《广东省各地级以上市落实科学发展观评价指标体系》。

六、问题反思

对儿童的暴力是一个复杂的社会问题，与文化观念、家庭结构、经济发展、社会福利制度、有关儿童的法律和政策等均有不同程度的关联。在预防与救助对儿童暴力的专业队伍建设、多部门合作的救助受虐儿童工作机制、专门性儿童服务机构建设和项目管理与行政管理之间的协调等方面依然存在挑战。

东莞市妇联白玉兰家庭服务中心运营项目

项目单位：东莞市妇联
项目组成员：黄慧红、卢英、安玉红、彭燕、谢晶、陈淑芬、张佩慈、余应娇、夏文婷、梁少玉

一、项目背景

参与社会管理和公共服务是党的十七大赋予人民团体的新职能。为深入贯彻《中共东莞市委东莞市人民政府关于加快社会工作发展的意见》的精神，更好地发挥妇联参与社会管理与公共服务这一新职能，2009 年东莞市妇联把握全市加快社会工作发展的有利时机，积极争取被列为首批社工试点单位。试点工作开展以来，市妇联严格按照全市统一部署，充分发挥妇联在社区和家庭领域的工作优势，在“党政所急、妇女所需、妇联所能”的结合点上找准工作定位，成立市妇联社会工作领导小组，由市妇联主席担任组长；设置社会工作拓展办公室，由妇联办公室主任兼任主任，配备 5 名专职社工统筹一线服务的开展；组织妇联人员前往香港参观“家庭福利会”等社工机构，强化社会工作理念，并组织妇联人员参加培训，报考助理社会工作师。

如何在东莞本土拓展社会工作服务这个“舶来品”，是走“项目化”道路，将社工服务外包给社工机构，还是选择“岗位购买”，将社工派驻到各镇街妇联和维权站？市妇联通过对香港和深圳经验的调研，决定实行“岗位社工项目化”的运营机制，结合妇联的工作性质，以成立一家“以妇儿为主，家庭为本，社区为基础”的家庭服务中心作为突破口，并将 10 名社工集中进驻其中。通过对市区各社区进行深入的走访和调研，市妇联决定在东泰社区成立首个家庭服务中心——东莞市妇联白玉兰家庭服务中心（东城东泰社区）。中心定位为家庭综合服务中心，主要服务妇女、儿童，并引进香港家庭服务中心的运作模式，配备香港督导，与社区各个行政和自治组织形成联动服务模式。

二、需求分析

东莞市妇联白玉兰家庭服务中心（东城东泰社区）的主要服务对象是妇女、儿童及家庭，其中，妇女工作是重点。针对这些不同的群体，我们有以下不同的服务需求分析：

（一）妇女婚姻家庭关系的需求

社区中，家庭纠纷、感情问题一般为妇女家庭的主要问题，而在家庭纠纷中家庭暴力的比重较大。社区居民对家庭暴力的认知有待提高，施暴者对于家庭暴力对自身、家庭及

他人的危害认识不足；家庭暴力受害者对防止家庭暴力伤害缺乏必要的技巧，对遭遇家庭暴力后如何维护自身权利缺乏相关知识。同时，夫妻在情绪管理、沟通方式等方面知识和能力的缺乏也加剧了家庭关系的紧张。

亲子关系需求也是家庭关系需求中重要的一项。社区内年轻父母多为公司白领或者公职人员，需要兼顾育儿和工作，便把更多育儿责任分担给夫妻一方或者是自己的父母，与孩子相处时间有限，在一定程度上造成亲子关系的疏离；同时父母在育儿方面缺乏经验及相关知识，夫妻间也多有育儿方面的矛盾。

此外，还有其他关系需求。社区里部分女性作为家庭主妇，家庭地位较低，且与社会脱节较大，形成低自尊及低自信的心理状态，在应对家庭及情感危机方面，弱能感较强。社区里的男士多为公司白领或者公职人员，被赋予较高的社会期望，在工作及家庭方面背负着较大的压力，面对压力，男士通常选择独自承担或漠视，男士在平衡工作及家庭、压力管理方面存在着较大的需求。

（二）青少年群体个人成长的需求

青少年处于同一性对同一性混乱阶段。在这个阶段他们寻求并发现自己的独特性和同一性。他们将面对更大的压力，包括学业、独特性发展、人际关系、亲子关系、同伴以及社会的各种要求，他们可能变得困惑。他们对于获得帮助的途径会参考是否能够得到理解和获得尊重。从周边学校的现状来看，学校设有心理老师，但其数量及功能有限；从家庭来看，父母对来自青春期子女发展变化的各种需要缺乏合理的指导；此外，青少年容易受到朋辈群体、大众传媒及社会的消极影响。因此，青少年需要认识自己生理和心理变化发展的知识，需要掌握处理各种人际关系的技巧，以及管理自己健康发展的技巧和能力。

青少年群体有获得良好的成长环境的需求。我们觉察到青少年的成长受到家长、社区、学校、文化等环境的制约，例如家庭、学校偏重学业成绩，忽略全面成长的需要，社区的漠然等；我们发现包括社会生态系统理论、社会学习理论、优势视角等多个理论，阐述了社会环境（家庭、学校、社区、朋辈等）输入的内容及方式对于儿童、青少年的成长和发展是至关重要的；我们在个案工作及小组工作中发现来自家庭、社区、社会、朋辈等不利因素威胁儿童及青少年的成长与发展。同时，父母对于子女成长有一定的担忧，他们常常描述自己缺乏知识、没有耐心、方法技巧不当，紧张子女结交朋友，困惑于他们的言行等。

（三）老年人群体自我增值的需求

社区内老年人数量比重较大，他们多日常接送、照看孙辈，闲暇时间较多，在身心保健、休闲娱乐、兴趣培养等方面有较强的需求，尤其是随着计算机的普及，老年人自我增值的需求日渐强烈。

体验自我价值的需求。部分老年人存在较强的怀念故土心理，对新环境的适应能力较弱，容易滋生孤独等消极情绪，需要心理辅导。开展生命回顾活动，带领老年人回顾自己的一生，可增强老年人的自尊感和价值感。

社会参与的需求。社区活跃着一批热心参与社区事务的老年人，而且社区的老年人文化水平较高，综合素质较高，不仅热心，还非常愿意为了更好地帮助他人而虚心向社工学习调解知识、技巧，并进行演练。在社区内定期开展老年人的竞赛活动有利于满足老年人社会参与的需求，有利于促进社区融合。

三、项目计划

（一）服务探索阶段（2010 年 1 月—2010 年 8 月）

东莞市妇联白玉兰家庭服务中心（东城东泰社区）（以下简称“中心”）于2009 年开始筹建。前期做了大量的硬件筹备工作，包括中心选址、中心装修方案的设计和修改、中心办公物资的配备、中心运作费用的申请等，于2010 年8 月31 日正式启用。

在中心筹备及人员配备方面，2009 年，乘市委、市政府加快社会工作发展的东风，市妇联作为东莞市第一批市直社会工作试点单位，向市政府申请购买了20 个社工岗位，派驻10 名社工进入东泰社区，成立了东莞市妇联白玉兰家庭服务中心。

在服务探索方面，中心有10 名专业社工，主要围绕“重点发展妇女、儿童、家庭三大领域，着重发展志愿者服务”的发展思路开展工作。采取个案、小组和社区三大工作方法，从预防到补救辅导，为社区居民提供以下服务：个案辅导，兴趣小组及家庭活动，心理咨询，互助、支援及治疗小组，家长教育服务，婚姻辅导，协调服务及讲座，和谐社区活动，危机处理，志愿者服务。一些常规服务活动开始初步形成，如社区老年大学讲座，已经开展了两期；家庭周末影院也定期举行。此外，中心充分与东城妇联、东泰社区居委会和中信物业合作，在东泰花园商业街定期举办社工进社区活动，通过生动有趣的游戏，吸引广大社区居民参加，向他们广泛介绍白玉兰家庭服务中心的情况和社会工作的知识。中心社工根据中心的具体情况，从零开始，自主编制中心的工作及管理制度、宣传三折页、宣传展板、单张等宣传材料。

（二）服务开展阶段（2010 年 8 月—2011 年 12 月）

经过前期的服务探索，中心已经筹备完成，形成了一套规范的工作及管理制度，同时也对社区的基本情况及服务需求有了一定的了解，制订了相应的服务计划，进入服务开展阶段。

在这个阶段，中心一如既往地秉承“以妇儿为主，家庭为本，社区为基础”的理念，采用社会工作专业方法，为社区居民提供从预防到补救辅导的社会工作服务，以巩固及强化家庭功能，提高家庭面对逆境的能力。

1. 拓展服务模式，实现资源整合

中心进一步发掘义工资源，实现义工资源的全新整合。将社会工作理念融入义工培养，增强义工服务能力，使其主动参与到社会公共服务中来。积极探索“社工 + 义工 + 妇工”的“三工互动”运作模式，建立集聚三方优势的服务平台，注重义工与妇工工作的结合。义工通过连接社会、社区资源以弥补社工力量的不足。

2. 和谐家“圆”系列，促进家庭和谐

随着个人工作生活压力的增加和家庭感情问题的增多，家庭、感情危机事件时有发生，为及时应对危机事件，规范中心危机处理程序，提升危机处理效率和科学性，中心特成立危机处理小组，并完善危机处理制度，以更好地应对突发危机事件。

此外，中心还设计了一系列的小组活动供居民参加，如幸福东泰 · 和谐家“圆”——反家暴活动、女人心声——婆媳沟通小组、家“圆”特使——家庭关系调解团等系列小组活动，希望通过这些服务，促进社区家庭和谐。

3. 关爱系列，关爱社区居民

为传达社会关爱，促进社会和谐，中心设立关爱特攻队。特攻队的服务范围为东城街道，以低收入家庭、单亲儿童、生活困难的老人及残疾人等弱势群体为主要服务对象。特攻队通过社区走访，联系社区居委会、社保局、医院等相关部门或组织，掌握社区弱势群体情况，完善相关资料登记并建档，以便提供有针对性的服务；通过定期探访社区弱势群体，联系相关部门，为其提供一定的物质帮扶，传达社会和政府关爱；同时积极联系相关部门、组织团体、公司商户等，为关爱弱势群体联系、发掘资源。

针对社区人群特点，中心特别拓展新莞人服务，积极探索新莞人社区服务工作机制，为新莞人提供法律咨询、心理咨询、家庭服务和社会调查等服务。通过建立一支专业化、职业化的新莞人社会工作者服务队伍，重点调查研究新莞人群体特点和工作生活、经济收入、子女入学、权益保护等方面的状况，进一步促使新莞人社区服务管理新模式、新途径的形成。

中心还设立一条电话专线，并命名为“关爱热线”，专门用以联络并提供电话辅导服务于弱势群体及其他有需要的人士，印制“关爱卡”送予以上服务对象，卡上写有“关爱热线”电话号码及服务内容，更附有关爱信息，以鼓励弱势群体主动寻求服务，使他们能及时得到适切的协助。

此外，还有个人成长系列、亲子系列、玉兰悠闲系列及玉兰志愿者系列等小组活动供社区居民参加，全面开展中心的服务。

（三）特色服务形成阶段（2012 年 1 月—2012 年 12 月）

中心一如既往地秉承“以妇儿为主，家庭为本，社区为基础”的理念，在妇联的工作指导及资源搭建下，运用社会工作专业方法，联系与发掘社区资源，充分发挥社区志愿者的队伍优势，形成妇工、社工、义工“三工”联动工作机制，协助服务对象面对困难，提升处理困难的能力。坚持预防与治疗并重，从预防到补救为服务对象提供专业的社会工作服务，以巩固及强化家庭功能，协助居民及其家庭面对困难和挑战，提升其应对困难的能力。在服务开展阶段，已经形成了一些常规服务，也获得了很好的效果，在此基础上，中心针对自身及社区的需求，扩展了一些特色服务。

1. 危机处理机制

在过去一年的工作中，中心建立了危机处理机制，针对社区里的家庭危机事件进行危机处理。为及时应对危机事件，规范中心危机处理程序，提升危机处理效率和科学性，中心成立了危机处理小组，并完善危机处理制度，以更好地应对突发危机事件，包括制定危机处理流程，设计危机处理物资包，进行危机处理小组人员安排及制定相应的注意事项，以便更好更规范地提供危机处理服务。

2. 关爱特攻队

中心在过去两年的服务开展中，发现东泰周边的社区，例如立新社区、火炼树社区亦存在需要关爱的弱势群体，中心评估社区需求，结合中心发展宗旨，成立“关爱特攻队”，并选取了立新社区、火炼树社区两个社区及东城东珠学校、为民小学和朝天实验小学三间学校作为试点，开展关爱服务。通过社区及学校走访，探访关爱群体，充分整合东莞市妇联、中心、社区以及各界资源，为服务对象提供适切的服务，使服务对象得到心理及情绪的支援，增强应对困难的技巧和能力，提升乐观面对生活的信心。

3. “成功父母学堂”计划

父母是孩子成长过程中的第一任老师，在孩子的人生道路上起着至关重要的作用。父母的一些行为很大程度上影响着孩子的行为及心态。中心结合两年的工作情况及社区的需求，以讲座及小组的形式全面铺开成功父母学堂。成功父母学堂以社会生态环境理论和埃里克森的人生八阶段理论作为两大理论主线，从孩子的成长社会群体及年龄阶段特征出发，启发家长在育儿的过程中转变思想，提升自我角色认识，营造有利于孩子成长的环境，成为成功父母。

4. 志愿者服务

东莞市妇联白玉兰家庭服务中心（东城东泰社区）积极探索，在原有服务的基础上，着重发展志愿者工作，探索打造“社工＋义工＋妇工”的工作模式。

首先，绘制“白玉兰”地图。其目的一是给东莞市居民提供方便快捷的查询方式，提高整个“白玉兰”品牌的知名度；二是给想要参与志愿服务的市民提供一个良好的平台；三是创建良好的白玉兰网络平台，建立白玉兰网络，整合资源，为全市居民提供优质专业的社工服务。

其次，将志愿者服务常态化。中心着力打造“社工＋义工＋妇工”的工作模式，通过中心志愿者分组管理、提供定期免费专家服务和建立常规服务志愿者参与的常态模式等工作，在中心服务模式常规化的基础上，推动志愿者服务常态化。

最后，整合社区资源。东泰社区资源丰富，中心积极挖掘社区资源，并运用社区资源开展志愿者工作。从中心成立至今，已联动的社区资源包括：社区正式组织、社区非正式组织、社区热心公益的居民。中心积极与社区的各组织建立合作机制，搭建服务平台，共享社区资源，并积极吸收上述组织及社区热心公益的居民成为中心的志愿者，双方建立志愿者的联动机制，包括志愿者的输送、资源的共享。此外，中心还对志愿者进行定期的培训、团建，定期为居民提供服务，提高居民对社区事务的参与度。

（四）服务推广阶段（2013 年 1 月以后）

经过两年的探索和实践，东莞市妇联白玉兰家庭服务中心（东城东泰社区）已经形成了一整套具有可复制性和不可替代性的制度和服务模式。到目前为止，已经建立起了 11 家以东莞市妇联白玉兰家庭服务中心（东城东泰社区）为蓝本的白玉兰家庭服务中心，遍布东莞市 10 个镇街。此外，还成立了 20 家白玉兰家庭工作室。2012 年 3 月，在妇联第一季度社工工作会议上，“关爱特攻队”“危机处理小组”“东泰白玉兰周年庆系列活动”作为首批推广项目，在各个白玉兰站点全面铺开。

未来，东莞市妇联白玉兰家庭服务中心（东城东泰社区）将继续作为白玉兰品牌的龙头，培养出一批批优秀社工人才，向各个新的白玉兰站点输送主力军，将好的经验和成功的服务带到各个白玉兰站点，并将完善各类特色服务，强化常规业务水平，将玉兰之花开遍莞邑大地。

青少年社会工作

社会工作在少年审判实务中的应用项目

项目单位：深圳市铭晨社会工作服务社
项目组成员：闻长智、孙肇平、张颖、谢安、赵红军、李林兰、钟大华、姚晓钿、孟亚军、刘晓敏

一、项目背景介绍

中共中央、国务院《关于进一步加强和改进未成年人思想道德建设的若干意见》对未成年人思想道德建设提出了4条原则和4项任务，为未成年人思想道德建设指明了方向。2007年宝安区人民法院设立了专司审理以未成年人为主体的各类案件的少年综合审判庭（以下简称“少年庭”）。随着法院未成年人案件的增加，而非深户籍缓刑少年犯又不纳入本地社区矫正范围，缓刑后留深少年犯再社会化及预防再犯罪等问题成为司法体系的重要环节，因此对异地少年犯判后帮教的需求也逐渐增加。此外，宝安区是工业区的聚集地，外来务工人员也有年轻化趋势，个人、家庭及社会等多因素促使这类人群的犯罪可能性增加，而本地在校学生也面临社会不良现象的影响，增加犯罪风险。因此，法院少年庭本着“教育·感化·挽救”的宗旨，一方面扩大非监禁刑的适用范围，促进帮教工作的展开；一方面开展本区在校学生的犯罪预防普法宣传工作。

少年庭通过庭审实践发现，涉嫌犯罪的未成年人中，非深户籍少年犯占98%。但因我国现有司法矫正政策，异地缓刑少年犯不纳入本地社区矫正范围，判缓后留深少年犯再社会化及预防再犯罪等问题亟待解决。2008年，少年庭与宝安区义工联联合开展“少年犯—义工一对一帮教协议”，但限于义工流动性大、专业力量有限，多数缓刑少年犯未能得到系统全面的帮教。为破解非户籍不纳入社区矫正这一难题，2009年，借深圳市大力推动社会工作专业服务的契机，在深圳市福彩公益金的资助下，少年庭与深圳市铭晨社会工作服务社衔接，引入社会工作者介入缓刑未成年人帮教工作，建立了深圳市首家“青少年犯罪社工帮教工作站”，开启了非深户籍缓刑未成年人模式的探索。

工作站开展帮教工作三年以来，宝安法院的缓刑率上升了，更多非深户籍少年犯获得了缓刑，同时在缓刑期间获得社工的跟踪帮教服务，极大地减少了缓刑少年再次犯罪的比率。

二、需求分析（预估）

（1）弥补非深户籍缓刑未成年人不纳入社区矫正的体制弊端。非深户籍缓刑未成年人在深圳犯罪后不纳入本地社区矫正，出现监管无门问题。我国现有司法矫正政策规定，异地缓刑少年犯不纳入本地社区矫正范围，判缓后留深少年犯再社会化及预防再犯罪等问题亟待解决，本项目的实施正是从这一需求出发，弥补这一体制弊端。

（2）预防缓刑未成年人再次犯罪，通过建立就业、就学、救助社会平台，帮助他们顺利回归社会。涉嫌犯罪的非户籍未成年人大多数都是初中肄业，他们在缓刑期间想就学但家里没有钱，想就业而自己又没有技能。他们的父母不是在老家务农，就是在深圳务工，平时没有多余的时间和精力来教育他们。本项目针对这一需求发挥社工整合资源的能力，与企业、学校、救助站合作为缓刑未成年人提供免费就业、就学、救助支持。

（3）探索未成年人司法制度，保障未成年人合法权益。未成年人是国家的未来，维护未成年人的合法权益，预防和减少未成年人违法犯罪，是构建和谐社会的应有之义。本项目切实贯彻“教育·感化·挽救”方针和“教育为主、惩罚为辅”原则，结合社会工作理念，为失足未成年人提供司法帮教服务，从未成年人维护合法权益的需求出发，最大限度地挽救违法犯罪未成年人，预防未成年人违法犯罪，积极促进社会和谐。

（4）推广项目品牌化运作，推动少年司法与社会工作服务整合发展，呼吁社会各界关注“异地缓刑未成年人”这一群体，推动未成年人司法保护的需求。本项目作为深圳市社工项目化与司法工作相结合的首创，通过两年的运作虽然已取得了一定的效果和影响，但是推动未成年人司法保护，呼吁社会各界关注“异地缓刑未成年人”这一群体仍需要加强。

三、项目成效与经验总结

（一）项目成效

机构派驻的7名社工至今仍坚守岗位，将社工“助人自助”的专业理念与少年审判“教育·感化·挽救”宗旨相结合，通过对未成年被告人“庭前—庭中—庭后”三阶段全程帮教模式，建立一整套“长效、规范、专业”的立体帮教体系。截至2012年6月30日，共建立缓刑帮教档案765份，完成庭前社会调查报告1 132份，心理辅导240人次，庭中出庭帮教550人次，电话回访4 000多次，送爱心企业约43人，送爱心学校5人，救助返乡14人；开展社工专业活动21场，普法宣传活动12场，社工＋义工双工联动活动8场，收到服务对象锦旗5面，感谢信2封。本项目在宝安法院设立的“青少年犯罪社工帮教工作站”是深圳市首家设立在法院为非深户籍缓刑未成年人提供社工帮教服务的社工站，开辟了社会工作的新领域，探索和积累了对非深户籍缓刑未成年人的社工帮教工作方法和经验。2010年获得深圳市第二届公益项目已实施项目“十佳”称号。工作站的帮教案例分别获得2010年及2011年度深圳市优秀案例金奖。

三年来，深圳市铭晨社会工作服务社驻宝安法院青少年犯罪社工帮教工作站团队将社工“助人自助”的理念与少年审判“教育·感化·挽救”宗旨相结合，实现了社工帮教与少年司法的无缝衔接，共帮教2 000多名少年犯，其中3人考上大学，取得了较好的社会效果。社会工作在少年司法工作中的运用不仅有效地帮助少年犯回归家庭、回归社会，减少再犯率，也为司法社工的发展开辟了新领域。

（1）建立了一整套“长效、规范、专业”的立体帮教体系。通过对未成年被告人“庭前—庭中—庭后”三阶段全程帮教模式，为宝安法院扩大未成年人犯罪非监禁刑适用创造了有利条件，维护了未成年人的合法权益。

（2）探索建立了一套以少年圆桌审判为核心，以审后异地缓刑少年犯帮教机制为重点，以庭前社会调查制度和心理辅导制度为特色，以青少年法制教育机制为补充，实现审判与帮教一体化的具有宝安特色的审判与帮教相结合的模式，在一定程度上起到了消弭社会不稳定因素、促进社会和谐的积极作用。

（3）确保了非深户籍留深缓刑少年犯100%接受帮教，减少了再犯罪率。切实解决了非深户籍缓刑少年犯不纳入深圳本地社区矫正的监管难题，维护了来深建设者的权益，维护了社会治安。

（4）促进了非深户籍少年犯判缓率的提高，有效维护了农民工二代的司法权利。工作站通过规范、专业、长效的帮教服务，有效降低了再犯罪率。根据宝安法院统计数据，再犯罪率仅为0.6%，这为宝安法院扩大少年审判缓刑适用范围提供了有力支持，减少了非深户籍未成年人（90%以上为农民工子弟）因缓刑监管方面存在困难而导致的未成年人刑事案件同案不同判、有碍司法公平性的问题。

（二）经验总结

1. 建立了健全的工作站管理制度

健全的规章管理制度是保证社工开展服务的必要保障，有利于各项工作的顺利开展。项目从成立之初，在宝安法院及铭晨社工服务中心的指导下，积极借鉴各行各业的规章管理制度，并将其融会贯通，形成了办事程序简单、管理工作良好的各种社工管理制度。项目有具体的工作计划、工作指引手册、绩效评估制度、行政机关办理管理制度等。这些正式或非正式制度是项目得以良好开展的前提。另外，项目组定期召开小组工作会议，讨论工作安排并改进工作方法与内容，旨在为服务对象提供更专业、更全面的服务。

2. 完善了帮教工作流程，提升了帮教服务质量

良好的工作服务流程，有利于提升社工办事效率。项目根据宝安法院的现实需要及社工站的实际操作，形成了“庭前—庭中—庭后”社工介入服务的三阶段帮教流程。三阶段环环相扣，庭前为帮教对象澄清问题及提供心理辅导，并对帮教对象犯罪事实进行原因分析，庭中出庭教育感化，庭后针对帮教对象的需要提供有针对性的服务，进而确保缓刑的准确适用，增强帮教的服务效果。工作站目前形成了完整的帮教流程，并在服务的过程中获得了帮教对象对服务效果的肯定和支持。据统计，工作站共制作社会调查报告323份，心理辅导报告86篇，出庭帮教156人次，判后跟踪帮教345人，家访150人次。

3. 整合了社会资源，搭建了良好的帮教平台

缓刑青少年向来是社会的一个弱势群体，重新步入社会，有一个良好的成长条件是帮教对象重新步入社会的必要前提。为了促使帮教对象更好地回归家庭与社会，结合深圳市委的社会发展观，促进深圳市的和谐、稳定发展，增强在深人员的城市归属感和幸福感，更好地为缓刑青少年提供服务，宝安区法院及社工站根据帮教对象的现实需要，积极与爱心企业搭建就业平台，与爱心学校搭建就学资助平台，与宝安区救助站搭建救助平台，帮助解决缓刑未成年人的就业、就学问题，拓宽他们再社会化的成长平台，从而促进边缘青

少年的健康成长。目前社工站已帮助就学 5 人次、就业 30 人次，救助 5 人次，并取得了良好的服务效果。

4. 增强了社工在司法帮教领域的地位

减少和预防缓刑未成年人再犯罪，是未成年人帮教工作的基本宗旨，也是少年审判工作延伸工作的出发点。减少缓刑未成年人再犯罪，特别是异地留深缓刑未成年人的帮教，关系到深圳政府科学、和谐发展建设的总目标。深圳是一座移民城市，外来务工人员较多，对深圳城市化的建设做出了巨大的贡献，但与此同时，外来人口中缓刑未成年人的犯罪与经济建设有着一定的联系，为弥补在城市化建设中对异地青少年成长关注的不足，深圳市政府通过社工间接回馈在深青少年的成长需要，为和谐建设深圳创造了良好的环境，同时也提升了社工在司法帮教领域的地位和影响力。

5. 形成了可复制、可操作的帮教模式

有章可循，有法可依，历来是我们中国人的思维模式。一个成功的服务模式对于司法社工工作在全市甚至全国的开展起着至关重要的作用。通过宝安法院青少年犯罪帮教工作站的不断探索，以“摸着石头过河”的坚定信念，不断地创新总结，形成了一套可操作、可复制的帮教模式。项目目前已经形成了法官、帮教社工、律师、法定代理人、宝安区义工五位一体的立体帮教模式，实现审判与帮教的无缝衔接，为日后司法社工工作的展开奠定了良好的基础。

城中村青少年关怀计划项目

项目单位：深圳市志远社会工作服务社
项目组成员：张会杰、李越、徐慕姬、周印、张依萍

一、项目背景介绍

（一）项目背景

城中村，从狭义上说，是指农村村落在城市化进程中，由于全部或大部分耕地被征用，农民转为居民后仍在原村落居住而演变成的居民区，亦称为“都市里的村庄”；从广义上说，则是指在城市高速发展的进程中，滞后于时代发展步伐、游离于现代城市管理之外、生活水平相对低下的居民区。

由于种种原因，城中村在经济、地理、交通、文化、教育、娱乐、治安、环境等方面，远远落后于城市其他发达的地区，城中村很容易形成一种与外界相对隔绝的状况。城中村的青少年也因为周边环境较差、公共设施落后而容易形成教育落后、学历低、技能偏少、休闲娱乐活动少、法律意识淡薄等问题，很容易受到外界的不良影响，从而变成边缘青少年，甚至走上违法犯罪的道路。

龙城街道新联社区位于龙岗中心城规划区内，原隶属于爱联社区，后于 2010 年独立分属出来，辖区内的户籍人口是 2 633 人（部分为原住居民，其余为改革开放以后外来迁入人口），流动人口 86 289 人。新联社区内有 5 个自然村，是典型的城中村。其中大多数村落正处于城市化进程，落后于中心城区的发展，各项社会公共服务滞后，更谈不上享受城市高速发展所带来的公共福利，这种现状也导致青少年在成长过程中和中心城区青少年有较大的差距。

在青少年服务工作过程中，政府职能部门主要将重点放在对区级学校学生（城市青少年）的心理健康、身体发育、生存技能培训等方面，各方关注的焦点也多表现为对城区繁华地带青少年的关爱，忽视了对城中村劳务工、低收入家庭青少年的关爱。社会各界人士虽然有所关注他们的生活环境，但很少付出行动，更多的是停留在呼吁解决的层面上。同时，传统的青少年服务，往往注重课本知识的传授、学习成绩等显性指标的排名，而忽略青少年的个体成长和个性化需求。

本项目不仅将目光聚焦在城中村青少年群体上，更重要的是针对这一特殊群体而开展帮扶行动。相比一般的青少年，他们所处的环境比较容易让他们迷失自我，而社会公共服务的滞后与不足，也会导致他们对社会产生失望感。通过开展一系列青少年急需的活动和专业社工的服务，帮助他们尽快成长，使他们也能度过快乐健康的青少年时光，共同分享

深圳特区快速发展所带来的公共福利。

（二）项目实施地点及受益人群分析

1. 项目实施地点

项目实施地点位于龙岗区中心城新联社区，项目社工与社区积极合作，整合新联社区内已有的资源，以新联社区蒲排居民小组二楼活动室为暖青项目的服务中心基地，以新联社区工作站办公室作为暖青项目组的办公场所，利用社区小广场、百货商场、篮球场等公共场所来开展宣传、招募、举办大型活动等，扩大项目的影响力。

2. 受益人群分析

（1）直接受益群体：

①青少年。本项目的服务群体侧重于6～20岁的青少年群体，包括在读的青少年、闲散青少年、问题青少年、留守儿童、外来务工人员子女、流浪未成年人、刑释解教青少年等重点青少年群体。

青少年由于所生活的社区环境和城市发达区域有较大差距，很容易在起步阶段和发展阶段落后于同龄青少年，也容易成为边缘群体。他们渴望拥有良好的社区环境、活动中心、学习中心，希望得到关怀关爱、技能培训、青春期知识及心理辅导，也希望有丰富多彩的业余生活。

②青少年的家庭。一个青少年受益，一个家庭受益。青少年的健康成长是家庭的殷切希望，而家庭成员因为工作等原因，往往对青少年照顾不周，容易忽视青少年成长过程中的多方面诉求。

（2）间接受益群体：

①城中村社区。青少年和家庭关系和谐，是组成社区稳定的基本元素。社区亦期望辖区内的青少年能够有所为，有所不为。项目的实施可帮社区分担一些管理服务方面的责任。

②和谐社会。少年强则国强，青少年是国家的未来和希望，他们能够健康成长，习得一身技能，发挥自己的才智，报效祖国，减少社会负面效应，也是构建和谐社区、和谐社会的重要方面。

二、需求分析（预估）

由于种种原因，城中村在经济、地理、交通、文化、教育、娱乐、治安、环境等方面，远远落后于城市其他发达的地区，城中村的青少年很容易与外界造成一种相对隔绝的状况。城中村青少年会因为社会环境、家庭、个人成长等多方面因素的影响而存在许多值得关注的问题或需求，如物质、精神、文化、娱乐、发展等需求。

项目组工作人员通过现场走访、问卷调查、个案访谈等方式，取得了第一手的资料，并进行需求分析，得出如下结论：

（一）学习、发展需求

城中村青少年受教育程度不高、学历低、技能不足，文化程度受制于环境的不良影响，青少年自我发展与增值的意识尚不强烈。为城中村的青少年提供良好的学习环境，帮助他们解决学业问题，促进其自我认识、自我发展与自我增值，适应学校教育，是十分必要的。

（二）文化、娱乐需求

城中村青少年休闲娱乐的途径和方式单一，且有些不适宜。由于公共设施的缺乏，大部分青少年会选择打麻将、去网吧、打桌球、按摩桑拿等。为城中村的青少年提供健康的活动休闲场所，引导他们选择多元化的休闲娱乐活动来丰富课余生活，释放学习压力，并发展青少年的多元智力和兴趣，是十分重要的。

（三）心理方面的需求

城中村青少年青春期心理、生理等知识匮乏，缺乏合适有效的沟通渠道，容易通过一些不良的途径接触不良信息，如黄色书刊、光碟、网络等，导致产生青春期的心理困惑、人际交往沟通困难等心理行为问题。

（四）法制道德教育的需求

城中村青少年的法制和社会道德意识淡薄，缺乏必要的法律基本常识、生活常识和社会公共道德意识。对黄、赌、毒的认识不够，在社区环境及成人的影响下，其警惕意识会有所下降。

三、项目计划

（一）项目目标

通过在城中村创建青少年综合服务中心，为青少年搭建一个集教育、娱乐、成长、服务等于一体的综合平台，运用社会工作的专业方法和技巧，协助城中村青少年解决在成长过程中遇到的学习、心理、生理、生活、情感等多方面的问题和困惑，让城中村的青少年健康茁壮地成长，帮助城中村青少年树立良好的精神风貌，培养其综合能力，为其构建安全舒适的成长环境，构建平安和谐的城中村社区。

1. 项目总目标

社工义工联动，共同打造青少年社区综合服务中心：

（1）改善城中村青少年的生活生存状况。

（2）满足青少年成长过程中的多元化需求，丰富青少年的精神文化生活。

（3）协助一个青少年，影响一个家庭。

（4）维护社区稳定和谐，促进社会公平。

2. 具体目标

（1）聆青计划。通过调研了解城中村青少年的基本状况，倾听青少年的心声，了解青少年的心理状况及需求；通过运用心理学、社工等专业个案工作方法帮助青少年解决生活与学习上遇到的困扰，提高青少年的心理健康素质。

（2）协青计划。通过开展小组工作和社区活动，协助城中村青少年进行自我认知、人际交往、青春期教育、学业就业规划等；为城中村青少年提供校外学习环境，发展义工资源，对学生的课业提供帮助，协助青少年解决学习与生活上遇到的困扰，促进朋辈间的互动。

（3）展青计划。运用青少年喜爱的历奇手法，引导青少年挑战自我，拓展潜能；利用寒暑令营，结合社会热点和青少年的需求，满足社会和青少年的双重发展；进行就业及职业辅导，让青少年快乐地工作。

（4）暖青计划。满足青少年日益增长的精神文化和康乐活动需求；运用社工的方法，挖掘青少年的潜能，促进青少年快乐成长。

（二）项目的预期成效

项目产出：为80个青少年建立档案；开展深度个案10个、咨询辅导120人次；开展小组、讲座等活动10余次，社区宣传等活动10余场；建立书屋或电子阅览室1个；完成调研报告1份。受益人群覆盖城中村的大部分青少年群体。

四、项目成效与经验总结

（一）项目成效

1. 项目的预期产出和实际对比表

项目产出量对比表

序号	服务协议指标	协议数	完成量	完成率（%）
1	个案辅导	10个	13个	130
2	个案建档	80个	103个	128.8
3	咨询辅导	120人次	125人次	104.2
4	小组服务	10次	10次	100
5	社区活动	10次	13次	130
6	调研报告	1份	3份	300
7	图书阅览室	1个	1个	100

2. 服务开展的质量

（1）个案辅导。个案的问题类型主要是家庭关系、学校教育、职业福利、成长适应、人际关系、情绪行为等问题。经过暖青工作员的协助，部分案主的问题都得到了解决。项目结束后，暖青项目将根据具体情况跟进案主的情况。

（2）个案建档。项目为每个参加服务的青少年建立一个档案，所包含的内容也非常详细。在与服务对象的互动过程中，工作员对他们的认识也不断加深，这时，工作员会把新了解到的服务对象的行为特点加进去，以便提供更有效和更具针对性的服务。

（3）咨询辅导。咨询的方式多样化，有活动现场咨询、到服务点求助、电话咨询和网上咨询等。咨询的问题纷繁复杂，但工作员都会耐心热情地为其解答。

（4）小组服务。暖青项目开展的小组服务内容丰富，所开展的服务基本符合城中村青少年的需求，所设定的服务目标都能有效地达成，服务对象对其评价非常高，也非常愿意参加暖青项目开展的小组服务。暖青项目开展的小组活动丰富了城中村青少年的业余生活，同时也对其社会化产生重要的积极影响。

（5）社区服务。项目启动前期主要是开展社区宣传和招募活动，所开展的活动影响力大，受益群体多，社区居民参与度很高。同时暖青项目鼓励青少年做义工，一起去开展社区宣传和招募活动。

(6) 社区调研。社区调研主要是对城中村青少年的各种需求进行调研，发放问卷100份，回收85份，有效问卷79份，运用SPSS对问卷的数据进行统计学的处理，对收集的问卷进行全面的分析，为以后开展的服务做指引。

(7) 图书阅览室建设。在暖青项目积极争取和倡导下，龙岗区图书馆在新联社区蒲排居民小组设立馆外流通点，工作员每月定期对图书进行更换，图书涉及科普、漫画、小说、学习辅导书等多种类型，青少年非常喜欢和珍惜这个小图书馆，每天都有很多青少年前来借阅，累积借阅约335人次。

3. 入选深圳市优秀社会工作案例

暖青项目开展的"young舞台"系列小组和展演活动，经撰写和申报，于2012年4月获得深圳市社会工作者协会举办的"深圳市优秀社会工作案例评选"银星奖。这也标志着暖青项目开展的小组和社区工作获得了行业认可和表彰，在深圳市社会工作行业实务开展中具备了相当优秀的特质。该案例将同其他案例一起结集出版，给更多的社工提供范本参考，起到更广泛的社会效应。

（二）经验总结

一路走来，暖青项目在实践中积累了不少的经验心得，具体如下：

1. 立足社区，源于需求

我们深知，要为一个社区的青少年服务，就必须了解这个社区的需求，也必须了解该社区青少年的需求。对于社区的了解，有助于整合社区的资源更好地为青少年服务。因此，对青少年需求的调查是必不可少的，只有根据需求而开展的活动才更符合服务对象的需求，更加有针对性，效果更好，而不只是为了做活动而做活动。

2. 注重宣传的力量

暖青项目注重宣传的力量，通过各种方式在新联社区做宣传，如社区宣传活动、新闻媒体报道等，建立一定的口碑，提升了项目的知名度，赢得了新联社区居民的认可。

3. 服务方向

暖青项目经过半年多的服务实践，发现要建立社区的青少年服务中心，社工专业服务必须抓住三个关键点来开展：一是服务中心点必须开展一些资源性、常规性的服务来服务社区附近的青少年，从而扩大项目的影响力；二是小组服务最好与学校方面结合起来，利用学生的课余时间开展，这样会更加有助于舒缓学生的学习压力，劳逸结合，达到效果；三是社区活动最好联合社区单位一同开展，这样会更具有公信力，得到群众信任，达到良好的宣传效果。社工在这三个关键点上必须具有敏锐的视角，发现有需要的个案，进行介入跟进，做好更深层次的服务。

4. 服务的重要性

通过深入新联社区，暖青项目组发现城中村青少年的家庭、学习、生活等各方面的环境亟须改善。大部分青少年与父母之间存在着或深或浅的沟通障碍，对学校老师的教学模式与行为举止存在着质疑与厌恶，对自身的未来也充满着困惑。我们深知，家庭教育很重要，学校教育也很重要，可是怎样将孩子与家长、学校、社会连接起来，让孩子更好地成长呢？社工起到了连接的桥梁作用，但最重要的是需要家长、学校、社区、社会所有人共同努力来培育祖国的未来——青少年。教育青少年，让青少年更好地发展，不仅是家长、学校的责任，更是社会的重要责任。

5. 专业服务技巧的提升

在香港社工督导的指导下，从每次的小组活动中吸取经验，逐步提升小组活动方案的设计水平；从实务操作过程中发现问题，确立好小组活动的规范，提高工作员的场控能力，让小组活动真正地达到预设的目标；同时，积极发现自身在专业服务技巧上的不足，努力提升自我，参加专业培训，如上岗培训、《理性情绪疗法》同辈督导分享、剧场游戏社区工作坊等，并与广州家庭综合服务中心、深圳海悦阳光家庭综合服务中心的社工进行交流学习，不断完善专业水平，更好地实施项目，提供更优质的服务。

“青春家园”社区青少年社工服务项目

项目单位：深圳市新现代社工服务中心
项目组成员：梁燕英、卓志坤、黄吉梅、詹巧群、郑卓莹、叶静君、郭亮、吕红妹、林丹霞、罗振升

一、项目背景介绍和需求分析

“青春家园”是得到共青团深圳市委员会、深圳市青少年发展基金会支持的全市性示范项目。

由深圳市新现代社工服务中心（以下简称“中心”）运营的“青春家园”社区青少年服务项目，依托罗湖区翠竹街道木头龙社区青少年服务中心和光明新区公明街道薯田埔社区青少年服务中心，以社区青少年为第一品牌，在社工的积极探索和创新下，立足社区，把青少年服务与义工服务、固本强基、帮困助弱等工作有机结合起来，为社区青少年打造良好的精神家园。木头龙和薯田埔两个项目点作为深圳市首个青春家园试点单位，于2009年3月份正式运营。

基于前期调研的结果，中心在两个项目点派驻了7名社工进点开展社工服务工作。2009年3月至2010年5月，由中心自行垫付社工薪酬开展服务工作。2010年5月，项目得到深圳市福彩公益金资助。项目运作两年多以来，在政府领导关心下，在香港曾督导、徐督导的专业指导下，项目团队较好地完成了预期目标，运行的项目在服务社区有一定的知名度，服务内容框架也相对成熟固定，在心理咨询、社区少先队、三味书屋、快乐学堂、“青工之窗”社工服务、青春家园讲堂、青少年发展教育活动和义工服务等方面有良好的发展和拓展，项目也得到了广大社区居民的认可，同时在社会上有一定的影响力，且服务范围辐射到周边一些社区居民。面对居民的需求变化，中心开拓了一些新的领域和服务子项目。

这两个社区的青少年服务中心将直接服务于社区20万名青少年（包括学校学生、常住社区青少年、外来青工），同时也将辐射青少年家庭的其他人群（家长），估计受益人群将超过30万人。

二、项目目标回顾

（1）培养青少年团队意识和社会交往能力，提高青少年的公德心，培养他们的社会责任感，提高他们对“公益”的认知，倡导他们积极参加公益活动，提升自我价值感、社会

认同感。

（2）通过对社区内闲散青少年和问题青少年的帮教、关爱，预防和减少社区内青少年违法犯罪行为；通过对贫困青少年的关爱和帮助，让他们适应社会，促进社会和谐。

（3）为青工进行就业辅导，提高青工的技能水平，拓宽青工的就业渠道；协助青工学习社会规范、人际交往技巧等，解决他们在社会化过程中遇到的各种问题。

（4）加强青少年社区组织建设，建立社区少先队、社区青少年义工组织、家长义工组织，积极开展义工服务。

（5）构建良好的亲子关系，促进家庭和谐。

（6）建立起可借鉴、可复制的项目模式，为青少年服务中心在全市的推广起到良好示范作用，并奠定坚实的基础。

三、项目计划

（一）阳光计划——青少年特殊问题矫正及治疗

（1）针对青少年心理健康问题提供个案、小组等治疗方式，尤其针对青少年网络成瘾、滥用药物两个方面。

网络成瘾是如今青少年群体中较为普遍的问题，引起网络成瘾的原因往往有很多方面。社工将采用专业方法对这部分青少年进行帮助，运用治疗性的个案和小组，努力帮助青少年缓解并摆脱成瘾状态。

近年来，青少年滥药已经成为一个严重的问题。越来越多青少年长期使用咳嗽水、止痛片等处方药物，严重危害了健康，为自己的家庭带来了伤害，同时也对自身的发展有着十分不好的影响。社工将整合药物监督以及药物治疗方面的资源，为这部分青少年提供服务。对于已成瘾青少年需帮助他们戒除药瘾，并在社区中展开正确使用药物的宣传引导，从防范入手，让青少年远离不良行为。

（2）建立个人心理档案及个体辅导。

建立50人左右的心理档案，长期跟踪6~10个个案，特别关注单亲家庭、贫困家庭孩子的心理成长，协助学校、家长帮助有问题的青少年健康成长。

与翠竹街道辖区内的中小学开展合作，为学校提供学生心理健康服务，关注青少年在学校内的行为及心理状况，帮助青少年更好地学习和成长。

（二）乐学计划——青少年课业学习

学习是青少年的首要任务。我们将建立起青少年服务中心和课后学习室，为社区青少年提供课外活动和完成课后作业的场所。对来中心进行学习的青少年提供社工辅导、义工辅导、互帮互助等多种形式的学习方式，同时组建英语兴趣组、写作兴趣组等学习小组，帮助青少年用轻松愉快的方式进行学习，同时得到学业上的进步和提高。

（1）由社工或义工对课后前来写作业的学生进行作业上的辅导。

（2）“一帮一”活动。让高年级学生带领低年级学生，帮助青少年学习，并在社区少先队中形成一对一的帮扶形式。

（3）“小小老师”计划。逐步在社区青少年中培养各方面能力较强的领袖人物，带领社区青少年共同学习，一起进步。

（4）暑托班计划。在暑期开展暑托班为青少年提供课业辅导。

（三）展翅计划——青少年技能兴趣活动及义工服务

（1）培养青少年广泛的课外兴趣。组织体育运动、户外拓展、社会实践类的活动。在中心建立音乐室、绘画室等多功能活动场所，为有需要的青少年提供活动场所，并定期开展配套活动，保持青少年的兴趣和热情。

（2）就业技能培训。对于一些待业青少年，我们将寻求资源为他们进行技能培训，如利用社区电脑室开展电脑培训等。我们将为青少年提供就业信息，在社区进行待业登记。更重要的是培养青少年自力更生的意识，使他们自己了解自己的需求和发展方向并积极寻求改变，真正做到“助人自助”。

（3）指导和引领义工开展工作。策划组织各种义工活动和帮困助弱活动，广泛发动组织并引领青少年参与，由“大义工”带领“小义工”，建立义工评分体制，让青少年能够热情参与，并在义工服务中得到社会实践方面的锻炼。具体服务项目包括助残服务、环保行动、敬老行动、交通劝导等。

（4）“青春家园”社区少先队。根据中央8号文件《中共中央国务院关于进一步加强和改进未成年人思想道德建设的若干意见》，开辟社区活动阵地是社区少先队组织自身发展的需要，同时也是实施素质教育的重要途径。目前，木头龙社区已经建立起一支“社区少先队”，通过开展各类活动带领队员健康成长。除此之外，我们将和翠竹街道团工委合作，进入学校，开展社区少先队活动。

企业社会工作

企业社会工作服务项目

项目单位：深圳市龙岗区至诚社会工作服务中心
项目组成员：甘照寰、黎志芬、刘燕、杨敏、杨丽真、夏海燕、李雪丹、殷俊、徐丽琴、陈泽文

一、项目背景

企业社工成建制进入华人社会已有40多年的历史，20世纪70年代台湾正式引入企业社工制度，香港社工制度也是在这一时期蓬勃发展的。大陆企业社工萌芽于2008年，2010年“富士康跳楼事件”成为企业社工的引爆年。从那时起，发展企业社工成为民政部、主流媒体和地方政府迫切推动的改革举措。在深圳市民政局和龙岗区政府的大力支持下，深圳市龙岗区至诚社会工作服务中心（以下简称“至诚社工”）自2009年成立起，把发展企业社工工作作为主营业务和主攻方向，克服初创期的困难，积极向政府、社区、企业推荐企业社工服务，并在机构驻地的龙岗区留学生创业园内试行为园区企业及员工提供服务，以立场中立、薪酬独立、服务广泛、方法专业的特征进入企业，取得了初步成功，积累了比较丰富的服务经验。2010年7月，受深圳市冠旭电子有限公司邀请，至诚社工在该企业设立了企业社工综合服务中心，企业出资采购至诚社工2名，开创了龙岗区首家企业自助购买社工服务的先河，企业社工服务模式声名鹊起，社工机构被中国社工协会授予“中国企业社会工作实务创新基地”。

作为行业先行者，至诚社工追求直击企业内在需求的服务，帮助企业解决燃眉之急，打开企业社工服务的局面，积极探索了企业社工发展的通用路径，与企业共同制订实施了一揽子计划，即“新人首位服务计划”“社工直通车计划”“社工之春计划”和“社工动车组计划”，倾力打造开启企业社工的“万能钥匙”，使得项目具有可复制性。探索是艰辛的，遭遇过资源整合、资源运用的困难，为解决制约社工服务的“补给问题”，机构致力于发现和复制西方社工界默认、隐含的发展环境，精心耕耘“发展土壤”，同步实施了“五条线”资源整合计划，既适应企业的思维，也适应政府的思维和社区的思维，开发资源、链接资源、运用资源，为社工服务提供强大的支撑，把“开门钥匙”牢牢掌握在手中。随着企业社工向纵深领域拓展，至诚社工积极进行本土化改造，勇于探索社工服务品牌，在掌握“开门钥匙”“万能钥匙”的基础上，相继开发了“人民调解＋社工服务”模式和“社工＋义工＋政工＋N”模式，逐步在若干领域掌握“升级钥匙”的核心技术。

二、需求分析

企业社工的需求分为两类：第一类是资方需求，比较突出的是“员工流失、员工加班、员工职业生涯规划”三大成长烦恼；第二类是劳方需求，可分为职场需求和生活需求两个层面，前者突出体现在“职场减压、技能提升、员工维权”三大热点上；后者突出体现在“城市适应、社会交往、婚恋需求、兴趣娱乐”四大关注点上。概括起来，企业社工需求具有以下四个特点：

一是复合性。社工进驻企业，服务对象以青年为主体，兼顾家庭及儿童（员工家属）和妇女，具有跨群体服务的特征；服务方案既有白领幸福计划，也有蓝领生活适应计划；参与面较广，既嵌入党建工作、工会工作，也嵌入企业文化、EAP 计划和社会责任行动，或融合，或互补，或支撑，或发挥骨干作用。可见，需求分众特征显著。

二是行业性及其衍生的地域性。商业企业、文化企业、制造业企业、服务业企业的需求不一，知识型企业和劳动密集型企业的需求悬殊，国有改制企业、地方一般国有企业、地方公用服务型企业、逐级设立分支机构的央企、大型私营企业、外资企业、中外合资企业、跨国企业和企业化经营的事业单位需求迥异，即使是看似趋同的生活需求也有着深深的行业烙印，相当多类别的企业社工服务刚刚起步，空白点较多。由于上述企业在不同地区的聚集度不同，影响了地方政府的决策视野，政府主导力或推力具有明显的地区差异，这对社工发展的初期或幼年期产生了重大的影响。

三是多元性。企业社工作为企业发展共同体的有机组成部分或重要组成部分，触及企业资方、决策层、管理层、执行层、作业层和企业员工以及企业所在社区、社工机构，还有政府监管部门。企业社工服务必须多方回应需求，对于企业而言是以增加利润为主线，对于政府而言是以促进就业为主线，对于员工而言是以增进物质精神福利为主线，企业社工要统合“三线”需求，才能立足并发展。

四是中国特色性。新生代农民工是我国发展特定阶段的产物，进城入企农民工易受到城市新鲜视觉、听觉、世界观、价值观、人生观的强大冲击，由于年纪较轻、爱面子，难免扭曲自己原来的生活，接触并养成不良嗜好，比如宿舍吸烟、乱扔烟头、随地吐痰、网络成瘾、沉迷彩票、嫖娼、吸毒、滥交友等等。

三、项目计划

至诚社工的项目计划由三项工程构成：一是探索具有可复制性的“万能钥匙”工程。由“新人首位服务计划”“社工直通车计划”“社工之春计划”和“社工动车组计划”组成。二是探索本土化元素的“开门钥匙”工程。实施了“五条线”资源整合计划，即社工—政府资源整合线、社工—社区资源整合线、社工—企业资源整合线、社工—企业工会资源整合线和社工—义工资源整合线。三是探索以服务品牌为特征的“升级钥匙”工程。目前已经初步开发了两个模式，即“人民调解＋社工服务”模式和“社工＋义工＋政工＋N”模式。

主要业务流程如下：

（1）前期调研及宣传，深入开展调研和宣传项目活动，通过员工宿舍探访及外展宣传，了解企业员工的需求，进行分析，形成调查报告。

（2）根据员工的需求，确定以“技能提升”“职业生涯规划”“人际沟通交流”等方面为重点的服务方向，制订服务计划，明确项目具体服务目标，开展专业服务。

（3）定期检讨服务目标的达成情况，开展项目会议，确保项目按照计划执行，及时弥补项目工作中存在的不足。

（4）总结项目已有的经验，不断向周边企业进行项目宣传，拓展企业社工服务，从点到面，将企业社工服务推广至其他企业及工业园。

四、项目成效与经验总结

（一）项目成效

启动企业社工服务以来，“冠旭电子”社工实务创新基地受到了员工的欢迎和企业的支持，深圳市民政局和龙岗区政府把至诚企业社工服务项目作为示范项目，向全市、全区推广。2012 年，冠旭电子、方正微电子、零点星文化传媒、格坑工业区、宝龙工业区等企业、工业园区陆续与至诚社工签订合同或意向签约采购 38 名社工，占全市企业社工采购计划的 38%。民政部、广东省民政厅、深圳市民政局、龙岗区政府、街道办和社区党政领导先后莅临考察指导，给予了赞誉和鞭策，可以说做到了“领导看得见、百姓接受”。

2012 年 5 月，中国社会工作协会授予至诚社工“先进民办社工服务机构”称号，为全国十五家之一。2010 年，中国社会工作协会授予至诚社工机构“中国企业社会工作实务创新基地”，为全国五家实务创新基地之一。2011 年 10 月份，至诚社工协办了首届全国企业社会工作建设研讨会，并将机构服务企业列为参会代表的实地观摩考察点，作为大会的闭幕式场地，接待了全国 300 多名专家学者、业界人士莅临指导。鉴于此，中国社会工作协会现场授予至诚社工企业社工综合服务中心为“全国优秀企业社会工作示范单位”。民政部社工司柳拯副司长现场考察并予以高度评价。中国社会工作协会副会长兼秘书长赵蓬奇两度现场考察指导，称赞“全国企业社工看深圳，深圳企业社工看至诚”。

新闻媒体对至诚社工做了深度报道，给予了较高的评价。《半月谈（内部版）》（2012 年第 4 期特别策划栏目）以《中国社工：社会建设异军突起》专文刊载。文章提到“冠旭公司董事长吴海全说，社工进入企业之前，企业员工月流失率达 8.8%，一年后这个数据下降到 4.8%”，说明社工加强了员工的稳定性。“而且在社工的引导下，企业管理层的管理风格不像以前那么粗暴，和普通员工的关系比以前好了很多。”广东省电视台、深圳市公共频道《第一现场》、《南方日报》、《商报》等多家媒体对企业社工服务项目进行了报道。

（二）经验总结

在推进企业社工服务的进程中，至诚机构的经验可总结为三点，即“开门钥匙”“万能钥匙”和“升级钥匙”。所谓开门钥匙是指社工服务的前奏和基础条件，即资源整合的“五条线”机制；所谓万能钥匙是指企业社工服务的通用路径，即“点线面方”机制；所谓升级钥匙是指社工服务的升级版，是成熟经验的升华，是社工服务的品牌，这里特指“人民调解 + 社工服务”模式和“社工 + 义工 + 政工 + N”模式。

社区治理与社会工作

珠海市香洲区“五社联动”社区多元共治

2016年度广东省城乡社区治理创新项目
项目单位：珠海市香洲区民政局　　申报日期：2016年10月20日
项目负责人：魏玉燕（副局长）、齐德广（基层政权室主任）

【经验说明】

一、主要做法

（一）构建“五个体系”，夯实联动基础

（1）构建“区域化”党建体系，增强“五社”凝聚力。发挥党组织的领导核心作用，构建区级党委—镇党委（街道党工委）—“两新”组织党委—社区综合党委—小区党支部—社会组织党支部的“区域化组织体系”，按照“六有、五室、四平台”的标准，打造福石、富兴等126个社区党群服务中心，覆盖全区，实现党组织对“五社联动”的统筹和领导。

（2）构建“三位一体”自治体系，提升社区自治力。厘清社区组织的工作职责，整合公共资源，合理分工，按照“一居一站”的原则，设立“社区公共服务站”，并承接政府公共服务，形成党组织领导、居民自治、公共服务站承接政府行政职能的合署办公、分工明确、协调配合的社区治理“三位一体”模式，拓宽社区自治平台。

（3）构建“政校合作”体系，提高社团参与力。发挥珠海驻地高校中山大学珠海分校等10所高校的资源优势，建立政校合作基地，签订“大学生社区后备人才”培养计划和暑期大学生实践活动。目前启动了四期“大学生社区后备人才”培养计划，先后有238名优秀大学生和北师大励耘三农志愿者服务中心等多个高校社团进驻社区，吸引高校人力、智力、科教资源参与社区建设。

（4）构建“枢纽化”体系，增添组织承接力。以工会、团委、妇联、科协、残联等群团组织为主，通过改造、提升、新建等方式，坚持“条块结合、分类指导、全域覆盖”，构建枢纽（联合）型社会组织，形成“区—镇（街道）—社区—楼宇”的枢纽化组织体系，开展对社会组织的孵化、培育，发挥社会建设创新专项资金的引领作用，激发社会组织有效承接政府职能转移。

（5）构建“互联网＋公益”体系，扩大公益影响力。为创新我区基层公益模式，各镇街依托信息化手段，发挥互联网的高效、便捷优势，打造出“公益翠香”“爱·益拱北”“吉聚力量·大爱益坊”“微爱·香湾”“香山狮益系万家”“益呼百应·微爱前行”“聚力同心，共谱华章”等各具街道特色的“互联网+公益”创投模式，实现公益共建共享。目前，我区已打造出120多个精品项目，服务人次超过35万，“社区微公益推进民生服务”案例荣获2015年全国创新社会治理典型案例优秀奖。

（二）推动“五个优化”，创新联动结构

（1）社区工作者“社会化”，优化队伍建设。大力开展社区工作者的实务训练，在社区工作中探索设置专业社会工作岗位，对获得国家级社工师资格、市级社工员资格的社区工作人员，分别给予100~300元/月的职称补贴。截至2016年6月，我区获得社工师资格者有111人，获助理社工师资格者有182人，获市社会工作员证者有700人，实现了社区工作者全员持证上岗。

（2）社区社工“组织化”，优化素质提升。发挥毗邻港澳的优势，依托高等院校和港澳地区的资源，积极引入港澳社工组织参与社区服务，推动三地在社区服务领域开展合作，发挥香洲区社会组织发展中心孵化，培育优势，加强枢纽型、支持型社会组织培育，强化社区公益、慈善、养老服务等各领域专业社工机构建设，逐步构建“社区工作专业共同体”，实现共融共创。

（3）社区工作“一体化”，优化组织联动。以发展社区微公益为纽带，建立健全“五社”组织联建、会议联席、信息联通、服务联展、活动联办制度，发挥社区公共服务用房优势，实现社区、社会组织、高校社团“有办公场所、有服务项目、有专业人员”和社工“有能力、有岗位、有待遇”的目标。

（4）社会组织“社区化”，优化服务延伸。实行登记制度改革，简化程序，降低门槛，对公益慈善类社会组织登记实行双轨制，大力孵化和培育社会组织，并通过政府购买服务的形式扶持社会组织发展壮大，区政府每年投入1 500万元社会建设创新专项扶持资金，推动社会组织向社区深度延伸。截至目前，全区社会组织有565家。

（5）治理服务“信息化”，优化资源共享。借助区域服务治理“互联网+公益”信息化建设，扩大社会参与力度，加快社区公共服务综合信息平台建设，开展“一门式”的“互联网+社区治理服务”，实现“信息互通、资源共享、服务多元”，增强“五社”的“造血功能”。

（三）实现“五个共享”，促进联动互融

（1）难题联解，共享阵地。为解决社区办公用房和活动用房历史遗留问题，保障“五社联动”服务阵地建设，香洲区联合市政府多个部门，将约3万平方米的市属物业提供给我区作为社区公共服务用房，进一步拓宽了社区服务阵地。目前，我区社区公共服务用房面积达35 280平方米。

（2）活动联办，共享资源。坚持以民生需求为导向，社会组织、专业社工配合社区共同开展社区活动。拱北街道引进京师社工中心、晴朗天空社工中心、三叶草故事家族等社会组织和专业社工人才进驻社区，开展《讲述》《拱北快线》《三叶草故事会》等具有本土特色、内涵丰富的社区微公益项目，吸引社区居民积极参与。

（3）项目联创，共享服务。引导社会组织、专业社工进入社区，联合各方智慧，创新服务项目，为残疾人士、单亲家庭、孤寡老人等特殊群体提供切合需求又具明显特色的服务。翠香街道通过举办“家门口的公益”，构建一条“社区点菜—中心统筹—企业资助—社会组织实施—社工服务—社会监督—居民受益”的多元联合服务公益路径，超过15万居民享受到“公益翠香”带来的专业、优质的社区服务。

（4）队伍联建，共享发展。建立社区工作者与社会组织专职社工联合培养机制。对在岗人员分期、分批、分层开展岗位轮训，推动社区工作者和专职社工知识更新与能力提升，鼓励社区工作者参与社会工作者职业水平考试，区政府对获得资格证书的专职社区工作者给予职称补贴。目前全区共有专职社区工作者610人，获得国家级社工师资格者293人。

（5）资源联通，共享成果。通过整合政府、社区、社会组织、社工、社会等方面的资源，建立了社会组织联络制度，实现多方共同参与、沟通互动、资源共享、服务互联。最大化链接“五社”资源，确保项目公益成效。前山街道举办“益呼百应·微爱前行”公益创投项目对接会，共有22家社会组织带来39个微公益项目，精选出20个优秀项目，受助资金达40万元，涉及社区服务、居民自治等内容，全方位满足社区居民的需求。

二、主要成效

（一）完善了社区服务体系

“五社联动”有效地补充了公共服务、便民服务和公益服务的不足，特别是在老年人、残障人士、救助帮困、青少年等公益服务方面。社会组织介入后，运用专业社会工作方法解决服务问题，既整合了社会服务资源，又起到了承接部分政府职能的作用。“五社联动”社区多元共治案例荣获2016年全国创新社会治理典型案例优秀奖。“快乐四点半”未成年人服务品牌项目覆盖全区126个社区，服务99.7万人次，被中央人民广播电台以内参的形式进行报道。

（二）激发了居民的自治活力

“五社联动”让社区居民自治功能的培育真正落到实处。各镇街以社区为实践课堂，以服务管理和服务创新实践为教材，充分利用老旧小区自我服务管理、商业小区业主委员会建设、“社工+义工”志愿服务、邻里矛盾纠纷化解、文明城市创建、社区文化活动服务保障等创新实践活动，引导专业社工机构和社区草根组织参与。

（三）提升了服务专业水平

开展“五社联动”让更多的社会组织和专业社工、高校社团走进社区，服务居民，提升社区工作者的专业服务能力。香洲区今年力推的“居家养老一键通”公益项目，就引进专业组织机构和专职社工为孤寡、空巢等6 464位特殊和高龄老人提供精细化、个性化服务，同时带动社区工作者不断提升专业服务水平，促进社会和谐发展。

（四）形成了政社合作机制

“五社联动”促进我区形成“多元、互联、共治”的社区治理理念，引入社会组织作为社区服务供给主体，依托香洲区社会组织孵化基地及镇（街道）社会组织服务中心运营社会组织承接政府职能转移，根据居民的需求和项目设计，引进公益服务类型社会组织共同提供专业化社会服务，形成“社区、社工、社会组织、高校社团、社会力量‘五社联动’”机制。

【经验概要】

珠海市香洲区以创建全国社区治理和服务创新实验区为契机，以民生需求为导向，通过构建“五个体系”、推动“五个优化”、实现“五个共享”，全面实施“555”模式，促进“五社联动”（社区＋社工＋社会组织＋高校社团＋社会力量），创新社区治理模式，提升社区服务水平，激发多元参与，形成多元共治新格局。

广州市越秀区探索“三社联动”机制，推动社区治理和服务创新

2016年度广东省城乡社区治理创新项目
项目单位：广州市越秀区民政局　　申报日期：2016年9月28日
项目负责人：张雅丽局长、杨凯阳副局长

【经验说明】

越秀区以“全国社区治理和服务创新实验区”和“全国首批社会工作服务标准化建设示范地区”建设为契机，全面组织实施“135‘三社联动’社区提升计划”。

一、坚持一个导向，转变社区服务理念

越秀区以居民需求为导向，始终贯彻“问需于民、问计于民、问效于民”工作理念，通过推动政府、社会组织、社区、居民多元创建，在社区初步形成了协作共治，共同协商解决社区问题的工作格局。

二、发挥“三社”作用，夯实三社联动发展基础

（一）拓展社区治理内涵，发挥社区“治理平台”作用

优化基层组织机构，厘清社会服务管理边界。各街道已于2012年实现家庭综合服务中心全覆盖，以政府购买服务的形式，把部分专业服务交由具有资质的社会组织承接；全面建设社区服务站，全区222个社区推行社区党组织统一领导下的社区服务站建设，承接由街道延伸到社区的政务服务职能，促进居委会专人专职负责推进居民自治服务，充分发挥居委会的自治功能，全面实施社区网格化服务管理。全区按照每格200户左右的标准共划分为1 893个网格，促进五大类共176项与居民群众密切相关的事项全部入“格”。依托网格化信息系统，通过运行发现告知、调度派遣、事件处理、跟踪回访、评价结案的事件处理“五步闭合”工作模式，建立起“横到边、纵到底、全覆盖、无缝隙”的网格化服务管理网络。构建社区参与平台，推进社区居民自治。2014年第五届社区居委会换届选举中，直选率达88.3%；按照社区户籍人口每人每年10元的标准拨付居民活动经费，专项用于培育社区居民组织、开展居民自治、组织社区活动等；幸福社区创建经费超过10%用于居民自治，专项保障居民自治工作经费；全面发展社区居民分层协商议事模式，全区

100%的社区居委会建立了居民议事厅，自行协商解决社区公共事务。

（二）发展培育社会组织，发挥三社联动“服务载体”作用

发展培育社会组织，发挥三社联动“服务载体”作用。全区登记在册的社会组织有625个；建成区、街社会组织培育孵化基地4个；近三年对社会组织的资金扶持经费累计达861.65万元。大力开展政府购买服务，完善社会服务体系。成立越秀区社会组织评估委员会、越秀区社会组织评估复核委员会、越秀区社会组织专家库，建立社会组织等级评估机制，将社会组织评估等级与购买服务挂钩，出台两批共28个具备承接政府职能转移和购买服务资质的社会组织目录。建立并完善了政府购买服务、评估考核、服务标准等制度体系，累计购买服务资金达1.9亿元。

（三）加强社会工作者队伍建设，着重发挥三社联动“骨干”作用

加强培育培训。将社工继续教育作为硬指标列入政府购买服务项目协议；组织社工参与培训1 088人次；开展社工沙龙交流学习15次，不断提升社会工作人才专业素质和专业能力。引导专业社工积极参与社区治理。全区开拓社工岗位近500个；街道家庭综合服务中心第一个三年周期累计开展个案服务5 244例、各类社区活动3 353次、入户探访15.7万次，合计服务社区居民超过60万人次。

三、实现五项联动，助推社区治理和服务深层次发展

（一）项目联动

项目对接促共建共享。越秀区借助社会组织和社会工作者的专业知识和方法，挖掘社区居民多样化需求，由社区居委会将居民需求整体打包，开展社区服务项目对接会，促进项目牵引、供需撮合、服务竞标、居民参与。“九联共建”促资源下沉。推动街道与驻区机团单位和社会组织签订共建协议，逐步将双结对工程、志愿服务集市、军地巡逻队等服务纳入共建项目，有效整合辖区内资源下沉社区，服务居民。

（二）矛盾联调

构建社区社会组织、机团单位、家庭综合服务中心、“两代表一委员”、社会工作者、社区能人等多元参与的治理平台，解决社区公共事务、社区公共问题。

（三）服务联供

实行“社区服务站+社区居委会+政府购买服务”有机结合、有序分工的社区公共服务联供机制。建立服务双向转介机制，使服务更加专业、及时、周到。

（四）组织联培

建立社会组织孵化培育基地。建成1个区级社会组织培育基地和3个街道社区社会组织孵化基地，为社会组织提供场地入驻、政策咨询、专业指导、交流学习等多方位支持。培育居民自治小组。通过社会工作者挖掘热心居民，培养居民骨干，传授居民组织技巧和讨论解决问题的技巧，促进居民针对社区公共事务、社区公共问题集结成居民自治小组，广泛收集、听取居民意见，形成解决社区公共问题的民智民策。

（五）人才联建

促进社区专职工作者向专业社工提升转化。自2008年以来，为参加社工资格考试的

专职社区工作者提供考前培训资助累计达51万元，目前已有900多人取得社会工作者（员）专业资格证书。开展多层次培训提升能力。对全区社区居委会成员、居委会专职人员、家综的专业社工进行分类分批业务培训，每年组织培训超过3 000人次，进一步提高“三社”人员队伍的业务素质和为民服务水平。开展“社义联动”提升服务水平。开展全国志愿者队伍建设信息系统试点工作，规范开展志愿者信息登记录入、服务招募、能力培训、工时记录等服务；建成广州市首个区级义工培训基地，积极开发义工培训项目和课程体系，加强服务理念、服务态度、权利义务、服务技能等培训力度，提升志愿者服务技能。

【经验概要】

越秀区坚持以居民需求为导向，始终贯彻“问需于民、问计于民、问效于民”的工作理念，发挥以社区为平台、居委会为枢纽、社会组织为载体、专业社工人才为骨干的主导作用，实现项目联动、矛盾联调、服务联供、组织联培、人才联建五项联动内容，从而形成政府、社会有效互动，推动社区服务良性发展的机制。

深圳市龙华新区社区服务中心特色服务项目

2016 年度广东省城乡社区治理创新项目
项目单位：深圳市龙华新区管委会　　申报日期：2016 年 8 月 17 日
项目联系人：周尚启（科长）

【经验说明】

一、创新主体

为进一步规范社区服务管理，提高社区服务水平，提升服务项目质量，促进社区服务中心项目化运作工作开展，龙华新区在全市率先开展社区服务中心特色服务项目工作。特色服务项目是指社区服务中心按照社区公共服务的基本要求，在社区范围内，根据所在社区类型，以特殊和困难人群为重点对象，以满足辖区内居民物质文化生活需求为目标，针对本社区实际开发开展的一系列反映本社区特色的非重复性社区活动。

社区服务中心是特色服务项目管理的实施主体，负责开展社区特色服务；龙华新区社会建设局是社区服务中心特色服务项目的监管主体，负责社区服务特色项目的认证、管理和评估工作；各办事处负责各辖区内社区服务中心特色服务项目的日常管理和过程监管。

二、主要做法

（一）出台相关文件

2015 年 9 月制定并印发《龙华新区社区服务中心特色服务项目暂行管理办法》，将社区服务中心特色服务项目纳入社区服务中心的重要工作内容和评估指标。

（二）开展特色服务项目申报和评审

为规范社区特色服务项目的开展，提升特色服务项目质量，2016 年新区实行更为标准化和体系化的特色服务项目申报和认证机制。经社区服务中心主动申报，各办事处社会事务科初审，委托新区社会工作协会收集整理等程序，共征集到 131 个特色服务项目申报材料。新区管委会立足社区居民的实际需求，对申报的特色服务项目开展评审工作，共认证了 114 个特色服务项目。

（三）开展特色服务项目精品工程工作

为进一步提升新区特色服务项目质量，树立特色服务品牌，在通过新区 2016 年社区服务中心特色服务项目认证的114个项目中，提炼出10个精品项目予以相关指导和扶持，塑造龙华新区社区服务精品。

（四）开展特色服务项目的监管和评估

委托新区社会工作协会开展社区服务中心特色服务项目日常监管，每月由社区服务中心上报相关服务数据，新区管委会及新区社协相关工作人员不定期走访，对项目实施提出指导意见。对特色服务项目进行评估并纳入社区服务中心评估指标，拟对优秀特色服务项目进行表彰。

三、实施范围

在龙华新区57家社区服务中心实施，覆盖全区。

四、主要成效

（一）提升服务质量，增加居民满意度

社区服务中心特色服务项目是龙华新区创新社区服务中心服务模式的积极探索，使社区居民享受更为系统、专业和特色的服务，有利于增强社区居民的幸福感。

（二）打造服务亮点，形成服务品牌

增加新区社区服务品牌的知名度和认可度，在新区乃至全市形成一批有影响力的社区特色服务精品品牌。

（三）转变服务意识，推动服务转型

提升社区服务中心和社工社区服务能力和水平，增加项目化和品牌化服务意识，契合社区服务转型的需要。

【经验概要】

特色服务项目是龙华新区创新社区服务的积极探索。主要经验：一是项目服务内容深入化。针对某一类服务群体的需求提供优质契合的服务。二是项目运营系统化。以项目化、系统化的方式操作，项目衔接性、延续性强。三是项目服务人群精准化。关注外来劳务工子女城市融入、祖辈隔代教育等细化群体需求。四是项目参与主体多元化。采用了社区工作站、居委会、社区社会组织或社会团体、社会企业、社区服务中心、社区义工、党员志愿者等多方联动参与的服务模式，整合社区资源，发挥联动效应，使项目取得更好的服务成效。

深圳市罗湖区推进社会治理创新探索

——打造南湖街道基层社会治理精细化“街道样本”

2016 年度广东省城乡社区治理创新项目

项目单位：深圳市罗湖区民政局　　申报日期：2016 年 8 月 30 日

项目联系人：梁锐（深圳市罗湖区南湖街道办事处主任、党工委书记）

【经验说明】

罗湖区作为深圳市改革开放的策源地，区委、区政府深刻地认识到改革创新、攻坚克难的重要意义。自 2014 年开始，针对自上而下的事权及行政审批下放模式，罗湖区的基层治理体制改革逆流而上，探寻出一条“社区—街道—区级”的自下而上、循序渐进的改革路径，在南湖街道先行先试，成效显著。南湖街道设立于 1983 年 12 月，是罗湖区最早设立的 6 个街道之一，是邓小平同志当年发表“南方讲话”的地方。近年来街道面临着社区体制“老化”、党的建设“虚化”、法治建设“滞后”、民生服务“弱化”等问题。在区委、区政府的指导下，南湖街道党工委以问题为导向，深入调研，逐步探索形成了以“精准行政、精良党建、精密法治、精心服务”为核心的街道治理精细化建设思路。为街道层面贯彻落实“四个全面”战略布局和“五位一体”整体布局提供了推进策略和操作样本，为推进社会治理精细化、国家治理现代化提供了有效路径和科学模式。

一、以规范化管理助推精细化治理

（一）改革社区治理体制，七股力量“归位赋权”

2014 年，罗湖区社区体制改革从南湖街道开始试点，梳理了社区中的七股重要力量——社区综合党组织、社区居委会、社区工作站、社区服务中心、社区社会组织、业主委员会和社区服务机构以及驻社区单位的工作职责。按照法治化治理思路，制定了社区综合党组织、社区居委会、社区工作站、社区服务中心工作清单，进一步发挥了社区综合党组织的领导核心作用、居民委员会的自治功能、社区工作站的政务服务平台作用、社区服务中心的综合服务作用、社会组织等各类社会主体的补充作用。七股力量实现“归位赋权”，为居民自治的“生长”提供了土壤。全面推进依法治理，实现从人治到法治的转变；充分激发社会活力，实现从管理到治理的转变；健全完善服务体系，实现从工作到服务的转变；切实维护群众权益，实现从维稳到维权的转变；切实推进减员增效，实现从被动到主动的转变。

（二）改革街道管理体制，五项举措激活“大部”

罗湖区坚持问题导向，加强基层治理能力建设，2015年下半年正式启动街道“大部制”改革，选取南湖街道作为全市首个大部制改革试点进行先行先试。改革全面梳理了街道各科室职责，将职责相近、交叉的科室进行整合归并，实现内设科室以及下设机构职责整合、自设科室职责回归，将原有的21个科室及8个事业单位整合为“五部两室两中心”，由包括街道党工委副书记在内的党政班子成员担任部长或主任，突显了街道在城市管理、社会管理和公共服务等功能上的定位，重点保障了公共安全、城市管理、公共服务等领域的资源配置。实行扁平化管理，缩短了工作链条，形成了工作合力，有利于人力资源的整合，提高了工作效率，使群众办事更便捷。

（三）创新基层协商机制，两个层面听取民意

在街道层面，建设沟通协商平台，创新打造由辖区内居民、企事业单位代表、人大代表、政协委员、党代表和行业专家等社会各阶层人士组成的民意民智协调委员会。街道每季度召开大会，公开街道的重要工作、财务开支情况，听取意见建议，让委员们充分参与到街道的治理和建设中。在社区层面，完善居民议事机制。每个居委会选举产生一个21人的社区居民议事会，在社区基金使用、民生微实事项目等民生事件中，发挥参与决策的作用。

让居民充分参与到街道和社区的治理和建设中来，监督民生实事的开展，评议街道各部门的工作实绩，为街道的发展建言献策，有助于提升社区居民的自治能力，促进基层民主政治建设，也成为打造阳光街道、法治街道的重要助力。

二、以体系化党建带动精细化治理

2014年10月，南湖街道制定了《关于发挥社区综合党组织领导核心作用实施方案》，同时引入ISO质量管理理念，打造“基层党建质量认证体系”，构建基层党组织架构、工作流程、考核评价制度、党员信用等体系，将“质量”与“党建”加以融合，制定了“1+14”一整套工作指导规程，形成了全面从严治党的新格局。大力开展“党建项目认领”“党员进社区、亮身份、树形象”“社区党群嘉年华”等活动，应用“互联网”思维打造“智慧党建”服务品牌。

南湖街道党建工作得到全面加强，各社区的党员参与亮身份活动的比率达到60%以上，“三民”工程收集的社情民意解决率达96%以上，党建项目认领直接或间接受益的党员、群众达到11 025人。解决了党组织地位弱化、党建工作浮于表面、党员干部作用发挥不明晰、党群黏合度不高、群众对党员认同度不足等问题，成功缔造了极具创新特质的“质量党建模式”，并在罗湖全区进行推广。

三、以立体化法治保障精细化治理

南湖街道制定了《全面深化“法治南湖”建设的指导意见》和《全面深化“法治南湖”建设“138”实施方案》。

（1）完善政策体系，实施四项重点工程。①“法治政府建设”工程。整合综治办、司法所、劳保所、物业办成立“法治街道建设部”，运用法治思维开展信访、维稳、综治、物业监管以及劳动保障工作。②“法律援助”工程。由律师团队作为参与主体主导，充分发挥其在街道办事处、企（事）业单位、社区居委会中的巨大功效，实行“一社区一法律顾问”。③“综治维稳法治建设”工程。构建维护群众利益的行政救济机制，健全辖区日常矛盾排查疏导机制、依法维权和化解纠纷机制。

（2）完善标准体系，提升五方面工作质量。在基层党建、安全生产监管、城市管理、人口与计划生育及社会管理方面，构建标准化工作体系，促进民生服务质量的改进和社会治理绩效的提升。

四、以专业化服务做实精细化治理

（1）改善街道服务方式。突出行政执法重点、优化行政审批服务、下沉街道公共服务职能。妥善解决一大批老大难问题，提升治安、环境以及安全等级；实现社区审批事项环节最少、时间最短、流程最优，促使服务提速、提质、提效；切实保障优抚对象、低收入群体、未成年人、老年人、残疾人等社会群体的服务需求。

（2）提升社区服务质量。建立实施民生活动预告及民生实事公告评议制度；大力发展便民利民服务；积极倡导社区志愿服务。满足居民多样化生活需求，提高居民生活品质。

（3）引导社会力量参与。通过建立街道社会组织孵化基地、培养社区领袖、提升服务能力以及构建全方位的沟通交流平台，共同为辖区经济、文化等方面的发展出谋划策，共同参与社区治理。

【经验概要】

推进社会治理精细化、现代化是一项既具创新性又具挑战性的任务，是实现国家治理现代化的内在需要。深圳市罗湖区从高处着眼、细处着手，系统推进社会治理精细化、现代化的实践探索，并打造了“南湖样本”。具体做法是：①全面从严治党，提高党建质量，充分发挥党的领导核心作用，是推进街道社会治理精细化的根本保证。②深化体制改革，厘清多主体边界，实现协同共治，是推进街道社会治理精细化的基础前提。③加强法治建设，坚持系统治理、依法治理、源头治理、综合治理，是推进街道治理精细化的科学路径。④坚持以人为本，发展民生服务，是推进街道社会治理精细化的根本目标。⑤吸收先进理念，采用现代技术手段，建立完善的绩效考评体系是推进街道社会治理精细化的应然选择。

深圳市福田区实施“民生微实事”，做实“治理大文章”

2016 年度广东省城乡社区治理创新项目
项目单位：深圳市福田区人民政府　　申报日期：2016 年 8 月 22 日
项目联系人：黄泗荣（福田区民政局基层科科长）

【经验说明】

一、创新主体

“民生微实事”项目由深圳市福田区委区政府于 2014 年创新推出，2015 年巩固升级，2016 年深入推进。

二、主要做法

（一）明确“三个范畴”

一是项目类别。项目应是百姓关注度高、受益面广、贴近百姓生活、单个项目资金量少，且群众热切盼望解决的惠民小项目，分工程类和服务类，主要包括消除安全隐患、社区环境整治、文化体育娱乐、居民生活关爱和基层党建创新五大方面。

二是实施范畴。项目应体现“微”字，工程类和服务类单项资金原则上分别不超过 40 万元和 20 万元，不与小区物业管理公司等其他社会主体职责范围内的项目交叉，不与市区在建、拟建政府投资项目重复，不与政府其他专项资金支持项目重合。

三是主体责任。明确三个主体责任，区组织、社建、民政部门负责组织协调，区人大、政协、住建、财政、采购、国库等部门配合推进，街道党工委、办事处负责管理实施，社区党委、居委会、工作站负责项目遴选征集，在社区党委核心领导下合力推动项目落实。

（二）加强“四个创新”

一是顶层制度。在现有法规政策条例框架下，打通区直部门各个环节，实行简政放权，优化办理程序，出台工作指引，执行“四议四公开”程序，突出“由民做主”的具体实践，推动惠民小项目快速落地，保证项目“服务民需，实现民意，体现民愿”。

二是执政理念。坚持党的领导，以解决群众需求为出发点，以强化社区治理为落脚点，创新建立社区协商办理、“线上线下”互联互通、群众满意度测评等系列制度，实施

“自下而上”的社区治理路径，推动政府行政管理与基层群众自治的有效衔接和良性互动。

三是动员机制。以“民生微实事”构建社区治理平台，改变过去单靠政府力量，固守增派人手、简单购买服务等方式落实民生实事的老套路，利用专项资金、政策导向、行政力量“引子”，调动社会资金、社会智慧和社会力量“多元参与”，构建“多元共治”新格局。

四是办理形式。区直各部门只指引，不干预，重在指导、协调和解决问题。各街道根据群众意愿，发挥首创精神，大胆改革创新，突出形式灵活性和机制自主性，既做到锦上添花，更注重雪中送炭，形成民意听证、多方共建、组团合办等特色共建品牌。

（三）落实“四个保障”

一是资金保障。以需求导向、问题导向设立专项资金，坚持“专项核算”和“于法有据”原则，直接列入街道年度预算，实行弹性分配机制，坚持保基本，鼓励多办事，开启资金审批绿色通道，加大对民生资源薄弱地方的投入。

二是质量保障。区、街道、社区联动，落实“四议四公开”程序，发挥议事平台、信息网络、合同协议的作用，加大公众监督、群众评议、后期管养、权责履约和信息公开力度，量质共求，监管并举，提升项目透明度、保障力和生命力。

三是资源保障。重点建好“四库”：①委托辖区企业或社会组织充分调研，构建项目需求库；②公开招标微小企业，提前确定具备条件的社会组织，构建商家供应库；③以社区发动、网上招募、组织推荐、居民自荐等形式，建好人才专家库；④以民生政策引导“两代表一委员”等社会力量参与项目建设，构建资源支持库。

四是慈善保障。对捐赠物资进行登记造册、明牌标识；对捐赠善款，视捐赠方意愿实施税收优惠政策；依托信息网络、新闻媒体，加大对爱心企业、人士、组织的宣传力度，弘扬爱心善举，加强辐射带动作用，营造慈善氛围。

三、实施范围

项目在全区10个街道95个社区全面开展。

四、主要成效

经过近三年的改革与实践，该项目已取得可喜的成绩和明显的成效，真正实现了民生实事由“政府配菜”向“百姓点菜”、“为民做主”向“由民做主”、“单元供给”向“多元参与”三个根本性转变，真正形成了“政府善治＋社会共治＋社区自治”的良好格局，有效地推进了社区治理体系和治理能力的现代化建设发展。

一是群众路线得到最佳实践。该项目让“人往基层走、钱往基层投、政策往基层倾斜”的精神得以充分体现，同时又让居民群众通过全程参与社区治理，体会党政服务百姓的真诚用心，构建起党群干群之间相互合作、相互信任的融洽关系。据民意调查，居民群众的合理诉求100%得到落实，群众满意率达100%。

二是自治路径得到真实呈现。该项目在基层党委领导下阳光运作、快速实施，从居民提议、社区商议、街道审议到居民议事会决议，从决议结果、实施过程、实施结果公开到评价结果公开，“四议四公开”保证了居民群众的话语权、参与权和监督权，整个过程民主、公开、透明、高效，构建了“强核多元”的新型社区治理模式。

三是社会活力得到充分激发。在“民生微实事”这个社区治理平台上，“两代表一委员”、社会组织、社区人才、辖区企业、居民群众等多元主体积极参与，集聚了各类社会资源在此平台上发挥作用。特别是诸多社会组织在其中赢得了与基层治理协同发展的广阔空间，目前已吸引社会投入 3 300 多万元。

四是治理环境得到明显提升。该项目解决了百姓身边的急难小事，另外，直接解决部分历史遗留问题的约占 3%，成功化解多年未解决基层矛盾的约占 5%，美化优化社区环境的约占 15%，丰富社区居民精神文化生活的约占 20%，弥补了政府在社区建设中的一些疏漏，使“首善之区”更宜居、“幸福福田”更幸福。

五是改革成效得到各界认同。2014 年 9 月，民政部对该项目“把公益事业与社区居民自治结合起来”的做法给予了高度评价。项目经人民论坛专家调研组、广东省委办公厅、省民政厅调研后得到全面推广。2015 年 1 月，该项目荣获“街坊口碑榜”金奖，同年 9 月在市委市政府的高度重视下向全市推广实施。中央《学习时报》《中国新闻》《南方日报》等媒体对其进行了深入报道，人民网、人民论坛网等网络多方刊载，社会各界反响强烈，各地争相学习效仿。

【经验概要】

福田区委区政府通过“民生微实事”改革，构建社区治理平台，健全基层治理机制，实行简政放权，流程再造，动态办民生，合力促民主，快速解决百姓身边的急难小事，推动社区实现“我的实事我做主”，进一步密切党群干群关系，激活社区自治，激发社会活力，夯实基层基础，增进民生福祉，形成“政府善治 + 社会共治 + 社区自治”的良好格局，深入推进社区治理体系和治理能力的现代化建设。

佛山市南海区化生为熟：筑造城市有效治理的社会基础

2016年度广东省城乡社区治理创新项目
项目单位：佛山市南海区民政局　　申报日期：2016年11月18日
项目负责人：丁坚（南海区民政局副局长）

【经验说明】

佛山市南海区创新性地将熟人社区创建作为基础性工程，探索出一条通过培育稳定和谐的社会基础助推社会有效治理的“培育型治理”新路，创新了社区治理与服务模式，营造了和谐融洽的社区氛围，解决了困扰多年的物业管理难题，得到居民群众的普遍欢迎和积极支持。

一、主要做法

以平台互动构建熟人空间，以服务联结构筑熟人网络，以活动融合创建熟人生活，以自治共享回归熟人家园，最终化“生人社会”为“熟人社会”，实现了社会共同体的重构。

（一）搭平台，开创熟人互动天地

1. 完善设施，扩宽联结载体

通过重新盘活传统场所，创造性地将传统场地发展为居民互识共娱的新天地，如将村中的大祠堂打造成综合性活动场所。在村民看来，“大宗祠不仅是祭奠先人的老祠堂，更是所有人的乐园”。同时，南海各社区还打造了文化广场、阅览室、休闲公园等多样化活动平台，为居民聚集、交流提供了场所。

2. 活用信息，扩展联络空间

随着信息技术的发展与应用，网络平台及信息软件成为社会互动新平台，并创造了社会交往的新空间。一方面，依托网上行政服务中心，居民无须出门就可知晓政府事务、享受政府服务。另一方面，微信、微博、QQ等网络“微平台”，使身处南海各地、互不相识的居民在虚拟网络中聚集并熟悉起来。

3. 借力组织，扩大联合主体

作为个体联合的社会组织是衔接政府、社会、居民的有力平台。为此，南海降低门槛、简化程序、设立扶持资金为社会培育组织。截至2016年6月，超过1 500个社会组织在南海落地。

（二）抓服务，构筑熟人社会网络

1. 服务前移，加强社会凝聚力

首先，以理念转变为先导，变“政府设点，群众看戏”为“群众点单，政府搭台”的需求导向型服务。其次，通过设立278个社区服务中心，将服务前移到社区，居民在社区就可参与多达200多项的包括行政审批、养老、文化、体育、社区培训、休闲娱乐等基本公共服务项目。

2. 社会协同，增强政社互动

有限政府难以满足多元化的社会服务需求。为此，南海推进服务社会化，使企业、社会组织、居民与政府形成多元互补的服务格局。一是购买组织服务。社会组织成为南海政府服务居民的有利帮手。二是发挥事企服务。如南桂社区发动快餐企业建立长者爱心饭堂，与南海人民医院建立健康康复室，为居民提供免费治疗。三是激活居民服务。桂城街道通过会员制、服务兑换、星级优享以及公益表彰等激励机制，激发了居民参与的热情，鼓励了更多的人参与行动。

（三）兴活动，共创熟人美好生活

1. 以趣为缘，汇聚共同爱好

首先，在学习中培育共同爱好。南桂社区近年来开设国学、国画、太极、秧歌、生活写意等义教课程，为居民闲暇生活培育了共同的兴趣爱好，使居民们愿意走下楼，聚集在一起。其次，在活动中增强凝聚力。通过举办乒乓球赛、象棋赛、醒狮表演等活动将不同村居居民团结在一起。再次，在生活中融入爱好。如桂园社区组织味蕾家庭、生日会等特色活动，将居民个体生活与社区公共生活有效地衔接起来。

2. 以地为缘，融聚内外情谊

随着外来务工人员的增加，其社会融入成为南海社会治理的核心工作之一。一方面，南海充分发挥已有的地缘纽带作用，将来自同一地域的外地居民在此聚合。另一方面，以地域文化活动为载体，让不同地域的居民相互熟悉。如罗村让各地居民在传统孝德文化节中感受相同的文化习俗；在“邻里一家亲”等活动中形成“近邻胜远亲”的新熟人社会关系。

3. 以业为缘，凝聚团体共识

南海充分发挥职业的联结作用，开展一系列活动，使居民在交流互动中相互凝聚。一是开展公益事业活动，凝聚社会爱心。如南海区“益动全城　家·南海”公益慈善活动的开展，将南海38家社会机构、社会各界居民联结在一起，共同为南海居民提供爱心服务。二是开展产业服务活动，凝聚职工人心。如狮山社区通过树本家园、“七一空间”、“职工·家”等项目，直接在产业园区内开展文体、教育、公益等活动，增加了工人之间的交流，增进了工人与企业间的感情联络。

（四）享自治，回归熟人幸福家园

1. 构建载体，落实自治开展

理事会、议事会等多样化自治组织的成立，使南海每位居民都能找到合适的参与平台。虚拟协商平台的建设，则进一步丰富了居民的自治参与形式。协商载体不但为居民自我管理服务提供了依托基础，而且为社会良性运转构建了缓冲平台。

2. 创新机制，保障自治运转

有效的机制不但能保障协商运转，更能让居民感受到自治的成效。建立有效的机制主要从两方面入手：一是建立协商机制，确保自治有规可依。二是建立考评机制，保障自治持续有效。

3. 拓展范围，提升自治层次

首先，扩大自治主体，形成多元化的联结互动。将两委干部、“两代表一委员”、企业代表、群众代表等不同的社会群体有机地联结在一起。其次，扩大居民自治空间，形成多层次的互动熟悉。塘中社区的楼栋长制，将居民自治单元从社区、小区纵向延伸到楼栋。再次，扩大自治内容，增加居民自治权限，增强居民的主人翁意识与归属感。

二、主要成效

（一）促进社区良性互动

通过扶持和组织社区公共活动，构建社区互动平台，使居民在社会参与中相识相熟、相知相助，促使居民相互认同与相互信任，构建和谐的邻里关系，释放了强大的社会活力。

（二）重构社会共同体

通过熟人社区的创建，为社会集成重构了新的熟人社会共同体。通过挖掘熟人社区的内生资源，利用少量的投入撬动了庞大的社会资源，有效地降低了政府社会治理的成本。同时，熟人社区对社会力量的有效整合，使社会资源有效地纳入到政府的引导与组织中来，成为社会自我运转和良效运行的有力保障。

（三）提升社区居民自治水平

通过熟人社区创建，培育社区社会组织，引入专业社工服务，构建居民议事平台，提升居民的责任意识、参与社区自治意识，为社会建设打下了重要的精神基础，使城市基层社会治理向现代市民社会转型。

【经验概要】

为改变社区“识而不熟”，甚至“见而不识”的现状，佛山市南海区创新性地将“熟人社区”创建作为基础性工程，通过组织形式多样的社区活动，增进社区居民的情感交流，从相识相熟到相知相助，构建和谐邻里关系；培养地域共同体的归属感和道德认同，重塑居民主体意识与社区意识；通过社区社会组织的搭建和社区骨干的培育，让社区成员实现再组织化，增强社区凝聚力与活力，推动社区自治。

中山市建立村（居）委会特别委员制度

——推进非户籍人口参与基层治理

2016 年度广东省城乡社区治理创新项目
项目单位：中山市民政局　　申报日期：2017 年 1 月 5 日
项目联系人：蒋森（中山市民政局科长）
　　　　　　陈岳荣（中山市沙溪镇副镇长）
　　　　　　彭泳勇（中山市沙溪镇圣狮村党支部书记）

【经验说明】

圣狮村位于伟人故里孙中山故乡中山市沙溪镇西北部，户籍人口约 4 400 人，以阮、彭、陈、林四姓为主，其他姓氏有 100 多个，流动人口 4 000 多人。圣狮村经济社会稳定，人民安居乐业，各项社会事业不断进步。圣狮村先后被评为全国敬老模范村、省卫生村、省宜居示范村庄、市生态示范村、市宜居村庄、市镇先进党支部、先进社区、珠三角最美乡村。圣狮村代表中山市参加省社会创新试点项目，以全省第一名的好成绩通过“2 + 8 + N”模式考评验收。圣狮村率先于 2013 年 5 月 31 日成立了“圣狮村社区建设协调委员会”，探索建立村（居）委会特别委员制度，推进非户籍人口参与基层社会治理，取得了积极的成效。

近年来，中山市以沙溪镇圣狮村为示范点，建立村（居）委会特别委员制度，紧紧围绕中央、省关于创新社区治理的决策部署，立足基层，积极探索，在村（居）委会建立非户籍人口作为村（居）委会特别委员的制度。该项制度拓宽了非户籍人口参与基层治理的渠道，尤其是构建起异地务工人员与居住地村（居）沟通的桥梁，促进了异地务工人员与村（居）委会的良性互动。

一、特别委员制度的建设情况

（一）以制度建设为前提，积极构建特别委员工作体系

中山市先后出台了《关于深化农村综合改革促进社会融合的意见》《关于推进村（居）委会特别委员制度的工作意见》《关于加强社区建设协调委员会和村（居）委会特别委员制度建设的通知》等系列政策，确立特别委员组织性质、主要职责、组织设置、工作规程，构建起特别委员制度总体框架和工作体系。狠抓规范建设，制定了特别委员工作

室建设方案，实现特别委员工作室有办公场地、有统一标识、有工作制度、有接待计划、有接待记录台账等“五个有”，为特别委员工作提供了有力保障。为推动示范点建设，2016年，全市建设了27个村（居）委会特别委员制度工作示范点，市财政按人均约4 300元的标准给予工作经费支持，引领特别委员制度规范化发展。

（二）以人员遴选为关键，积极打造委员队伍

2012年以来，中山市逐步在外来人口达实有人口40%以上的村（居）推行特别委员制度，由村（居）民代表或辖区新中山人（异地务工人员）推荐产生，平均每村（居）设2~3名。为突出特别委员的代表性，着力遴选有较大影响力的新中山人为特别委员。目前，全市有262个村（居）聘请了673名新中山人作为特别委员，他们主要来自湖南、四川、广西、江西、重庆等18个省（市、自治区）及省内各市，其中厂企中层管理人员、务工人员、个体户、企业主（总经理）分别占45%、25%、11%、9%，平均年龄在40岁左右。特别委员充分发挥影响力、代表性，与异地务工人员紧密联系，与村（居）委会加强沟通，构建起异地务工人员与居住地村（居）的桥梁，促进了异地务工人员与村（居）的良性互动。

（三）以参与渠道为核心，积极发挥作用成效

根据特别委员的性质和特点，中山市从特别委员参与村居管理、服务异地务工人员的灵活性、广泛性和可操作性入手，探索形成了特别委员“驻（驻室接待）、访（走访调查）、议（参与议事）、督（督促落实）”四位工作法，极大地拓宽了特别委员参与基层治理渠道，促进特别委员参与村（居）建设，推动解决异地务工人员实际困难，化解基层矛盾，实现了基层共治共享。2016年，全市特别委员接访群众约6 072人次，参加村（居）委会会议约956次，组织异地务工人员参与社区活动约1 011次，参与民主评议和民主监督约493次，共调处化解问题纠纷1 830多宗。特别委员在基层治理的作用日益凸显。

二、特别委员制度的工作成效

村（居）委会特别委员制度的实施，为新中山人舒展“拳脚”、发挥才智提供了舞台，他们积极参与居住地社区管理和社区事务，建言献策，在促进社区共驻共建方面发挥了良好作用，主要体现在以下四个方面：

（一）参政议政，共治共享

村（居）委会特别委员定期列席村（居）委会会议，积极参与村（居）社会事务，为社区建设出谋划策。

（二）良性互动，和谐共融

各村（居）的特别委员，为社区与新中山人、新老中山人之间的沟通，发挥桥梁纽带作用，促进了新老中山人之间的沟通交流和良性互动。

（三）掌握民情，化解矛盾

特别委员积极履职，经常带领社工、义工等志愿服务队伍，深入辖区外来务工人员居住地，挨家挨户宣传各项政策及社会治安知识。同时，注重收集苗头性信息，在化解矛盾、融洽新老中山人关系、维护基层社会稳定中发挥了积极的作用。

（四）反映诉求，解决困难

子女入学、计生服务等问题常常困扰着众多外来务工人员，特别委员成为新中山人的“传声筒”，积极地为新中山人表达诉求和心声，使异地务工人员的诉求得到解决，利益得到保障。

【经验概要】

为适应新型城镇化发展，促进新老中山人融合，2012 年以来，中山市逐步在外来人口达实有人口 40% 以上的村（居）推行特别委员制度，平均每村（居）设 2～3 名，由村（居）民代表或辖区新中山人（异地务工人员）推荐产生。特别委员充分发挥影响力，与异地务工人员密切联系，与村（居）委会加强沟通，构建起异地务工人员与居住地村（居）的桥梁，促进了异地务工人员与村（居）的良性互动。中山市探索形成了特别委员“驻、访、议、督”四位工作法，拓宽了非户籍人员参与基层治理渠道，推动解决异地务工人员实际困难，化解基层矛盾，实现了基层共治共享。

广州市南沙区多元参与，助推社区服务供给侧改革

——“南沙时间银行”建设经验

2016 年度广东省城乡社区治理创新项目
项目单位：广州市南沙区民政局　　申报日期：2016 年 8 月 26 日
项目联系人：李颖（广州市南沙区民政局副局长）

【经验说明】

为突破传统社区服务供给的局限性，2013 年 10 月，南沙区采取政府购买服务的方式，建设运营南沙时间银行项目，推动社区服务供给侧改革，将居民需求与政府、社会、社区资源精准链接，实现了社区服务的个性化、多元化、精准化和可持续性。

一、基本情况

南沙时间银行是以“互联网 +”为依托，以志愿服务时间存储交换为核心，以“时间币”为媒介推动社会各界资源与社区需求对接的社区自助互助服务平台，包括政府在内，任何个人、单位均可注册成为会员，进行服务交换或公益合作。自 2014 年 5 月以来，注册个人会员 28 092 人，发展团体会员 54 家，吸纳政府、社会资源 106. 41 万元，其中物资折合 15. 11 万元。

二、主要做法

（一）创新一个社区服务理念

在党委领导下，政府、市场、社会、公众通力协作，社区服务需求精确掌握，服务资源精准对接，推动社区服务供给模式改革，形成“多方共举，服务共通，利益共享，社群共融”的服务理念。

（二）构建一个志愿服务互联网平台

依托互联网技术，开发了南沙时间银行系统平台和移动客户终端，开通了官方博客、微信公众号。以时间币为媒介，实现以服务换币、以币换服务的服务交换行为，并通过链接资源进一步实现以时间币兑换实物、社会捐赠、项目推广、公益合作等，交换过程实现

双向选择、双向评价。

（三）建立七个平台运营机制

一是建立以区慈善会资助项目为主的保障机制。区慈善会把南沙时间银行定为开展社区帮扶、救助等公益活动的重要平台，每年投入不少于48万元资助资金，通过时间银行开展公益活动。

二是建立线上线下联动的运行机制。在线上，以南沙时间银行网站和手机App为主体，以官方微博、微信公众号为辅助手段，建立了以云技术为核心的信息化服务网络，实现线上服务交换。在线下，构建"区运营管理中心—镇（街）服务站—村（居）服务点"三级实体服务网络，形成线下支撑线上服务的服务网络。

三是建立以政府、企业、社会组织、社区志愿者为主体的多元参与机制。推动时间银行有效对接和融入各类公共服务、志愿服务、社区服务平台，引导职能部门、企事业单位、社会组织、社区志愿者注册团体会员或个人会员，作为社区服务的发起者、组织者、参与者，进行资金资助、物资捐赠、任务发布、服务承接等。

四是建立网上调查、现场发现的服务需求采集机制。定期发放时间币，在系统平台、官方微信上面向全社会征集服务需求，在城乡依托村（居）委会、社区综合服务中心设立"心愿墙"，开展"微心愿"活动，发动党代表志愿队、社区志愿服务队进行入户调查等，发现和收集居民服务需求。

五是建立由会员等级制度、服务类型等级限制、双方满意度评价、信誉追溯和仲裁等构成的安全机制。为加强账户安全、降低服务风险，南沙时间银行建立了安全等级制度、信誉等级制度及专业等级制度，任务需求方可根据服务需求指定最低承接等级。服务完成后，双方进行满意度评价，若双方存在争议，由运营管理中心进行仲裁。会员服务对接、评价等信息全部在账户中记录，以便追溯。

六是建立以服务交换为特征的持续激励机制。实现志愿服务时间共享、社会服务资源共享，个人、企业、社会组织等均获得适合各自的服务，如个人可以币换服务、以币换物，企业以公益合作形式降低广告成本，社会组织获得更多服务项目承接的机会等。

七是建立系统平台运行自我控制、政府跟踪、社会监督"三位一体"的监督机制。建立基于系统平台正常运行的自我控制机制；系统数据即时公开；职能部门登录后台账户观察监督、开展运营项目评估，动态跟踪项目运营。

三、工作成效

（一）依托南沙时间银行，做实党员干部联系服务群众

"党代表时间银行"被纳入市委常委、区委书记丁红都同志2015年度基层党建"书记项目"，共1 602名党员、代表注册成为时间银行会员，开展党代表志愿活动40次，党员干部进村入户、听取民意近3 000人次，收集群众意见建议285条，解决群众生产生活问题179条，积累时间币54 612枚，有效整合了志愿服务资源，调动了社会资源，联系和服务群众。

（二）依托南沙时间银行，壮大社会组织

对接社会组织，通过开发团体会员功能、发布服务创意征集、沙龙活动，增强社会组

织自我建设、“自我造血”功能。社会组织从2013年底的136家迅速发展到目前的684家。

（三）依托南沙时间银行，实现服务供给侧改革

构建需求与资源对接的平台，服务项目从最初的32类增长到56类，服务类型从简单的家政服务到现在的居家养老、残障康复、病床陪护、专业指导等转变。政府部门、企业团体借助南沙时间银行，发布养老、扶贫、助残等服务任务，由社会组织、志愿者接单提供精准化服务。

（四）依托南沙时间银行，实现社区问题社区解决

在5个试点村（居）组建了6支社区志愿服务队，共267名志愿者投身于社区服务；会员之间服务需求发布2 913条，完成对接1 635条。社区内不同个体、人群之间的服务交换，有效地整合了社区内人力、物力等服务资源，解决了邻里问题，营造了邻里守望的氛围，成功推动了不同群体之间的互动、融合。

【经验概要】

南沙区采取政府购买服务的方式，建设运营“南沙时间银行”项目，通过探索南沙时间银行“1+1+7”社区服务模式（即一个理念、一个平台、七个机制），构建以“社区服务时间货币化”为媒介、以“社区服务存储交换”为特色的“南沙时间银行”互助平台，运用线上线下联动的方式，链接、整合社区服务资源与居民需求直接对接，推动社区服务供给侧改革，实现社区服务的个性化、精准化、多元化和可持续性。

深圳市坪山新区打造专业化、社会化的社会工作“坪山样板”

——深圳市坪山新区创建全国社区治理和服务创新实验区

创建全国社区治理和服务创新实验区项目
项目单位：深圳市坪山新区管委会
项目联系人：杨勇（深圳市坪山新区社会建设局局长）

【经验说明】

深圳市坪山新区以创建全国社区治理和服务创新实验区为载体，以保障和改善民生为出发点，以深化改革和创新服务为引领，依托社区服务中心平台，充分发挥社区、社工、社会组织和社区志愿者的“四社联动”作用，打造规范化、标准化的社区服务体系和专业化、社会化的社会工作“坪山样板”，为全国基层治理体系现代化探索新路径。

一、打造高素质的社工队伍，确保社区治理和服务专业化、社会化

专业化的社工队伍是坪山新区社区治理和服务的人才支撑与保障，新区致力于打造社工人才发展高地。一是扶持社工人才。新区在全国率先出台了社工人才扶持办法——《坪山新区社会工作人才扶持办法（暂行）》，截至目前，累计发放工龄、住房、职称等各项社工补贴共121.4万元，180余名新区社工从中受益。二是加大培训力度。将社工能力和素质提升作为一项重要工程，落实全员培训。2014年以来，聘请香港督导等开展社工继续教育培训22场；组织了2批次共100名社工赴港培训；20余名户籍居民考取了等级证书，推动了新区社工人才本土化进程。三是塑造社工职业形象。统一制作社工工装，树立新区社工的鲜明形象；制作新区社工主题歌曲——《我是社工》，增强社工的职业认同感和归属感；评选年度“最美社工”“优秀团队”“优秀案例”等先进集体和个人，拨出专款给予表彰和奖励，激发社工的积极性。新区以事业留人、感情留人，不少社工已在坪山买房安家，社工队伍日益成为新区一道亮丽的风景线和新区社会建设的主力军。

二、培育和发展多元主体，确保社区治理和服务活力足、基础牢

社区社会组织与社区志愿者是社区治理和服务的重要组成部分，坪山新区十分注重发展这两种力量。坪山新区出台《坪山新区关于培育和发展社区社会组织的实施意见》，对

新区社区社会组织加大扶持力度和规范管理，每年投入近100万元，设立“关爱工程”等四项工程扶持社会组织发展；通过举办公益项目创投大赛，开展“十佳社区社会组织”评选活动等，有效激发了基层社会的活力，促进了人群融合。另外，大力发展社区志愿者队伍。以社区（党群）服务中心为基础，建立23个“社工＋义工”服务站，推行“社工＋义工”联动模式；编写《社工义工联动技巧》，为社工义工联动服务提供参考；把社区志愿者发展成为社工人才的“蓄水池”和补充力量。

三、不断提高信息化水平，确保社区治理和服务规范化、高效化

坪山新区将社区公共服务综合信息平台建设列入实验区工作“大盘子”，与“织网工程”紧密结合，促进资源共享，予以重点推进，取得了明显成效。同时，新区立足便民服务，在每个社区设立一个家园网，开发了社区服务、社区自治、社区论坛、义工服务等模块，设立App应用与微信公众号，在网上开通民政、计生、就业等43项网上办理通道，为居民提供更加高效、便捷的服务新模式。社区家园网的生命力在于应用，2015年以来新区改革“金点子”公开征集活动、“十佳社区社会组织”评选等都通过社区家园网开展。新区还将社区居民议事会视频上传至家园网，让居民全面了解议事过程。截至2014年底，新区社区家园网访问点击量达20万余次，发布各类信息7 600多条，论坛发帖量340条。家园网日益成为居民群众议事办事的重要窗口和平台。2014年11月，国家民政部督察组来新区实地考察社区公共服务综合信息平台建设工作并给予了高度肯定。

未来几年，坪山新区将继续提高社区服务专业化水平。一是继续加大社工扶持力度，修订完善《坪山新区社会工作人才扶持办法》，明确对社工读书深造、关爱帮扶等方面的扶持标准，激发社工的积极性，增强社工的职业归属感。二是举行全员大培训，结合实验区的建设，邀请国内、香港专家对全体社区工作者、社会组织骨干、社工进行系统培训。三是加强业务交流。拟选派20名社工到香港优秀社会服务机构进行为期1～2周的跟班学习，系统提升新区社工的服务能力。

坪山新区将探索完善“四社联动”的基层治理模式。立足坪山新区社区、社会组织、社工和社区志愿者的发展实践，深入剖析“四社”互动的现状、存在问题及制约因素，全面掌握新区目前基层治理多元力量的发展形态，进一步推动新区基层体制改革，回归居委会自治功能，加大社工扶持力度，建立完善的志愿者培训激励制度，充分激发社区社会组织的活力。同时，以民政部委托合作课题为抓手，加强研究，探索一条“四社”良性互动、高效合作的基层社会治理新路径，实现资源共享，合作共建，有效提高坪山新区基层社会治理水平。

中山市古镇镇以全民公益园为平台推行“四社联动”

——中山市古镇镇探索“大社工”的社会治理模式

创建首批全国农村社区建设示范单位
项目单位：中山市古镇镇党委、镇人民政府
项目负责人：刘建辉（中山市古镇镇党委书记）
　　　　　　苏玉山（中山市古镇镇党委副书记）

【经验说明】

中山市古镇镇是世界最大的灯饰生产基地和销售市场，拥有一万多家灯饰企业，经济繁荣，经贸活跃，却以一个镇的行政功能负担着庞大的人流物流、资金流、信息流，还要满足复杂的利益诉求、多样化的社会需求，可说是“小马拉大车”的状况。同时，古镇镇过去提拔“经济能人”担任村级主要领导的“古镇模式”，在当时的背景下因推动原始积累时期农村集体经济的快速发展而被称道，但到现在仍在一定程度上遗留“唯经济”的思维定式，许多干部发展经济很有一套，对社会治理工作却存在较大的困惑，感觉工作难度越来越大，工作方法越来越不适应。相对经济工作，社会治理可说是古镇镇的短板，探索一条更相适应的社会治理路子是当务之急。古镇镇以“新发展理念”去探索新社会治理模式，使社会工作在解难题、补短板、促发展方面发挥更大的作用。

一、准确理解和定位社会工作，树立现代化社会治理理念

社会工作作为社会治理的一个重要力量，它坚持人本原则、利他主义、助人自助与尊重、接纳、包容、友善的现代理念，方法上突出科学与专业、柔性与灵活，突出个人感受与人文关怀，通过调动社会资源供给服务以合理满足服务对象的需要，深层次有效地解决问题，建立正向的社会关系。它最显著的特点是源头治理、标本兼治，无疑是与当前社会现状更相适应的社会治理工作方法。同时，它与共建共享的社会治理具有同构性，二者之间高度契合，对创新社会治理、建构社会治理体制具有不可替代的作用。因此，古镇镇要树立现代化的社会治理理念，尝试社会工作化的社会治理模式，调动全社会力量共同推进社会治理。

二、引入专业社会工作理念，探索“大社工”社会治理模式

古镇镇近年来非常注重社会治理，努力补齐这个“短板”。但目前，村居和相关部门的工作基本上仍然是从上而下执行和落实政策的过程，工作没有太多的创新。上述提到，专业社会工作是一门学科，具有与社会治理最相适应的专业理论和工作方法，以及极强的嵌入型特点，能很好地为社会治理提供核心专业支撑。因此，要将专业社会工作的理念方法引入社会治理的各个领域，探索“大社工”的社会治理模式，在解难题、补短板、促稳定方面发挥更大的作用。

（一）精准服务，切实改善民生，塑造理性社会心态

一直以来，古镇镇在“兜底民生”方面做得很好，十五年义务教育、医疗保障等方面都走在全市、全省甚至全国的前列。近几年，又创新开展“五助”（助居、学、医、残、业）工程，增强受助群众经济“自我造血”能力。但社会上仍然有一部分困难群体、弱势群体、特殊群体需要扶持和服务，人民群众不断增长的日益多样化的需求也需要得到满足。如新灯都人融入问题、养老问题、劳资问题、利益分配问题等既普遍又尖锐，服务不到位，解决不好，会影响社会和谐与稳定。行政部门的工作应该引入专业社会工作理论和方法，改变自上而下的行政教条化工作状态，以服务型助人为主，从源头综合解决群众困难，从而影响群众的思想行动，推动建构平等、互助、宽容的和谐人际关系，塑造理性平和的社会心态，引领社会向上向善。

（二）依法治理，维护社会秩序，促进社会和谐

国家“十三五”规划提出要“健全利益表达、利益协调、利益保护机制，引导群众依法行使权利、表达诉求、解决纠纷”，这需要发挥社会工作柔性化管理的独特优势，借助社会工作的专业方法，丰富群众的工作方式，从源头去推动、预防和解决社会矛盾及问题，促进科学治理和依法治理。

古镇镇因海洲问题，经历了一个群体性难题的解决过程。在这个过程中就运用了社会工作的理念和方法，通过广泛深入的走访，以社会工作柔性化方法化解心结、调整心态，并通过生态系统分析问题成因、找寻解决方法，从整合资源解决群众困难和针对群众需求购买专业服务进行群体服务等方面，来推动问题的解决。

实践证明，在干部队伍中引入社工理念，普及社工知识，运用社工方法，并与多年积累的群众工作、思想政治工作成功经验相融合，是解决干部社会治理老办法不管用、新办法又不多的有效途径。

三、参与和服务于供给侧改革，为经济发展供给多元服务

当前，中央提出供给侧改革。古镇镇积极推动供给侧改革，以知识产权强镇和推动“文化＋”跨业态融合，打造发展创意经济和特色小镇。在这一过程中，社会工作作为公共服务的重要组成部分，要引用经济学的供给侧改革概念，参与和服务于供给侧改革。

一是引领群众提升技能素质，提高社会创业创新能力。要借助古镇社区学院、古镇灯饰学院等载体，以及发挥行政部门和社会组织力量，打造创客中心等平台，大力提高综合

素质和服务能力，提高群众的素质及就业创业能力，促进积极就业创业，推动大众创业、万众创新。同时，重点做好在供给侧改革中遇到困难的职工群体的解困脱困工作和维权工作，帮助失业职工进行转业培训和就业援助，提升他们的就业能力，帮助他们走创新、创业道路。

二是大力倡导“工匠精神”，提振经济发展信心。通过开展灯博会、国际灯饰设计大赛、灯光文化节等大型活动和供给知识产权保护等各种公共服务，在社会上大力倡导精益求精的“工匠精神”，激发和凝聚群众的智慧与力量，以工匠精神增品种、提品质、创品牌，努力实现古镇灯饰从“卖产品”向“卖创意”“卖设计”转变，全面提振群众的发展信心。将来，会继续根据经济发展需求，培育或引进国际型高层次社会服务机构，扩展和提升社会服务领域，为经济发展提供多元高端服务。

四、营造优良社会工作环境，形成“大社工”社会治理氛围

在当前形势下，古镇镇党委政府必须摆脱传统的社会管理思路，以更宽阔的社会治理观打造服务型政府，给予社会工作理念、政策、资金、资源的大力支持，营造社会工作优良环境，形成“大社工”的社会治理氛围。

（一）建立强势职能机构，统筹协调社会治理

建立一个强势的职能机构和强有力的统筹机制，统筹一定的资金资源，统筹工作开展。同时，社会治理的资金应取之于民用之于民，将古镇镇慈善基金会打造成枢纽型机构，每年从慈善捐款中定向一部分用于公益性的社会治理。

（二）加强社会工作理念传播，提高社会认同度

广泛开展社会工作的知识普及活动，加强对领导干部及与社会工作密切相关人员的社会工作知识普及培训，形成关心、理解、支持、运用社会工作的良好社会氛围。

（三）逐步推行“四社联动”，推动社会工作全面开展

以古镇全民公益园作为平台，通过公益创投等活动，大力开展社会组织培育和社工人才队伍建设。同时，论证和推行“四社联动”，将来逐步在农村和机关事业单位设置社会工作岗位，通过社区、社会组织、专业社会工作和社区工作人员四个层面，配合网格化管理，统筹推动基层管理。

探索“大社工”的社会治理模式，古镇镇要真正补齐这个“短板”，努力打造国际化、法治化、市场化的善治灯都。

佛山市禅城区构建良性社会工作服务生态圈

——佛山市禅城区创建第二批全国社会工作服务综合示范区

第二批全国社会工作服务综合示范区项目
项目单位：佛山市禅城区民政局
项目联系人：钟群（佛山市禅城区民政局副局长）

【经验说明】

佛山市禅城区高度重视社会工作服务发展，注重顶层制度设计和统筹推进，不断加大社会工作服务资金投入，拓展社会工作服务领域。2016 年禅城区各级投入 1 800 多万元财政经费购买社会工作服务，建成运营家庭综合服务中心 17 家，提供综合社工服务，同时推出针对特殊人群的专项社工服务 50 多项，范围覆盖社区矫正、安置帮教、社会救助、纠纷调解、残疾人康复、居家养老、婚姻家庭、妇女儿童等多个领域，形成广覆盖、高精度的社会工作服务网络，全年服务人数超 10 万人次。2016 年禅城区被民政部正式命名为第二批全国社会工作服务综合示范区。

一、机制建立

禅城区建立了一套从预算编制、项目备案、服务购买、组织实施到绩效评估全流程的政府购买社会工作服务规则，严把入口关和出口关，形成了较为完善的具禅城特色的社会工作服务工作体系。

一是严把入口关。出台《禅城区政府购买社会工作服务预算编制指引》《禅城区政府购买社会工作服务组织实施指引》，明确了政府购买社会工作服务范围及经费核算标准和方法，人力成本、服务经费、能力成长经费、项目管理经费、税费及不可预见费用等各项独立核算，保障购买服务内容符合需求、服务经费合理充裕；对政府购买社会工作服务的服务需求、采购实施、签订合同、项目执行、监督评估等各个环节予以规范和指引，确保服务购买科学化、合理化、规范化。

二是严把出口关。出台《禅城区社会工作服务项目绩效评估实施办法》，全区社会工作服务项目评估按统一的方式和指标实施。评估采用日常察看和末期评估相结合的形式开展，注重过程监管和绩效评估，以评促建。通过公开招标的方式确定评估机构资格，评估结果实行报备公示制度，定期向社会公布，接受社会监督，评估结果不合格的项目承接机构两年内不得承接本区社会工作服务项目。

二、人才培养

禅城区以吸引社工、培养社工、留住社工为宗旨，着力提升社工薪酬待遇，给予能力成长支持，让社工将留在禅城服务看作一个体面、有竞争力的职业选择。目前全区持国家社会工作职业水平证书者有842名，登记佛山市社会工作员470名，每万人拥有持证社工数达11.7名。

一是保障机构社工待遇。出台了《佛山市禅城区公益服务类社会组织社会工作专业人员薪酬待遇指导意见》，以上年度禅城区城镇非私营单位在岗职工年平均工资为基数确定社会工作专业人员的平均薪酬，实行动态调整。社会工作专业人员享有社会平均薪酬。通过政府购买服务财政预算、服务合同协议约定、服务项目评估等形式保障社工薪酬待遇的落实。此外，禅城区调整实施社会工作者职业水平证书补助办法，将社会组织人员纳入补助范围，凡在禅城区从事服务的社会工作者均可获得一次性证书补助（社会工作师2 000元、助理社会工作师1 000元）。

二是激发村居社工活力。出台了《佛山市禅城区人民政府办公室关于推进佛山市禅城区村（居）社会工作者社工化的意见》，实行村（居）社会工作从业人员财政补助：社会工作师300元/月、助理社会工作师200元/月、社会工作员100元/月。举办“和乐村居”社区服务大赛，推进村居社工由“专业持证”到“专业服务”转变，支持村居与社会组织合作开展服务项目，单个项目资助10万~20万元，村居发挥资源优势，社会组织发挥专业优势，联合申报、联合实施社工服务项目，有效推动服务开展，深化三社联动。

三是支持社工专业成长。禅城区开展多层次、全覆盖的各类社工人才免费培训班，全年为为我区服务的社工和社工机构提供能力提升与专业成长支持近40场，受益近2 000人次。同时，禅城区实施社工专业学生实训支持计划，政府提供资金、平台、督导和培训，支持社工专业学生以团队形式在我区社工实训基地自主完成社工服务项目。计划启动以来已支持9支团队共45名学生开展实训。

三、行业支持

引入社会组织专业力量。禅城区建立社会组织实践基地作为社会工作服务行业枢纽型平台，构建社会服务各持份者沟通的桥梁，旨在建立一个多方参与、共建共享的良性社会工作服务生态圈。

禅城区将区社会组织实践基地定位为社会工作服务行业枢纽型平台，通过公开招标、政府购买服务的形式，由第三方机构提供专业服务。基地为在禅城区服务的社会组织提供人才培养、组织建设、行业统筹和宣传展示等支持服务，同时构建社会工作服务生态圈，联合生态圈各持份者，包括政府部门、镇街、村（居）、社会组织，通过政策建议、规范指引、培训交流等多种方式，推动禅城区社会工作服务良性生态圈建立。基地自2016年启动以来，开展多场专业培训、督导咨询和政策建议活动，民政、司法、社工委、工会、团委、妇联、残联等部门、各镇街及约50家社会组织接受服务，受益超800人次，得到广泛好评。

附　录

广东省社会工作师联合会

——搭建立体多元平台　培养专业社会工作人才

广东省社会工作师联合会（以下简称“联合会”）发起于2009年12月，成立于2010年3月，是广东省民政厅主管下具有独立性和专业性的省级社会团体，是中国社会工作联合会的会员单位。联合会内设“一处五中心”：秘书处、社工师登记与会员中心、社会工作评估中心、社工师培训中心、社会工作实务与督导中心、社会工作行动与研究中心。首任名誉会长由广东省民政厅厅长刘洪担任，首任和现任会长李敏兰为原广州市东山区、越秀区民政局局长、广州市社会工作协会名誉会长。2014年5月联合会成功换届，6名副会长和28名理事分别来自高等院校、事业单位、社工机构、各地社工协会等单位和团体，背景多样、专业资深。目前，联合会共有个人会员141名，专家会员19名，单位会员10个，专职工作人员9人。

联合会以“联合社工、发展专业、服务广东”为使命，致力于联合广东省社会工作师的力量，打造一个专业社会工作人才集合的平台，营造一个充满社会工作理念和知识的环境，推动一批专业社会工作的民间组织成长，建立一张社会工作的支持网络，服务社会民众，努力促使社会工作这一新兴职业，在广东大地上从兴起之初就能沿着专业化、职业化的轨道发展壮大。

联合会自成立以来，致力于打造社会工作评估、社工人才培养、社工督导建设等品牌。在社工人才培养方面，一直努力搭建立体多元平台，利用联系高校、连接政府、联合行业的优势资源，针对不同类型、不同层次的专业社会工作者的需求，开展了多元化的培训，推进社会工作规范化、专业化、职业化。

一、根据不同群体特点和需求直接开展系统多样的专题培训，提升从业人员专业水平和人才队伍规模

一是从业一线社工的实务能力提升培训。由于当前我省社会工作人才队伍总体呈年轻化的特点，不少社工刚刚入职或经验尚浅，迫切需要提升实务能力。在广东省民政厅的支持下，在全省社工机构和社会服务组织的参与下，联合会与香港社会服务机构合作开展

2013—2015 年粤港合作社工培养计划，每年支持 150 名一线社工前往香港开展实务能力培训。迄今为止，共举办了 9 期广东社工实务能力提升培训班，共培训一线社工约 300 名。同时，随着本土社会工作的发展和社工机构的成长以及社工能力的提升，联合会将该模式运用于省内，开展省内社工实务能力提升培训。联合会曾针对一线社工的需要，在中山市等地做了系列培训，培训重点突出对专业社工价值的理解和专业手法在实际工作中的运用，并于 2015 年在广州开展首期社工实务能力提升培训。先后已经与广州市阳光社工服务中心、广州市北斗星社会工作服务中心、东莞大众社会工作服务中心等多个社工机构签订了实训合作协议，为接受培训的一线社工提供合适的实训基地。联合会单位会员即各地社会工作（者）协会也积极推进相关培训。

二是社工机构管理层的能力提升培训。联合会不仅注重一线社会工作人员的培训，而且逐步搭建了社工机构“CEO”培训平台，其中包括：针对机构总干事所开展的机构总干事营运及管理能力培训班；针对民办社工机构的运营及管理中存在的问题，开展民办社工机构的财务管理和机构人事管理等方面的培训班。这些培训主要是在香港、台湾等社会工作发展相对成熟的地区进行。联合会充分利用香港、台湾等地丰富的资源，与香港邻舍辅导会、香港社会工作人员协会、香港社会服务发展研究中心等 10 家机构团体，以及中国香港、中国台湾和新加坡、加拿大等地高校专家保持交流与合作关系。2013—2015 年粤港合作社工培养计划，在香港举办 5 期广东社工机构总干事能力提升培训班，共有 55 名社工机构总干事受益。2014 年，举办 2 期台湾总干事能力提升培训班，组织来自广州、深圳、东莞、中山、江门、惠州和肇庆 7 个市的 49 名学员（第一期和第二期分别为 25 人和 24 人），对台湾社会工作发展情况进行了全面系统的参观学习，学员主要走访了台北和台中财团法人、高等院校，了解了台湾社会工作发展的基本历程、主要模式、基本经验等，感受了台湾社会工作的专业价值理念和本土特色文化，并建立了各个社工机构交流沟通平台。

三是推进和培育社工督导人才的成长。联合会建立了社工“导师式培训”的模式，整合现有的本土及港台督导资源，助力经验丰富的一线社工或机构管理层健康发展；受广东省民政厅的委托，为省内有需要的社会福利单位及社工机构引入合适的香港督导，实现一对一的督导服务；探索本土社工师 3 +1 督导小组，为机构提供督导服务；鼓励开展导师式的结对训练。2014 年，联合会开办第一期广东省社会工作督导人才培养计划，历时 10 个月，共培养了 15 名社工督导；2015 年 3 月，联合会开办第二期广东省社会工作督导人才培养计划，经过严格筛选，共选定 24 名培养对象参与培养计划。

四是培训和提升传统社会服务力量，将其转化为专业服务力量。自 2007 年广东省开始社会工作试点工作以来，表现出的一个突出矛盾就是专业社会工作人才供不应求，而且社工的流动和流失较为明显。截至 2014 年底，全省已有 3.3 万名持证人员，然而考取社会工作师证件的人员大量分布在民政、共青团、妇联、街道、居委会等，他们并没有从事一线服务工作。为配合全省传统社会服务力量提升专业服务能力，推进专业功能的发挥，联合会通过承接广东省民政厅委托的“粤东西北专业社会工作推介行动”“岭南社工宣传周”“岭南社工大讲坛”、社工师考前培训、专业项目的督导和评估等工作，组织社会工作专业力量前往广东省汕头市、潮州市、韶关市、梅州市、云浮市、汕尾市、湛江市等粤东西北地区，通过讲座、工作坊、座谈会、小组等形式开展宣传和推介专业社会工作基本知识，分享珠三角地区社会服务创新先行先试经验。全省各地共开展了 60 余场考前专业培训，累计培训人数约达2.5万人次。至今，联合会社会工作培训讲师团连续四年前往广东省佛山市、惠州市、肇庆市、韶关市、河源市、梅州市等地，为参加社会工作职业水平考试的7 000余名考生进行考前辅导。台北大学社会工作系主任杨蓓，加拿大温哥华福利项目拨款官员萧建华先生，资深专家罗观翠教授和梁魏懋贤女士，国务院特殊津贴专家、中共广东省委党校现代化战略研究中心主任段华明教授等先后做客岭南社工大讲坛，深入探讨社会工作项目拨款和评估制度、香港的社会工作制度及社工机构管理等方面的问题。在广州市幸福社区创建评估工作中，联合会以第三方评估为抓手，大力推进家庭综合服务中心等社会工作力量与居委会等传统服务力量的融合，推进服务的提升。为推动珠三角及粤东西北社工发展培训出大量的专业化社会工作人员。

此外，联合会还针对不同群体的不同需要，开展系列短期或长期的专题培训。联合会与香港社会工作人员协会、香港社会服务发展研究中心举办香港督导国情研修班，与路德会联合举办省级救助站社工介入服务知识培训班，既促进了港粤社会工作的交流和沟通，又提高了社工的专业水平。针对行政人员的特点及需要开展广东行政督导实务训练班，包括社工专业知识普及的培训及机构的评估、管理等方面的内容，为各地政府购买服务提供思路和管理社工专业方法。

一直以来，联合会通过系列专题培训，展现了社会工作行业组织在专业社会工作人才的继续教育、在职培训等方面所具有的独特优势和成效。这些接受培育的不同背景的人员，成为推动社会工作继续发展的新力量。这种培训模式与高校的教育相得益彰，共同推进了广东社会工作人才队伍的建设和培育。

二、搭建社会工作行业交流、宣传和研究平台，为社会工作人才培育和发展提供间接推动力

在社工人才培育方面，联合会除了直接开展针对不同人群特点的直接培训外，还通过搭建行业交流、宣传和研究的各种平台，大力推进社会工作人才的间接培育。主要包括开展行业交流、建立人才培养专家库、行业评估团、经验总结、行业标准的研究和出台等。在联合会搭建的行业交流平台和网络中，已经联合了包括中国香港、中国台湾、新加坡、加拿大等多个国家和地区的社会工作专家学者，共同在社会工作培训、社会工作督导、社会工作机构管理和运营等行业问题方面进行深入的专业研究。多年来，联合会举办了社工行业协会的角色与发展研讨会，编写了《广东省社会工作案例精选》和《用生命影响生命——了解专业社会工作》两书，出台了《广东社会工作行业约章》（含《广东社工操守约章》和《广东社工机构建设约章》），并通过社工登记等载体推进社工和社工机构的自律，《广东省社会工作督导认证及管理办法》也几经论证呼之欲出。尤其是2013年，联合会和中山大学社会学与人类学学院共同主办的“社会工作本色与本土——广东社工发展论坛”以及岭南社工茶馆，在不同程度上总结广东社会工作先行先试的经验和问题，探索符合广东市级情况的本土化社会工作发展科学道路。同时，联合会组织专家团在社区治理、优秀社工案例、本土督导模式、人才培养等社会工作专业和行业问题研究方面进行了大量的探索，并且取得了一定的成果。联合会自2010年与中国香港、中国台湾、新加坡、加拿大等地区的社会工作行业建立关系以来，先后在专业培训、行业论坛、评估督导、理论研究等方面进行了一系列合作，影响了一大批刚刚进入社会工作行业或在社会工作行业中

需要专业提升的人员。联合会自2012年开展广东省优秀社工系列评选以来，已经评选出15名广东省优秀社工、9名广东省优秀社工导师、15名督导获得广东省香港社工督导嘉许、86名广东省社工之星。除此之外，联合会组织拍摄了四部社工微电影《爱，远远不够》《成长中的社工》《社工·耕耘》和《重塑·希望》，宣传专业社会工作的理念、价值和手法，展现社工风采，树立行业榜样。

2010年至2012年，联合会先后建立了社会工作专家库、社会工作培训讲师团、社会工作评估团，将高校教师、专家学者、社工师、民政处级退休干部、民主党派从事社会管理和服务的科技类专家等与社会工作相关的多元专业人士组织联合起来，共同总结和研究社工实践经验，提升广东社会工作者服务水平，加强社会工作机构建设，探索符合本土文化的社会组织发展方式，找到一条符合广东实际和社会工作自身规律的科学发展之路。

三、逐渐打造品牌，形成辐射效应

经过多年的实践探索，联合会在专业社会工作人才培育方面，已经兼具课程设计、师资筹备、跟踪研发等为一体的培训体系，已经逐渐打造出具有广东特色的社会工作行业组织人才培养的品牌，逐渐辐射到社会工作刚刚起步或发展中的中西部地区。共青团广东省委、广东省人大、广东省妇联等力量都逐渐参与到联合会的相关工作和活动之中，并形成了合作关系。联合会换届以来，来参观的人员络绎不绝，有党政部门领导，也有高校教授，还有各地市社协和社工机构，并且与不同地区的相关力量逐渐建立了合作关系。2012年和2013年社会工作培训讲师团前往吉林省为社会工作考生进行考前辅导培训，使当年全国社会工作职业水平考试通过率由5%左右提升至15%左右。

广东省社会工作师联合会（2009—2014 年）大事记

编者按：

广东省社会工作师联合会（以下简称“联合会”）自 2010 年成立以来，秉承“联合社工、发展专业、服务广东”的使命，截至 2014 年 12 月，走过了四年零九个月的发展之路。近五年里，联合会从最初的凭借广东省民政厅委托项目到社会资源不断拓展，从“两员工与社工处同室办公”到逐渐探索出“决策层、执行层分离”的基本运营模式，并于 2014 年 5 月圆满完成换届选举工作。为让社会各界更好地了解联合会的历史、特色和品牌，联合成更强大的行业发展推动力量，现将联合会 2009—2014 年的主要大事整理如下。

2009 年

12 月，时任广东省民政厅巡视员叶秀仁、广东省民政厅人事处（分管社会工作）副处长金艳与原广州市越秀区民政局局长、广州市社会工作协会副会长李敏兰商定，筹备成立广东省社会工作行业协会。

2010 年

1 月，联合会筹备小组成立。人员为广东省民政厅巡视员叶秀仁、广东省民政厅人事处（分管社会工作）副处长金艳、广州市社会工作协会副会长李敏兰，广东工业大学社工专业张楷等 10 名实习生参与筹备工作。

3 月 3 日，联合会成立大会在广州市广东大厦召开。82 名会员参加会议，选举产生了第一届理事会，共有 13 名理事组成。理事会一致选举通过广州市社会工作协会副会长李敏兰担任会长，中山大学张和清、中山大学贺立平副教授、广东工业大学副教授社工师阎安、广东省流浪儿童保护中心主任社工师余木生、广东省民政学校副校长社工师丁美方担任副会长。会议聘请刘洪担任名誉会长，叶秀仁担任行政总督导，金艳担任行政督导，中山大学罗观翠教授担任专业总督导。会议确定联合会的使命为“联合社工、发展专业、服务广东”。广东省民政厅厅长刘洪、广东省民政厅巡视员叶秀仁、民政部人事司（社会工作司）司长孙建春、民政部人事司（社会工作司）副司长柳拯等领导出席了会议。

4 月至 6 月，联合会分别与广东省民政厅直属单位、惠州市民政局等首次合作，为其开展全国社会工作职业水平考试考前培训班。

5 月，联合会受广东省金秋慈善基金会委托，联手广州市中大社工服务中心及云南平寨生态种植合作社，首次出省开展救灾服务，使用慈善款项 17 万元在云南平寨实施抗旱救灾“金秋助清泉”建水窖水利工程，工程于次年3月全部竣工并验收合格，共修建了8个蓄水池，覆盖云南平寨老寨村等8个自然村。

7月，受广东省民政厅委托，联合会邀请中山大学、华南农业大学、广东工业大学和广州大学社会工作专业的6名教授以及香港圣雅各福群会1名资深讲师成立编委会，启动《广东省社会工作案例精选》与《用生命影响生命——了解专业社会工作》两本书籍的征稿和编辑工作。两书分别有35万字和20万字，于2012年3月由中国社会出版社正式出版发行。时任民政部部长李立国和广东省民政厅厅长刘洪分别为两书作序。

7月，广东省民政厅首次委托联合会举办岭南社工大讲堂，并于8月至9月，在广州连续举办5期，新加坡、中国香港、中国台湾等地专家学者受邀担任演讲嘉宾，重点介绍各地社会工作情况，获得社工界的好评。

9月，广东电视台嘉佳卡通频道和联合会共同主办和策划了大型公益性活动——“好书传万里、嘉佳公益行”。活动以“爱阅读、乐分享”为主题，广泛向社会各界、家庭群体、在校学子征集优秀书籍，号召爱心奉献、知识传递，为梅州、连南等边远山区和农村地区的儿童建立图书室并送去3 000册图书。

9月至12月，联合会响应广东省民政厅倡导，与广东省慈善总会共同启动“情暖茂名社工行动”，组织6批共60名社工及10名督导赴高州马贵镇和信宜钱排镇对受“凡比亚”台风影响的灾民进行灾区社工服务，并建立2个社工站，帮助群众克服困难，重新树立生活的信心和决心。

2011年

3月，联合会在广东省民政厅会议室举办“社工行业协会的角色与发展研讨会”。广州市社会工作协会、深圳市社会工作者协会、珠海市社会工作协会、东莞市社会工作协会4个市级社会工作协会代表分享了各自的成长历程、遭遇的困难和发展规划，来自深圳、广州、东莞、珠海、东莞、惠州、江门等地的民政领导和行业组织领导出席会议。各地市民政局社会工作科负责人、高校社工专家等近40人参加研讨会。

4月，联合会与广东省百川慈善基金会、湛师基础教育学院、茂名市高州马贵镇政府签署四方共建协议。粤西首个农村社工服务点——马贵社工站正式挂牌成立并开展为期一年的服务。

5月，根据民政部下发的《社会工作者职业水平证书登记办法》，受广东省民政厅委托，联合会开始进行全省2009—2011年度社会工作职业水平证书登记工作。同时在2011年6月至7月，在广州市及东莞市进行试点，测试登记系统；8月，对21个地级市民政局有关负责人进行业务培训；9月，全省社会工作职业水平证书登记工作正式开展。

6月，在佛山市南海桂城街道办的支持下，联合会联手广州启创社会工作服务中心举办首届珠三角社工大聚会。邀请来自珠三角地区九市的民政局分管领导，各地75家社会服务机构及15所高校的一线社工和专家教授，以及香港、北京等地的社会福利及社会工作领域的专家学者等300多人参加了本次社工大聚会。活动首次搭建了全省性社工交流沟通平台。

4月至6月，联合会在广州市、惠州市、肇庆市、佛山市4个城市开展2012年社会工作职业水平考试考前培训班。

7月，联合会与广东省民政厅救灾处签订两年合作协议，开展广东省综合防灾减灾项目。项目由救灾处出资，联合会派驻一名社工到救灾处，负责组织开展防灾减灾知识进校园、进社区活动组织策划及前期调研、方案制订工作；组织研制社工防灾减灾知识宣传、社区防灾减灾演练、危机介入联动方案等多项相关工作。

7月，受广东省民政厅委托，联合会在广州市举办第一期“社会服务营运与管理——全省民办社工机构负责人综合能力培训班”。共有来自广州、深圳、佛出、东莞等地以及广东省民政厅各直属事业单位社工科的代表50余人参加。

8月，在广东省民政厅会议室召开“社会管理体制创新条件下社会工作发展方式座谈会”。

10月，在新加坡举办第二期“社会服务营运与管理——全省民办社工机构总干事综合能力培训班”。本次培训班由新加坡德教太和观协助组织，共有来自省内社工机构的23名社工负责人或总干事参加培训，学员们通过7天的培训，了解和学习了新加坡家庭综合服务中心的运作模式和运作方法。

2012年

1月，受广东省民政厅委托，联合会组成“广东省优秀社工系列评选”筹委会，启动首届“广东省优秀社工系列”评选活动。来自深圳社会工作者协会、广州社会工作协会的代表和时任香港社会工作人员协会会长黎永开先生参与了方案的讨论与实施工作。在广东省民政厅的指导和支持下，由各市社工机构和社工协会、各地民政部门推荐，经过多轮评选，最后由地级市社工协会代表、高校专家学者、社会团体、香港资深督导等方面的代表组成的评审团民主选定，评选出池文华、李伯平、梁健玲、唐梅娟、周燕琼5名广东省优秀社工，易松国、朱静君2名广东省优秀社工导师，梁秋莎、区洁盈、彭盛福、吴惠贞、徐祥龄5名督导获得广东省香港督导嘉许。

2月，联合会在广州市珠江大厦天极品举办首届“2012社工新春茶聚”年会活动。新春茶聚以“饮茶倾计、共商发展”的形式与会员交流，总结年度发展情况，分享新年愿望，共讨联合会的新年工作方向。同月，联合会社会工作培训讲师团和社会工作评估专家团建立。首批讲师团13人，评估专家11人。

3月20日至3月24日，在广东省民政厅的委托下，联合会主办了广东省首届“岭南社工宣传周活动”启动仪式，并与广州市民政局、广州市萝岗区民政局、佛山市民政局、佛山市南海区民政局承办了论坛及闭幕式活动。

3月，在“岭南社工宣传周活动”启动仪式上为首届获得广东省优秀社工称号的5名社工，3名广东省优秀社工导师，5名香港社工督导嘉许获得者及获得广东省社工之星的20名社工进行颁奖并颁发证书。联合会组织拍摄的第一部社工微电影《爱，远远不够》在启动仪式上首播。

4月，广东省民政厅社工处发布了2012年度省民政厅关于社会工作人才队伍建设课题研究项目，联合会根据本身的工作能力及专长，组织了20余名专家学者，整合知识能源，申请了“社会工作专业人才继续教育管理规定（暂行）”“社工培训机构资质评估体系”和“社工人才的评估与激励办法”三个课题并获得研究资质。目前三个课题已顺利完成并且投入实践。

4 月至 6 月，联合会组织全国社会工作职业水平考试考前培训，在广州、韶关、佛山等地开展考前（中级和初级）培训，按照分级培训、专业讲解、考前模拟三个阶段，为考生梳理思路、点拨迷津。同时，联合会首次接受吉林省民政厅委托，组织 6 人讲师团赴吉林省开展社会工作师考前培训工作。该年，吉林省通过考试的社工人数达 960 名，为 2008 年至 2010 年吉林省总通过人数的 2 倍多。

5 月及 9 月，受广东省民政厅委托，开办了两期面向省内民政系统干部的社会工作行政督导班，共有 160 名来自省内各地市的民政系统干部参加培训。

6 月和 8 月，联合会组织本会的理事、专家会员及顾问，两次前往香港拜访了香港社会工作人员协会、香港社会服务联会、香港社会服务发展研究中心，就粤港两地社工资格互认、香港督导国情研修班及广东省社工专业实训香港基地等有关事宜进行探讨。

7 月至 10 月，在广东省民政厅的指导下，联合会组织开展“2012 粤东粤西粤北专业社会工作推介行动”，按照广东省社会工作人才队伍建设的发展情况和各地的需求，组织讲师团赴汕头市、云浮市、清远市、韶关市进行宣讲，介绍社会工作基本知识和专业价值等。

8 月 8 日至 10 日，由广东省民政厅支持，联合会主办，香港社会工作人员协会及香港社会服务发展研究中心协办的广东省社工（香港）督导国情与社区资源研修班在广州市开办，共有 35 名香港社工督导参加本次研修班。

10 月 19 日，联合会在湖南长沙举行首届会员集训活动。长沙民政学院社会工作学院院长史铁尔及社会工作专业的教师为会员们讲解了农村社会工作的知识及湖南农村社会工作的开展情况。拓展训练由华南农业大学林诚彦讲师带领会员们进行。

11 月，联合会评估中心承接广州市 2012—2013 年度创建幸福社区试点评估项目，项目金额 150 万元，这标志着联合会大型评估工作正式启动。评委由专家会员、大专院校相关专业老师、机构社工师以及从事区街管理的副处级以上干部等组成。通过前期摸查、标准修订、评委培训、标准修改、居民满意度调查、中期预估、中期总结、第二次过程观察、末期评估、项目总结、专题研究等方式，圆满完成广州市 26 个社区创建的评估工作。

11 月 23 日，“粤港合作社工培养计划”签约仪式启动。广东省民政厅、联合会分别与香港社会工作人员协会、香港社会服务发展研究中心、香港邻舍辅导会签订《广东社工实务能力提升计划》《广东社工机构总干事能力提升计划》《广东社工督导计划》三个协议。2013 年至 2015 年，广东省每年选派 150 名一线社工分期分批到香港邻舍辅导会所属机构进行跟班实训学习；选派 50 名社工机构负责人分期分批到香港社会工作人员协会所属机构进行机构文化建设、服务质量管理、人事管理、公共关系管理、财务管理的系统跟班实训学习。

11 月，第一期广东社工服务机构总干事能力提升计划培训班顺利开班，来自珠三角各地社工服务机构的 14 名总干事参加了这次培训班。

11 月 24 日至 12 月 22 日，联合会与广东省社情研究中心首次合作，于广东省图书馆（省立中山图书馆）和广东省科学馆开展了 5 期岭南社工大讲坛。讲坛分别邀请了来自中国广东、中国香港、中国台湾、加拿大等地的社工专家学者进行社会工作专业知识普及讲座。来自广东省内从事社会服务的人士及专业社工约 2 000 人次参加了讲坛。

12 月，在广州市金城宾馆，联合会承办广东省民政厅社工处委托的“广东省社会工作业务骨干实训班”。本期培训安排了 10 天的课程，来自全省 21 个地级市分管社会工作的科长或以上干部参加培训，共有80名来自粤东、粤西、粤北的民政系统干部、民办机构负责人参加。

12月31日，联合会继续贯彻2011年6月广东省民政厅下发的《民政部办公厅关于正式启用社会工作者登记信息系统的通知》的文件精神，为2012年度在民政部社会工作登记系统登记的2 080名登记者发放了登记证书。

2013年

1月至3月，联合会在广东省金秋慈善会和香港热心人士邓先生的资助下，启动首届社工坊间情之“小雁闹新春”活动。筹集资金共计6万元，用于春节期间广州市社区家庭综合服务中心为外来人员子女家庭举办的春节系列活动，共计资助31个项目。

2月，联合会受广东省民政厅委托组织了第二届“广东省优秀社工系列”评选活动，经各地市社协、民政系统推荐，评审委员会通过讨论、面试、公示，选出广东省优秀社工5名，广东省优秀社工导师3名，广东省社工之星26名，香港社工督导嘉许5名。同月，联合会在广州市珠江大厦举办第二届广东社工新春茶聚年会，共有来自政府、基金会、民主党派、高校，以及联合会“幸福社区”评估项目组、联合会“社工坊间情”项目组、联合会粤东西北宣讲行动的主要成员，联合会的各位会长、理事、单位会员代表及个人会员共80余人参加。各与会代表围绕社工继续教育、广东社工的工资体系、政府与街坊最喜欢的社工服务、联合会发展的路径和愿景及2013年社工论坛的主题等内容展开了讨论。

3月19日，根据广东省民政厅“关于开展岭南社工宣传周活动的通知”要求，由广东省民政厅主办，联合会同东莞市民政局、东莞市社会工作协会共同承办了第二届“岭南社工宣传周活动”，组织优秀社工颁奖和岭南社工论坛环节。北京大学王思斌教授、香港资深社工专家吴水丽、东莞“社工先行者”徐祥龄作主讲嘉宾。联合会第二部微电影《成长中的社工》成功在社工周上首播。

4月，广东省民政厅采取单一来源采购的方式向联合会购买全省社会工作监督管理和社工人才培养服务项目。

5月11日，联合会与香港社会服务发展研究中心合作启动广东省民政厅直属事业单位社工站社工实务督导计划。

6月21日，受武汉市民政局人事处委托，签订为期一年的《武汉专业社会工作督导训练项目协议书》，选派广东省6名具5年以上经验的社工督导赴武汉开展专业督导服务，协助武汉市民政局组建本土专业社工督导队伍和社工试点项目的实施。

6月，应各地级市需求，为广州市新跨越社工机构、佛山市顺德区和禅城区、韶关市、肇庆市、梅州市及河源市等各地社工进行了考前培训，同时继续为吉林省提供考前培训服务。当年共计9 000余人参加了培训。

7月1日，广东省社会组织党委批准成立广东省社会工作师联合会党支部。9月18日下午，广东省社会工作师联合会党支部第一届支部委员会委员选举大会在省军供大厦601会议室召开。会议以无记名差额选举方式，选举了毛宇英、张楷、黄广飞三位同志为第一届支部委员会委员。

7月1日，联合会与广州市明镜社工服务中心签订为期一年的督导服务协议，开启联合会督导团队本土督导小组运作模式。派出3人小组，承接该中心萝岗区夏港街三个二级中心督导服务。

7月11日，联合会在中山市召开2012—2013年度广州市“幸福社区”评估项目总结会。

7月，联合会受中山市民政局委托，在广州市举办中山市专业社会工作人才实务训练班。学员们被安排到广州市北斗星社会工作服务中心、广州市三一社会工作服务中心、广州市启创社会工作服务中心、逢源人家服务中心、广东绿耕社会工作发展中心、广州市中大社工服务中心、广州利康家属资源中心、广州市义工联、广州市阳光社会工作服务中心、广州市广大社会工作服务中心、广州市明镜社会工作服务中心、广州市岭南社会服务发展社的服务站点开展实训。

7月至10月，赴潮州市、汕尾市、湛江市、肇庆市、河源市等地开展“2013粤东粤西粤北专业社会工作推介行动”。

8月和10月，联合会分别在广州和香港对全省各级流浪乞讨人员救助管理机构和流浪未成年人救助保护机构的领导或业务骨干开展普及班和提升班两期培训。此次培训得到中国社会福利基金会的资金支持和香港路德会的专业支持，香港路德会提供在港培训师资，而广东省民政厅社会事务处则全程给予培训工作指导和支持。

9月1日，联合会与佛山市南海区社会福利中心签订为期一年的本土督导小组督导项目。

9月，联合会成功承接广东省民政厅转移的广东省社会工作师登记职能，负责登记资料终审、登记证书打印及各地登记信息管理员的培训工作。职能转移有效期从2013年9月至2015年9月。

10月6日，应广东省民政厅的要求，由广东省民政厅社会工作处李进民处长带队，广东省社会工作师联合会、广州市社会工作协会、广州市岭南社会服务发展社、东莞市普惠社会工作服务中心资深社会工作师组成的服务队赶赴台山介入台山风灾遇险渔民家属服务工作，支援当地开展遇险渔民家属服务工作。

10月15日，联合会与江门市江海区晨光社会工作综合服务中心签订本土督导小组督导项目，为期一年。

11月23日至25日，联合会与中山大学社会学与人类学学院在广州市金城宾馆联合举办“社会工作本色与本土——广东社会工作服务机构发展论坛”。北京大学王思斌教授、吴水丽先生、杨海清处长为论坛主讲嘉宾。在论坛上，联合会还发布了《广东社会工作行业约章》（含《广东社工机构建设约章》和《广东社工操守约章》）。

11月，在“幸福社区”试点评估项目获得各方一致肯定的基础上，联合会通过招投标程序顺利承接2013—2015年度广州市“幸福社区”评估、培训、督导工作项目。同月，顺利完成了2013广东省民政厅委托的“粤港合作社工培养计划”中的广东社工实务能力提升计划、广东社工服务机构总干事能力提升计划两个培训任务。联合会一共组织选派了130名社工骨干分期分批到香港邻舍辅导会所属机构进行跟班实训学习，开展社会工作价值观提升训练、专业实务能力训练和社工督导个人素质与基本能力训练。同时，组织选派了54名社工机构负责人分期分批到香港社会工作人员协会所属机构进行机构的文化建设、服务质量管理、人事管理、公共关系管理、财务管理的系统跟班实训学习，并与邻舍辅导会在广东省民政厅会场举行2013实务训练班结业总结会。

12月1日，与广州明镜沙河街家庭综合服务中心续签本土督导项目，为期6个月。

12 月 11 日至 13 日，应佛山市民政局需求，联合会与佛山市民政局在佛山市委党校合作举办了“佛山市 2013 年专业社会工作者培训班”。

12 月 21 日，联合会在广州市萝岗区户外训练基地举行第二次会员集训活动，50 多名来自广东省内各地的会员参加活动。

12 月，联合会举办 2013 年度岭南社工大讲坛，共 5 期。讲坛分别邀请了香港小童群益会前总干事梁魏懋贤女士和广东省委党校段华明教授等做主题报告。

2013 年 12 月至 2014 年 5 月，联合会完成对肇庆市第一个农村社会工作试点项目、怀集县六竹村“种子爱・青苹果成长计划社工服务项目”的中期和末期评估，支持欠发达地区社会工作项目的试点和实践。

2014 年

1 月，联合会会长李敏兰荣获中国社会工作协会授予的“全国十大社工人物”荣誉称号。

2 月，受广东省民政厅委托，联合会组织开展第三届“广东省优秀社工系列”评选活动，评选出 5 名广东省优秀社工、3 名广东省优秀社工导师、5 名香港社工督导嘉许、30 名广东省社工之星，并于 3 月 18 日在“岭南社工宣传周活动”启动仪式上为获奖者颁奖。

2 月 11 日，与广东省民政厅对口扶贫组赴新丰县梅坑镇梅南村调研，策划和发动了广东省绿耕社工服务中心和韶关海邻社工服务中心，在广东省民政厅扶贫组的支持下，在新丰县梅坑镇梅南村成立了社工站，协助扶贫工作组开展多元化、纵深化、可持续的农村扶贫工作。

2 月 24 日，组织第三届广东社工师新春茶聚年会。本年度茶聚承袭以往的主旨，保持和谐的聊天氛围，100 多名会员面对面、心连心地交流，切磋工作中的难点与问题，此次茶聚同时开展机构工作委员会和督导工作委员会筹备成立的议题。

2 月 28 日，联合会第一次在香港越秀集团越秀大厦举办新春茶聚，共 30 余名来自香港 10 余家社会服务机构的负责人参加。

3 月 18 日，联合会与江门市民政局共同承办广东省民政厅第三届“岭南社工宣传周活动”，联合会负责组织优秀社工颁奖环节和广东社工“智慧对对碰”专业技能竞赛活动。联合会第三部微电影《社工・耕耘》成功在启动仪式上首播。

4 月至 6 月，在佛山市、清远市、梅州市、肇庆市、韶关市、深圳市等地开展社会工作职业水平考试考前培训班，为全省 1 万多名考生提供培训服务。

5 月 23 日，联合会第二届理事会换届选举大会在广东科学馆隆重召开。广东省民政厅党组成员、巡视员叶秀仁，广东省民政厅社会工作处处长李进民，广东省社会组织管理局登记一处副处长龙仕运，广东省社会工作师联合会第一届会长李敏兰和余木生等 5 名副会长，香港邻舍辅导会总干事董志发、副总干事杜敏，广东电视台，联合会会员、工作人员以及志愿者近 150 人参加了会议。大会一致通过联合会第一届理事会工作报告、财务报告、《广东省社会工作师联合会章程》修改意见、关于成立广东省社会工作师联合会社会工作服务机构工作委员会和督导工作委员会的决议、关于设立广东省社会工作师联合会监事的决定。大会选举了李敏兰、丁美方、贺立平、金艳、李锋、汤柳花、王少江、阎安、余木生、吴洪生、蔡丽嘉、陈秀芬、江洁芳、姜滢、梁健玲、林淑华、凌远清、卢健斌、闫晓文、熊俊超、邓红兵、宫衍岭、徐湘田、徐玉霞、张兴杰、钟伟、钟耀林、周巍 28 位广东省社会工作领域资深人士为联合会第二届理事会理事，选举李树红为第二届监事。第二届理事会第一次会议选举李敏兰续任第二届会长，选举丁美方、贺立平、阎安、余木生、邓红兵和张兴杰 6 名理事为第二届副会长，通过了丁蓓为联合会首任秘书长。续聘广东省民政厅厅长刘洪为名誉会长，聘请广东省民政厅党组成员、巡视员叶秀仁为高级顾问，新增北京大学社会学系王思斌教授为专业高级顾问；中山大学社会学与社会工作系蔡禾教授为发展高级顾问；香港国际社会服务社行政总裁邱浩波和香港中文大学社工系兼任讲师吴水丽为机构高级顾问；广东发展研究院常务副院长丘海雄为社团管理顾问，续聘香港越秀企业（集团）有限公司原董事梁毅为港澳事务顾问；中山大学社会学与社会工作系张和清教授为社工研究顾问；省纪委、省监察厅派驻广东省民政厅纪检组组长、监察专员郭健生为行政总督导；广东省民政厅社会工作处处长李进民为行政督导；中山大学罗观翠为专业总督导，新聘香港邻舍辅导会总干事暨执行董事董志发、香港明爱服务总主任黎永开、香港社会服务发展研究中心总干事李永伟、加拿大多伦多城市机构审查官萧建华和中国台湾非营利组织领导力发展协会理事长郑杰榆为专业高级督导。

6 月，联合会荣获中国社会工作协会颁发的“社会工作行业组织发展与建设年”倡议活动优胜奖和“我的社工一日”征文活动优秀组织奖两项集体奖。

8 月，联合会响应广东省民政厅号召，组织支援鲁甸震后重建服务分队。同月，广东省民政厅采取单一来源采购的方式向联合会购买全省社会工作监督管理和社工人才培养服务项目。

10 月，联合会在全国慈展会上，从 100 个创新项目评选中脱颖而出，荣获铜奖及 4 万元项目奖励金。

11 月，联合会与央视华人频道合作，启动联合会第四部社工微电影《重塑 · 希望》的拍摄。

12 月，联合会会长会议通过 2015 年工作安排和未来三年四个推动社会工作在广东均衡发展的计划，分别为“广东省珠三角社工机构与粤东西北社工机构牵手计划”“广东省社工实务能力提升计划”“广东省社工督导人才培训计划”“广东省社工行政督导培训计划”。

（作者：黄广飞、刘春玲、刘怡萍）

广东省社会工作教育与实务协会

广东省社会工作教育与实务协会（简称 EP），由广东工业大学、湛江师范学院、韩山师范学院、韶关学院、五邑大学 5 所具有社会工作教育的高校和广州市大同社会工作服务中心、广州市星空社会工作发展中心、东莞正阳社会工作服务中心、深圳阳光家庭综合服务中心、中山市博睿社会工作服务中心、江门市晴海天社会工作综合服务中心 6 所有影响力的社会工作服务机构以及 1 个个人（深圳大学李晓凤教授）联合发起，2014 年 6 月 19 日在广东省社会组织管理局注册。EP 拥有一批广东省非常优秀的社会工作教育与实务型专家，具有开展包括社会工作培训、督导、评估、宣传、国内外学术交流等多项业务的能力。EP 致力于为社会工作教育与社会工作服务机构搭建平台，为更好推动教育与实务的相互促进、相互交融、相互提升而努力。

一、协会理念

协会理念：专业，开放，创新，引领。

二、协会宗旨

协会宗旨：坚持以人为本的科学发展观，坚持助人自助和为民解困的专业价值观，遵守宪法、法律、法规和国家政策，遵守社会道德风尚，在教育和实务领域推动社会工作专业化、职业化、本土化、国际化发展，开展社会服务，推动广东和谐、美丽、幸福社会的建设，维护社会公平，促进社会进步。

三、协会业务范围

（1）传递社会工作正能量。
（2）开展社会工作理论研究。
（3）推动社会工作教育发展。
（4）促进社会工作实务发展。
（5）整合和开发社会工作资源。
（6）促进社会工作交流与合作。
（7）承办政府、社会和企业移交、授权或委托的其他事项。

四、协会组织架构

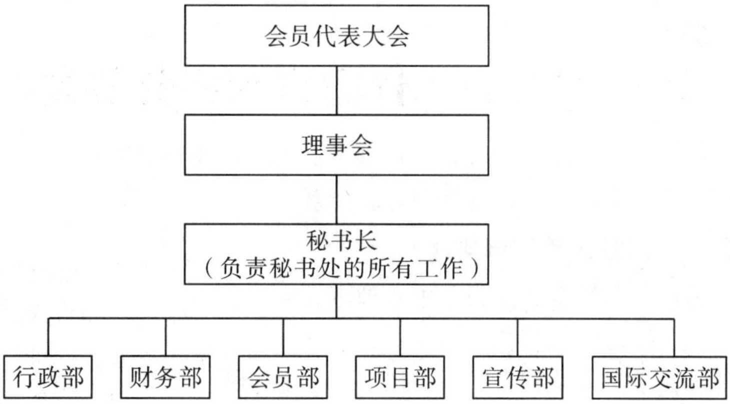

五、协会顾问、专家名单

（一）顾问

蔡　禾　中国社会工作教育协会副会长
潘泽泉　中南大学社会学系主任
麦伟平　广东新闻广播总监
黄光星　新加坡资深社工专家

（二）专家

刘静林　广东工业大学政法学院副院长
何　维　广州市星空社会工作发展中心总干事
谭　磊　广东工业大学政法学院教师
刘成明　五邑大学政法学院副院长
周利敏　广州大学社会工作专业副教授
吴　娟　广州市普爱社会工作服务社总干事
李晓凤　深圳大学法学院社会学系教授、硕士生导师
蓝宇蕴　华南师范大学教授
童远忠　广东财经大学教授
程　潮　广州大学教授
黄　剑　岭南师范学院社工教研室主任
刘春艳　广东外语外贸大学
王雪莲　番禺职业技术学院社会工作专业副教授
刘丹侠　广州市大同社会工作服务中心
周　巍　东莞市普惠社会工作服务中心总干事
李兆伟　青翼社工网专职总干事
王悠然　中山市联合社会工作服务中心理事长

黄远清　东莞市蓝天关怀公益服务中心总干事
王斯维　中山市大同社会工作服务中心总干事

六、协会成员

（一）会长

刘静林　广东工业大学政法学院副院长（常务副会长兼秘书长）
何　维　广州市星空社会工作发展中心总干事

（二）副会长（以姓氏首字母排序）

邓红兵　东莞市正阳社会工作服务中心理事长
韩登池　韶关学院法学院院长
李晓凤　深圳大学法学院社会学系教授、硕士生导师
刘成明　五邑大学政法学院副院长
刘忠权　岭南师范学院法政学院社会工作系主任
聂秀梅　江门市晴海天社会工作综合服务中心总干事
孙剑宏　中山市博睿社会工作服务中心理事长
孙亚华　深圳市阳光家庭综合服务中心总干事
钟广宏　韩山师范学院政法系教师
周海明　广州市大同社会工作服务中心副总干事

（三）监事长

陈志强　广东省汉达康复协会秘书长

（四）监事

王雪莲　番禺职业技术学院社会工作专业负责人
周利敏　广东工业大学社会工作系主任

七、协会常务理事、理事单位和个人理事（截至2015年4月1日）

（一）常务理事（以姓氏首字母排序）

吴　娟　广州市普爱社会工作服务社社长
赵凡仪　东莞市鹏星社会工作服务社总干事
甄　鹤　中大社工服务中心副总干事
周　巍　东莞市普惠社会工作服务中心总干事

（二）理事单位

岭南师范学院
韩山师范学院
五邑大学
广东工业大学
韶关学院

广州番禺职业技术学院
中山市联合社会工作服务中心
广州市普爱社会工作服务社
深圳市阳光家庭综合服务中心
广州市星空社会工作发展中心
中山市博睿社会工作服务中心
江门市晴海天社会工作综合服务中心
深圳市龙岗区正阳社会工作服务中心
广州市大同社会工作服务中心
东莞市普惠社会工作服务中心

（三）个人理事（以姓氏首字母排序）

车海波 陈慧慧 陈绿荷 邓梅英 范志杰 冯博雅
付森茂 胡 芳 黄 剑 黄海平 李丽云 李卫民
廖焕标 林 佳 刘 勇 刘丹侠 刘玉平 刘振华
龙雪媚 密兰晞 谭 磊 谭春光 王惠娟 吴新花
向 鑫 杨 成 叶 姣 钟耀林

八、协会单位会员与个人会员（截至2015年4月1日）

（一）单位会员（除理事单位外）

深圳市北斗社会工作服务中心
东莞市鹏星社会工作服务社
江门星空社会工作综合服务中心
江门市大同社会工作综合服务中心
仲恺农业工程学院
广东悠然文化交流有限公司
江门市恒爱社会工作综合服务中心
深圳市坪山新区大同社会工作服务中心
广州市海珠区派森社会工作资源中心
东莞市蓝天关怀公益服务中心

（二）个人会员（以姓氏首字母排序）

陈晥滔 陈美招 陈媛媛 邓智芳 樊秋丽 方 英
冯玉华 宫衍岭 黄庆林 吉龙龙 江沛迪 李习勇
梁泳梅 刘 敬 刘彩霞 柳玉臻 莫桂芬 王 静
王家平 王斯维 吴庆云 颜 琳 叶海鹭 尤 凡
余 梅 余缅萍 张 丽 张晓琴 朱福儿

发现家乡之美，调研社区中国

——大学生志愿者参与广东城乡社区全域普查调研工程

【编者按】“一条大河波浪宽，风吹稻花香两岸，我家就在岸上住……”这首耳熟能详的《我的祖国》，常常激荡起我们心中的乡愁和家国情怀。

2017 年 1 月 7 日下午 3 点，“发现家乡之美，调研社区中国”——大学生志愿者参与广东城乡社区全域普查调研工程出征仪式在广州社会组织学院举行，参与调研活动的大学生志愿者和来自社会各界的广东省政府参事、广东省政协委员、人大代表、企业家、媒体代表等 100 余人，共同见证了这一简朴而庄严的仪式。广东全省 40 所高校首批 500 多名大学生志愿者将从这里启程，回到家乡，亲身调研和发现家乡之“四美”（自然生态之美、历史人文之美、生产生活之美、治理组织之美），为中国城乡社区治理和乡村治理的伟大实践书写历史！

本次活动由广东省民政厅基层政权和社区建设处、社会工作处支持协助，由广东省城市社区建设研究会、第二届广东省大学生社区建设与社会工作专业调研社会实践活动组委会，联合中央电视台“发现之旅”栏目组等新闻媒体共同主办。

出征仪式上，回到家乡参与社区全域普查调研的全省 21 个地市的大学生志愿者服务分队接过了旗帜。广东省城市社区建设研究会执行会长钟浩天表示，当代大学生要争当有信念、有情怀、有理论、实践能力强的社会工作者和志愿服务者。此次扎根城乡社区基层的社区普查调研实践活动，是践行“服务社会，家国情怀”志愿服务理念的最好平台和载体。大学生回到家乡做社区普查、社区调研，为自己家乡贡献出自己的一分力量，不仅能服务社会，还能体现出他们对家乡的一种乡情、一种乡愁。此次活动的愿景是：社区普查，利国利民；你我参与，提升价值；发现家乡之美，调研社区中国。

据主办单位广东省城市社区建设研究会负责人介绍，此次活动“发现家乡之美”有“四美”：自然生态之美、历史人文之美、生产生活之美、治理组织之美；“调研社区中国”之“社区”，包括城市社区（社区居委会辖区）和农村社区（行政村委会辖区）。此次普查调研工程有三大目标：一是学术目标——以社区为治理单元和观察视角，为中国城市社区和农村社区的变化寻根问底，深度调研和认识中国；二是政策目标——为国家和政府“因地制宜”的施策提供充分依据；三是历史目标——记录时代大潮和历史变迁中的中国社区治理和乡村治理的伟大实践，将优秀社区治理组织和社区人物载入史册。

【编者按】回顾历史上有两次大规模的农村调查，在学术界产生了深远的影响：一是俄国农村调查——19 世纪后半期，俄国以数千人之力，对俄国农村进行持续 40 多年的调查；二是满铁农村调查——20 世纪上半叶，日本学者接棒，4 000 人、40 年，以满铁株式会社为依托，开展对中国农村的大规模调查。进入 21 世纪的今天，广东 1 000 名大学生志愿者接力，持续一年时间，对全省城乡社区进行全域普查调研，在全国具有开创性的历史意义。

本次活动将对广东省城乡 6 536 个社区、19 597 个行政村进行全域普查调研和社区基础信息采集，并将普查调研成果汇编并出版中国基层治理——广东城乡社区全域普查调研工程丛书（21 卷本），此项目对提升国家基层社会治理能力、提升全民族创造活力、增强全民版图意识和社区家园意识以及提升全民科学文化素质具有重要意义。

来自全省 40 所高校、近 1 000 名大学生志愿者将参与 2017 年的社区普查调研社会实践活动。本次社区普查调研将体现问题元素、理论元素、学科元素相融合的调研特点，从单学科向跨学科转型，从体验式调研向专题研究转型，实现大学生社会实践活动优化转型的目标。

在出征仪式上，人大代表吴纪元先生特赋诗一首："千名精英待出征，万幅蓝图梦将成。普查丛书发行日，葡萄美酒宴功臣。"

参与普查调研活动的大学生志愿者表示，要在 2017 年的社区普查调研社会实践活动中，运用专业知识，深入城乡社区，用知识丈量国家深度，用行动践行家国情怀，讲好自己生活居住的"家乡之美"故事和"社区中国"故事，一起创造辉煌、书写历史，为家乡、为自己、为中国，加油、给力！

据主办方介绍，调研活动结束后，将联合有关部门共同召开 2017 年全省城乡社区全域普查调研成果发布会，从本次普查调研的 26 000 个行政村（社区）中评选出大学生心目中 100 个最美乡村、大学生心目中 100 个最美社区、大学生心目中 100 个最美治理组织（治理人物），同时发布活动主题歌曲《家乡美》。还将评选出此次社区全域普查调研的 10 个优秀地市社区普查调研分队、50 个优秀大学生志愿服务社区普查调研者、100 篇优秀社区普查调研成果奖。

【编者按】请为积极报名参与广东城乡社区全域普查调研工程的大学生志愿者点赞！他们即将用脚步行走的城乡大地、他们即将普查调研的乡村和社区，很可能就是我们出生长大的家乡。回到家乡调研，为永远的乡情、乡愁和家国情怀点赞！

第二届广东省大学生社区建设与社会工作专业调研社会实践活动组委会成员如下：

赖中棋（华南农业大学）、郑丽玫（华南农业大学）、黄琬棋（广东科学技术职业学院）、区俊华（五邑大学）、吴君如（华南农业大学）、蔡秋桂（广东财经大学）、林曾倩（吉林大学珠海学院）、唐佩珊（华南农业大学）、余婉琳（华南农业大学）、关咏诗（华南农业大学）、黄思颖（华南农业大学）、陈彩虹（华南农业大学）、黎颖思（华南农业大学）、李永杰（吉林大学珠海学院）、陈丽苹（广东财经大学）、罗紫允（华南农业大学）、邓珮怡（华南农业大学）、蓝嘉雯（广东财经大学）、陈思婷（广东财经大学）、罗舒玲（广州城市职业学院）、林桂婉（广东科学技术职业学院）、黄凯玲（华南农业大学）、蔡墁媛（广东财经大学）、房银华（广东财经大学）、潘建凤（广州城市职业学院）、邵迎（华南师范大学）、范银芝（广州大学）、赖秋香（广东工业大学）、詹惠颖（广东女子职业技术学院）、李思敏（广东青年职业学院）、陈燕燕（广东省肇庆学院）

首批参与广东城乡社区全域普查调研工程的大学生志愿者名单如下：

华南农业大学（131 人）

许舒闲、赖卓凡、李昌伟、许弘、卢倩婷、杨俊锵、王志玲、叶尧宁、林莹莹、李淑娴、吴君如、邝木子、莫亚楠、余婉琳、梁芷晴、梁嘉碧、麦锦蓉、林壮纯、钱欣、黄琳琳、胡咏霖、李晓桐、蔡晓旭、刘芷晴、吴慧华、曾家琪、池书颖、鲍麒、吴晓婷、罗紫允、绳粤珺、郑丽玫、蒋章、陈婉欣、陈彩虹、陈思妍、沈弘臻、邓珮怡、蔡童欣、廖颖欣、司徒青娇、刘书玲、谢仪、佘雨瀚、黄思颖、黄曲娟、郑红星、梁城滨、杨小冰、卓奕玲、余爱艳、柯媛、郑玮、陈敏娜、黎娜、林思纯、郑键、张舒、钟证江、潘敏仪、张淑华、伍嘉琪、麦仝历、李美霞、冯珠爱、邓思健、黎越玲、杨思达、叶胤杰、黄凯玲、林琪爽、蔡佩玲、吴嘉琪、陈慧娴、马雪艳、李焕婷、袁泽森、李润佳、梁佩妍、刘文超、彭怡君、巫瑜琳、关咏诗、莫嘉慧、何家慧、钟淑慧、刘于雯、谢平泓、李坤烨、廖丽丽、陈婉茹、卢锐坤、张丽、黄瑜燕、吴康丽、陈满、郑玲玲、唐佩珊、罗丽婵、郑敏仪、钱乐柔、李蔚、黄思宛、聂钱玉、林锶、吴莹莹、刘纯霞、何绮琪、廖曦、王琳、庞露、何梓晴、徐晓珊、文颖、陈锶锶、周茵茵、郑莲璇、许佳媚、梁泽烽、苏鸿骄、陈玫霖、曾淑仪、赖石和、赖中棋、黎颖思、曾雯、邓淏宇、林蔚、蔡进海、杨灏、吴美贤

广东财经大学（87 人）

袁泽瑜、黄梓妍、朱亮亮、关靖雯、黄璐琦、林敏霞、李丽华、郑梭羽、李秋娴、蔡秋桂、林君仪、易嘉愉、杜晓靖、黄镔、甄丽芳、赖楚君、颜文琦、罗绮婷、林婉君、韩云锋、林莉、高洁丽、赖淑怡、岑婉琪、张进春、林志伟、梁瑞棋、李丽榕、姚丹琪、叶更青、温伊晴、郭俏倩、蔡相婕、黄晓、姚姿婷、蓝嘉雯、苏春秀、吴立鑫、陈邦邦、倪泽洪、叶韶能、卢晓欣、陈思婷、祝婉瑜、庄湖君、梁茜娴、翁婷婷、黄丹蕾、李楚茜、杨璐、黄嘉婵、尹嘉雯、蔡墁媛、黄世光、黎伟舜、李藤藤、梁思敏、黄蕊婷、聂雪莹、黄杏影、刘雅晴、欧阳光梦、邓朝晖、房银华、周泳欣、邓俏萍、张小娟、陈翠婷、崔诗华、黄秋换、冯颖欣、郑伟铭、黎聘堂、谭佩婷、张海秋、陈丽苹、梁楚茹、麦雅雯、梁咏梅、何碧燕、肖裕浪、钟茜茵、陈祖瑛、黄洁洁、姚意恒、柯雁、林荣耀

广州城市职业学院（49 人）

郑晓瑜、何舜、李芳、程梦、罗美怡、余素霞、陈智聪、萧静仪、陈顺玲、张昊蕴、陈桂琴、陈婷君、张桂玲、陈芯茹、劳诗敏、梁肖惠、吴斯欣、林美华、陈浪巧、劳春泳、黎舒旖、林乃勋、李杏玉、周浪婷、袁叶青、黄富丽、冯恋淳、陈嘉欣、李晓霞、黄珮玲、陈景琼、叶玉巧、陈淑华、冯冬果、潘建凤、黄乙巧、盘永欣、冯晓红、刘钰媛、罗舒玲、张永杰、袁秋梅、杨柳岸、徐宇婷、刘娜填、徐慧玲、郑晓珠、刘紫霞、黄燕雯

广东科学技术职业学院（30 人）

谢奕桃、蓝嘉成、黄宗鸿、周颖妍、徐虹颖、陈雪银、冯铭贤、沈子龄、陈立平、黄敏静、林桂婉、卓敏欣、孙韵尧、李丽欣、黄泳怡、杨子明、陈倚聪、徐钻凤、郭奕钦、骆雨存、张婷、黄琬棋、张凤军、张玲峰、刘佳佳、邓颖仪、林金铭、蓝宗民、潘洁茹、黄志伟

韶关学院（29 人）

郭栩颖、吴贤彬、袁敏儿、陈敏、王淼玉、李梓进、李妙玲、李静纯、李志辉、李晓瑜、何佩梅、何娟、黄泰康、李梓进、姚锦婷、李灏、陈明、吴梓豪、黄晓夏、刘嘉欣、柯国婷、罗丽梅、钟惠玲、陈汝钧、江咏思、姚锦婷、张彩霞、黄丹桂、杜庚

吉林大学珠海学院（21 人）

周妍君、曹海琪、叶莹莹、朱晓鎣、谭嘉慧、林曾倩、林琪、黄琬奕、李宛潞、彭慧盈、钟键锟、邓日文、徐钊能、丁睿、李曼韶、郑素香、李永杰、杨蕙锴、司徒奕松、余姗姗、谢斯滢

华南师范大学（14 人）

王晓燕、邵迎、李佳佳、刘凯华、彭柳思、曾俊杰、钟倩莹、黄雅梦、魏燕冰、洪明心、林欢、蔡启连、陈素萍、张伊凡

广东女子职业技术学院（17 人）

苏文霖、杨婷、刘丽仪、何慧、黎晓静、冼韦池、钟敏娜、丁映如、卢巧慧、陈燕婷、黄惠雯、蔡丹妮、黄钰妮、黄嘉惠、唐婉渟、徐姝琪、梁海琪

肇庆学院（9 人）

黄彭勇、曾叠雁、陈绮琪、陈景杨、庄雪琦、杜宜津、罗丽聪、郑林萍、陈燕燕

五邑大学（9 人）

林金地、卢心怡、张永权、黄盈盈、区俊华、梁婉珊、王美玲、冯丽珍、黄舒静

广东工业大学（8 人）

赖焕坤、何柳婷、曾美娴、曾嘉宇、廖诗敏、巫琼珠、赖秋香、利明惠

广东青年职业学院（9 人）
王丽芬、李思敏、黄志宏、许海清、黄寅森、吕慕懿、陈冰玉、吴琳、叶莹

广东警官学院（7 人）
杨铧凯、邹彩凤、梁伟达、何凝晖、姚富常、吴涌诗、廖荣聪

广州番禺职业技术学院（6 人）
黄育鑫、梁翠清、黄林彬、庞朗芬、黄曼芬、邵小虹

广东白云学院（6 人）
刘美琪、黄邦楚、周雪婷、叶柳青、黄庆声、廖堪武

广州大学（5 人）
范银芝、郑泳薇、陈少丽、陈科霓、谢晓婷

东莞理工学院城市学院（4 人）
黄丹纯、陈芷凝、李泽芳、刘畅

广东工业大学华立学院（4 人）
陈春意、刘桂彬、崔武鹏、梁晓燕

华南理工大学广州学院（4 人）
张婕媚、何畅、王樱桥、唐佳耀

中山大学新华学院（4 人）
黄国萍、曾会婷、刘晓敏、袁燕燕

广东外语外贸大学（3 人）
关泳仪、梁萍萍、方燕玲

广东外语外贸大学南国商学院（3 人）
杨富峰、易静、戚悦韵

岭南师范学院（3 人）
周晓琪、黄佳宁、李伟贞

仲恺农业工程学院（3 人）
江嘉伦、杨嘉莉、蔡景钰

广东第二师范学院（3 人）
余娟婷、梁谢爽、罗秀如

参与广东城乡社区全域普查调研工程的大学生志愿者还有：

中山大学林秋晓、黄小洁；珠海城市职业技术学院黄月儿、邓翠霖；嘉应学院廖瑞华、廖晨、李育剑；广东机电职业技术学院江昌杰、蔡梦婷；广东培正学院叶晴、林蔚坤；广东科技学院卢思宁、蔡欣婷；广东金融学院谢晓晴、杜晓君、黄陈珠；佛山科学技术学院刘韵怡、蔡海莲；广东海洋大学陈远花、陈瑾；北京师范大学珠海分校张露、林云芊；广东轻工职业技术学院赖志焕、黄泰凤；深圳大学黄绮雯；广东建设职业技术学院郭子铭；南方医科大学吉星；广东技术师范学院天河学院谢凯辉；广东海洋大学寸金学院全寿标；广东工商职业学院刘昊；东莞职业技术学院邓佳卓；东莞市技师学院（职业学校）曾祥虎；暨南大学蓝斯；华南农业大学珠江学院叶全；华南理工大学艾婧；河源职业技术学院钟蓉真；韩山师范学院姚静；海南三亚学院黄镓域；广州医科大学温秀娟；广州现代信息工程职业技术学院区健雄；广州市工贸技师学院张文彬；广州商学院冯伊钧；广州华商职业学院谢小烁；广州工商学院黄丽颖；广州大学华软软件学院黄辉卡；广西中医药大学赛恩斯新医药学院戴运颜；广西师范学院师园学院张国媛；广东水利电力职业技术学院黄邦荣；广东石油化工学院区昌彦；惠州学院黎幸芳；长沙保险学院谢子玲；西南科技大学黄绮晴；广州城市职业技工学校袁秋梅。

后　记

《广东社会工作教育蓝皮书：政策规划、专业教育和职业实践（2006—2016）》编委会专家委员工作会议于2016年10月21日在广州市召开。会议形成以下共识：

编撰《广东社会工作教育蓝皮书：政策规划、专业教育和职业实践（2006—2016）》（以下简称《社工教育蓝皮书》）意义重大，影响深远。

《社工教育蓝皮书》由广东省民政厅社会工作处支持指导，由广东省城市社区建设研究会发起组织编写，得到了广东社会工作教育界影响较大的中山大学、华南农业大学、广东工业大学、广州大学、华南师范大学、广东财经大学、深圳大学、广东女子职业技术学院、广东青年职业学院、广州城市职业学院、深圳职业技术学院、岭南师范学院、广东白云学院、广东科学技术职业学院、广州科技贸易职业学院、韶关学院、广东南华工商职业学院等高校的迅速响应。这是广东社会工作教育界的一件大事。《社工教育蓝皮书》首次以历史和专业视角，全面总结、回顾和展望广东社会工作教育的发展历程及其重要政策文献、重要事件、重要人物和社会工作专业优秀学生、优秀教师，一线优秀专业社工。这对于广东省建设一支宏大的社会工作人才队伍和推动中国社会工作理论和实务体系的建设将起到十分重要的作用。

《社工教育蓝皮书》编委会专家委员由中山大学、华南农业大学、广东工业大学、广州大学、华南师范大学、广东财经大学、深圳大学、广东女子职业技术学院、广东青年职业学院、广州城市职业学院、深圳职业技术学院、岭南师范学院、广东白云学院、广东科学技术职业学院、广州科技贸易职业学院、韶关学院、广东南华工商职业学院等高校的社会工作相关专业负责人（专业主任、系主任或院长）组成。

每个年度对《社工教育蓝皮书》的目录内容和篇章结构做进一步修订和完善，由《社工教育蓝皮书》编委会各专家委员共同推荐广东社会工作专业教育和职业实践的年度最新优秀案例，作为最新内容补充进去。

以《社工教育蓝皮书》为平台，打造一个国际通则与本土经验并重的广东省社会工作教育与职业实践的学术共同体。

在此谨向所有参与编写《社工教育蓝皮书》的人员表示衷心感谢！感谢广东省民政厅社会工作处对本书编写大纲的审定和指导。感谢华南农业大学社会工作系副主任李锦顺副教授、广东省城市社区建设研究会副秘书长段克勤教授、广东省城市社区建设研究会办公室主任助理李明亮对本书编辑工作付出的辛勤劳动。

编　者

2017年3月8日